高等院校土建类专业新编系列教材

建筑工程测量

（第3版）

李生平　陈伟清　主　编
曹恒慧　副主编
陆国胜　主　审

武汉理工大学出版社
·武　汉·

内容简介

本书是高等专科学校、高等职业技术学院房屋建筑工程专业新编系列教材之一，依据建设部印发的对本门课程的教学基本要求编写。全书共14章，内容包括绪论、水准测量、角度测量、距离测量、直线定向、测量误差、小地区控制测量、大比例尺地形图测绘及应用、施工场地控制测量、民用及工业建筑施工测量、建筑物变形观测及竣工总平面图编绘。各章后附思考题与习题。

本书除作为房屋建筑工程专业专科教材外，还可供专科层次的相关专业及函授、自学、岗位培训作教材。

图书在版编目(CIP)数据

建筑工程测量 / 李生平主编. —3版. —武汉：武汉理工大学出版社，2007.12(2020.1重印)
ISBN 978-7-5629-2636-8

Ⅰ.①建… Ⅱ.①李… Ⅲ.①建筑测量—高等学校:技术学校—教材 Ⅳ.①TU198

中国版本图书馆CIP数据核字(2007)第196234号

项目负责人:蔡德民 刘永坚 田道全　　**责任编辑**:徐 扬
责任校对:丁 冲　　**封面设计**:牛 力
出版发行:武汉理工大学出版社
社　　址:武汉市洪山区珞狮路122号
邮　　编:430070
网　　址:http://www.wutp.com.cn
经　　销:各地新华书店
印　　刷:崇阳文昌印务股份有限公司
开　　本:787×1092 1/16
印　　张:14.75
插　　页:1
字　　数:368千字
版　　次:2007年12月第3版
印　　次:2020年1月第25次印刷 总第55次印刷
定　　价:30.00元

前　　言
（第 3 版）

随着我国全面建设进程的推进，特别是建筑业的迅猛发展，工程测量方面实用型人才紧缺已成为不争的事实。为满足培养适应社会需要、面向生产和管理第一线的理论功底扎实、实践动能力强、具有较强创新意识、适应岗位工作需要的建筑工程测量高技能人才的需要，我们编写了这本《建筑工程测量》教材。

《建筑工程测量》第 2 版自 2003 年 1 月出版发行以来，得到了广大读者的热情支持，各兄弟院校对书中内容提出了许多宝贵的意见和建议，在此深表感谢！

本次改版主要依据本课程新的教学大纲，结合现代测绘技术的发展现状，对每个章节进行了深入的分析、研究和修改，将相关内容进行调整、整合和删减，结合现行测量规范对相应测量技术要求进行了修改，补充了中、小比例尺地形图的分幅和编号等内容，充实了全站仪、GPS 技术、地面数字测图等内容，对书中的文字、数字和图中的错误进行了更正，并制作了与本教材配套的 CAI 课件。

本书编者既有扎实理论基础，又有丰富实践和教学经验。在编写工作中，既有分工，又有合作，注重各章节之间的有机融合。在继承传统测量理论知识和实践知识的基础上，优化知识结构，整合知识内容，强化施工测量知识，并密切结合工程实际，广泛关注测量先进技术，较多引入全站仪和 GPS 等新技术和新方法，博采众家所长，又不乏编者的实践经验，密切联系建筑工程建设的实践活动。

本书深入浅出，文字平实，语言洗练且不失科学性，逻辑缜密，实践性和可操作性强，符合现行的建筑工程测量规范及验收规范。

本书在修订过程中，由江南大学姜晨光教授、平顶山工学院何保善副教授、深圳大学李伟文副教授进行了认真细致的审读，并提出了许多宝贵的修改意见，在此表示衷心的感谢！

本书的修订工作由广西大学陈伟清教授具体负责实施。由于编者水平有限，书中仍有许多不足之处，敬请读者批评指正。

编　者

2007 年 6 月

前　言

（第3版）

[illegible]

目　录

1 绪　　论

【本章提要】本章主要介绍测量学的研究内容和测量学的基础知识。简要介绍建筑工程测量的研究内容和任务。简要概述地球的形状和大小的概念及研究方法。重点讲述测量常用坐标系统及地球表面点位置的确定方法及测量原理。分析用平面代替水准面的限度。

测量学(亦称测绘学)是研究地球的形状、大小和地表(包括地面上各种物体)的几何形状及其空间位置的科学。它的内容包括测定和测设两部分。测定是指使用测量仪器和工具,通过测量和计算得到一系列的数据,再把地球表面的地物和地貌缩绘成地形图,供规划设计、经济建设、国防建设和科学研究使用。测设是指将图上规划设计好的建筑物、构筑物位置在地面上标定出来,作为施工的依据。

1.1 建筑工程测量的任务

1.1.1 测量学科的分类

测量学按照研究对象及采用的技术的不同,又分为多个学科,如:

大地测量学——研究地球的形状和大小,解决大范围地区的控制测量和地球重力场问题。近年来随着空间技术的发展,大地测量正在向空间大地测量和卫星大地测量方向发展。

摄影测量学——研究利用摄影或遥感技术获取被测物体的信息,以确定物体的形状、大小和空间位置的理论和方法。由于获得相片的方式不同,摄影测量又分为航空摄影测量、水下摄影测量、地面摄影测量和航天遥感等。

海洋测量学——以海洋和陆地水域为研究对象,研究港口、码头、航道及水下地形测量的理论和方法。

工程测量学——研究各种工程在规划设计、施工放样、竣工验收和营运中测量的理论和方法。

地图制图学——研究各种地图的制作理论、原理、工艺技术和应用的一门学科。研究内容主要包括地图编制、地图投影学、地图整饰、印刷等。现代地图制图学向着制图自动化、电子地图制作及地理信息系统方向发展。

1.1.2 建筑工程测量的任务

建筑工程测量是测量学的一个组成部分。它包括建筑工程在勘测设计、施工建设和运营管理阶段所进行的各种测量工作。它的主要任务是:

(1) 测绘大比例尺地形图　把工程建设区域内的地貌和各种物体的几何形状及其空间位置,依照规定的符号和比例尺绘成地形图,并把建筑工程所需的数据用数字表示出来,为规划设计提供图纸和资料。

(2) 施工放样和竣工测量　把图纸上设计的建(构)筑物,按照设计要求在现场标定出来，作为施工的依据；配合建筑施工，进行各种测量工作，保证施工质量；开展竣工测量，为工程验收、日后扩建和维修管理提供资料。

(3) 建筑物变形观测　对于一些重要建(构)筑物，在施工和运营期间，定期进行变形观测，以了解建(构)筑物的变形规律，监视其安全施工和运营。

由此可见，测量工作贯穿于工程建设的全过程，其工作质量直接关系到工程建设的速度和质量。因此，房屋建筑工程专业的学生必须掌握必要的测量知识和技能。

1.2 地面点位的确定

1.2.1 地球的形状和大小

由于地球的自转，地球上任一点都受到离心力和地心吸引力的作用，这两个力的合力称为重力。重力的作用线常称为铅垂线，这是因为测量工作取得重力方向的一般方法是用细绳悬挂一个垂球 G(图 1.1)，细绳即为悬挂点 O 的重力方向。铅垂线是测量工作的基准线。

处处与重力方向垂直的连续曲面称为水准面。任何自由静止的水面都是水准面。与水准面相切的平面称为水平面。水准面因其高度不同而有无数个，其中与平均海水面相重合并延伸向大陆且包围整个地球的水准面称为大地水准面。大地水准面包围的形体称为大地体。为了确定地面点的位置，必须有一个参照基准面，在实际测量工作中，是以大地水准面作为测量的基准面。

地球表面约 71%的面积被海洋覆盖，地面的高低起伏与地球半径相比很微小，所以人们通常把大地体当作地球的形体。由于地球内部质量分布的不均匀，导致地面上各点的铅垂线方向产生不规则变化，因而大地水准面是一个有微小起伏的不规则曲面，不能用数学式子来表述(图 1.2)。长期测量实践表明，大地体与一个以椭圆的短轴为旋转轴的旋转椭球的形状十分近似，所以测绘工作便取大小与大地体很接近的旋转椭球作为地球的参考形状和大小(图 1.3)。我国采用的旋转椭球体参数值以及 GPS 测量使用的旋转椭球体参数值列于表 1.1。

表 1.1　旋转椭球体参数值

坐标系名称	椭球体名称	长半轴 a(m)	扁率 α	推算年代和国家
1954 北京坐标系	克拉索夫斯基	6378245	1∶298.3	1940 年前苏联
1980 西安坐标系	IUGG-75	6378140	1∶298.257	1979 年国际大地测量与地球物理联合会
WGS-84 坐标系(GPS 用)	WGS-84	6378137	1∶298.257223563	1984 年美国

由于旋转椭球的扁率很小，所以在测区面积不大或测量精度要求不高的情况下，可以近似地把地球当作圆球，其平均半径 R 为 6371 km。

图 1.1　垂球

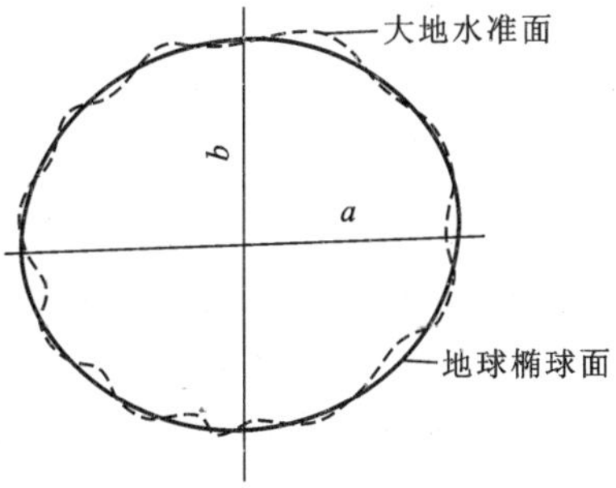

图 1.2　大地水准面

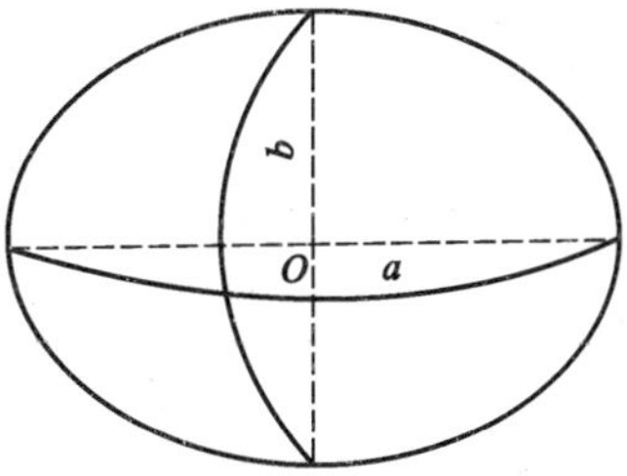

图 1.3　参考椭球体

1.2.2　地面点位的确定

测绘工作的主要任务之一是确定地面点的空间位置，由于地表高低起伏不平，所以一般是用地面某点到基准面的铅垂距离（简称高程）和该点投影到参考曲面上的位置（坐标）来表示该点在地球上的位置。

1.2.2.1　地面点的高程

地面点到大地水准面的铅垂线长称为该点的绝对高程，简称高程，用 H 表示。如图 1.4 所示，H_A、H_B 分别表示 A 点和 B 点的高程。

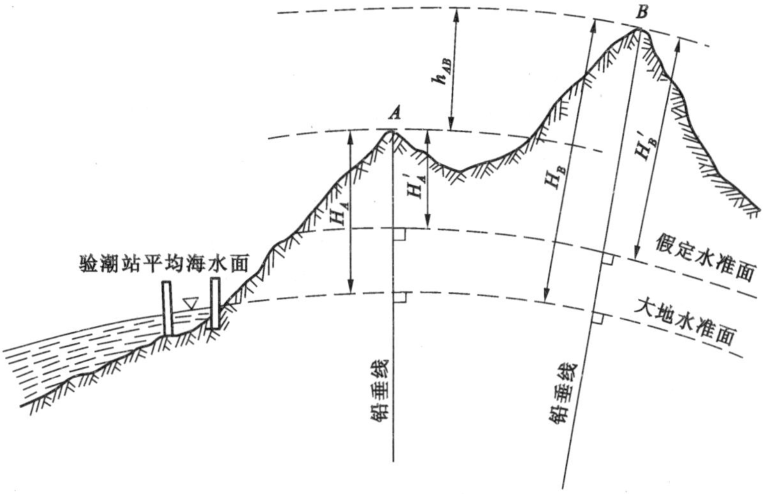

图 1.4　地面点的高程

我国的高程是以青岛验潮站历年记录的黄海平均海水面为基准，并在青岛建立了国家水准原点，其高程为 72.260 m，称为 1985 年国家高程基准，简称“85 高程基准”。而在 1956 年黄海高程系中，青岛水准原点的高程为 72.289 m，两者相差 0.029 m。

局部地区采用绝对高程有困难时，也可假定一个水准面作为高程起算面（指定某个固定点并假设其高程为零），地面点到假定水准面的铅垂线长称为该点的相对高程。如图 1.4 所示，H_A'、H_B'分别表示 A 点和 B 点的相对高程。

地面两点之间的高程差称为高差，用 h 表示。A、B 两点的高差为：

$$h_{AB} = H_B - H_A = H_B' - H_A' \tag{1.1}$$

B、A 两点的高差为：

$$h_{BA} = H_A - H_B = H_A' - H_B' \tag{1.2}$$

可见

$$h_{AB} = - h_{BA} \tag{1.3}$$

1.2.2.2 地面点的坐标

在测绘工作中，常用的坐标系有地理坐标系和平面直角坐标系两种。

(1) 地理坐标系

地面点在球面上的位置常采用经度和纬度来表示，称为地理坐标。

① 天文地理坐标系

天文地理坐标又称天文坐标，表示地面点在大地水准面上的位置，其基准是大地水准面和铅垂线，用天文经度 λ 和天文纬度 φ 来表示地面点在球面上的位置。

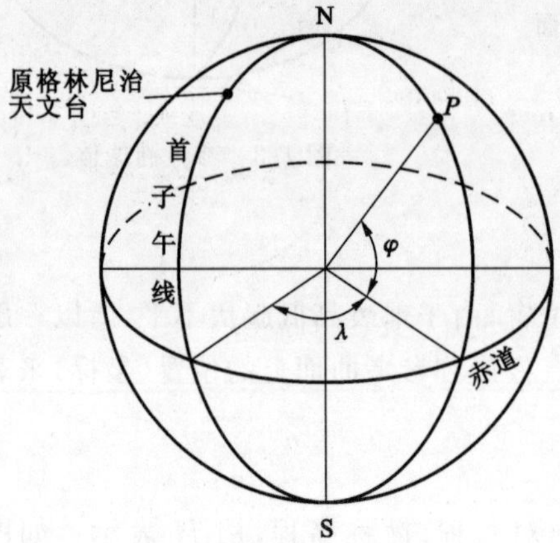

图 1.5 天文地理坐标系

如图 1.5，N、S 分别是地球的北极和南极，NS 称为地轴。包含地轴的平面称为子午面。子午面与地球表面的交线称为子午线。通过原格林尼治天文台的子午面称为首子午面。过地面上任意一点 P 的子午面与首子午面的夹角 λ，称为 P 点的经度。由首子午面向东量称为东经，向西量称为西经，其取值范围为 0°～180°。

通过地心且垂直于地轴的平面称为赤道面。过 P 点的铅垂线与赤道面的夹角 φ，称为 P 点的纬度。由赤道面向北量称为北纬，向南量称为南纬，其取值范围为 0°～90°。

地面上每一点都有一对地理坐标，例如北京某点的地理坐标为东经 116°28′，北纬 39°54′。

② 大地地理坐标系

大地地理坐标又称大地坐标，用于表示地面点在参考椭球面上的位置，其基准是参考椭球面及其法线，用大地经度 L 和大地纬度 B 表示地面点的位置。如图 1.6 所示。过 P 点的大地子午面和首子午面所夹的两面角称为 P 点的大地经度 L；过 P 点的法线与赤道面的夹角称为 P 点的大地纬度 B；P 点沿椭球面法线到椭球面上的距离称为 P 点的大地高程 H；则 P 点的大地坐标为(L, B, H)。

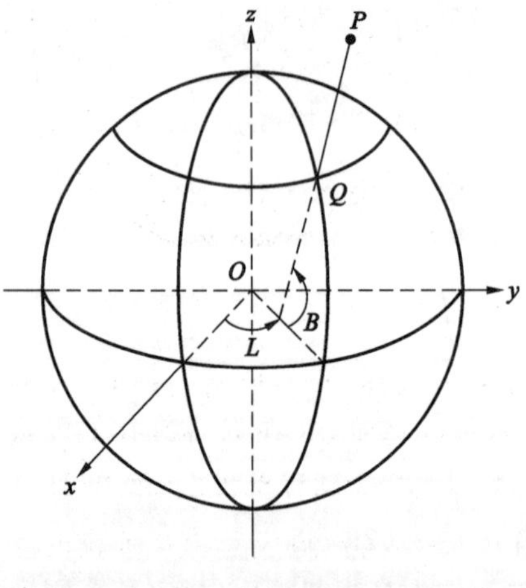

图 1.6 大地地理坐标系

我国目前常用的大地坐标系统有“1954 北京坐标系”和“1980 西安坐标系”。

1954 北京坐标系是新中国成立初期采用克拉索夫斯基椭球建立的。由于该坐标系的大地原点在前苏联，于是利用我国东北边境的三个大地点与前苏联大地网联测后的坐标作为我国天文大地网的起算数据，通过天文大地网坐标计算，推算出北京一点的坐标，故命名为“1954 北京坐标系”。该坐标系在我国的经济建设和国防建设中发挥了重要作用，但也存在点位精度不高等许多问题。

为了克服1954北京坐标系存在的问题，我国于20世纪70年代末，对原大地网重新进行了平差，建立了1980西安坐标系，该坐标系采用IUGG-75椭球，大地原点选在陕西省泾阳县永乐镇，椭球面与我国境内的大地水准面密合最佳，平差后的精度明显提高。

③ WGS-84坐标系

WGS英文意思是“World Geodetic System”（世界大地坐标系），它是美国国防局为进行GPS导航定位于1984年建立的地心坐标系，1985年投入使用。图1.7所示为WGS-84坐标系，其几何意义是：坐标系的原点位于地球质心，z轴指向BIH 1984.0定义的协议地球极(CTP)方向，x轴指向BIH 1984.0的零度子午圈和CTP赤道的交点，y轴通过右手规则确定。WGS-84地心坐标系可以与“1954北京坐标系”、“1980西安坐标系”相互转换。

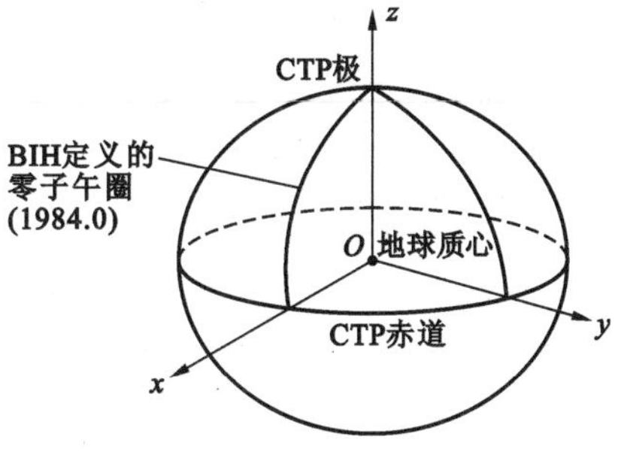

图1.7　WGS-84坐标系

(2) 平面直角坐标系

地理坐标是球面坐标，不便于直接进行各种计算。在工程建设的规划、设计与施工中，宜在平面上进行各项计算，为此，须将球面上的图形用平面表现出来，这就必须采用适当的投影方法。由于投影方法的不同，所建立的坐标系又分为高斯平面直角坐标系和独立平面直角坐标系。

① 高斯平面直角坐标系

采用高斯投影方法建立的坐标称为高斯平面直角坐标。

高斯投影方法按一定经度差（6°或3°）将地球椭球沿经线划分成若干瓜瓣形窄条状区域。6°分带是将地球按6°的经差分成60个带，从首子午线开始自西向东编号，东经0°～6°为第一带，6°～12°为第二带，依此类推，如图1.8。位于每一带中央的子午线称为中央子午线，第一带中央子午线的经度为3°，任意一带的中央子午线经度为：

$$\lambda_0 = 6N - 3 \tag{1.4}$$

式中N为6°带的带号。

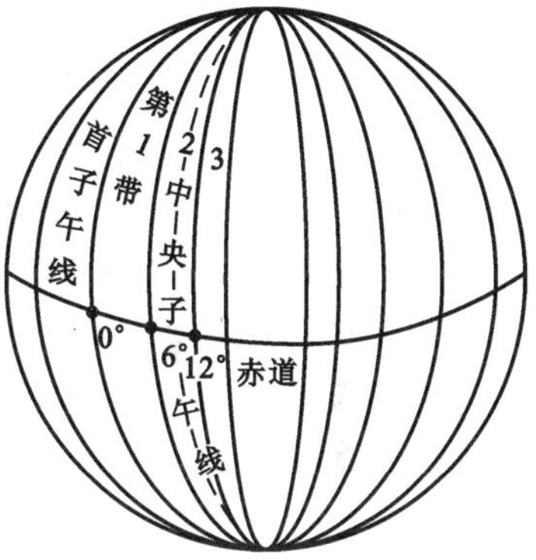

图1.8　地球分带

为了便于说明，将地球当成圆球。设想将一个平面卷成横圆柱，套在地球的外面，如图1.9(a)，使圆柱的轴心通过圆球的中心，将地球上某6°带的中央子午线与圆柱面相切。在球面图形与柱面图形保持等角的条件下，将球面上的图形投影到圆柱面上，然后将圆柱体沿着通过南、北极的母线切开、展平。投影后如图1.9(b)，中央子午线与赤道成为相互垂直的直线，其他子午线和纬线成为曲线。取中央子午线为坐标纵轴x，取赤道为坐标横轴y，两轴的交点为坐标原点O，组成高斯平面直角坐标系。在坐标系内，规定x轴向北为正，y轴向东为正，坐标象限按顺时针编号，以保证三角计算公式在测量计算中能够应用。

我国位于北半球，x坐标均为正值，y坐标则有正有负，如图1.10(a)，$y_A = +136780$ m，$y_B = -272440$ m。为了避免出现负值，规定每个坐标y值加500 km，相当于将每带的坐标原点向西移500 km，如图1.10(b)，纵轴西移后，$y_A = (500000 + 136780)$ m $= 636780$ m，y_B

=(500000−272440)m=227560 m。这样，虽然解决了 y 坐标的负值问题，但每个投影带内都有一个相同的 x、y 值。为了确定该点所在的位置，则在横坐标值前冠以带号，如 A、B 均位于 20 带，则 $y_A=20636780$ m，$y_B=20227560$ m。

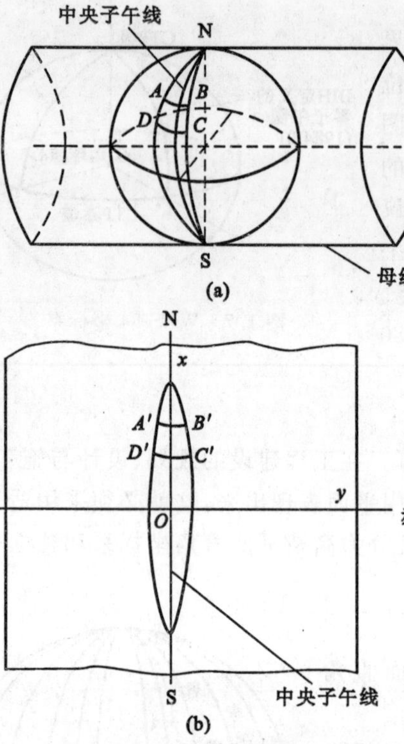

图 1.9　高斯投影

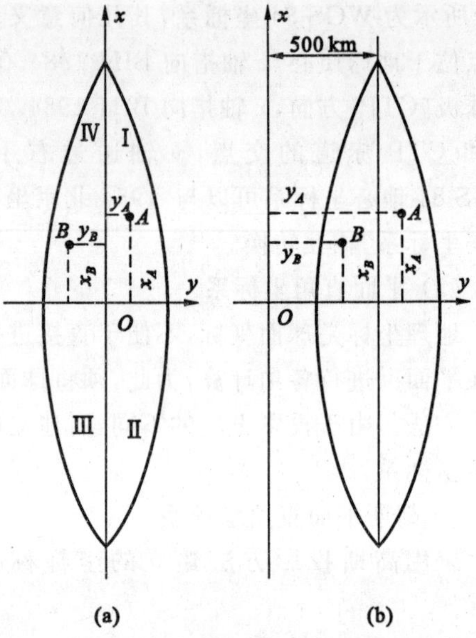

图 1.10　高斯平面直角坐标

在高斯投影中，离中央子午线近的部分变形小，离中央子午线愈远变形愈大，两侧对称。当要求投影变形更小时，可采用 3°带投影。

如图 1.11，3°带是从东经 1°30′开始，按经差 3°划分一带，全球共分 120 带。每带中央子午线经度 λ_0'与带号 n 的关系为：

$$\lambda_0' = 3n \tag{1.5}$$

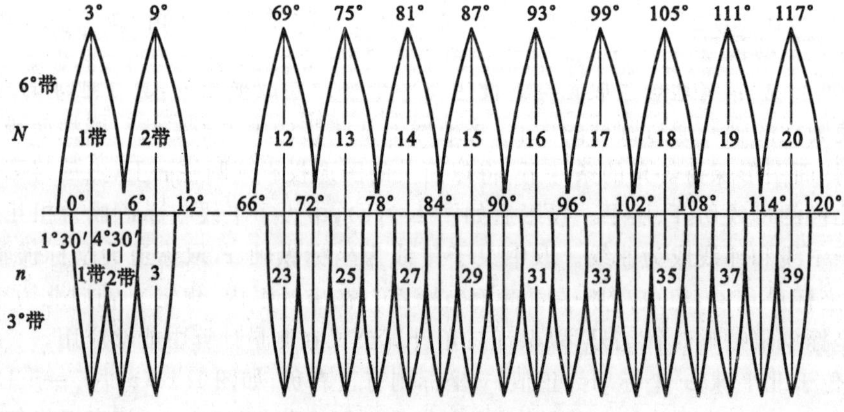

图 1.11　高斯投影分带

② 独立平面直角坐标系

当测区范围较小时，可以将大地水准面当作平面看待，并在该面上建立独立平面直角坐标系。地面点在大地水准面上的投影位置就可以用该平面直角坐标系中的坐标值来确定，如图 1.12 所示。

一般将独立平面直角坐标系的原点选在测区西南方向之外，以使测区内任意点的坐标均为正值。坐标系原点可以是假定坐标值，也可采用高斯平面直角坐标值。规定 x 轴向北为正，y 轴向东为正，坐标象限按顺时针编号，如图 1.13 所示。

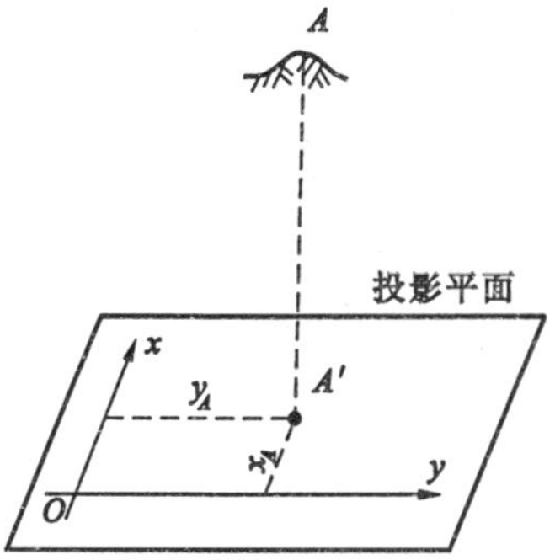

图 1.12　独立平面直角坐标系

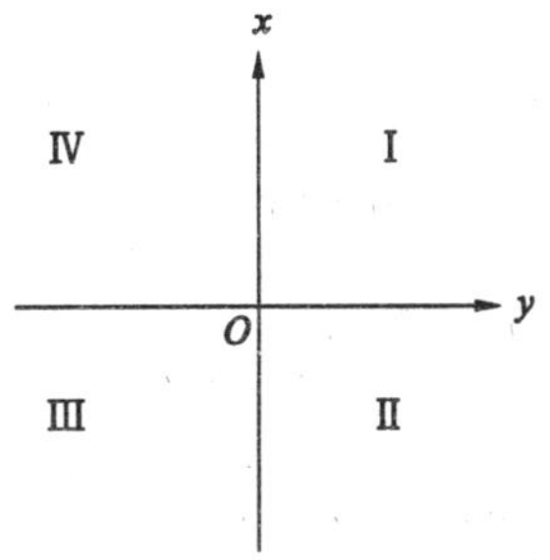

图 1.13　测量平面直角坐标

1.2.3　用水平面代替水准面的限度

水准面是一个曲面，曲面上的图形投影到平面上，总会产生一定的变形，当变形不超过测量误差的容许范围时，可以用水平面代替水准面。但是在多大面积范围内才容许这种代替，有必要加以讨论。为叙述方便，假定大地水准面为圆球面。

1.2.3.1　对水平距离的影响

如图 1.14，设地面上 A、B、C 三个点在大地水准面上的投影点是 a、b、c，用过 a 点的水平面代替大地水准面，则地面点在水平面上的投影点是 a、b'、c'。设 ab 的弧长为 D，ab' 的长度为 D'，球面半径为 R，D 所对的圆心角为 θ，则以水平长度 D' 代替弧长 D 所产生的误差为：

$$\Delta D = D' - D = R\tan\theta - R\theta = R(\tan\theta - \theta) \tag{1.6}$$

将 $\tan\theta$ 用级数展开为：

$$\tan\theta = \theta + \frac{1}{3}\theta^3 + \frac{5}{12}\theta^5 + \cdots$$

因 θ 角很小，只取前两项代入式(1.6)得：

$$\Delta D = R\left(\theta + \frac{1}{3}\theta^3 - \theta\right) = \frac{1}{3}R\theta^3$$

以 $\theta = D/R$ 代入上式，得：

$$\Delta D = \frac{D^3}{3R^2}$$

$$\frac{\Delta D}{D} = \frac{D^2}{3R^2} \tag{1.7}$$

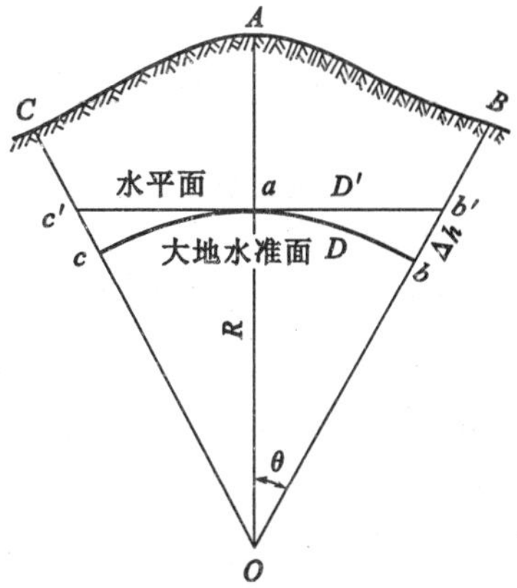

图 1.14　用水平面代替水准面

取 $R=6371$ km，以不同的 D 值代入式(1.7)，得到

表 1.2 所列的结果。当 D=10 km 时，以水平面代替大地水准面所产生的距离相对误差为 1∶1220000，这样小的误差，对于精密量距来说也是允许的。因此，在半径为 10 km 的面积范围内进行距离测量时，可以不考虑地球曲率，把水准面当作水平面看待。

表 1.2　水平面代替水准面对距离的影响

D(km)	ΔD(cm)	$\Delta D/D$
5	0.1	1/487 万
10	0.8	1/122 万
20	6.6	1/30.4 万
50	102.7	1/4.9 万
100	821.2	1/1.2 万

1.2.3.2　对高程的影响

在图 1.14 中，地面点 B 的绝对高程 $H_B=Bb$，用水平面代替大地水准面时，B 点的高程 $H_B'=Bb'$，两者之差 Δh 即为对高程的影响。由图 1.14 得：

$$(R+\Delta h)^2=R^2+D'^2$$

$$\Delta h=\frac{D'^2}{2R+\Delta h}$$

前已证明 D' 与 D 相差很小，可用 D 代替 D'，同时 Δh 与 $2R$ 相比可忽略不计，则

$$\Delta h=\frac{D^2}{2R} \tag{1.8}$$

当 D=0.1 km 时，Δh=0.0008 m；

当 D=1 km 时，Δh=0.078 m；

当 D=10 km 时，Δh=7.850 m。

上述计算表明，进行高程测量时，应考虑地球曲率对高程的影响。

1.3　测量工作概述

1.3.1　测量工作的基本内容

在实际测量工作中，一般不能直接测出地面点的坐标和高程。通常是求得待定点与已测出坐标和高程的已知点之间的几何位置关系，然后再推算出待定点的坐标和高程。

如图 1.15，设 A、B 为坐标、高程已知的点，C 为待定点，三点在投影平面上的投影位置分别是 a、b、c。在△abc 中，只要测出一条未知边和一个角（或两个角，或两条未知边），就可以推算出 C 点的坐标。可见测定地面点的坐标主要是测量水平距离和水平角。

欲求 C 点的高程，则要测量出高差 h_{AC}（或 h_{BC}），然后推算出 C 点高程。所以测定某点高程的主要测量工作是测高差。

综上所述，高差测量、水平角测量、水平距离测量是测量工作的基本内容。

1.3.2 测量工作的基本原理

地表形态和建筑物形状是由许多特征点决定的，在进行建筑工程测量时，就需要测定（或测设）许多特征点（也称碎部点）的平面位置和高程。如果从一个特征点开始逐点进行施测，虽可得到欲测各点的位置，但由于测量工作中存在不可避免的误差，会导致前一点的量度误差传递到下一点，这样累积起来，最后可能使点位误差达到不可容许的程度。因此，测量工作必须按照一定的原则进行。

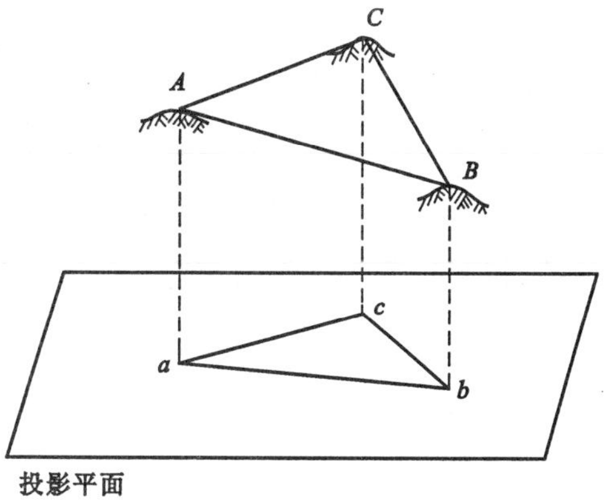

图 1.15　测量的基本内容

在实际测量工作中，应遵循的原则之一是“从整体到局部、先控制后碎部”。也就是先在测区内选择一些有控制意义的点（称为控制点），把它们的平面位置和高程精确地测定出来，然后再根据这些控制点测定出附近碎部点的位置。这种测量方法可以减少误差积累，而且可以同时在几个控制点上进行测量，加快工作进度。此外，测量工作必须重视检核，防止发生错误，避免错误的结果对后续测量工作的影响。因此，“前一步工作未做检核不得进行下一步工作”，这是测量工作应遵循的又一个原则。

思考题与习题

(1) 测量学研究的对象是什么？

(2) 测定与测设有何区别？

(3) 建筑工程测量的任务是什么？

(4) 为何选择大地水准面和铅垂线作为测量工作的基准面和基准线？

(5) 何谓绝对高程？何谓相对高程？两点之间的绝对高程之差与相对高程之差是否相同？

(6) 已知 $H_A=54.632$ m，$H_B=63.239$ m，求 h_{AB} 和 h_{BA}。

(7) 地球上某点的经度为东经 112°21′，试问该点所在 6°带和 3°带的中央子午线经度和带号。

(8) 已知某点的高斯平面直角坐标为 $x=3102467.28$ m，$y=20792538.69$ m，试问该点位于 6°带的第几带？该带的中央子午线经度是多少？该点在中央子午线的哪一侧？在高斯投影平面上，该点距中央子午线和赤道的距离约为多少？

(9) 何谓水平面？用水平面代替水准面对水平距离和高程分别有何影响？

(10) 测量工作为什么要遵循“从整体到局部、先控制后碎部”的原则？

2 水准测量

【本章提要】本章主要介绍水准测量的原理和方法、水准仪构造使用及其检校、水准测量误差来源及消除方法;水准路线施测方法及数据处理。还介绍了精密水准仪、自动安平水准仪、激光水准仪、电子水准仪的基本构造和使用。

测量地面点高程的工作,称为高程测量。按使用的仪器和施测方法的不同,高程测量分为水准测量、三角高程测量和气压高程测量。水准测量是精确测定地面点高程的一种主要方法。本章主要介绍水准测量。

2.1 水准测量原理

水准测量的实质是测定地面两点间的高差,然后通过已知点高程,求出未知点的高程。

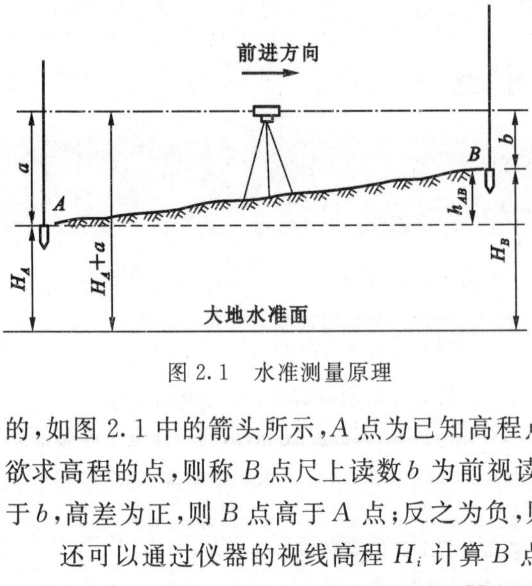

图 2.1 水准测量原理

如图 2.1 所示,设已知 A 点的高程为 H_A,欲测定 B 点的高程 H_B,可在 A、B 两点上各竖一根有刻画的尺子——水准尺,在其间安置一台能提供水平视线的仪器——水准仪,用水准仪的水平视线分别读取 A、B 尺上的读数 a、b,则 B 点对 A 点的高差为:

$$h_{AB} = a - b \tag{2.1}$$

则 B 点的高程为:

$$H_B = H_A + h_{AB} \tag{2.2}$$

如果水准测量是由 A 点到 B 点进行的,如图 2.1 中的箭头所示,A 点为已知高程点,则称 A 点尺上读数 a 为后视读数,B 点为欲求高程的点,则称 B 点尺上读数 b 为前视读数。高差等于后视读数减去前视读数。a 大于 b,高差为正,则 B 点高于 A 点;反之为负,则 B 点低于 A 点。

还可以通过仪器的视线高程 H_i 计算 B 点的高程,公式为:

$$\left.\begin{aligned} H_i &= H_A + a \\ H_B &= H_i - b \end{aligned}\right\} \tag{2.3}$$

由式(2.2)根据高差推算高程,称为高差法;由式(2.3)利用视线高程推算高程,称为视线高法。当安置一次仪器要求出几个点的高程时,视线高法比高差法方便。

2.2 水准测量的仪器和工具

水准测量所使用的仪器为水准仪,工具有水准尺和尺垫。

按仪器的精度分,有 DS05、DS1、DS3 和 DS10 等不同精度的水准仪。“D”和“S”分别为

"大地测量"和"水准仪"汉语拼音的第一个字母，数字是用该仪器进行水准测量时，每千米往、返测得高差中数的偶然中误差值。建筑工程测量中一般使用 DS3 水准仪，本章着重介绍这类仪器。

2.2.1 DS3 微倾式水准仪的构造

根据水准测量原理，水准仪的主要作用是提供一条水平视线，并能照准水准尺进行读数。因此，水准仪主要由望远镜、水准器及基座三部分构成。图 2.2 所示是我国生产的 DS3 微倾式水准仪。

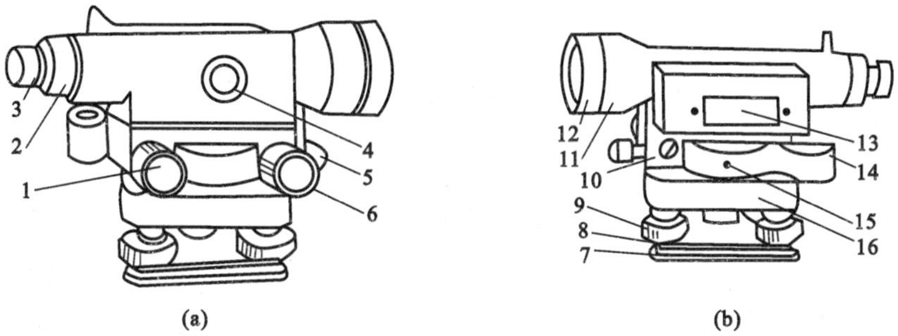

图 2.2 DS3 微倾式水准仪

1—微倾螺旋；2—分划板护罩；3—目镜；4—物镜调焦螺旋；5—制动螺旋；6—微动螺旋；7—底板；8—三角压板；9—脚螺旋；10—弹簧帽；11—望远镜；12—物镜；13—管水准器；14—圆水准器；15—连接小螺钉；16—轴座

2.2.1.1 望远镜

图 2.3 所示是 DS3 水准仪望远镜的构造图，主要由物镜 1、目镜 2、调焦透镜 3 和十字丝分划板 4 等组成。

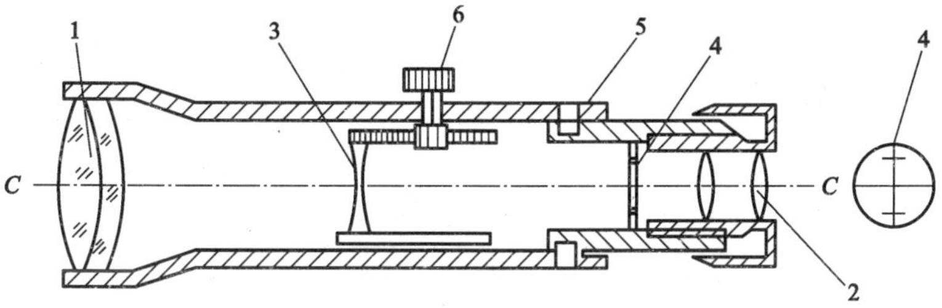

图 2.3 望远镜的构造

1—物镜；2—目镜；3—调焦透镜；4—十字丝分划板；5—连接螺钉；6—调焦螺旋

物镜和目镜多采用复合透镜组。物镜的作用是和调焦透镜一起将远处的目标在十字丝分划板上形成缩小而明亮的实像，目镜的作用是将物镜所成的实像与十字丝一起放大成虚像。

十字丝分划板是一块刻有分划线的透明薄平板玻璃片。分划板上互相垂直的两条长丝，称为十字丝。纵丝亦称竖丝，横丝亦称中丝。上、下两条对称的短丝称为视距丝，用于测量距离。操作时利用十字丝交叉点和中丝瞄准目标和读取水准尺上的读数。

十字丝交叉点与物镜光心的连线，称为望远镜的视准轴(图 2.3 中的 C—C)。延长视准轴并使其水平，即得水准测量中所需的水平视线。

2.2.1.2 水准器

水准器是操作人员判断水准仪安置是否正确的重要部件。水准仪通常装有圆水准器和管水准器，分别用来指示仪器竖轴(圆水准器)是否竖直和视准轴是否水平(管水准器)。

(1) 圆水准器

如图 2.4，圆水准器顶面的内壁是球面，其中有圆形分划圈，圆圈的中心为水准器的零点。通过零点的球面法线为圆水准器轴线，当圆水准器气泡居中时，该轴线处于竖直位置。水准仪竖轴应与该轴线平行。当气泡不居中时，气泡中心偏离零点 2 mm，轴线所倾斜的角值称为圆水准器分划值，一般为 8′～10′。圆水准器的功能是用于仪器的粗略整平。

(2) 管水准器

它又称水准管，是把纵向内壁磨成圆弧形(圆弧半径一般为 7～20 m)的玻璃管，管内装酒精和乙醚的混合液，加热融封冷却后留有一个近于真空的气泡(见图 2.5)。由于气泡较液体轻，故恒处于管内最高位置。

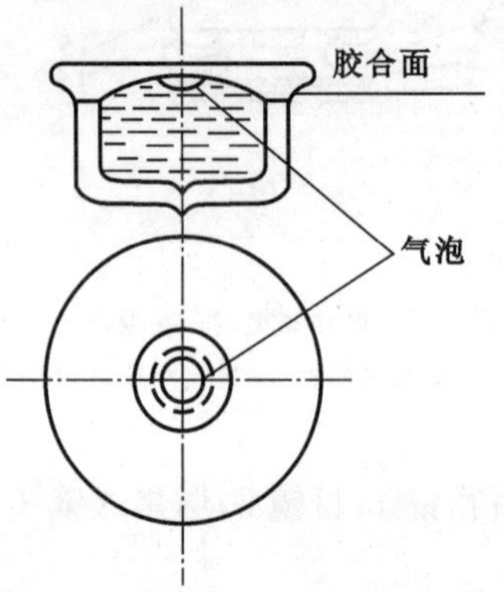

图 2.4 圆水准器

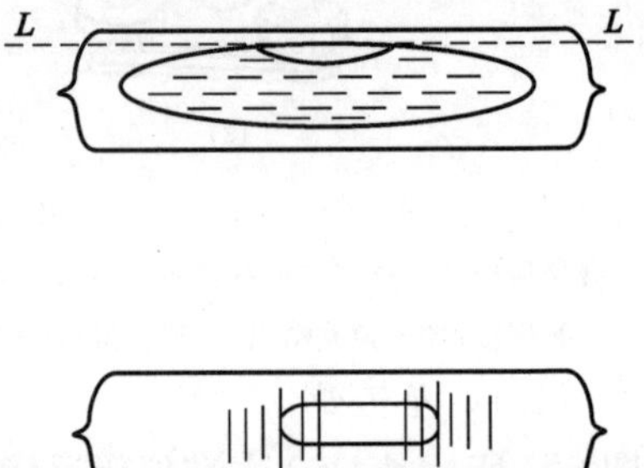

图 2.5 管水准器

水准管上一般刻有间隔 2 mm 的分划线，分划线的对称中点 0 称为水准管零点。通过零点作水准管圆弧的纵切线，称为水准管轴(图 2.5 中 L—L)。当水准管的气泡中点与水准管零点重合时，称为气泡居中，这时水准管轴处于水平位置，否则水准管轴处于倾斜位置。水准管圆弧 2 mm 所对的圆心角 τ 称为水准管分划值，即

$$\tau = \frac{2}{R}\rho \tag{2.4}$$

式中：ρ——1 弧度相应的秒值，$\rho=\dfrac{180\times60\times60}{\pi}=206265''$；

R——水准管圆弧半径(mm)。

DS3 水准仪水准管的分划值为 20″，记作 20″/2 mm。由于水准管的精度较高，所以用于仪器的精确整平。

为提高水准管气泡居中精度，DS3 水准仪在水准管的上方安装一组符合棱镜，如图 2.6(a)所示。通过符合棱镜的折光作用，使气泡两端的像反映在望远镜旁的符合气泡观察窗中。若两端半边气泡的像吻合时，表示气泡居中，如图 2.6(b)所示；若成错开状态，则表示气泡不居中，如图 2.6(c)所示。这时，应转动目镜下方右侧的微倾螺旋，使气泡的像吻合。

2.2.1.3 基座

基座主要由轴座、脚螺旋、底板和三角压板构成(见图 2.2)。其作用是支承仪器的上

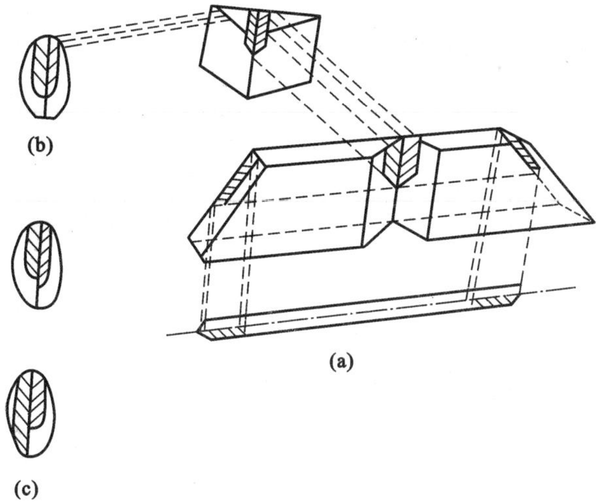

图 2.6　符合棱镜成像

部，即将仪器的竖轴插入轴座内旋转。脚螺旋用于调整圆水准器气泡居中。底板通过连接螺旋与下部三脚架连接。

2.2.2　水准尺和尺垫

水准尺是水准测量时使用的标尺，常用干燥的优质木料、玻璃钢、铝合金等材料制成。从尺形来看，水准尺有塔尺、直尺和折尺之分。

塔尺[图 2.7(a)]仅用于等外水准测量，其长度有 3 m 和 5 m 两种，分两节或三节套接而成。塔尺可以伸缩，尺底为零点，尺上黑白格相间，每格宽度为 1 cm，有的为 0.5 cm，每米和分米处皆注有数字。数字有正字和倒字两种。数字上加红点表示米数，如 $\dot{8}$ 表示 1.8 m，$\ddot{5}$ 表示 2.5 m。

直尺[图 2.7(b)]多用于三、四等水准测量。其长度为 3 m，两根尺为一对。尺的两面均有刻划，一面为红白相间称为红面尺，另一面为黑白相间称为黑面尺，两面的刻画均为1 cm，并在分米处注字。两根尺的黑面底部均为零；而红面底部，一根尺为 4.687 m，另一根为 4.787 m，两根尺必须配对使用。

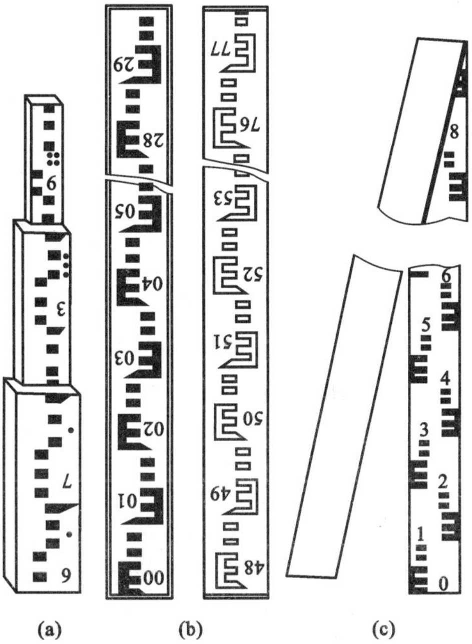

图 2.7　水准尺

折尺主要用于矿山测量或其他地下测量，由两节构成，单面刻画，尺底为零，最小分划一般为 1 cm，使用方便灵活，如图 2.7(c)所示。

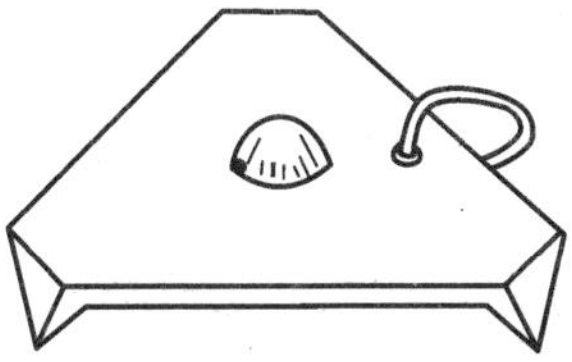

图 2.8　尺垫

尺垫是用生铁铸成，一般为三角形，中央有一凸起的半球体，下部有三个支脚，如图 2.8 所示。水准测量时，将支脚牢固地踩入地下，然后将水准尺立于半球顶上，用以保持尺底高度不变。尺垫仅在转点处竖立水准尺时使用。

2.3　水准仪的使用

DS3 水准仪的基本操作程序为安置仪器、粗略整平、瞄准水准尺、精确整平和读数。

2.3.1　安置仪器

打开三脚架并使其高度适中，用目估法使架头大致水平，检查三脚架是否安设牢固。然后打开仪器箱取出仪器，用连接螺旋将水准仪固连在三脚架头上。

2.3.2　粗略整平

粗平是借助圆水准器的气泡居中，使仪器竖轴大致铅直，从而使视准轴粗略水平。利用脚螺旋使圆水准器气泡居中的操作步骤如图 2.9 所示，用两手按相对方向转动脚螺旋 1 和 2，使气泡沿着 1、2 连线方向由 a 移至 b，再转动脚螺旋 3(亦可按相同方向转动脚螺旋 1 和 2)，使气泡由 b 移至中心。整平时气泡移动的方向与左手大拇指转动脚螺旋的方向一致。

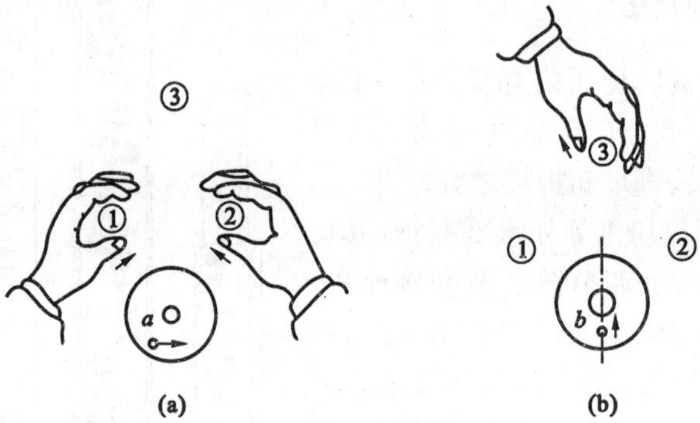

图 2.9　粗略整平

2.3.3　瞄准水准尺

首先进行目镜调焦，即把望远镜对着明亮的背景，转动目镜调焦螺旋，使十字丝清晰。转动望远镜，使照门和准星的连线对准水准尺，拧紧制动螺旋，转动物镜调焦螺旋，使水准尺的像最清晰。然后转动水平微动螺旋，使十字丝纵丝照准水准尺边缘或中央。

当眼睛在目镜端上下微微移动时，若发现十字丝的横丝在水准尺上的位置随之变动，这种现象称为视差。产生视差的原因是水准尺成像的平面和十字丝平面不重合。视差的存在将会影响读数的正确性，应加以消除。消除的方法是先调目镜使十字丝完全清晰，再重新仔细地进行物镜调焦，直到眼睛上下移动时读数不变为止。

2.3.4　精确整平

眼睛通过目镜左方符合气泡观察窗观察水准管气泡，用右手缓慢而均匀地转动微倾螺旋，使气泡两端的像吻合(如图 2.10)。

2.3.5 读数

当确认水准管气泡居中时，应立即根据中丝在尺上的读数，先估读毫米数，然后报出全部读数。如图 2.11 所示，读数为 1.337，但习惯上只念“1337”四位数而不读小数点，即以毫米为单位。

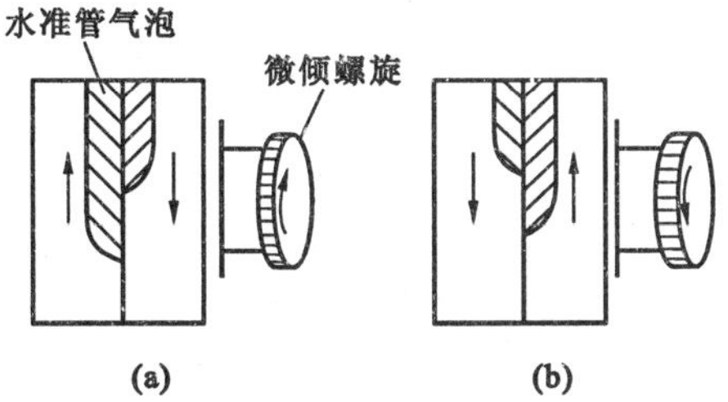

图 2.10 精确整平

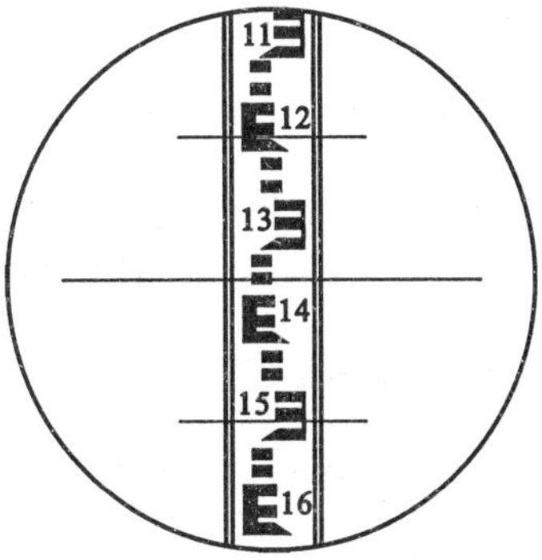

图 2.11 水准尺读数

精平和读数虽是两项不同的操作步骤，但在水准测量的实施过程中，把两项操作视为一个整体。即精平后再读数，读数后还要检查水准管气泡是否符合，只有这样，才能取得正确的结果。

2.4 水准测量的实测方法

2.4.1 水准点

为了统一全国的高程系统，满足各种比例尺测图、各项工程建设以及科学研究的需要，测绘部门在全国各地埋设了许多固定的测量标志，并用水准测量的方法测定了它们的高程，这些标志称为水准点(Bench Mark)，简记为 BM。水准点有永久性和临时性两种。国家等级水准点如图 2.12 所示，一般用石料或钢筋混凝土制成，深埋到地面冻结线以下，在标石的顶面设有用不锈钢或其他不易锈蚀的材料制成的半球状标志。半球状标志顶点表示水准点的点位。有的用金属标志埋设于基础稳固的建筑物墙脚上，称为墙上水准点，如图 2.13 所示。

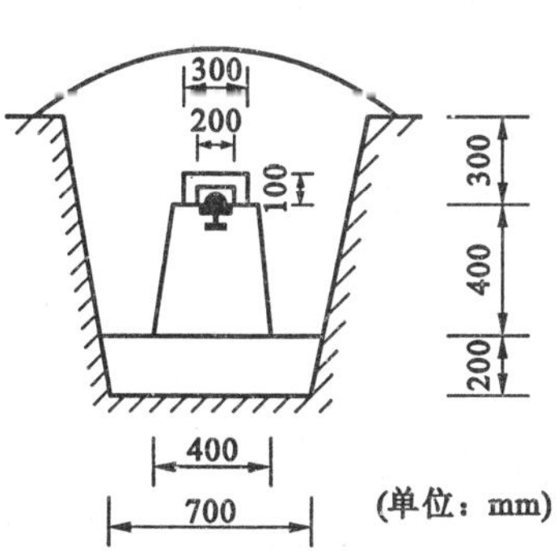

图 2.12 国家等级水准点

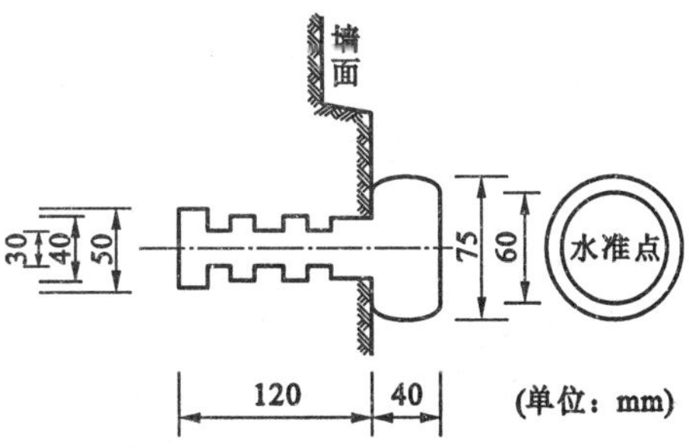

图 2.13 墙上水准点

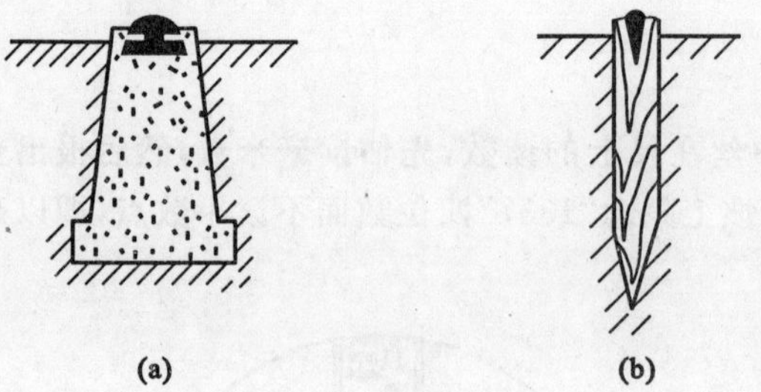

图 2.14　临时水准点

建筑工地上的永久性水准点一般用混凝土制成，顶部嵌入半球状金属标志，其形式如图 2.14(a)所示。临时性的水准点可用地面上凸出的坚硬岩石，或将大木桩打入地下，桩顶钉以半球形铁钉，如图 2.14(b)所示。

埋设水准点后，应绘出能标记水准点位置的草图，在图上要注明水准点编号和高程，称为“点之记”，以便日后寻找和使用水准点。水准点编号前通常加 BM，作为水准点的代号。

2.4.2　水准路线的布设

在进行水准测量时，需要将已知水准点和待定点组成一定的水准路线，根据测区已知高程的水准点分布情况和实际需要，水准路线一般布置成单一水准路线和水准网。

2.4.2.1　单一水准路线

单一水准路线又分为附合水准路线、闭合水准路线和支水准路线。

(1) 附合水准路线

如图 2.15(a)所示，附合水准路线是从已知高程的水准点 BM1 出发，最后附合到另一已知水准点 BM2 上。

(2) 闭合水准路线

如图 2.15(b)所示，闭合水准路线是由已知高程的水准点 BM1 出发，沿环线进行水准测量，测定 1、2、3、4 等待定点的高程，最后回到原水准点 BM1 上。

(3) 支水准路线

如图 2.15(c)所示，支水准路线是从一已知高程的水准点 BM5 出发，测定 1、2 等待定点的高程，最后既不附合到其他水准点上，也不自行闭合。

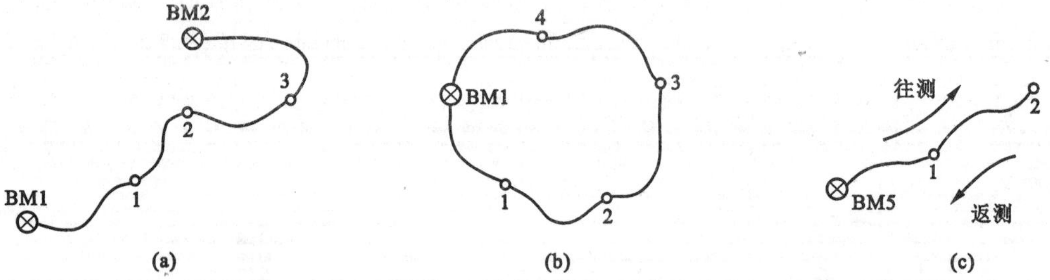

图 2.15　单一水准路线

2.4.2.2　水准网

若干条单一水准路线相互连接构成图 2.16 所示的形状，称为水准网。

水准网中单一水准路线相互连接的点称为结点。如图 2.16(a)中的点 4 和图 2.16(b)中的点 1、点 2、点 3 和图 2.16(c)中的点 1、点 2、点 3、点 4。

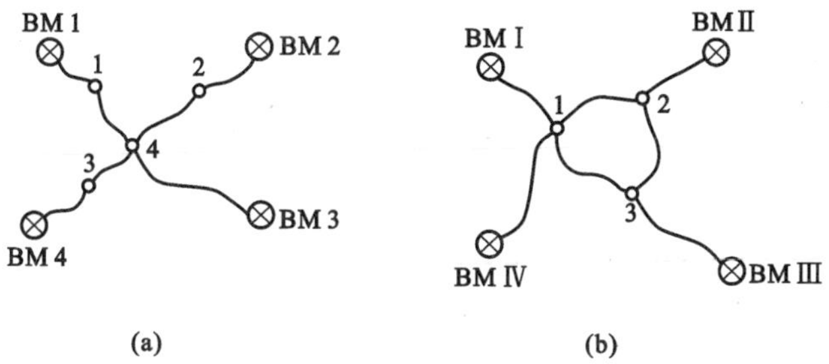

图 2.16　水准网

2.4.3　水准测量的方法

当欲测高程点距水准点较远或高差很大时，就需要连续多次安置仪器测出两点的高差。如图 2.17 所示，水准点 A 的高程为 27.354 m，现拟测量 B 点的高程，其观测步骤如下：

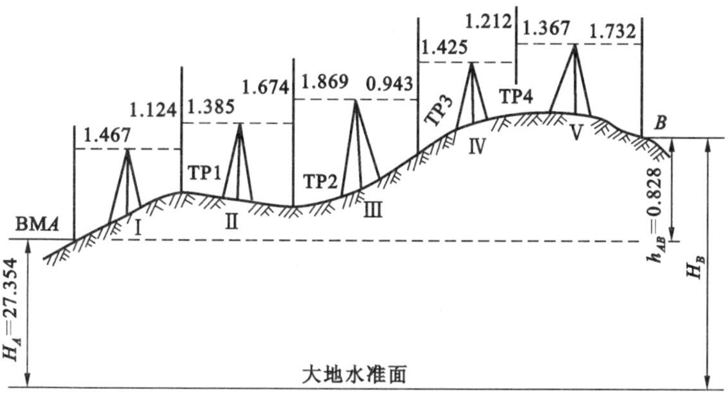

图 2.17　水准路线施测(单位:m)

在离 A 点约 100～200 m 处选定点 TP1，在 A、TP1 两点上分别立水准尺，在距 A 和 TP1 等距离的Ⅰ处安置水准仪，将仪器粗略整平，后视 A 点上的水准尺，精平后读数得 1.467 m；旋转望远镜，前视 TP1 点上的水准尺，得前视读数 1.124 m，后视读数减前视读数得高差为＋0.343 m。观测记录与计算见表 2.1。

为保证观测精度，必须进行测站检核。测站检核的方法有变动仪器高法和双面尺法两种。

变动仪器高法是在同一个测站上用两次不同的仪器高度，测得两次高差进行检核。即测得第一次高差后，改变仪器高度(大于 10 cm)再测一次高差。两次所测高差之差不超过容许值(例如等外水准容许值为 6 mm)，则认为符合要求，取其平均值作为最后结果，否则须重测。

双面尺法是仪器的高度不变，而用双面水准尺的红、黑面两次测量高差，进行检核。两次高差之差的容许值与变动仪器高法相同。

以上为一个测站上的工作。

点 TP1 上的水准尺不动，把 A 点上的水准尺移到点 TP2，仪器安置在点 TP1 和点 TP2 之间，进行观测和计算。依此法一直测到 B 点。

表 2.1 水准测量手簿

日　期＿＿＿＿＿＿　仪　器＿＿＿＿＿＿　观　测＿＿＿＿＿＿

天　气＿＿＿＿＿＿　地　点＿＿＿＿＿＿　记　录＿＿＿＿＿＿

测站	测点	水准尺读数		高差(m)		高程	备注
		后视 (a)	前视 (b)	+	−	(m)	
Ⅰ	BMA TP1	1.467	1.124	0.343		27.354	
Ⅱ	TP1 TP2	1.385	1.674		0.289		
Ⅲ	TP2 TP3	1.869	0.943	0.926			
Ⅳ	TP3 TP4	1.425	1.212	0.213			
Ⅴ	TP4 B	1.367	1.732		0.365	28.182	
计算校核		$\sum a=7.513$ -6.685 $+0.828$	$\sum b=6.685$	$\sum +1.482$ -0.654 $\sum h=+0.828$	$\sum -0.654$	28.182 −27.354 +0.828	

显然，每安置一次仪器，便测得一个高差，即

$$h_1=a_1-b_1$$

$$h_2=a_2-b_2$$

$$\vdots$$

$$h_5=a_5-b_5$$

将各式相加，得：

$$\sum h=\sum a-\sum b \tag{2.5}$$

则 B 点的高程为：

$$H_B=H_A+\sum h$$

为保证记录表中数据的正确，应对记录表中每一页所计算的高差和高程进行计算检核。即后视读数总和减前视读数总和，高差总和及 B 点高程与 A 点高程之差，这三个数字应相等。否则，计算有错。例如表 2.1 中：

$$\sum a-\sum b=7.513-6.685=+0.828$$

$$\sum h=1.482-0.654=+0.828$$

$$H_B-H_A=28.182-27.354=+0.828$$

三值相等，说明计算正确。

由上述可知，在观测过程中点 TP1、TP2、TP3、TP4 仅起传递高程的作用，这些点称为转点(Turning Point)，常用 TP 表示。

2.4.4 水准测量的成果检核

在水准测量的实施过程中，进行测站检核只能检核一个测站上是否存在错误或误差是

否超限。对于一条水准路线来说，测站检核还不足以说明所求水准点的高程精度是否符合要求。由于温度、风力、大气折射和水准尺下沉等外界条件引起的误差，尺子倾斜和估读误差，以及水准仪本身的误差等，虽然在一个测站上反映不很明显，但随着测站数的增多使误差积累，有时也会超过规定的限差。因此，还须进行整个水准路线的成果检核。

2.4.4.1　附合水准路线的成果检核

由图2.15(a)可知，在附合水准路线中，各待定高程点间高差的代数和应等于两个水准点间的高差。如果不相等，两者之差称为高差闭合差 f_h，其值不应超过容许值。用公式表示为：

$$f_h = \sum h_{测} - (H_{终} - H_{始}) \tag{2.6}$$

式中，$H_{终}$ 表示终点水准点BM2的高程，$H_{始}$ 表示始点水准点BM1的高程。

各种测量规范对不同等级的水准测量规定了高差闭合差的容许值。表2.2为《工程测量规范》(1993年)中水准测量成果的技术要求。

当 $|f_h| \leqslant |f_{h容}|$ 时，则成果合格，否则，须重测。

表2.2　水准测量成果技术要求

水准测量等级	往返较差、附合或环线闭合差	
	平地(mm)	山地(mm)
三等	$\pm 12\sqrt{L}$	$\pm 4\sqrt{n}$
四等	$\pm 20\sqrt{L}$	$\pm 6\sqrt{n}$
五等	$\pm 30\sqrt{L}$	—

注：L 为水准路线长度，以km计；n 为测站数。

2.4.4.2　闭合水准路线的成果检核

在图2.15(b)所示的闭合水准路线中，各待定高程点之间的高差的代数和应等于0，即：

$$\sum h_{理} = 0 \tag{2.7}$$

由于测量误差的影响，实测高差总和 $\sum h_{测}$ 不等于0，它与理论高差总和的差值即为高差闭合差：

$$f_h = \sum h_{测} - \sum h_{理} = \sum h_{测} \tag{2.8}$$

其高差闭合差不应超过容许值，否则，须重测。

2.4.4.3　支水准路线的成果检核

在图2.15(c)所示的支水准路线中，理论上往测与返测高差的绝对值相等，符号相反，两者的代数和即为高差闭合差：

$$f_h = \sum h_{往} + \sum h_{返} \tag{2.9}$$

通过往返测进行成果检核，其高差闭合差不应超过容许值，否则，须重测。

2.5　水准测量的成果计算

进行水准测量成果计算时，要先检查野外观测手簿，计算各点间高差，经检核无误，则根据野外观测高差计算高差闭合差，若闭合差符合规定的精度要求，则调整闭合差，最后计算各点的高程。以上工作，称为水准测量的内业。

不同等级的水准测量，对高差闭合差有不同的规定。等外水准测量的高差闭合差容许值规定为：

$$\left.\begin{array}{lll}\text{平地} & f_{h容}=\pm 40\sqrt{L} & (\text{mm}) \\ \text{山地} & f_{h容}=\pm 12\sqrt{n} & (\text{mm})\end{array}\right\} \quad (2.10)$$

式中：L——水准路线长度，以 km 计；

n——测站数。

2.5.1 附合水准路线成果计算

以图 2.18 为例，A、B 为两个已知水准点，A 点高程为 65.376 m，B 点高程为68.623 m，点 1、2、3 为待测水准点，各测段高差、测站数、距离如图所示。计算步骤如下(参见表 2.3)：

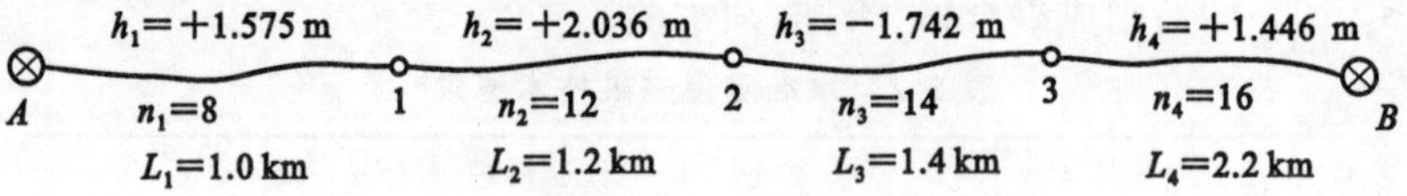

图 2.18　附合水准路线计算略图

表 2.3　附合水准测量成果计算表

测段编号	点名	距离 L (km)	测站数	实测高差 (m)	改正数 (m)	改正后的高差 (m)	高程 (m)	备注
1	2	3	4	5	6	7	8	9
	A						65.376	
1		1.0	8	+1.575	−0.012	+1.563		
	1						66.939	
2		1.2	12	+2.036	−0.014	+2.022		
	2						68.961	
3		1.4	14	−1.742	−0.016	−1.758		
	3						67.203	
4		2.2	16	+1.446	−0.026	+1.420		
	B						68.623	
$\sum$		5.8	50	+3.315	−0.068	+3.247		
辅助计算	$f_h=+68$ mm　$L=5.8$ km　$-f_h/L=12$ mm　$f_{h容}=\pm 40\sqrt{5.8}=\pm 96$ mm							

2.5.1.1　闭合差的计算

$$f_h=\sum h-(H_B-H_A)=3.315-(68.623-65.376)=+0.068\text{ m}$$

因是平地，闭合差容许值为：

$$f_{h容}=\pm 40\sqrt{L}=\pm 40\sqrt{5.8}=\pm 96\text{ mm}$$

因为$|f_h|<|f_{h容}|$，故其精度符合要求。

2.5.1.2　闭合差的调整

在同一条水准路线，假设观测条件是相同的，可认为各测站产生误差的机会是相等的。因此，闭合差调整的原则和方法，是按与测站数(或测段距离)成正比例，并反其符号改正到各相应测段的高差上，得改正后高差，即：

$$v_i = -\frac{f_h}{\sum n} n_i \quad 或 \quad v_i = -\frac{f_h}{\sum l} l_i \tag{2.11}$$

及

$$\overline{h}_i = h_{i测} + v_i$$

式中：v_i、$\overline{h}_i$——第 i 测段的高差改正数与改正后高差；

$\sum n$、$\sum l$——路线总测站数与总长度；

n_i、l_i——第 i 测段的测站数与长度。

高差改正数的计算检核：

$$\sum v_i = -f_h \tag{2.12}$$

本例中，各测段改正数为：

$$v_1 = -\frac{f_h}{\sum l} l_1 = -\frac{0.068}{5.8} \times 1.0 = -0.012 \text{ m}$$

$$v_2 = -\frac{f_h}{\sum l} l_2 = -\frac{0.068}{5.8} \times 1.2 = -0.014 \text{ m}$$

检核：

$$\sum v_i = -0.068 \text{ m} = -f_h$$

各测段改正数分别列入表 2.3 中的第 6 栏内。

各测段改正后的高差为：

$$\overline{h}_1 = h_1 + v_1 = +1.575 - 0.012 = +1.563 \text{ m}$$

$$\overline{h}_2 = h_2 + v_2 = +2.036 - 0.014 = +2.022 \text{ m}$$

$$\vdots$$

检核：

$$\sum \overline{h} = H_B - H_A = +3.247 \text{ m}$$

各测段改正后高差列入表 2.3 中第 7 栏。

2.5.1.3 高程的计算

根据检核过的改正后高差，由起始点 A 开始，逐点推算出各点的高程，即：

$$H_1 = H_A + \overline{h}_1 = 65.376 + 1.563 = 66.939 \text{ m}$$

$$H_2 = H_1 + \overline{h}_2 = 66.939 + 2.022 = 68.961 \text{ m}$$

各点高程列入表 2.3 第 8 栏中。

最后算得的 B 点高程应与已知高程 H_B 相等，即：

$$H_{B(算)} = H_{B(已知)} = 68.623 \text{ m}$$

否则，说明高程计算有误。

2.5.2 闭合水准路线成果计算

闭合水准路线的计算步骤与附合水准路线相同。

如图 2.19 所示，水准点 A 和待定高程点 1、2、3 组成一闭合水准路线，各测段高差及测站数如图所示。表 2.4 为该闭合水准路线的计算成果。

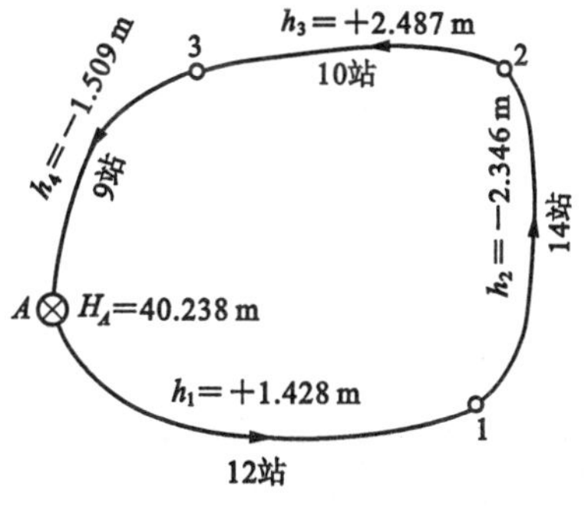

图 2.19 闭合水准路线计算略图

表 2.4　闭合水准路线成果计算表

点号	测站数	实测高差(m)	改正数(mm)	改正后高差(mm)	高程(m)
A					40.238
	12	+1.428	−16	+1.412	
1					41.650
	14	−2.346	−19	−2.365	
2					39.285
	10	+2.487	−13	+2.474	
3					41.759
	9	−1.509	−12	−1.521	
A					40.238
$\sum$	45	$f_h=+0.060$	−60	0.000	
辅助计算	$f_{h容}=\pm12\sqrt{n}=\pm12\sqrt{45}=\pm80$ mm $\lvert f_h\rvert<\lvert f_{h容}\rvert$成果合格				

2.5.3　支水准路线成果计算

如图 2.20,已知水准点 A 的高程为 86.785 m,往、返测站共 16 站。高差闭合差为:

$$f_h = h_{往} + h_{返} = -1.375 + 1.396 = 0.021 \text{ m}$$

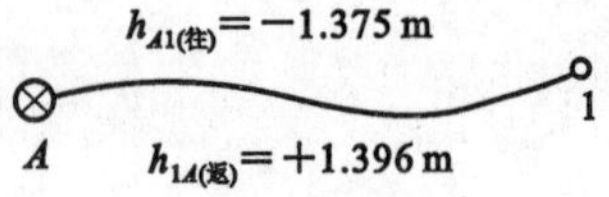

图 2.20　支水准路线计算略图

闭合差容许值为:

$$f_{h容} = \pm 12\sqrt{n} = \pm 12\sqrt{16} = \pm 48 \text{ mm}$$

$\lvert f_h\rvert<\lvert f_{h容}\rvert$,说明符合普通水准测量的要求。经检核符合精度要求后,可取往测和返测高差绝对值的平均值作为 A、1 两点间的高差,其符号与往测高差符号相同,即:

$$h_{A1} = \frac{-1.375-1.396}{2} = -1.386 \text{ m}$$

$$H_1 = 86.785 - 1.386 = 85.399 \text{ m}$$

2.6　水准仪的检验与校正

2.6.1　水准仪应满足的几何条件

如图 2.21 所示,DS3 水准仪有四条轴线,即望远镜的视准轴 CC、水准管轴 LL、圆水准器轴 $L'L'$、仪器的竖轴 VV。

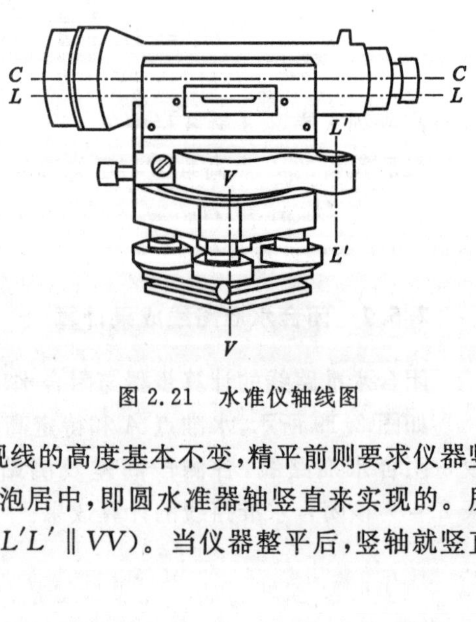

图 2.21　水准仪轴线图

根据水准测量原理,水准仪必须提供一条水平视线,才能正确地测定地面两点间的高差。视线是否水平,是根据水准管气泡是否居中来判断的。因此,水准仪必须满足视准轴平行于水准管轴($CC \parallel LL$)这一主要条件。其次,为了加快用微倾螺旋精确整平的过程,以及保证水平视线的高度基本不变,精平前则要求仪器竖轴处于竖直位置。竖轴的竖直是借助圆水准器气泡居中,即圆水准器轴竖直来实现的。所以,水准仪还应满足圆水准器轴平行于仪器竖轴($L'L' \parallel VV$)。当仪器整平后,竖轴就竖直了，此时十字丝横丝应该水平，用十字丝的任何部位在水准尺上截取的读数都相同。因此，还要求十字丝横丝与仪器竖轴垂直。这些条件在仪器出厂时经检验都是满足的，但由于长期使用和运输中的震动等原因，可能使各部位螺钉松动，各轴线间的关系产生变化。因此，在正式作业之前，必须对所使用的仪器进行检验与校正。

2.6.2 水准仪的检验与校正

2.6.2.1 圆水准器的检验与校正

目的：使圆水准器轴平行于竖轴，即 $L'L' \parallel VV$。

检验：如图 2.22(a)，转动脚螺旋使圆水准器气泡居中，此时，圆水准器轴 $L'L'$ 处于竖直位置。如果仪器竖轴 VV 与 $L'L'$ 不平行，且交角为 α，那么竖轴 VV 与竖直位置偏差 α 角。将仪器绕竖轴旋转 180°，如图 2.22(b)，圆水准器转到竖轴的左侧，$L'L'$ 不但不竖直，而且与竖直线 ll 的交角为 2α。显然气泡不再居中，气泡中心偏离零点的弧长所对的圆心角为 2α。这说明圆水准器轴 $L'L'$ 不平行于竖轴 VV，需要校正。

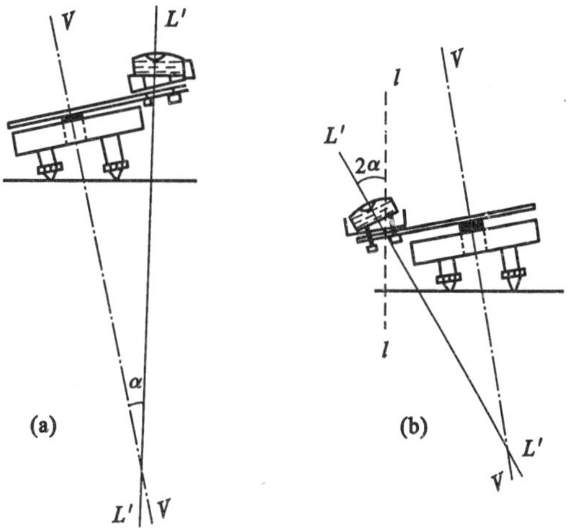

图 2.22 圆水准器的检验

校正：圆水准器校正结构如图 2.23 所示。校正前应先拧松中间的固紧螺丝，然后调整三个校正螺丝，使气泡向居中的位置移动偏移量的一半，如图 2.24(a)，这时，圆水准器轴 $L'L'$ 与 VV 平行。然后再用脚螺旋整平，使圆水准器气泡居中，竖轴 VV 则处于竖直状态，如图 2.24(b)。校正工作一般都难以一次完成，需反复进行，直到仪器旋转到任何位置圆水准器气泡皆居中时为止。最后应注意拧紧固紧螺丝。

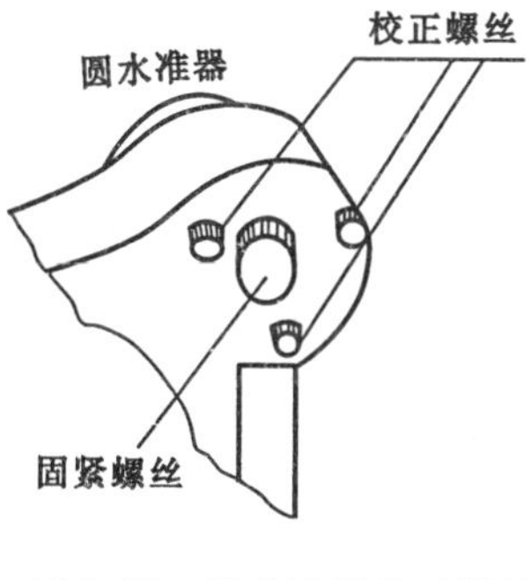

图 2.23 圆水准器校正螺丝

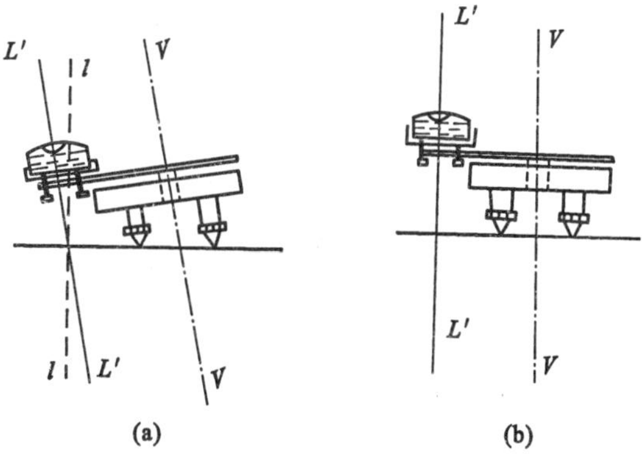

图 2.24 圆水准器的校正

2.6.2.2 十字丝的检验与校正

目的：使十字丝横丝垂直于竖轴。

检验：用十字丝横丝一端对准远处一明显点状标志 M，如图 2.25(a)所示。拧紧制动螺旋，转动微动螺旋，使望远镜视准轴绕竖轴转动，如果 M 点沿着横丝移动，如图 2.25(b)，则表示十字丝横丝与竖轴垂直；如果 M 点离开横丝，如图 2.25(c)、(d)，则表示十字丝横丝不垂直于竖轴，需要校正。

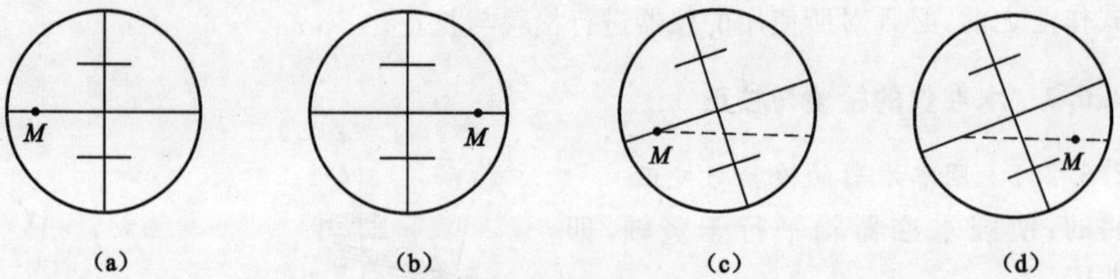

图 2.25　十字丝的检验

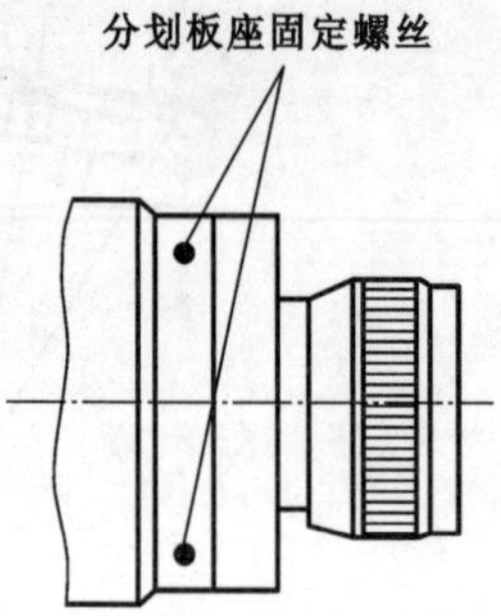

图 2.26　十字丝分划板座固定螺丝

校正：松开十字丝分划板座的固定螺丝，如图 2.26，转动整个目镜座，使十字丝横丝与 M 点轨迹一致，再将固定螺丝拧紧。当此项误差不明显时，一般不进行校正，因为在作业中通常利用横丝的中央部分读数。

2.6.2.3　水准管轴的检验与校正

目的：使水准管轴平行于视准轴，即 $LL \parallel CC$。

检验：设水准管轴不平行于视准轴，它们之间的交角为 i(图 2.27)。当水准管气泡居中时，视准轴不是水平线而是倾斜了 i 角，水准仪至水准尺的距离越远，由此引起的读数偏差也越大。当仪器至尺子的前后视距离相等时，则在两根尺子上的读数偏差 Δ 也相等，因此不影响所求的高差。前后视距离相差越大，则 i 角对高差的影响也越大。

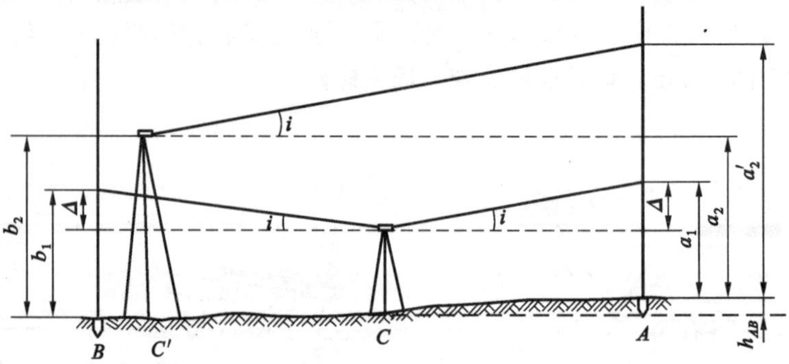

图 2.27　水准管轴平行于视准轴的检验

视准轴不平行于水准管轴的误差也称 i 角误差。

检验时，在平坦地面选择同一直线上的 A、B、C 三点，A、B 相距 80 m 左右，各打一木桩或放尺垫，并使 $AC=BC$，如图 2.27 所示。

先将水准仪安置于 C 点，在 A、B 两点竖立水准尺，瞄准、精平后分别在 A、B 点水准尺上读得 a_1 和 b_1，则 A、B 点间的正确高差(一般用变动仪器高法或双面尺法测定高差取其平均值)为：

$$h_{AB} = (a_1 - \Delta) - (b_1 - \Delta) = a_1 - b_1$$

然后将水准仪安置于 B 点附近的 C' 处，离 B 点大约 3 m，精平后，读得 B 点尺上读数

b_2。因为仪器离 B 点很近，两轴不平行引起的误差可忽略不计。根据 b_2 和高差 h_{AB} 算出 A 点尺上水平视线的读数应为：

$$a_2 = b_2 + h_{AB}$$

然后，瞄准 A 点水准尺，精平并读取 A 点尺读数 a_2'。如果 $a_2' = a_2$，说明两轴平行。否则，存在 i 角，其值为：

$$i = \frac{a_2' - a_2}{D_{AB}} \rho'' \tag{2.13}$$

式中：D_{AB} 为 A、B 两点间的平距；$\rho'' = 206265''$。

对于 DS3 水准仪来说，i 角值大于 20″时，则需校正。

校正：转动微倾螺旋，使十字丝的中丝对准 A 点尺上读数 a_2，此时视准轴处于水平位置，而水准管气泡却偏离了中心。用拨针先拨松水准管一端左边（或右边）的校正螺丝（图 2.28），再拨动上、下两个校正螺丝，使偏离的气泡重新居中，最后将校正螺丝旋紧。此项校正工作应反复进行，直至达到要求为止。

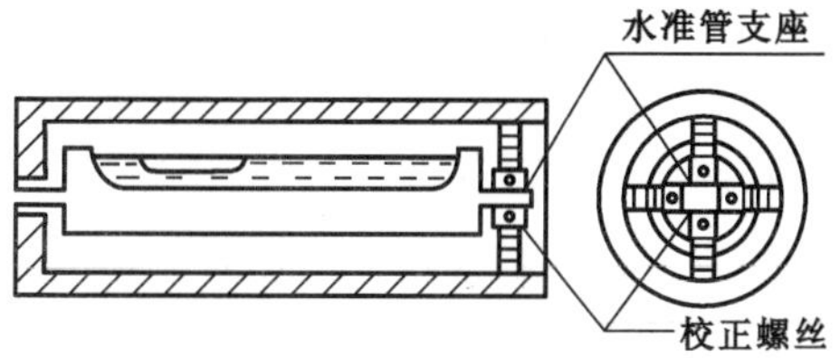

图 2.28　水准管校正螺丝

2.7　水准测量误差与注意事项

水准测量误差包括仪器误差、观测误差和外界条件的影响三个方面。在水准测量作业中，应根据产生误差的原因，采取相应措施，尽量减少或消除其影响。

2.7.1　仪器误差

2.7.1.1　仪器校正后的残余误差

水准管轴与视准轴不平行，虽经校正但仍然存在残余误差。这种误差多属系统性的，若观测时使前、后视距离相等，便可消除或减弱此项误差的影响。

2.7.1.2　水准尺误差

水准尺刻画不准确、尺长变化、尺身弯曲及底部零点磨损等，都会直接影响水准测量的精度。因此对水准尺要进行检定，凡刻画达不到精度要求及弯曲变形的水准尺，均不能使用。对于尺底的零点差，可采取在起终点之间设置偶数站的方法消除其对高差的影响。

2.7.2　观测误差

2.7.2.1　水准管气泡居中误差

水准测量时，视线的水平是根据水准管气泡居中来实现的。由于气泡居中存在误差，致使视线偏离水平位置，从而带来读数误差。减少此误差的办法是每次读数时使气泡严格居中。

2.7.2.2　估读水准尺的误差

在水准尺上估读毫米数的误差与人眼的分辨能力、望远镜的放大倍率，以及视线长度有关。通常按下式计算：

$$m_V = \frac{60''}{V} \cdot \frac{D}{\rho''} \tag{2.14}$$

式中：V——望远镜的放大倍率；

$60''$——人眼的极限分辨能力；

D——水准仪到水准尺的距离；

$\rho''=206265''$。

式(2.14)说明，视线愈长，估读误差愈大。因此，在测量作业中，应遵循不同等级的水准测量对望远镜放大率和最大视线长度的规定，以保证估读精度。

2.7.2.3　视差

当存在视差时，由于十字丝平面与水准尺影像不重合，若眼睛位置不同，便读出不同的读数，而产生读数误差。因此，观测时要仔细调焦，严格消除视差。

2.7.2.4　水准尺倾斜误差

水准尺倾斜使读数增大，且视线离开地面越高，误差越大。如水准尺倾斜 3°30′，在水准尺上 1 m 处读数时，将产生 2 mm 的误差，若读数或倾斜角增大，误差也增大。为了减少这种误差的影响，扶尺必须认真，使尺既竖直又稳。由于一测站高差为后、前视读数之差，故在高差较大的测段，误差也较大。

2.7.3　外界条件的影响

2.7.3.1　仪器下沉

当仪器安置在土质松软的地面时，会产生缓慢的下沉现象，致使后视读数及后视线降低，前视读数减少，而引起高差误差。如果采用"后、前、前、后"的观测程序，可减少其影响。

2.7.3.2　尺垫下沉

如果转点选在土质松软的地面，尺垫受水准尺的撞击及重压后也会下沉，将使下一站后视读数增加，也将引起高差误差。采用往返观测的方法，取成果的中数，可以减少其影响。

2.7.3.3　地球曲率及大气折射的影响

如图 2.29 所示，用水平视线代替大地水准面的平行曲线，对尺上读数产生的影响为 c，由式(1.8)知：

$$c = \frac{D^2}{2R}$$

式中：D——仪器到水准尺的距离；

R——地球的平均半径，6371 km。

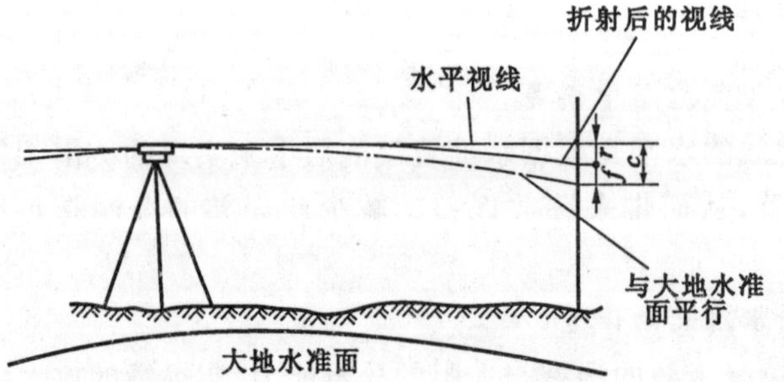

图 2.29　地球曲率差和大气折射差

实际上，由于大气的折射，视线并非是水平的，而是一条曲线，曲线的半径大致为地球半径的 6～7 倍。其折射量的大小对水准尺读数产生的影响为：

$$r=\frac{D^2}{2\times 7R}$$

折射影响与地球曲率影响之和为：

$$f=c-r=\frac{D^2}{2R}-\frac{D^2}{14R}=0.43\,\frac{D^2}{R}$$

计算测站的高差时，应从前、后视读数中分别减去 f，方能得出正确的高差，即：

$$h=(a-f_a)-(b-f_b)$$

若前、后视距离相等，则 $f_a=f_b$，地球曲率与大气折射的影响在计算高差中被互相抵消。所以，在水准测量中，前、后视距离应尽量相等。同时，视线高出地面应有足够的高度，在坡度较大的地面观测应适当缩短视线。此外，还应选择有利的时间进行观测，尽量避免在不利的气象条件下进行作业。

2.7.3.4　温度的影响

温度的变化不仅引起大气折射的变化，而且当烈日照射水准管时，水准管和管内的液体温度升高，气泡移向温度高的一端，从而影响仪器水平，产生气泡居中误差。因此，应随时注意撑伞遮阳，防止阳光直接照射仪器。

2.8　其他水准仪简介

2.8.1　精密水准仪

精密水准仪主要用于国家一、二等水准测量和高精度的工程测量中，如大型建筑物的施工，以及建筑物的沉降观测、大型设备安装等测量工作。

精密水准仪的构造与 DS3 水准仪基本相同，也是由望远镜、水准器和基座三个主要部件组成，如图 2.30 所示。

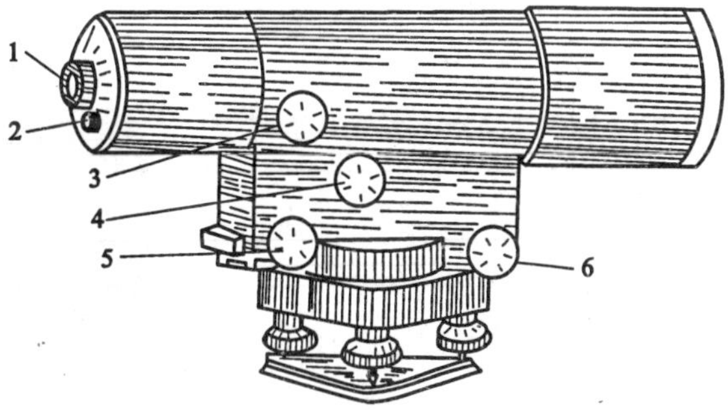

图 2.30　精密水准仪

1—目镜；2—测微尺读数目镜；3—物镜调焦螺旋；4—测微轮；5—微倾螺旋；6—微动螺旋

精密水准仪的主要特征是：望远镜光学性能好，即望远镜的照准精度高、亮度大，望远镜的放大率不小于 40 倍；附合水准器的灵敏度高，水准管分划值不大于 10″/2 mm；装有能直读 0.1 mm 的光学测微器，并配有一副温度膨胀系数很小的精密水准尺。此外，为了使仪器架设坚固稳定,脚架不采用伸缩式。

精密水准仪的光学测微器是由平行玻璃板、测微尺、传动杆、测微轮等部件组成。图 2.31 是其工作原理示意图,平行玻璃板 P 装在望远镜物镜前,其旋转轴 A 与平行玻璃板的两个平面相平行,并与望远镜的视准轴正交。平行玻璃板通过传动杆与测微尺相连。测微尺上有 100 个分格,它与标尺上 1 个分格(1 cm 或 0.5 cm)相对应,所以测微时能直接读到 0.1 mm(或 0.05 mm)。当转动测微螺旋时,传动杆推动平行玻璃板前后倾斜,视线通过平行玻璃板产生平行移动,移动的数值可由测微尺直接读出。

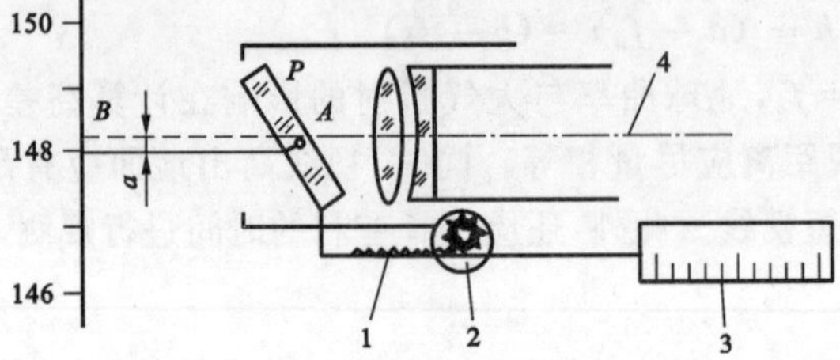

图 2.31　光学测微器装置

1—传动杆;2—测微轮;

3—测微分划尺;4—视准轴

图 2.32　精密水准尺

图 2.30 所示是国产 DS1 水准仪,光学测微器最小读数为 0.05 mm。

图 2.32 所示是与 DS1 精密水准仪配套使用的精密水准尺。该尺全长 3 m,在木质尺身中间的槽内,装有膨胀系数极小的因瓦合金带,带的下端固定,上端用弹簧拉紧,以保证带的平直和不受尺身长度变化的影响。因瓦合金带分左、右两排分划,每排的最小分划值均为 10 mm,彼此错开 5 mm,于是把两排的分划合在一起便成为左、右交替形式的分划,分划值为 5 mm。合金带的右边从 0～5 注记米数,左边注记分米数,大三角形标志对准分米分划线,小三角形标志对准 5 cm 分划线。注记的数值为实际长度的 2 倍,即水准尺上的实际长度等于尺面读数的 1/2。所以,用此水准尺进行测量作业时,须将观测高差除以 2 才是实际高差。

图 2.33　精密水准尺读数

精密水准仪的使用方法与一般 DS3 水准仪基本相同,不同之处是精密水准仪是采用光学测微器测出不足一个分格的数值。作业时,先转动微倾螺旋,使望远镜视场左侧的符合水准管气泡两端的影像精确符合(图 2.33),这时视线水平。再转动测微轮,使十字丝上楔形丝精确地夹住整分划,读取该分划线读数,图 2.33 中为 1.97 m,再从目镜右下方的测微尺读数窗内读取测微尺读数,图中为 1.50 mm。水准尺的全读数等于楔形丝所夹分划线的读数与测微尺读数之和,即 1.97150 m。实际读数为全部读数的一半,即 0.98575 m。

2.8.2 自动安平水准仪

自动安平水准仪不用符合水准器和微倾螺旋，只用圆水准器进行粗平，然后借助自动补偿器自动地把视准轴置平，读出视线水平时的读数。如图2.34所示，当圆水准器气泡居中后，虽然视准轴仍存在一个倾角α(一般倾斜度不大)，但通过物镜光心的水平光线经补偿器后仍能通过十字丝交点，这样十字丝交点上读得的便是视线水平时应该得到的读数。因此，使用自动安平水准仪可以大大缩短水准测量的工作时间。同时，由于水准仪整置不当、地面有微小的震动或脚架的不规则下沉等原因使视线不水平，也可以由补偿器迅速调整而得到正确的读数，从而提高了水准测量的精度。

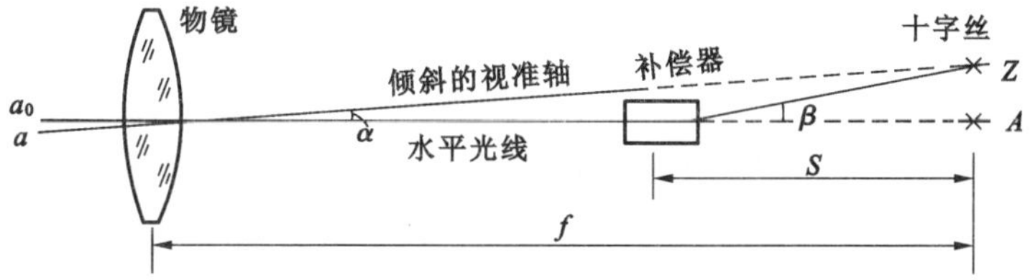

图2.34 自动安平原理

图2.35所示为国产DZS3-1型自动安平水准仪，图2.36为其剖面结构示意图。该仪器

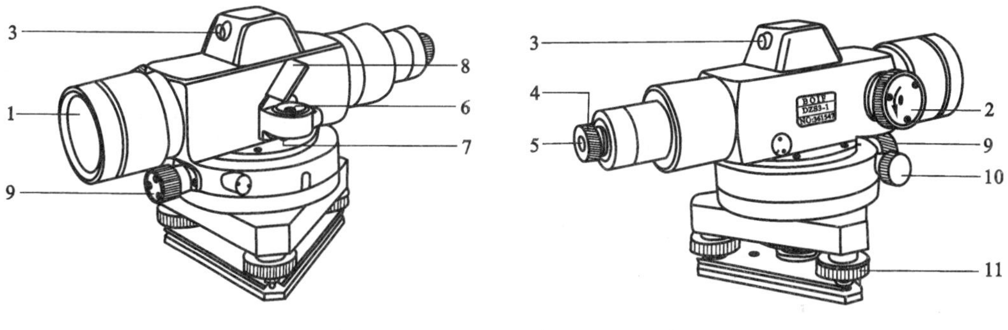

图2.35 DZS3-1型自动安平水准仪

1—物镜；2—物镜调焦螺旋；3—粗瞄器；4—目镜调焦螺旋；5—目镜；6—圆水准器；7—圆水准器校正螺丝；8—圆水准器反光镜；9—制动螺旋；10—微动螺旋；11—脚螺旋

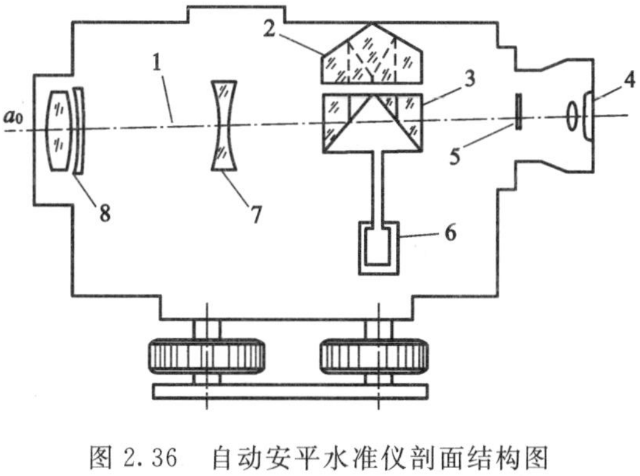

图2.36 自动安平水准仪剖面结构图

1—水平光线；2—固定屋脊棱镜；3—悬吊直角棱镜；4—目镜；5—十字丝分划板；6—空气阻尼器；7—调焦透镜；8—物镜

的补偿器安装在调焦透镜和十字丝分划板之间，它的构造是在望远镜筒内装有固定屋脊透镜，两个直角棱镜则用交叉的金属丝吊在屋脊棱镜架上。当望远镜倾斜时，直角棱镜在重力作用下，与望远镜作相反的偏转，并借助阻尼器的作用很快地静止下来。

补偿原理如图 2.37 所示。当视准轴倾斜 α，设直角棱镜也随之倾斜(图中虚线位置)，水平光线进入直角棱镜后，在补偿器中沿虚线行进，因未经补偿，所以不通过十字丝中心 Z 而通过 A。实际上直角棱镜在重力作用下并不产生倾斜，而处于图中实线位置，水平光线进入补偿器后，则沿着实线所示方向行进，最后偏离虚线 β 角，从而使水平光线恰好通过十字丝中心 Z，达到补偿的目的。

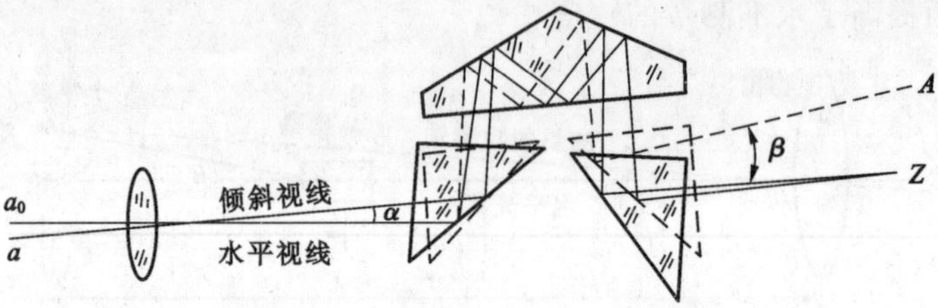

图 2.37　补偿器结构

2.8.3　激光水准仪

激光是基于物质受激辐射原理所产生的一种新型光源。与普通光源相比较，它具有亮度高、方向性强、单色性好等特点。例如由氦-氖激光器发射的波长为 0.6328 μm 的红光，其发射角可达毫弧度(1 毫弧度＝3′26″)。经望远镜发射后发射角又可减小数十倍，从而形成一条连续可见的红色光束。

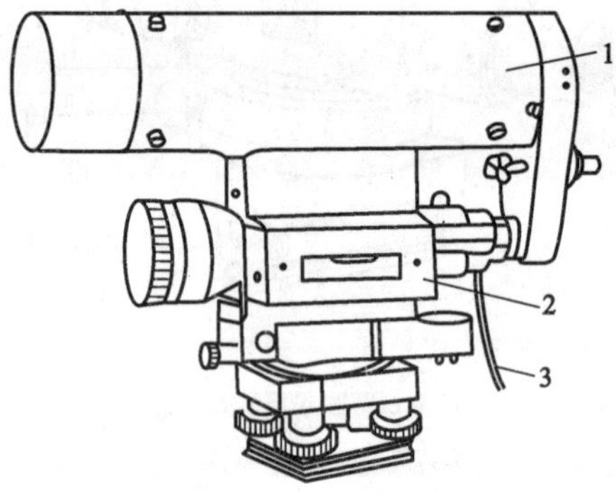

图 2.38　激光水准仪

1—激光器；2—水准仪；3—电缆

激光水准仪是将氦-氖气体激光器发出的激光导入水准仪的望远镜内，使在视准轴方向能射出一束可见红色激光的水准仪。

图 2.38 所示为国产激光水准仪，它是用两组螺钉将激光器固定在护罩内，护罩与望远镜相连，并随望远镜绕竖轴旋转。由激光器发出的激光，在棱镜和透镜的作用下与视准轴共轴，因而既保持了水准仪的性能，又有可见的红色激光，是高层建筑整体滑模提升中保证平台水平的主要仪器。若能在水准尺上装配一个跟踪光电接收靶，则既可作激光水准测量，又可用于大型建筑场地平整的水平面测设。

激光水准仪的使用，详见有关使用说明书。

2.8.4　电子水准仪

电子水准仪又称数字水准仪，它是在自动安平水准仪的基础上发展起来的。电子水准仪采用条码标尺，各厂家标尺的条码图案不相同，不能互换使用。目前照准标尺和调焦仍需人工目视进行。人工完成照准和调焦之后，标尺条码一方面被成像在望远镜分划板上，供目视观测，另一方面通过望远镜的分光镜，标尺条码又被成像在光电传感器（又称探测器）上，即线阵 CCD 器件上，供电子读数。

当前电子水准仪采用了原理上相关较大的三种自动电子读数方法：相关法（徕卡 NA3002/3003），几何法（蔡司 DiNi10/20），相位法（拓普康 DL-101C/102C）。

图 2.39 是 DL-102C 电子水准仪的外部结构，图 2.40 是其望远镜光路图，图 2.41 为配套的条码水准尺。

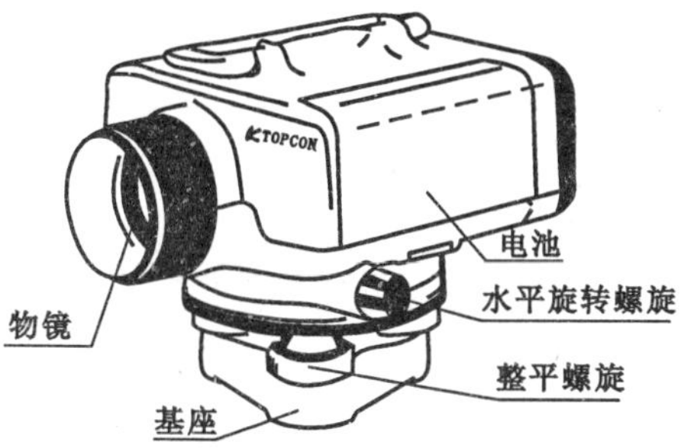

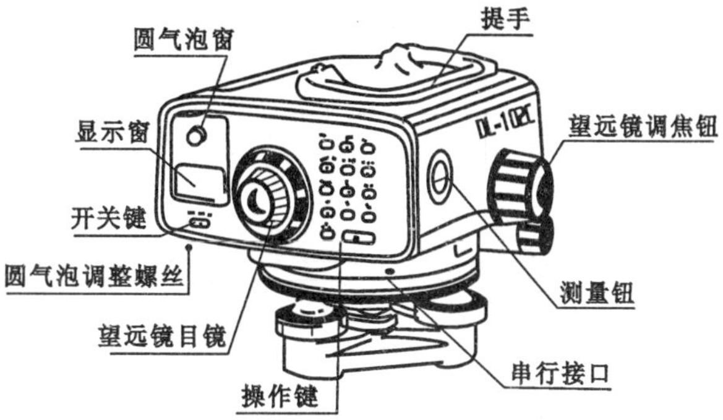

图 2.39　DL-102C 电子水准仪外部结构图

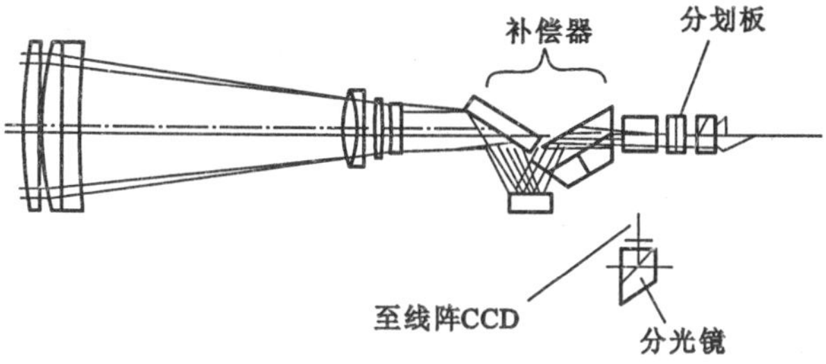

图 2.40　DL-102C 电子水准仪望远镜光路图

图 2.41　条码水准尺

思考题与习题

(1) 设 A 点为后视点，B 点为前视点，A 点高程为 87.425 m。当后视读数为 1.124 m，前视读数为 1.428 m 时，问 A、B 两点的高差是多少？B 点比 A 点高还是低？B 点高程是多少？并绘图说明。

(2) 何谓视准轴？何谓视差？产生视差的原因是什么？怎样消除视差？

(3) 圆水准器和管水准器在水准测量中各起什么作用？

(4) 何谓水准点？何谓转点？转点在水准测量中起什么作用？

(5) 水准测量时，前、后视距离相等可消除哪些误差？

(6) 将图 2.42 中水准测量观测数据填入表 2.5 中，计算出各点的高差及 B 点的高程，并进行计算检核。

表 2.5　水准测量手簿

测站	点号	后视读数 (m)	前视读数 (m)	高差(m) +	高差(m) −	高程 (m)	备　注
Ⅰ	BM*A*						
Ⅱ	TP1						
Ⅲ	TP2						
Ⅳ	TP3						
Ⅴ	TP4						
	B						
计算检核							

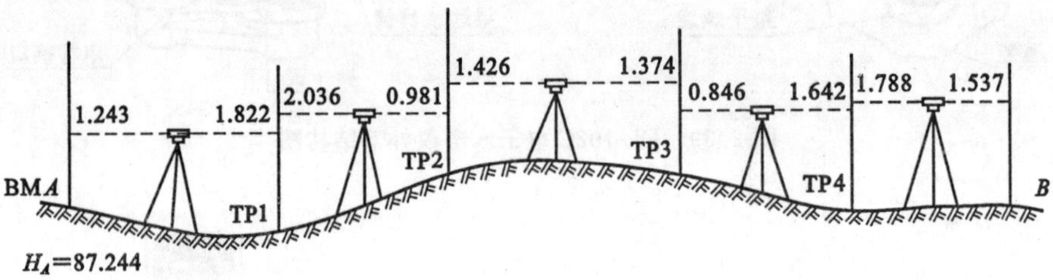

图 2.42　习题(6)图(单位:m)

(7) 调整表 2.6 中附合水准路线等外水准测量观测成果,并求出各点高程。

表 2.6　附合水准测量成果计算表

测段	测点	测站数	实测高差 (m)	改正数 (mm)	改正后的高差 (m)	高　程 (m)	备注
	BMA					57.967	
A—1		7	+4.363				
	1						
1—2		3	+2.413				
	2						
2—3		4	−3.121				
	3						
3—4		5	+1.263				
	4						
4—5		6	+2.716				
	5						
5—*B*		8	−3.715				
	BM*B*					61.819	
辅助计算							

(8) 调整图 2.43 所示的闭合水准路线的观测成果,并求出各点的高程。

(9) 图 2.44 所示为支水准路线。设已知水准点 *A* 的高程为 48.305 m,由 *A* 点往测至 1 点的高差为 −2.456 m,由 1 点返测至 *A* 点的高差为 +2.478 m。*A*、1 两点间的水准路线长度约 1.6 km,试计算高差闭合差,高差容许闭合差及 1 点的高程。

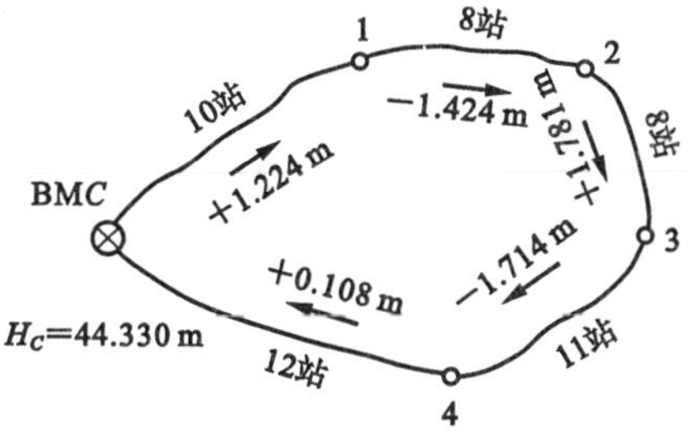

图 2.43　习题(8)图

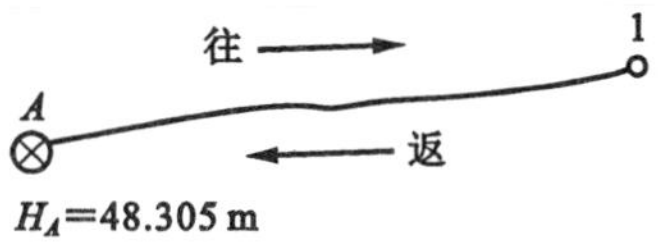

图 2.44　习题(9)图

(10) DS3 水准仪有哪些轴线？它们之间应满足什么条件？什么是主条件？为什么？

(11) 设 A、B 两点相距为 80 m，水准仪安置在中点 C，测得 A、B 两点的高差 $h_{AB}=+0.224$ m。仪器搬至 B 点附近处，B 尺读数 $b_2=1.446$ m，A 尺读数 $a_2=1.695$ m。试问水准管轴是否平行于视准轴？如果不平行，应如何校正？

3 角度测量

【本章提要】本章主要讲述角度测量的基本原理，DJ6 光学经纬仪的构造，水平角和竖直角的测量方法，经纬仪的检验与校正，经纬仪测角的误差分析和注意事项。简介 DJ2 光学经纬仪、电子经纬仪和激光经纬仪。

角度测量是测量的三项基本工作之一，它包括水平角测量和竖直角测量。水平角测量用于确定点的平面位置，竖直角测量用于确定两点间的高差或将倾斜距离转化成水平距离。

3.1 水平角和竖直角测量原理

3.1.1 水平角观测原理

3.1.1.1 水平角的定义

水平角系指相交的两条直线在同一水平面上的投影所夹的角度，或指分别过两条直线所作的竖直面间所夹的二面角。

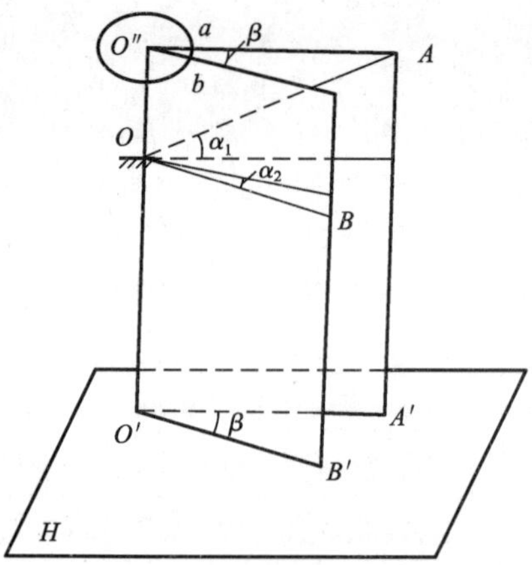

图 3.1 角度测量原理

根据水平角的定义，图 3.1 中 OA 与 OB 所夹的水平角，即为 OA、OB 在同一水平面 H 上的投影 $O'A'$、$O'B'$ 所构成的夹角 β，或为过 OA、OB 的竖直面间的二面角。

3.1.1.2 水平角测量原理

在图 3.1 中，为了获得水平角 β 的大小，假想有一个能安置成水平的刻度圆盘，且圆盘中心可以处在过 O 点的铅垂线上的任意位置 O''；另有一个瞄准设备，能分别瞄准 A 点和 B 点，且能在刻度圆盘上获得相应的读数 a 和 b，则水平角为：

$$\beta = b - a \tag{3.1}$$

这样就可以获得地面上任意三点间所构成的水平角的大小，其角值范围为 0°～360°。

3.1.2 竖直角观测原理

3.1.2.1 竖直角的定义

竖直角是指在同一竖直面内，一直线与水平线之间的夹角，测量上又称为倾斜角，或简称为竖角。

竖直角有仰角和俯角之分。夹角在水平线以上，称为仰角，取正号，角值为 0°～+90°，如图 3.1 中的 α_1；夹角在水平线以下，称为俯角，取负号，角值为 −90°～0°，如图 3.1 中

的 α_2。

3.1.2.2　竖直角测量原理

如图 3.1 中，欲确定 α_1 和 α_2 的大小，假想有一竖直刻度圆盘，并能处在过目标点的竖直面内，通过瞄准设备和读数装置可分别获得目标视线的读数和水平视线的读数，则竖直角 α 可以写成：

$$\alpha = \text{目标视线的读数} - \text{水平视线的读数} \tag{3.2}$$

值得注意的是，在过 O 点的铅垂线上不同的位置设置竖直圆盘时，每个位置观测所得的竖直角是不同的。

根据上述水平角和竖直角测量原理，用于角度测量的仪器应具有带刻度的水平圆盘(称水平度盘，简称平盘)、竖直圆盘(称竖直度盘，简称竖盘)，以及瞄准设备、读数设备等，并要求瞄准设备能瞄准左右不同、高低不一的目标点，能形成一个竖直面，且这个竖直面还能绕竖直线 $O'O''$ 在水平方向旋转。经纬仪就是根据这些要求制成的一种测角仪器，它既可以测水平角，又可以测竖直角。

3.2　DJ6 光学经纬仪

经纬仪的种类很多，但基本结构大致相同。按精度分，我国生产的经纬仪可以分为 DJ07、DJ1、DJ2、DJ6、DJ15 和 DJ60 等型号，其中“D”、“J”分别为“大地测量”、“经纬仪”的汉语拼音第一个字母；07、1、…、60 表示仪器的精度等级，即“一测回水平方向的方向中误差”，单位为秒。“DJ”通常简写为“J”。国外生产的经纬仪可依其所能达到的精度纳入相应级别，如 T2、DKM2、Theo010 等，可视为 DJ2；T1、DKM1、Theo030 等可视为 DJ6。

按性能分，经纬仪可分为方向经纬仪和复测经纬仪两种。

按读数设备分，可分为游标经纬仪、光学经纬仪和电子经纬仪三种类型。游标经纬仪已基本淘汰，厂家不再生产。电子经纬仪作为现代先进产品，已被一些生产单位采用。而目前在建筑测量中使用较多的是光学经纬仪，其中在工程上最常用的是 DJ6 光学经纬仪。

3.2.1　DJ6 光学经纬仪的构造

图 3.2(a)、(b)所示为西北光电仪器厂生产的经Ⅲ型光学经纬仪的外貌。不同厂家生产的同一级别的仪器，或同一厂家生产的不同级别的仪器，其外形和各螺旋的形状、位置不尽相同，但作用基本一致。不论哪一类经纬仪，一般都包括照准部、水平度盘和基座三大部分，如图 3.3 所示。现以西北光电仪器厂生产的经Ⅲ型光学经纬仪为例说明 DJ6 光学经纬仪的构造。

3.2.1.1　基座

经纬仪基座与水准仪基座的构成和作用基本相同，同样有轴座、脚螺旋、底板、三角压板。在经纬仪基座上还有一轴座固定螺旋，用于控制照准部和基座之间的衔接。在通常情况下，轴座固定螺旋必须拧紧固定。

3.2.1.2　水平度盘

水平度盘是由光学玻璃制成，装在仪器竖轴上，套在度盘轴套内，度盘边缘通常按顺时针方向刻有 0°～360°的等角距分划线。度盘不随照准部转动。

对于方向经纬仪，装有度盘变换手轮，在水平角测量中，若需要改变度盘的位置，可利用

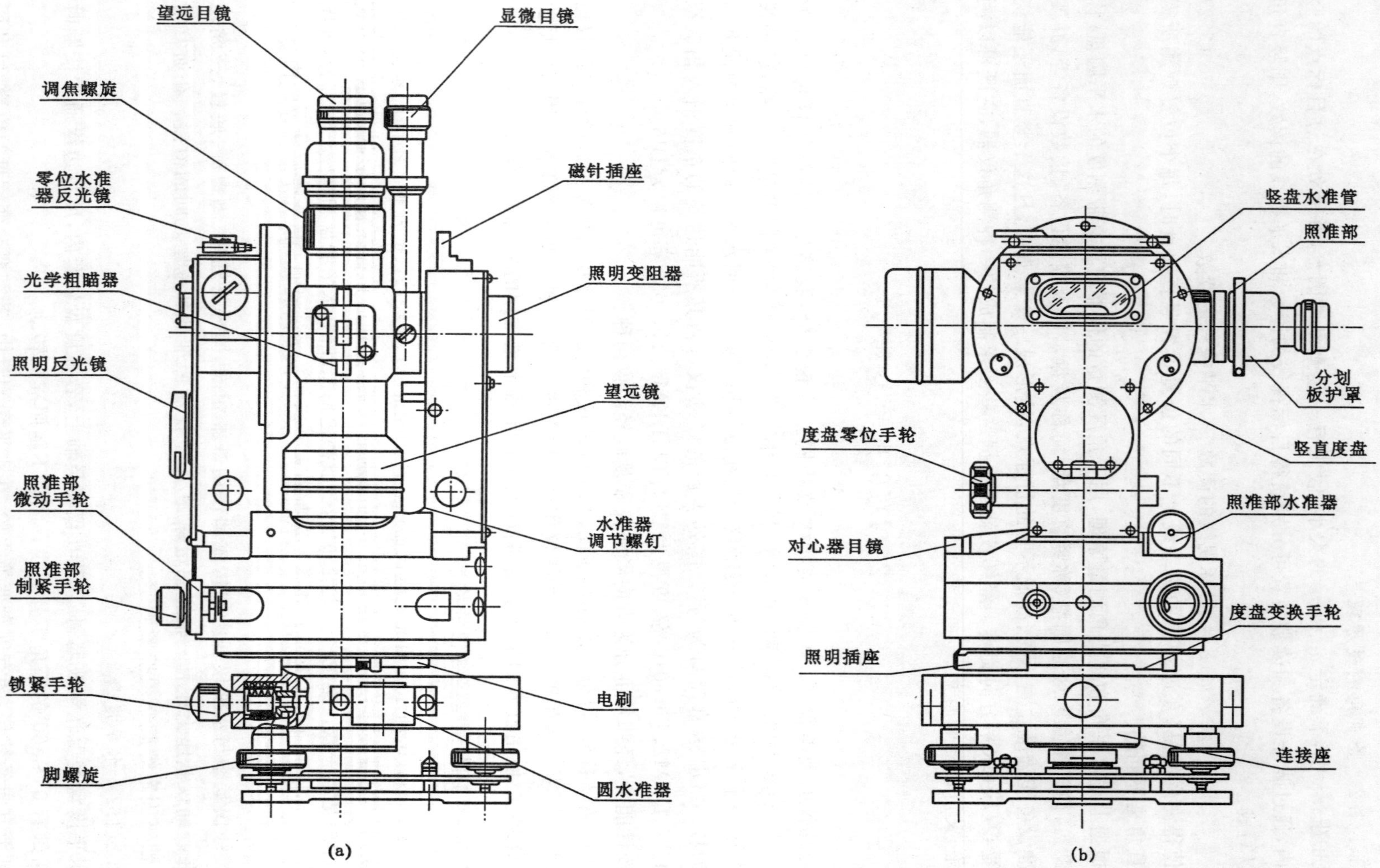

图3.2　DJ6光学经纬仪

度盘变换手轮将度盘转到所需要的位置上。为了避免作业中碰动此手轮，特设置一护盖，配好度盘后应及时盖好护盖。

对于复测经纬仪，水平度盘与照准部之间的连接由复测器控制。将复测器扳手往下扳，照准部转动时就带动水平度盘一起转动。将复测器扳手往上扳，水平度盘就不随照准部转动。

3.2.1.3 照准部

照准部主要由望远镜、支架、旋转轴、竖直制动、水平制动、微动螺旋、竖直度盘、读数设备、水准器和光学对点器等组成。望远镜用于瞄准目标，其构造与水准仪的望远镜基本相同，但为了便于瞄准目标，经纬仪的十字丝分划板与水准仪稍有不同，如图 3.4 所示。此外，经纬仪的望远镜与横轴固连在一起，安放在支架上，望远镜可绕仪器横轴转动，俯视或仰视，望远镜视准轴所扫过的面为平面。为了控制望远镜的上下转动，设有竖直制动螺旋（制紧手轮）和竖直微动螺旋（微动手轮）。竖直度盘固定在望远镜横轴的一端，随同望远镜一起转动。竖盘读数指标与竖盘指标水准管固连在一起，不随望远镜转动。竖盘指标水准管用于安置竖盘读数指标的正确位置，并借助支架上的竖盘指标水准管微动螺旋（度盘零位手轮）来调节。读数设备包括读数显微镜、测微器以及光路中一系列光学棱镜和透镜。仪器的竖轴处在管状轴套内，可使整个照准部绕仪器竖轴作水平转动。为了控制照准部水平方向的转动，设有照准部制动螺旋（制紧手轮）和微动螺旋（微动手轮）。圆水准器用于粗略整平仪器；管水准器用于精确整平仪器。光学对点器用于调节仪器使水平度盘中心与地面点处在同一铅垂线上。

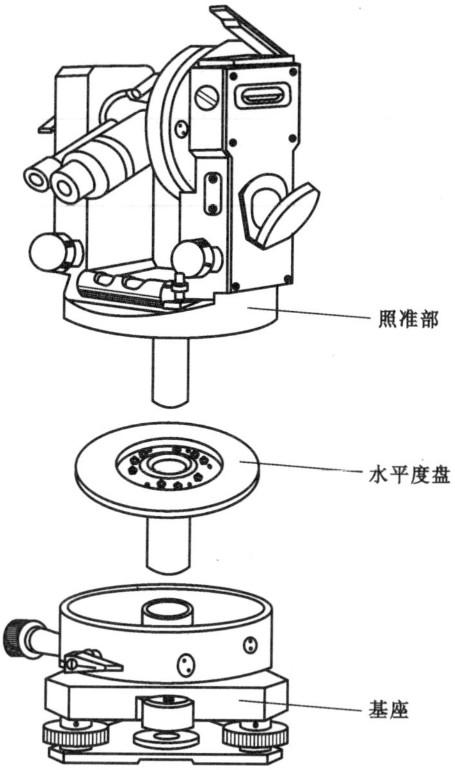

图 3.3 DJ6 光学经纬仪的构造

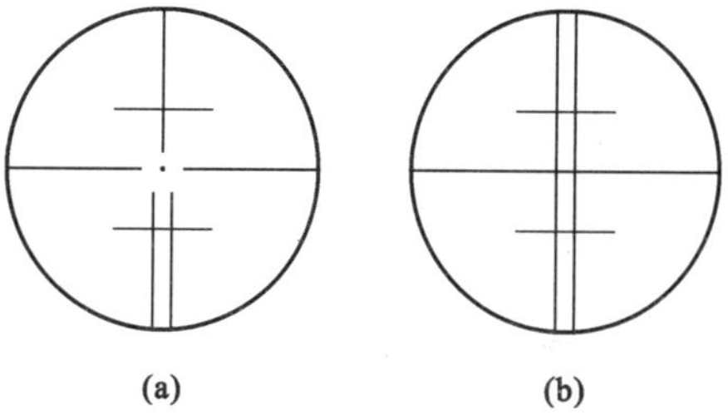

图 3.4 十字丝分划板

3.2.2 DJ6 光学经纬仪的读数

光学经纬仪的水平度盘和竖直度盘都是玻璃制成的，整个圆周为 360°，一般每隔 1°（或 30′）有一刻画线，在整度分划线上标有注记。度盘分划线通过一系列的棱镜和透镜，成像于望远镜旁的读数显微镜内，观测者通过显微镜读取度盘读数。图 3.5 为 DJ6 光学经纬仪读数系统光路图。各种光学经纬仪因读数设备不同，读数方法也不一样，对 DJ6 光学经纬仪，常用的有分微尺测微器和单平板玻璃测微器两种读数方法。

3.2.2.1 分微尺测微器读数

如图 3.6 所示，在读数显微镜中可以看到两个读数窗：注有“—”（或“H”、“水平”）的是水平度盘读数窗；注有“⊥”(或“V”、“竖直”)的是竖直度盘读数窗。每个读数窗上刻有分成60小格的分微尺，其长度等于度盘间隔1°的两分划线之间的影像宽度，因此分微尺上1小格的分划值为1′，可估读到0.1′。

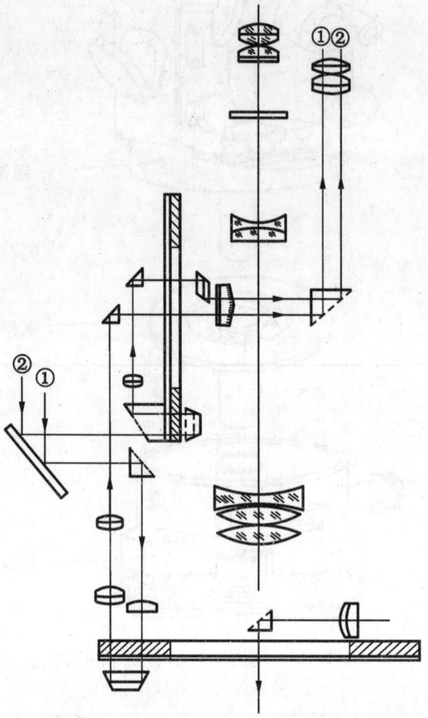

图3.5　DJ6光学经纬仪光路

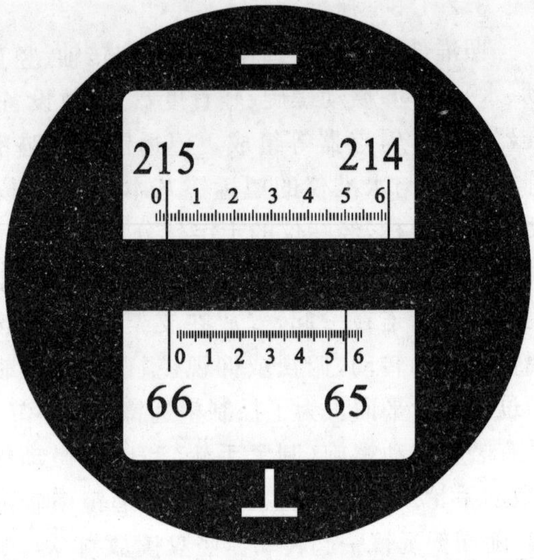

图3.6　分微尺测微器读数

读数时，先读出位于分微尺60小格区间内的度盘分划线的度注记值，再以度盘分划线为指标，在分微尺上读取不足1°的分数，并估读秒数(秒数只能是6的整数倍)。在图3.6中，水平度盘的读数为215°01′48″，竖直度盘的读数为65°55′18″。

3.2.2.2　单平板玻璃测微器读数

单平板玻璃测微器的构造是将一块平板玻璃与测微尺连接在一起，由竖盘支架上的测微轮来操纵。转动测微轮，单平板玻璃与测微尺绕轴同步转动。当平板玻璃底面垂直于光线时，如图3.7(a)，读数窗中双指标线的读数是92°+a，测微尺上单指标线读数为15′；转动测微轮，使平板玻璃倾斜一个角度，光线通过平板玻璃后发生平移，如图3.7(b)，当92°分划线移到正好被夹在双指标线中间时，可以从测微尺上读出移动a之后的读数为23′28″。

图3.8所示为单平板玻璃测微器读数窗的影像，下窗为水平度盘影像，中窗为竖直度盘影像，上窗为测微尺影像。度盘最小分划值为30′，对应测微尺为30大格，1大格又分为3小格。因此测微尺上每1大格为1′，每1小格为20″，估读至0.1小格(2″)。读数时转动测微轮，使度盘某一分划线精确地夹在双指标线中央，先读出度盘分划线上的读数，再在测微尺上依指标线读出30′以下的余数，两者相加即为读数结果。图3.8(a)中，竖盘读数为92°+17′40″=92°17′40″；图3.8(b)中，水平度盘读数为4°30′+12′00″=4°42′00″。

无论哪种读数方式的仪器，读数前均应认清度盘在读数窗中的位置，并正确判读度盘和测微尺的最小分划值。

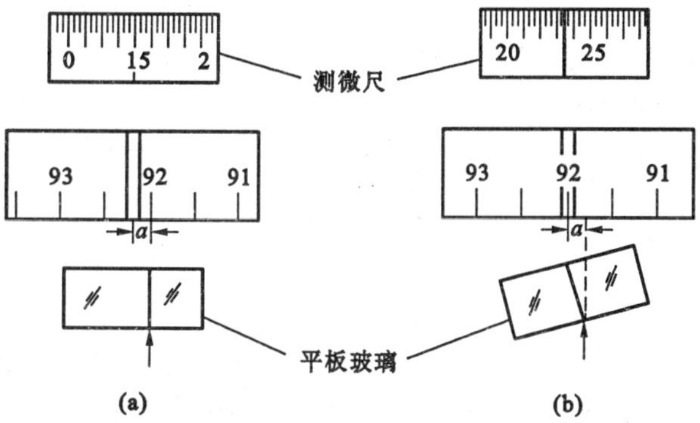

图 3.7　单平板玻璃测微器

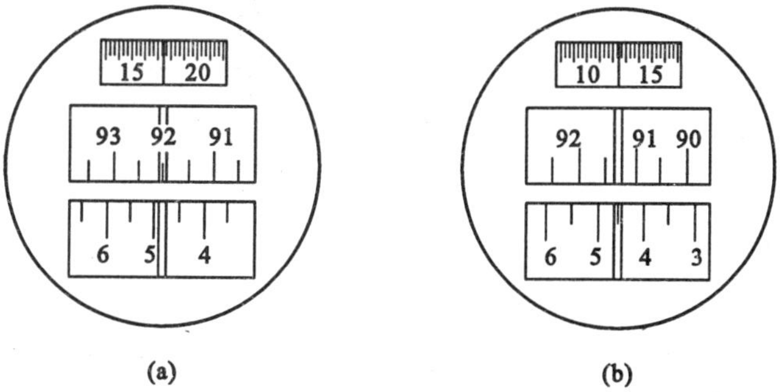

图 3.8　单平板玻璃测微器读数

3.3　经纬仪的使用

经纬仪的使用包括对中、整平、瞄准和读数。对中的目的是使仪器中心与测站点的标志中心在同一铅垂线上。整平的目的是使仪器的竖轴垂直，即水平度盘处于水平位置。

3.3.1　经纬仪的安置

3.3.1.1　使用光学对中法安置经纬仪

1. 初步对中

固定三脚架的一条腿于测站点旁适当位置，两手分别握住另外两条腿作前后移动或左右转动，同时从光学对中器中观察，使对中器对准测站点。若对中器分划板和测站点成像不清晰，可分别进行对中器目镜和物镜调焦。

2. 初步整平

调节三脚架腿的伸缩连接处，利用圆水准器或水准管使经纬仪大致水平。

3. 精确整平

其操作方法与用锤球安置仪器的精确整平操作相同。

4. 精确对中

平移(不可旋转)经纬仪基座，使对中器精确对准测站点。精确整平和精确对中应反复进行，直到对中和整平均达到要求为止。

锤球对中法受风力的影响很大，操作不方便，且精度较低，对中误差一般为 3 mm。而光学对中不受风力影响，且精度较高，对中误差一般为 1 mm。

3.3.1.2 使用锤球对中法安置经纬仪

对中整平前，将经纬仪安装在三脚架顶面上，旋紧连接螺旋。

1. 初步对中

(1) 将三脚架三条腿的长度调节至大致等长，架腿的伸缩连接处不要拉到底，以便留有调节余地。

(2) 将三脚架的三个脚大致呈等边三角形的三个角顶，分别放在测站点的周围，使三个脚到测站点的距离大致相等。在锤球挂钩处挂上锤球，锤球挂钩的位置应大致在三脚架顶面三角形的中心。

(3) 两只手分别拿住三脚架的一条腿，并略抬起作前后推拉和以第三个脚为圆心作左右旋转，使锤球对准测站点。

2. 初步整平

(1) 上述操作后，三脚架的顶面可能倾斜较大，此时再将两手拿住的两条腿作张开、缩拢的动作，使三脚架的顶面大致水平。此项操作不会破坏已完成的对中效果。

(2) 若地面松软，可用脚将三脚架的三支脚踩实。由于三脚架的三支脚踩入土中的深度不同，可能会破坏上述操作的结果，此时可调节三脚架腿的伸缩连接部位，使受到破坏的状态复原。

3. 精确对中

初步整平之后，稍微放松连接螺旋，用手轻移仪器，使锤球尖准确对准测站点，再旋紧连接螺旋。

4. 精确整平

先使照准部水准管与两个脚螺旋连线平行，相向转动这两个脚螺旋，使水准管气泡居中。然后将照准部转 90°，使水准管与原先位置垂直，转动第三个脚螺旋使水准管气泡居中。上述两个水准管位置应反复调节，直到照准部旋转到任意位置水准管气泡都居中为止。

3.3.2 瞄准目标

测角时的照准标志，一般是竖立于测点的标杆、测钎、垂球线或觇牌，如图 3.9 所示。测量水平角时，以望远镜的十字丝竖丝瞄准照准标志，并尽量瞄准标志底部；而测量竖直角时，一般以望远镜的十字丝中横丝横切标志的顶部。

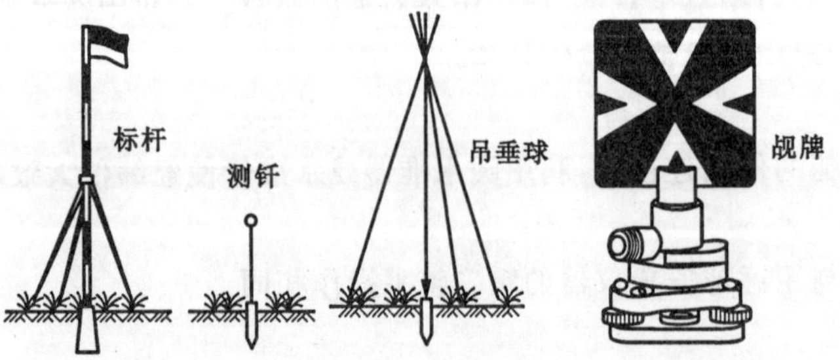

图 3.9 照准标志

瞄准时，先松开望远镜制动螺旋和照准部制动螺旋，将望远镜对向明亮的天空，调节目镜调焦螺旋使十字丝清晰，然后利用望远镜上的瞄准器，使目标位于望远镜视场内，固定望远镜和照准部制动螺旋，调节物镜调焦螺旋使目标影像清晰；转动望远镜和照准部微动螺旋，当目标成像较大时，用十字丝竖丝单丝平分目标，当目标成像较小时，用双丝夹准目标，如图 3.10(a)、(b)所示。

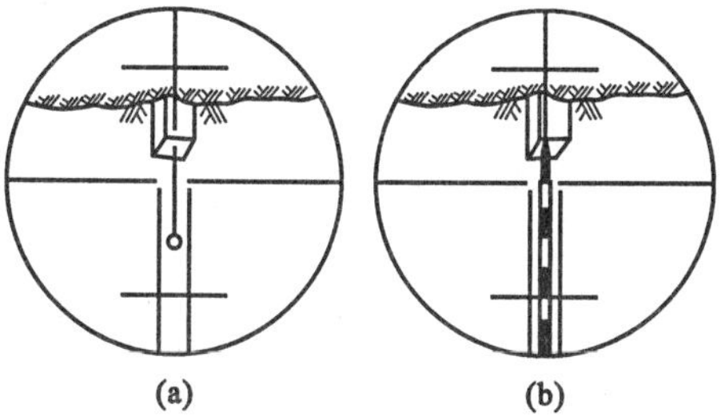

图 3.10　瞄准目标

3.3.3　读数

照准目标后，打开反光镜，调整其位置，使读数窗内进光明亮均匀。然后进行读数显微镜调焦，使读数窗内分划清晰，按 3.2.2 节所述方法读数。

3.4　水平角测量

水平角的观测方法一般根据目标的多少而定，常用的方法有测回法和方向观测法。

3.4.1　测回法

此法适用于观测由两个目标所构成的水平角。

如图 3.11 所示，A、O、B 分别为地面上的三点，欲测定 OA 与 OB 所构成的水平角，其操作步骤如下：

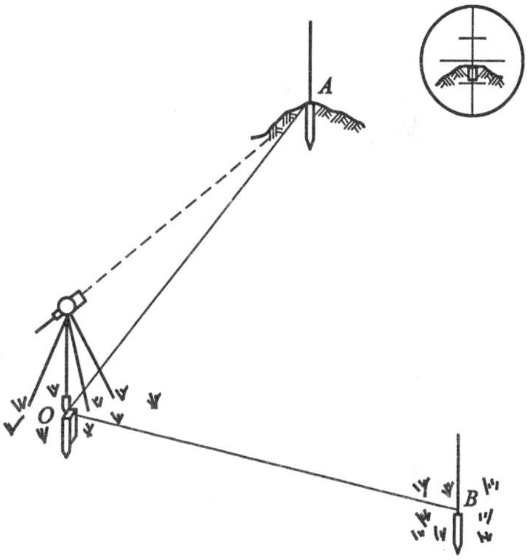

图 3.11　测回法测水平角

(1) 将经纬仪安置在测站点 O，对中、整平。

(2) 使经纬仪置于盘左位置(竖盘在望远镜观测方向的左边，又称为正镜)，瞄准目标 A，读取读数 $a_{左}$，顺时针旋转照准部，瞄准目标 B，并读取读数 $b_{左}$，以上称为上半测回。上半测回的角值 $\beta_{左}=b_{左}-a_{左}$。

(3) 倒转望远镜成盘右位置(竖盘在望远镜观测方向的右边，又称为倒镜)，瞄准目标 B，读得读数 $b_{右}$，按逆时针方向旋转照准部，瞄准目标 A，读得读数 $a_{右}$，以上称为下半测回。下半测回角值 $\beta_{右}=b_{右}-a_{右}$。

上、下半测回构成一个测回。对 DJ6 光学经纬仪，若上、下半测回角度之差 $\beta_{左}-\beta_{右}\leqslant$

±40″,则取 $\beta_{左}$、$\beta_{右}$ 的平均值作为该测回角值。

测回法测角的记录和计算见表 3.1。

表 3.1 测回法观测手簿

测 站	竖盘位置	目标	水平度盘读数 ° ′ ″	半测回角值 ° ′ ″	一测回角值 ° ′ ″	各测回平均角值 ° ′ ″	备 注
第 1 测回 O	左	A	0 03 54	96 48 06	96 48 00	96 48 04	
		B	96 52 00				
	右	A	180 03 30	96 47 54			
		B	276 51 24				
第 2 测回 O	左	A	90 02 30	96 48 12	96 48 09		
		B	186 50 42				
	右	A	270 02 12	96 48 06			
		B	6 50 18				

在测回法测角中,仅测一个测回可以不配置度盘起始位置,但有时为了计算方便,将起始目标的读数调至 0°00′附近。当测角精度要求较高时,需要观测多个测回,为了减小度盘分划误差的影响,各测回间应按 180°/n 的差值变换度盘起始位置,n 为测回数。用 DJ6 光学经纬仪观测时,各测回角值之差不得超过 40″。

3.4.2 方向观测法

此法适用于在一个测站需要观测多个角度,即观测方向在三个或三个以上时。

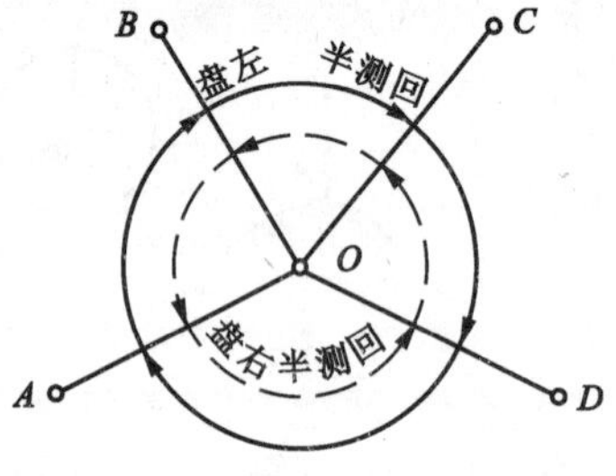

图 3.12 方向观测法测水平角

如图 3.12 所示,O 为测站点,A、B、C、D 为四个目标点,欲测定 O 到各目标、方向之间的水平角,操作步骤如下。

3.4.2.1 测站观测

(1) 将经纬仪安置于测站点 O,对中、整平。

(2) 用盘左位置选定一距离较远、目标明显的点 C 作为起始方向(零方向),将水平度盘读数调至略大于 0°,并读取此时的读数。松开水平制动螺旋,顺时针方向依次照准 D、A、B 三个目标点,并读数。最后再次瞄准起始点 C,称为归零,并读数。以上为上半测回。两次瞄准 C 点的读数之差称为“归零差”。对于不同精度等级的仪器,限差要求不同,如表 3.3 所示。

(3) 取盘右位置瞄准起始目标 C,并读数。然后按逆时针方向依次照准 B、A、D、C 各目标,并读数。以上称为下半测回,其归零差仍应满足规定要求。

上、下半测回构成一个测回,在同一测回内不能第二次改变水平度盘的位置。当精度要求较高,需测多个测回时,各测回间应按 180°/n 配置度盘起始目标的读数。

3.4.2.2 记录计算

表 3.2 为方向观测法观测手簿。盘左各目标的读数从上往下的顺序记录,盘右各目标读数按从下往上的顺序记录。

表 3.2　方向观测法观测手簿

测站	觇点	水平度盘读数 盘左	水平度盘读数 盘右	2c	平均读数	一测回归零方向值	各测回平均方向值	角　值
		° ′ ″	° ′ ″	′ ″	° ′ ″	° ′ ″	° ′ ″	° ′ ″
1	2	3	4	5	6	7	8	9
O	第 1 测回				(0 00 34)			
	C	0 00 54	180 00 24	+30	0 00 39	0 00 00	0 00 00	
	D	79 27 48	259 27 30	+18	79 27 39	79 27 05	79 26 59	79 26 59
	A	142 31 18	322 31 00	+18	142 31 09	142 30 35	142 30 29	63 03 30
	B	288 46 30	108 46 06	+24	288 46 18	288 45 44	288 45 47	146 15 18
	C	0 00 42	180 00 18	+24	0 00 30			71 14 13
	Δ	−12	−6					
O	第 2 测回				(90 00 52)			
	C	90 01 06	270 00 48	+18	90 00 57	0 00 00		
	D	169 27 54	349 27 36	+18	169 27 45	79 26 53		
	A	232 31 30	42 31 00	+30	232 31 15	142 30 23		
	B	18 46 48	198 46 36	+12	18 46 42	288 45 50		
	C	90 01 00	270 00 36	+24	90 00 48			
	Δ	−6	−12					

(1) 归零差的计算

对起始目标，分别计算盘左两次瞄准的读数差和盘右两次瞄准的读数差 Δ，并记入表格。一旦“归零差”超限，应及时进行重测。

(2) 两倍视准误差 2c 的计算

$$2c = \text{盘左读数} - (\text{盘右读数} \pm 180°) \qquad (3.3)$$

各目标的 2c 值分别列入表 3.2 中第 5 栏。对于同一台仪器，在同一测回内，各方向的 2c 值应为一个定数，若有变化，其变化值不应超过表 3.3 规定的范围。

(3) 各方向平均读数的计算

$$\text{平均读数} = \frac{\text{盘左读数} + (\text{盘右读数} \pm 180°)}{2} \qquad (3.4)$$

计算时，以盘左读数为准，将盘右读数加上或减去 180°后和盘左读数取平均值，其结果列入表 3.2 中第 6 栏。

(4) 归零后方向值的计算

将各方向的平均读数分别减去起始目标的平均读数，即得归零后的方向值。表 3.2 中 C 目标的平均读数为：

$$\frac{0°00'39'' + 0°00'30''}{2} = 0°00'34''$$

各方向归零方向值列入第7栏。

(5) 各测回归零后平均方向值的计算

当一个测站观测两个或两个以上测回时，应检查同一方向值各测回的互差。互差要求见表3.3。若检查结果符合要求，取各测回同一方向归零后的方向值的平均值作为最后结果，列入表3.2第8栏。

(6) 水平角的计算

相邻方向值之差，即为两相邻方向所夹的水平角，计算结果列入表3.2第9栏。

当需要观测的方向为三个时，除不做归零观测外，其他均与三个以上方向的观测方法相同。

方向观测法有三项限差要求，见表3.3。若任何一项限差超限，则应重测。

表3.3 方向观测法的各项限差

经纬仪型号	半测回归零差 (″)	一测回内 $2c$ 互差 (″)	同一方向值各测回互差 (″)
DJ2	8	13	9
DJ6	18	—	24

3.5 竖直角测量

根据角度测量的原理可知，经纬仪既可以测水平角，又可以测竖直角(或称垂直角)。

3.5.1 竖直度盘构造

经纬仪竖直度盘部分主要由竖盘、竖盘指标、竖盘指标水准管和竖盘指标水准管微动螺旋组成。竖直度盘垂直于望远镜横轴，且固定在横轴的一端，随望远镜的上下转动而转动。在竖盘中心的下方装有反映读数指标线的棱镜，它与竖盘指标水准管连在一起，不随望远镜转动，只能通过调节指标水准管微动螺旋，使棱镜和指标水准管一起作微小转动。当指标水准管气泡居中时，棱镜反映的读数指标线处于正确位置，如图3.13所示。

竖盘的注记形式很多，有天顶式注记和高度式注记两类。所谓天顶式注记就是假想望远镜指向天顶时，竖盘读数指标指示的读数为0°或180°；与此相对应的高度式注记是假想望远镜指向天顶时，读数为90°或270°。在天顶式和高度式注记中，由于度盘的刻画顺序不同，又可分为顺时针和逆时针两种形式。图3.13为天顶式顺时针注记的竖盘，近代生产的经纬仪多为此类注记。

3.5.2 竖直角观测与计算

3.5.2.1 竖直角计算公式

由于竖盘注记形式不同，竖直角计算的公式也不一样。利用经纬仪测量竖直角之前应先正确判定竖直角的计算公式，才能算出正确的竖直角。现以天顶式顺时针注记的竖盘为例，来推导竖直角计算的基本公式。

如图3.14，当望远镜视线水平，竖盘指标水准管气泡居中时，读数指标处于正确位置，竖盘读数正好为一常数 90°或 270°。

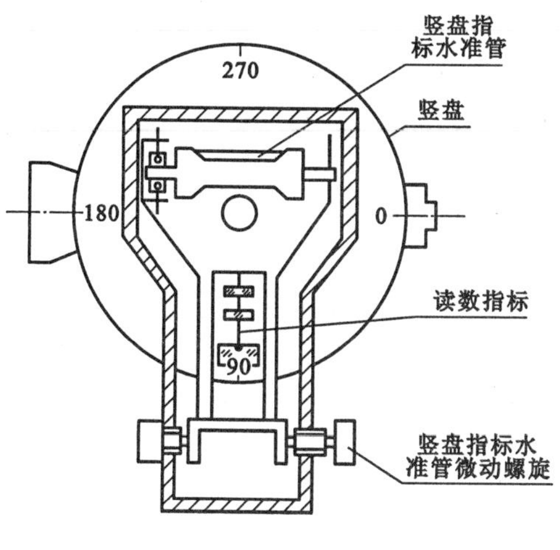

图 3.13 竖盘构造

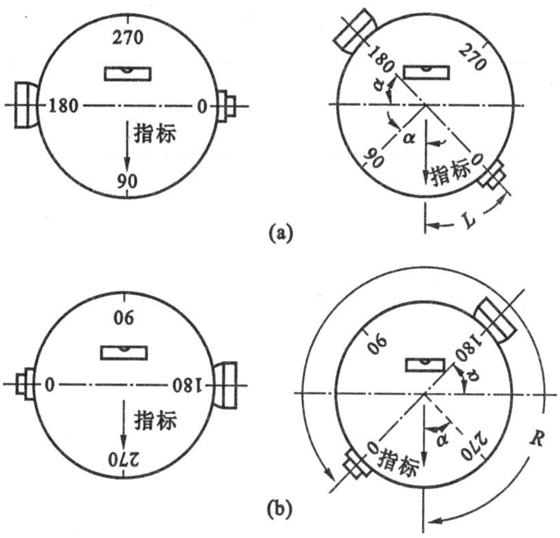

图 3.14 竖直角公式判断

在图 3.14(a)中,盘左位置,视线水平时竖盘读数为 90°。当望远镜往上仰时,读数减小,倾斜视线与水平视线所构成的竖直角为 α。若视线倾斜时,读数指标指向的读数为 L,则盘左位置的竖直角为:

$$\alpha_L = 90^\circ - L \tag{3.5}$$

在图 3.14(b)中,盘右位置,视线水平时竖盘读数为 270°。当望远镜往上仰时,读数增大,若视线上仰时的读数为 R,则盘右位置的竖直角为:

$$\alpha_R = R - 270^\circ \tag{3.6}$$

对于同一目标,由于观测中存在误差,以及仪器本身和外界条件的影响,盘左、盘右所获得的竖直角 α_L 和 α_R 不完全相等,应取盘左、盘右的平均值作为竖直角的结果,即:

$$\alpha = \frac{1}{2}(\alpha_L + \alpha_R) \tag{3.7}$$

或

$$\alpha = \frac{1}{2}[(R - L) - 180^\circ] \tag{3.8}$$

式(3.5)～式(3.8)同样适用于俯角的情况。

根据上述公式的推导,推广到其他注记形式的竖盘,可得竖直角计算公式的通用判别法。

(1) 当望远镜视线往上仰,竖盘读数逐渐增加,则竖直角的计算公式为:

$$\alpha = \text{瞄准目标时的读数} - \text{视线水平时的常数} \tag{3.9}$$

(2) 当望远镜视线往上仰,竖盘读数逐渐减小,则竖直角的计算公式为:

$$\alpha = \text{视线水平时的常数} - \text{瞄准目标时的读数} \tag{3.10}$$

说明:在运用式(3.9)和式(3.10)计算竖直角时,对不同注记形式的竖盘,应正确判读视线水平时的常数,且同一仪器盘左、盘右的常数差为 180°。

3.5.2.2 竖直角的观测、记录与计算

(1) 竖直角观测

① 在测站点上安置仪器,正确判定竖直角的计算公式。

② 盘左位置瞄准目标，使十字丝中横丝切目标于某一位置，调节竖盘指标水准管微动螺旋，使气泡居中，读取竖盘读数 L。

③ 盘右位置瞄准原目标，使竖盘指标水准管气泡居中后，读取竖盘读数 R。

以上盘左、盘右观测构成一个竖直角测回。

(2) 记录与计算

将各观测数据及时填入表 3.4 的竖直角观测手簿中，并按式(3.5)和式(3.6)分别计算半测回竖直角，再按式(3.7)或式(3.8)计算出一测回竖直角。

表 3.4　竖直角观测手簿

测站	目标	测回	竖盘位置	竖盘读数 ° ′ ″	半测回竖直角 ° ′ ″	指标差 ′ ″	一测回竖直角 ° ′ ″	各测回平均竖直角 ° ′ ″	备注
B	A	1	左	81 38 12	+8 21 48	−0 12	+8 21 36	+8 21 45	竖盘为天顶式顺时针注记
			右	278 21 24	+8 21 24				
	A	2	左	81 38 00	+8 22 00	−0 06	+8 21 54		
			右	278 21 48	+8 21 48				
	C	1	左	96 12 36	−6 12 36	−0 09	−6 12 45	−6 12 44	
			右	263 47 06	−6 12 54				
	C	2	左	96 12 42	−6 12 42	0 00	−6 12 42		
			右	263 47 18	−6 12 42				

3.5.3　竖盘读数指标差

式(3.5)和式(3.6)的推导条件，是当视线水平、竖盘指标水准管气泡居中时，读数指标处于正确位置，即正好指向 90°或 270°。事实上，读数指标往往是偏离正确位置，与正确位置相差一小角度 x，该角值称为竖盘指标差。如图 3.15 所示，当指标偏离位置与注记方向相同时，x 为正；反之，则 x 为负。图 3.15 中，x 为负。若仪器存在竖盘指标差，则竖直角的计算公式与式(3.5)和式(3.6)有所不同。

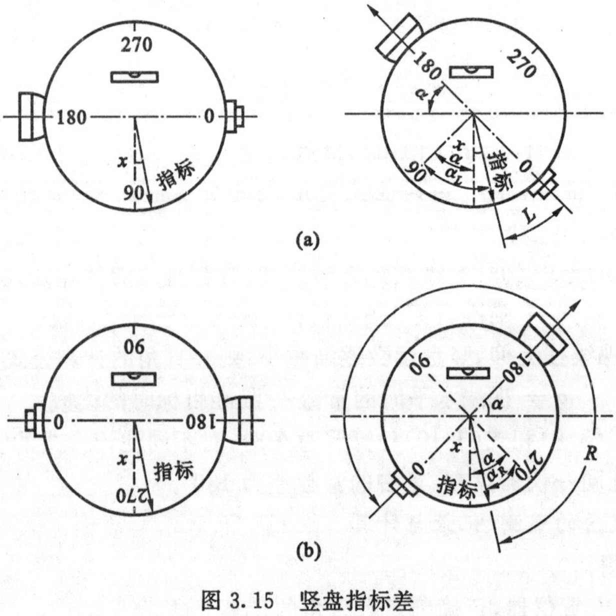

图 3.15　竖盘指标差

在图 3.15(a)中，盘左位置，望远镜往上仰，读数减小，若视线倾斜时的竖盘读数为 L，则正确的竖直角为：

$$\alpha = 90° - L - x = \alpha_L - x \tag{3.11}$$

在图 3.15(b)中，盘右位置，望远镜往上仰，读数增大，若视线倾斜时的竖盘读数为 R，则正确的竖直角为：

$$\alpha = R - 270° + x = \alpha_R + x \tag{3.12}$$

将式(3.11)和式(3.12)联立求解可得：

$$\alpha = \frac{1}{2}(\alpha_L + \alpha_R) \tag{3.13}$$

$$x = \frac{1}{2}(\alpha_R - \alpha_L) \tag{3.14}$$

或

$$x = \frac{1}{2}(L + R - 360°) \tag{3.15}$$

式(3.13)与无指标差时竖直角的计算公式(3.7)或式(3.8)完全相同，即通过盘左、盘右竖直角取平均值，可以消除竖盘指标差的影响，获得正确的竖直角。

指标差互差可以反映观测成果的质量。对于 DJ6 光学经纬仪，规范规定，同一测站上不同目标的指标差互差或同方向各测回指标差互差，不应超过 25″。当允许半测回测定竖直角时，可先测定指标差，然后按式(3.11)或式(3.12)计算竖直角。

观测竖直角时，为使指标处于正确位置，每次读数都需将竖盘指标水准管的气泡调至居中，这很不方便，所以有些光学经纬仪采用竖盘指标自动归零装置，当经纬仪整平后，竖盘指标自动居于正确位置，这样就简化了操作程序。

3.6 经纬仪的检验与校正

经纬仪在使用之前要经过检验，必要时应对可调部件进行校正。经纬仪检验和校正的项目较多，但通常只进行主要轴线间几何关系的检校。

3.6.1 经纬仪应满足的几何条件

如图 3.16，经纬仪的主要轴线有：照准部水准管轴 LL、仪器的旋转轴(即竖轴)VV、望远镜视准轴 CC、望远镜的旋转轴(即横轴)HH。各轴线之间应满足的几何条件有：

(1) 照准部水准管轴应垂直于仪器竖轴，即 $LL \perp VV$；

(2) 望远镜十字丝竖丝应垂直于仪器横轴 HH；

(3) 望远镜视准轴应垂直于仪器横轴，即 $CC \perp HH$；

(4) 仪器横轴应垂直于仪器竖轴，即 $HH \perp VV$。

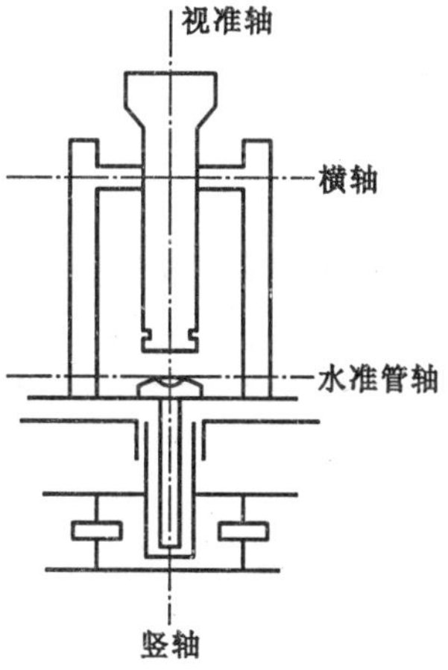

图 3.16　经纬仪的主要轴线

除以上条件外，经纬仪一般还应满足竖盘指标差为零，以及光学对点器的光学垂线与仪器竖轴重合等条件。

仪器在出厂时，以上各条件一般都能满足，但由于在搬运或长期使用过程中的震动、碰撞等原因，各项条件往往会发生变化。因此，在使用仪器作业前，必须对仪器进行检验与校正，即使新仪器也不例外。

3.6.2 检验与校正

在经纬仪检校之前，先检查仪器、脚架各部分的性能，确认性能良好后，可继续进行仪器检校。否则，应查明原因并及时处理所发现的各种问题。

3.6.2.1 水准管轴垂直于竖轴的检验与校正

(1) 检验

首先将仪器粗略整平，然后转动照准部使水准管平行于任意两个脚螺旋连线方向，调节这两个脚螺旋使水准管气泡居中，再将仪器旋转 180°，如果气泡仍然居中，表明条件满足，否则，需要校正。

(2) 校正

如图 3.17(a)，竖轴与水准管轴不垂直，偏离了 α 角。当仪器绕竖轴旋转 180°后，竖轴不垂直于水准管轴的偏角为 2α，如图 3.17(b)。角 2α 的大小由气泡偏离的格数来度量。

校正时，转动脚螺旋，使气泡退回偏离中心位置的一半，即图 3.17(c)的位置，再用校正针调节水准管一端的校正螺丝（注意先放松一个，再旋紧另一个），使气泡居中，如图 3.17(d)。

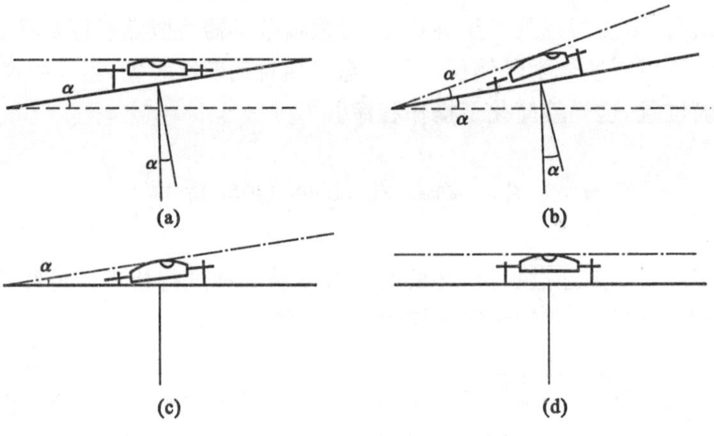

图 3.17 照准部水准管轴检校

此项检校比较精细，需反复进行，直至仪器旋转到任意方向，气泡仍然居中，或偏离不超过一个分划格为止。

对于有圆水准器的经纬仪，可在水准管气泡校正完毕后，严格整平仪器，若圆水准器气泡不居中，则可调节圆水准器的校正螺丝，使气泡居中。也可按水准仪检校中圆水准器气泡的检校方法进行检校。

3.6.2.2 十字丝的竖丝垂直于横轴的检验与校正

(1) 检验

仪器整平后，用十字丝竖丝的上端或下端精确对准远处一明显的目标点，固定水平制动螺旋和望远镜制动螺旋，用望远镜微动螺旋使望远镜上下作微小俯仰，如果目标点始终在竖丝上移动，说明条件满足。否则，需要校正，如图 3.18。

(2) 校正

与水准仪中横丝应垂直于竖轴的校正方法相同，此处只是应使竖丝竖直。如图 3.19，微微旋松十字丝环的四个固定螺丝，转动十字丝环，直至望远镜上下俯仰时竖丝与点状目标始终重合为止。最后拧紧各固定螺丝，并旋上护盖。

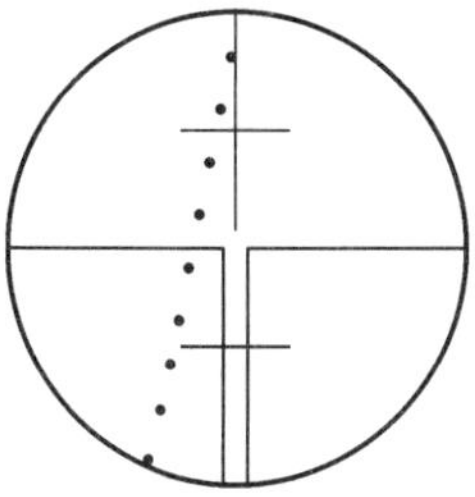

图 3.18　十字丝竖丝检验

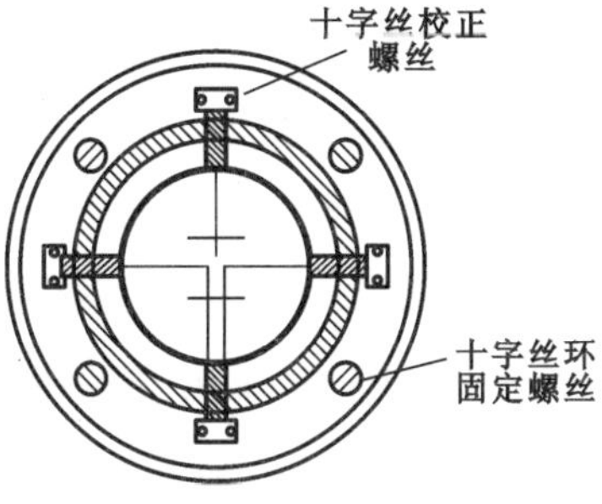

图 3.19　十字丝竖丝校正

3.6.2.3　视准轴垂直于横轴的检验与校正

此项检校的目的是使仪器水平时，望远镜绕横轴旋转所扫出的面为一竖直平面，而不是圆锥面。检校的方法有两种。

(1) 盘左盘右瞄点法

① 检验时先在盘左位置瞄准远处水平方向一明显目标点 A，读取水平度盘读数，设为 $M_{左}$；然后在盘右位置瞄准同一目标点 A，读取水平度盘读数，设为 $M_{右}$。若 $M_{左}=M_{右}\pm 180°$，说明条件满足。否则，视准轴不垂直于横轴所偏离的角度称为视准轴误差，用 c 表示，即按式(3.3)计算的结果除以 2。对普通经纬仪，当 c 超过 $\pm 1'$ 时，需进行校正。

② 校正时，在盘右位置用水平微动螺旋使水平度盘读数为：

$$m_{右}=\frac{M_{右}+(M_{左}\pm 180°)}{2} \tag{3.16}$$

再从望远镜中观察，此时十字丝交点偏离目标点 A。校正时，取下十字丝环的保护罩，通过调节十字丝环的左右两个校正螺丝(如图 3.19)，一松一紧，使十字丝交点重新照准目标点 A。反复检校，直至 c 值不超过 $\pm 1'$。

这种方法适用于 DJ2 经纬仪或其他双指标读数的仪器。对于单指标读数的经纬仪(DJ6 或 DJ6 以下)，只有在度盘偏心差很小时才能见效。否则，$2c$ 中包含了较大的偏心差，校正时将得不到正确结果。因此，对于单指标读数仪器，常用另一种方法检校。

(2) 四分之一法

① 检验时，在平坦地面上选择一条长为 60～100 m 的直线 AB，将经纬仪安置在 A、B 中间的 O 点处，并在 A 点设置一瞄准标志，在 B 点横置一支有毫米刻画的尺子，如图 3.20 所示。盘左瞄准 A 点，固定照准部，倒转望远镜瞄准 B 点的横尺，用竖丝在横尺上读数，设为 B_1；盘右瞄准 A 点，固定照准部，倒转望远镜，在 B 点横尺上读得 B_2。若 B_1、B_2 两点重合，说明条件满足，否则，需要校正。

② 由图 3.20 可以看出，若仪器至横尺的距离为 D，则 c 可写成：

$$c=\frac{|B_2-B_1|}{4D}\rho'' \tag{3.17}$$

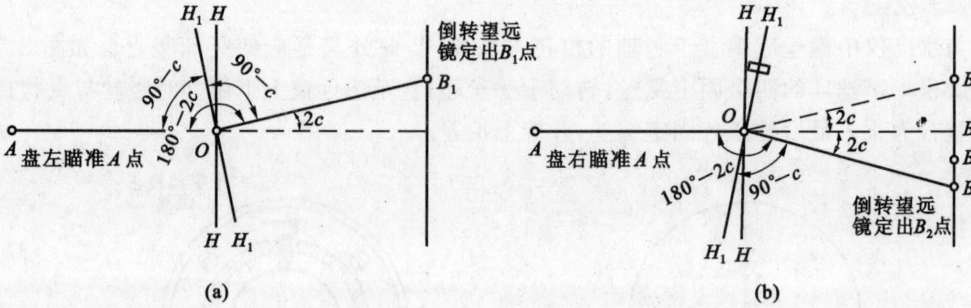

图 3.20 视准轴误差检校

校正时，在横尺上定出 B_3 点的位置，使$\overline{B_2B_3}=\frac{1}{4}\overline{B_1B_2}$，此时$\angle B_3OB_2=c$。与盘左盘右瞄点法的校正方法一样，先取下十字丝环的保护罩，再通过调节十字丝环的校正螺丝，使十字丝交点对准 B_3 点。反复检校，直至 c 值不超过$\pm1'$。

3.6.2.4 横轴垂直竖轴的检验与校正

此项检校的目的是使仪器水平时，望远镜绕横轴旋转所扫过的平面成为竖直状态，而不是倾斜的。

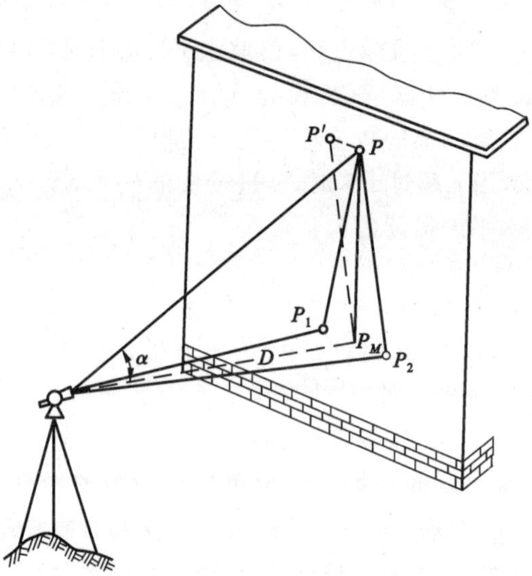

图 3.21 横轴误差检校

(1) 检验

在距墙壁 15～30 m 处安置经纬仪，在墙面上设置一明显的目标点 P(可事先做好贴在墙面上)，如图 3.21 所示，要求望远镜瞄准 P 点时的仰角在 30°以上。盘左位置瞄准 P 点，固定照准部，调整竖盘指标水准管气泡居中后，读取竖盘读数 L，然后放平望远镜，照准墙上与仪器同高的一点 P_1，做出标志。盘右位置同样瞄准 P 点，读得竖盘读数 R，放平望远镜后在墙上与仪器同高处得出另一点 P_2，也做出标志。若 P_1、P_2 两点重合，说明条件满足。也可用带毫米刻画的横尺代替与望远镜同高时的墙上标志。若 P_1、P_2 两点不重合，则需要校正。

(2) 校正

如图 3.21，在墙上定出 P_1P_2 的中点 P_M。调节水平微动螺旋使望远镜瞄准 P_M 点，再将望远镜往上仰，此时，十字丝交点必定偏离 P 点而照准 P'点。校正横轴一端支架上的偏心环，使横轴的一端升高或降低，移动十字丝交点位置，并精确照准 P 点。横轴不垂直于竖轴所构成的倾斜角 i 可通过下式计算：

$$i=\frac{\Delta\cot\alpha}{2D}\rho'' \tag{3.18}$$

式中：α——瞄准 P 点的竖直角，通过瞄准 P 点时所得的 L 和 R 算出；

D——仪器至建筑物的距离；

Δ——P_1、P_2 的间距。

反复检校，直至 i 角值不大于 $1'$。

由于近代光学经纬仪的制造工艺能确保横轴与竖轴垂直，且将横轴密封起来，故使用仪器时，一般只进行检验，如 i 值超过规定的范围，应由仪器修理人员进行修理。

3.6.2.5　竖盘指标差的检验与校正

(1) 检验

在地面上安置好经纬仪，用盘左、盘右分别瞄准同一目标，正确读取竖盘读数 L 和 R，并按式(3.13)和式(3.14)或式(3.15)分别计算出竖直角 α 和指标差 x。当 x 值超过规定值时，应加以校正。

(2) 校正

盘右位置，照准原目标，调节竖盘指标水准管微动螺旋，使竖盘读数对准正确读数 $R_{应}$：

$$R_{应} = \alpha + 盘右视线水平时的读数 \qquad (3.19)$$

此时，竖盘指标水准管气泡不居中，调节竖盘指标水准管校正螺丝，使气泡居中，注意勿使十字丝偏离原来的目标。

反复检校，直至指标差在 $\pm 1'$ 以内。

3.6.2.6　光学对中器的检验与校正

此项检校的目的是使光学对中器的光学垂线与仪器竖轴重合，即仪器对中后，绕竖轴旋转至任何方向仍然对中。光学对中器的结构如图 3.22 所示。

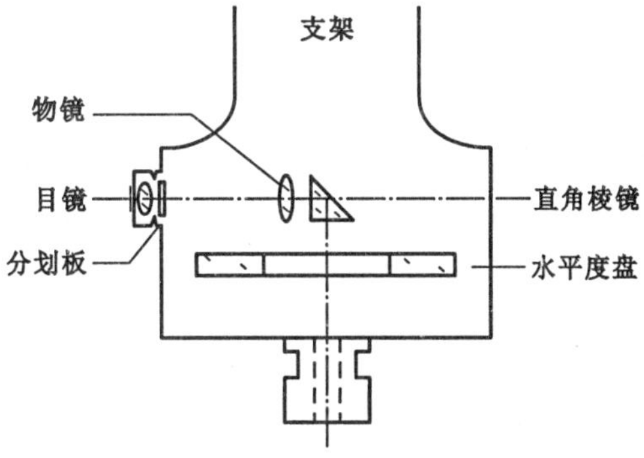

图 3.22　光学对中器结构

(1) 检验

如图 3.23(a)所示，在地面上放置一张白纸，白纸上标出一点 A 作为对中标志，按光学对中的方法安置仪器，然后将照准部旋转 180°，若光学对中器分划圈中心偏离 A 点 0.5 mm 以上，对准 B 点，说明光学对中器的光学垂线与仪器竖轴不重合，需要进行校正。

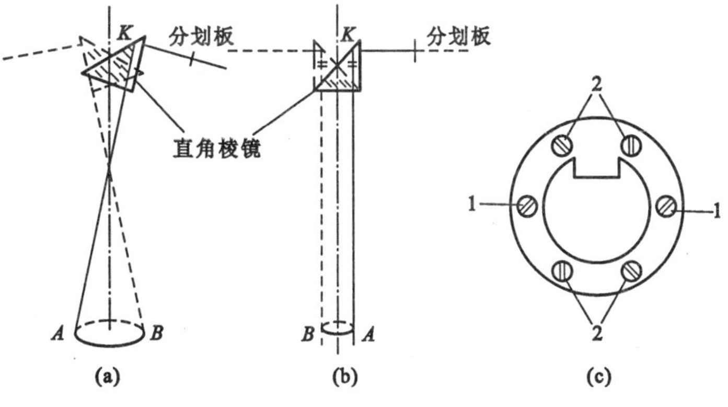

图 3.23　光学对点器检校

(2) 校正

仪器类型不同，校正部位也不同，有的校正直角转向棱镜，有的校正光学对点器分划板。

图 3.23(c)是位于照准部支架间圆形护盖下的校正螺丝,校正时,通过调节相应的校正螺丝 1 或 2,使分划圈中心左右或前后移动对准 A、B 的中点,反复 1~2 次,直到照准部转到任何位置,光学对中器分划圈中心始终对准 A 点为止,如图 3.23(b)所示。

经纬仪的各项检校均需反复进行,直至满足应具备的条件,但要使仪器完全满足理论上的要求是相当困难的。在实际检校中,一般只要求达到实际作业所需要的精度,这样必然存在仪器的残余误差。通过采用合理的观测方法,大部分残余误差是可以相互抵消的。

3.7 水平角测量误差与注意事项

在水平角测量中影响测角精度的因素很多,主要有仪器误差、观测误差,以及外界条件的影响。

3.7.1 仪器误差

仪器误差的来源有两方面:一方面是仪器检校不完善所引起的,如视准轴不垂直于横轴,以及横轴不垂直于竖轴等;另一方面是由于仪器制造加工不完善所引起的,如度盘偏心差、度盘刻画误差等。

3.7.1.1 视准轴不垂直于横轴的误差

尽管仪器进行了检校,但校正不可能绝对完善,总是存在一定的残余误差。在观测过程中,通过盘左、盘右两个位置观测取平均值,可以消除此项误差的影响。

3.7.1.2 横轴不垂直于竖轴的误差

与视准轴不垂直于横轴的误差一样,横轴不垂直于竖轴的误差通过盘左、盘右观测取平均值,可以消除此项误差的影响。

3.7.1.3 竖轴倾斜误差

由于水准管轴应垂直于仪器竖轴的校正不完善而引起竖轴倾斜误差。此项误差不能用盘左盘右取平均值的方法来消除。这种残余误差的影响与视线竖直角的正切成正比。因此,在山区进行测量时,应特别注意水准管轴垂直于竖轴的检校。在观测过程中,应特别注意仪器的整平。

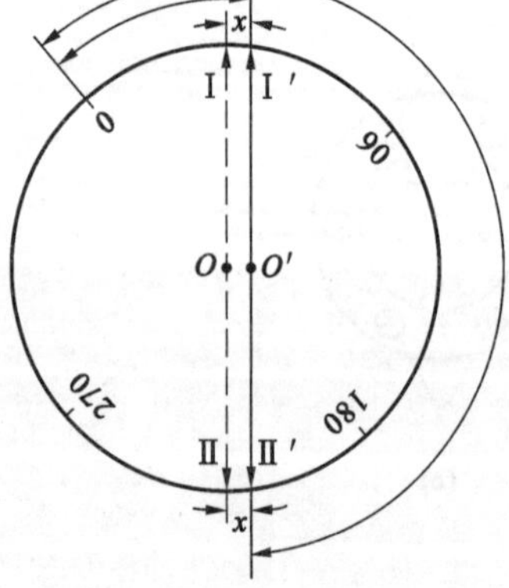

图 3.24 度盘偏心差

3.7.1.4 度盘偏心差

照准部旋转中心与水平度盘分划中心不重合,使读数指标所指的读数含有误差,称为度盘偏心差,如图 3.24 所示。

采用对径分划符合读数可以消除度盘偏心差的影响。对于单指标读数的仪器,可通过盘左、盘右取平均值的方法来消除此项误差的影响。在图 3.24 中,由于 O 与 O' 不重合,当盘左瞄准某目标时,经纬仪一侧的水平度盘读数Ⅰ′(实线箭头读数)比无偏心时的读数Ⅰ(虚线箭头读数)大一个小角度 x。在盘右位置,仍瞄准该目标时,实线箭头读数Ⅱ′比无偏心时的虚线箭头读数Ⅱ小一个同样大小的 x 小角度。因此,若盘左盘右观测同一目标时,读数相差不是 180°,就可能存在照准部偏心误差，取盘左盘右读数的平均值，可消除其影响。

3.7.1.5　度盘刻画误差

度盘的刻画总是或多或少存在误差。在观测水平角时，多个测回之间按一定方式变换度盘起始位置的读数，可以有效地削弱度盘刻画误差的影响。

3.7.2　观测误差

3.7.2.1　仪器对中误差

如图 3.25，设 C 为测站点，A、B 为两目标点。由于仪器存在对中误差，仪器中心偏至 C'，设偏离量 CC' 为 e，β 为无对中误差时的正确角度，β' 为有对中误差时的实测角度。设 $\angle AC'C$ 为 θ，测站 C 至 A、B 的距离分别为 S_1、S_2。由于对中误差所引起的角度偏差为：

$$\Delta\beta = \beta - \beta' = \varepsilon_1 + \varepsilon_2$$

而

$$\varepsilon_1 \approx \frac{e\sin\theta}{S_1}\rho''$$

$$\varepsilon_2 \approx \frac{e\sin(\beta' - \theta)}{S_2}\rho''$$

则

$$\Delta\beta = e\rho''\left[\frac{\sin\theta}{S_1} + \frac{\sin(\beta' - \theta)}{S_2}\right] \tag{3.20}$$

由上式可知，仪器对中误差对水平角观测的影响与下列因素有关：

(1) 与偏心距 e 成正比，e 愈大，$\Delta\beta$ 愈大；

(2) 与边长成反比，边愈短，误差愈大；

(3) 与水平角的大小有关，θ、$\beta'-\theta$ 愈接近 90°，误差愈大。

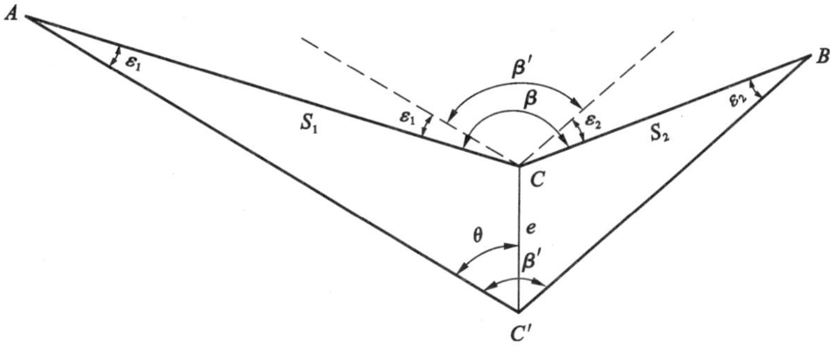

图 3.25　仪器对中误差

【例 3.1】　当 $e=3$ mm，$\theta=90°$，$\beta'=180°$，$S_1=S_2=100$ m 时，由对中误差引起的角度偏差是多少？

解

$$\Delta\beta = \frac{3 \times 206265''}{100000} \times 2 = 12.4''$$

因此，在观测目标较近或水平角接近 180°时，应特别注意仪器对中。

3.7.2.2　目标偏心误差

如图 3.26，O 为测站点，A、B 为目标点。若立在 A 点的标杆是倾斜的，在水平角观测中，因瞄准标杆的顶部，则投影位置由 A 偏离至 A'，产生偏心距 e，所引起的角度误差为：

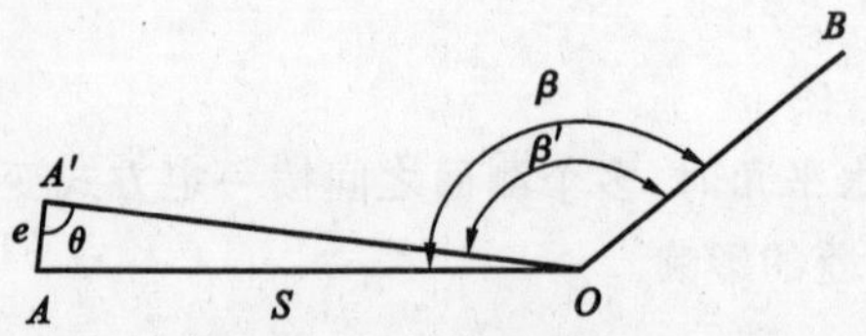

图 3.26 目标偏心差

$$\Delta\beta=\beta-\beta'=\frac{e\rho''}{S}\sin\theta \tag{3.21}$$

由式(3.21)可知，$\Delta\beta$ 与偏心距 e 成正比，与距离 S 成反比。偏心距的方向直接影响 $\Delta\beta$ 的大小，当 $\theta=90°$时，$\Delta\beta$ 最大。

【例 3.2】 当 $e=10$ mm，$S=50$ m，$\theta=90°$时，目标偏心引起的角度误差是多少？

解

$$\Delta\beta=\frac{10\times206265''}{50000}=41.3''$$

可见，目标偏心差对水平角的影响不能忽视。尤其是当目标较近时，影响更大。因此，在竖立标杆或其他照准标志时，应立在通过测点的铅垂线上。观测时，望远镜应尽量瞄准目标的底部。当目标较近时，可在测站点上悬吊锤球线作为照准目标，以减少目标偏心对角度的影响。

3.7.2.3 仪器整平误差

水平角观测时必须保持水平度盘水平、竖轴竖直。若气泡不居中，导致竖轴倾斜而引起的角度误差，不能通过改变观测方法来消除。因此，在观测过程中，应特别注意仪器的整平。在同一测回内，若气泡偏离超过 2 格，应重新整平仪器，并重新观测该测回。

3.7.2.4 照准误差

望远镜照准误差一般用下式计算：

$$m_V=\pm\frac{60''}{V} \tag{3.22}$$

式中：V——望远镜的放大率。

照准误差除取决于望远镜的放大率以外，还与人眼的分辨能力，目标的形状、大小、颜色、亮度和清晰度等有关。因此，在水平角观测时，除适当选择经纬仪外，还应尽量选择适宜的标志、有利的气候条件和观测时间，以削弱照准误差的影响。

3.7.2.5 读数误差

读数误差与读数设备、照明情况和观测者的经验有关，其中主要取决于读数设备。一般认为，对 DJ6 经纬仪最大估读误差不超过±6″，对 DJ2 经纬仪一般不超过±1″。但如果照明情况不佳，显微镜的目镜未调好焦距或观测者技术不够熟练，估读误差可能大大超过上述数值。

3.7.3 外界条件影响带来的误差

外界环境的影响比较复杂，一般难以由人力来控制。大风可使仪器和标杆不稳定；雾气会使目标成像模糊；松软的土质会影响仪器的稳定；烈日曝晒可使三脚架发生扭转，影响仪器的整平；温度变化会引起视准轴位置变化；大气折光变化致使视线产生偏折等。这些都会给角度测量带来误差。因此，应选择有利的观测条件，尽量避免不利因素对角度测量的影响。

3.8　其他经纬仪简介

3.8.1　DJ2 光学经纬仪

DJ2 光学经纬仪精度较高，常用于国家三、四等三角测量和精密工程测量。图 3.27 是苏州第一光学仪器厂生产的 DJ2 光学经纬仪，与 DJ6 光学经纬仪相比，在结构上除望远镜的放大倍数较大，照准部水准管的灵敏度较高，度盘格值较小外，主要表现在读数设备的不同。

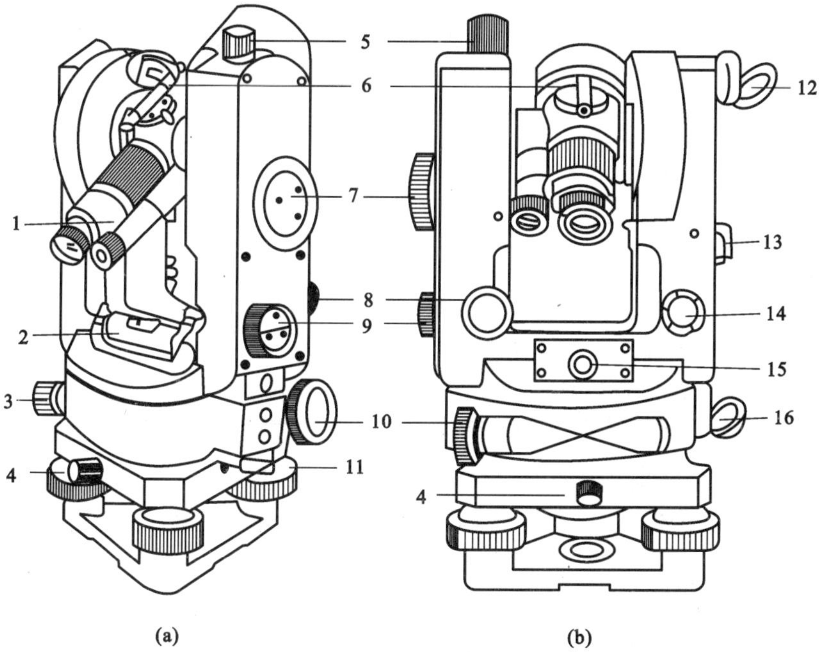

图 3.27　DJ2 光学经纬仪

1—读数显微镜；2—照准部水准管；3—水平制动螺旋；4—轴座连接螺旋；5—望远镜制动螺旋；6—瞄准器；7—测微轮；8—望远镜微动螺旋；9—换像手轮；10—水平微动螺旋；11—水平度盘位置变换手轮；12—竖盘照明反光镜；13—竖盘指标水准管；14—竖盘指标水准管微动螺旋；15—光学对点器；16—水平度盘照明反光镜

在 DJ2 光学经纬仪中采用对径分划线影像符合的读数设备。它将度盘上相对 180°的分划线，经过一系列棱镜和透镜的反射与折射，同时显现在读数显微镜中，并分别位于一条横线的上、下方。如图 3.28 所示，右下方为分划线重合窗；右上方读数窗中上面的数字为整度值，凸出的小方框中所注数字为整 10′数；左下方为测微尺的读数窗。

测微尺刻画有 600 小格，每格为 1″，可估读至 0.1″，全程测微范围为 10′。测微尺读数窗中左边注记数字为分，右边注记为整 10″数。观测时读数方法如下：

(1) 转动测微轮，使分划线重合窗中上、下分划线重合，见图 3.28(b)；

(2) 在读数窗中读出度数；

(3) 在小方框中读出整 10′数；

(4) 在测微尺读数窗中读出分、秒数；

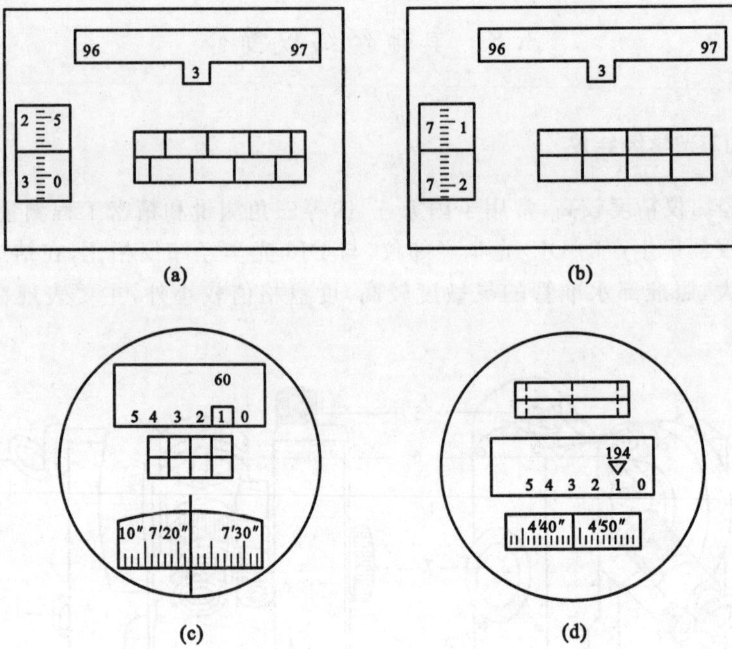

图 3.28　DJ2 光学经纬仪读数窗

(5) 将以上读数相加即为度盘读数。

图 3.28(b)中读数为 96°37′14.7″。图 3.28(c)、(d)为其他类型 DJ2 光学经纬仪的读数窗，读数分别为:60°17′22.0″和 194°14′49.3″。

在 DJ2 光学经纬仪的读数窗中，只能看到水平度盘或竖直度盘中的一种影像，如果需要读另一种影像时，必须转动换像手轮。

3.8.2　电子经纬仪

3.8.2.1　电子经纬仪的特点

电子经纬仪是在光学经纬仪的基础上发展起来的新一代测角仪器，故仍然保留着许多光学经纬仪的特征。电子经纬仪的主要特点有：

(1) 采用电子测角系统，实现了测角自动化、数字化，能将测量结果自动显示出来，减轻了劳动强度，提高了工作效率。

(2) 采用轴系补偿系统，在微处理器支持下，配以相关的专用软件，可对各轴系误差进行补偿或归算改正。

(3) 采用积木式结构，可与光电测距仪组合成全站型电子速测仪，配合适当的接口，可将电子手簿记录的数据输入计算机，实现数据处理和绘图自动化。

图 3.29 所示为南方测绘仪器公司生产的 ET-02 电子经纬仪。

3.8.2.2　电子经纬仪的测角原理

电子经纬仪仍然采用度盘测角，但与光学测角不同的是，电子经纬仪测角是从特殊"度盘"——光电度盘上取得电信号，根据电信号再转换成角度值，并自动以数字方式输出，显示在显示器上并记入存储器，实现度盘读数记录的自动化。电子经纬仪的测角系统一般分为三大类:编码度盘测角系统、增量式光栅度盘测角系统和动态光栅度盘测角系统。

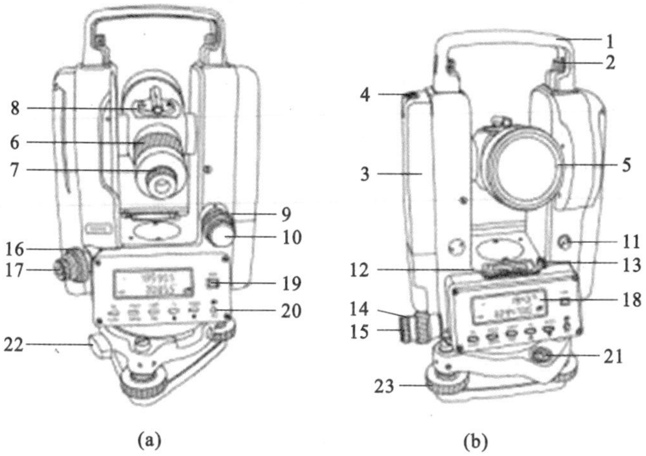

图 3.29　ET-02 电子经纬仪

1—提把；2—提把固定螺旋；3—机载电池盒；4—电池盒按钮；5—望远镜物镜；6—物镜调焦螺旋；7—目镜调焦螺旋；8—光学瞄准器；9—望远镜制动螺旋；10—望远镜微动螺旋；11—测距仪数据接口；12—管水准器；13—管水准器校正螺丝；14—水平制动螺旋；15—水平微动螺旋；16—对中器物镜调焦螺旋；17—对中器目镜调焦螺旋；18—显示窗；19—电源开关；20—显示窗照明开关；21—圆水准器；22—轴套锁定旋钮；23—脚螺旋

（1）编码度盘测角原理

在玻璃圆盘上刻画几个同心圆带，每一个环带表示一位二进制编码，称为码道。如果再将全圆划成若干扇区，则每个扇形区有几个梯形，如果每个梯形分别以“亮”和“黑”表示“0”和“1”的信号，则该扇形可用几个二进制数表示其角值。例如，用 4 位二进制表示角值，则全圆只能刻成 16 个扇形区，则度盘刻画值为 360°/16＝22.5°，如图 3.30 所示，这显然是没有什么实用意义的。如果最小值为 20″，则需刻成(360×60×60)/20＝64800 个扇形区，而 64800≈2^{16} 个码道，即要刻成 16 个码道。因为度盘直径有限，码道愈多，靠近度盘中心的扇形间隔愈小，又缺乏使用意义，故一般将度盘刻成适当的码道，再利用测微装置来达到细分角值的目的。编码度盘一般属于绝对测角系统，因为其角值是度盘已经注记的绝对数字。

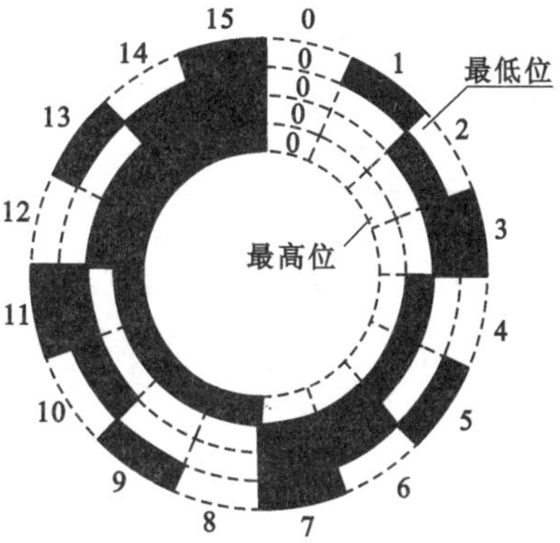

图 3.30　编码度盘

（2）增量式光栅度盘测角原理

光栅度盘是利用莫尔干涉条纹效应来实现测角的。一组黑(不透光)白(透光)相间的平行条纹称为直线光栅。将两密度相同的直线光栅相叠，并使它们的刻画相互倾斜一个很小的角度，这时会出现明暗相同的条纹，这就是莫尔干涉条纹，如图3.31所示。它有三个特点：

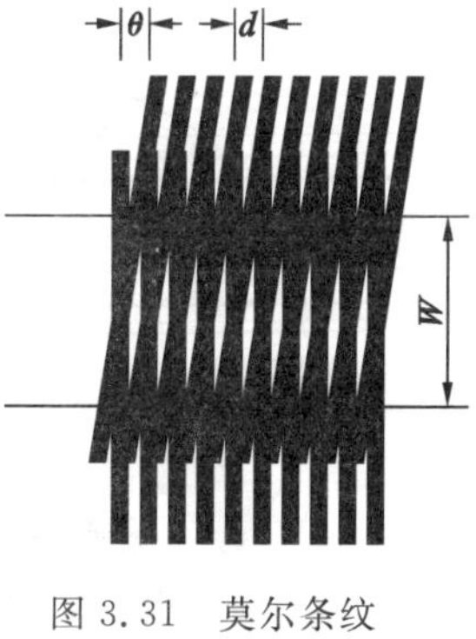

图 3.31　莫尔条纹

① 两光栅之间的倾角越小则条纹越粗，即相邻明条纹(或暗条纹)之间的间隔越大。

② 在垂直于光栅构成平面的方向上，条纹亮度呈正弦周期变化。

③ 当光栅水平移动时，莫尔条纹上、下移动。当两光栅倾角甚小时，光栅在水平方向相对移动一条刻线 d(栅距)，莫尔条纹在垂直方向上移动一周，其移动量 W(纹距)为：

$$W = d\cot\theta = d/\theta \tag{3.23}$$

由上式可见，只要光栅夹角小，则很小的光栅移动量就会产生很大的条纹移动量。当 $\theta = 20'$，约可放大 172 倍。由于 W 的宽度较大，容易用接收元件累计出条纹的移动量，从而推导出光栅的移动量，即角度值。虽然刻在圆盘上径向光栅其条纹是互不平行的，若将经纬仪度盘做成主光栅，另用相同栅距的光栅作为指示光栅，同样利用干涉条纹可实现测角。增量式光栅度盘测角原理如图 3.32 所示。指示光栅、接收管、发光管位置固定在照准部上。当度盘随照准部转动时，莫尔条纹落在接收管上。度盘每转动一条光栅，莫尔条纹在接收管上移动一周，流过接收管的电流变化一周。当仪器照准零方向时，让仪器的计数器处于零位，而当度盘随照准部转动照准某目标时，流过接收管电流的周期数就是两方向之间所夹的光栅数。由于光栅之间的夹角是已知，计数器所计的电流周期数经过处理就可以显示出角度值。如果在电流波形的每一期内再均匀内插 n 个脉冲，计算器对脉冲进行计数，所得的脉冲数就等于两个方向所夹光栅数的 n 倍，就相当于把光栅刻画线增加了 n 倍，角度分辨率也就提高了 n 倍。使用增量式光栅度盘测角时，照准部转动的速度要均匀，不可突快或太快，以保证计数的正确性。

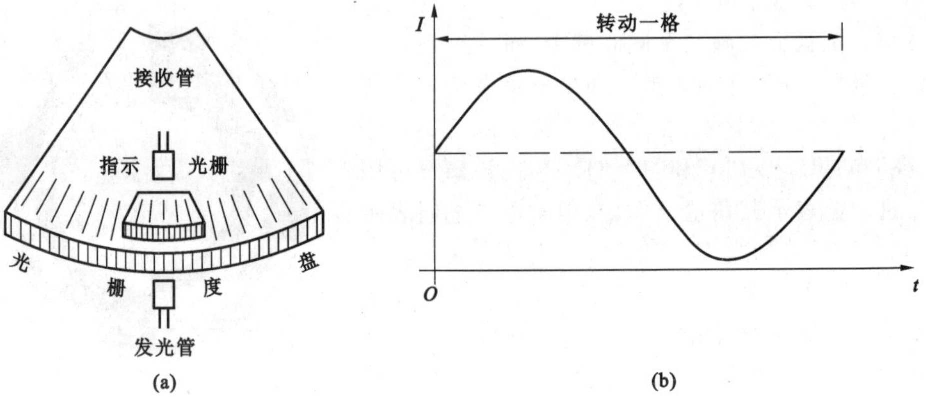

图 3.32　增量式光栅度盘测角原理

(a) 相互关系；(b) 光电流图

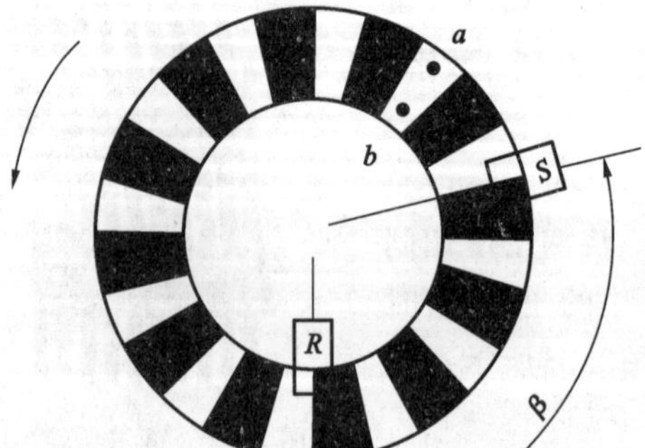

图 3.33　动态光栅度盘测角原理

(3) 动态光栅度盘测角原理

动态光栅度盘测角原理如图 3.33 所示，度盘光栅可以旋转，另有两个与度盘光栅交角为 β 的计数光栅 S 和 R：S 为固定光栅，位于度盘外侧；R 为可动光栅，位于度盘内侧。同时，度盘上还有两个标志点 a 和 b，S 只接收 a 的信号，R 只接收 b 的信号。测角时，S 代表一原方向，R 随着照准部旋转，当照准目标后，R 位置已定，此时启动测角系统，使度盘在马达的带动下，始终以一定的速度逆时针旋转，b 点先通过 R，开始计数。接着 a 通过 S，计数停止，此时计下了 R、S 之间的栅距(φ_0)的整倍数 n 和不是一个分划的小数 $\Delta\varphi_0$，则水平角为：

$$\beta = n\varphi_0 + \Delta\varphi_0 \tag{3.24}$$

事实上，每个栅格为一脉冲信号，由 R、S 的粗测功能可计数得 n；利用 R、S 的精测功能可测得不足一个分划的相位差 $\Delta\varphi_0$，其精度取决于将 φ_0 划分成多少相位差脉冲。

动态测角除具有前述两种测角方式的优点外，最大的特点在于消除了度盘刻画误差等，适宜在高精度(0.5″级)的仪器上采用。但动态测角需要马达带动度盘，因此在结构上比较复杂，耗电量也大一些。

3.8.3 激光经纬仪

激光经纬仪是在经纬仪上安装激光装置，将激光器发出的激光束导入经纬仪望远镜内，使之沿着视准轴方向射出一条可见的红色激光束。

激光经纬仪提供的红色激光束可传播相当远，而光束的直径不会有显著变化，是理想的定位基准线。因此，激光经纬仪已广泛地应用于各种施工测量中。它既可用于一般准直测量，又可用于竖向准直测量，特别适合于高层建筑、大型塔架、港口、桥梁等工程的施工。

图 3.34 为苏州第一光学仪器厂生产的 J2-JD 激光经纬仪。它是在 J2 光学经纬仪的基础上，装上 He-Ne 激光器和激光电源箱等部件组成。

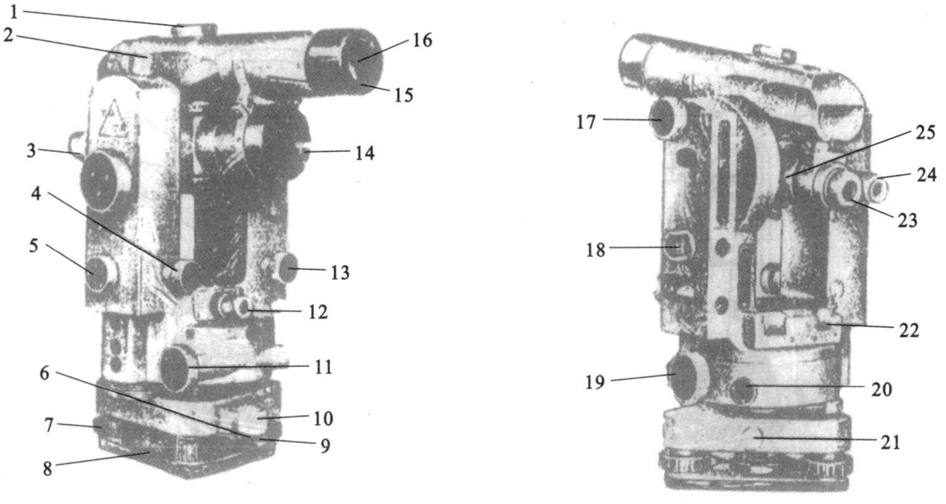

图 3.34 J2-JD 激光经纬仪

1—光学粗瞄器；2—垂直制动手轮；3—测微手轮；4—垂直微动手轮；5—换像手轮；6—换盘手轮护盖；7—脚螺旋；8—三角基座底板；9—换盘手轮；10—圆水准器；11—水平微动手轮；12—光学对点器；13—竖盘指标水准器微动手轮；14—望远镜物镜；15—激光器护壳；16—护罩；17—竖盘照明反光镜；18—竖盘指标水准器观察棱镜；19—平盘照明反光镜；20—水平制动手轮；21—基座锁紧手轮；22—长水准器；23—望远镜目镜；24—读数显微镜目镜；25—望远镜调焦手轮

使用激光经纬仪时，应特别注意电源线的连接，并预热半小时，以改善激光束的漂移。使用完毕，先关上电源开关，待指示灯熄灭，激光器停止工作后再拉开电源。长期不使用仪器时，应每月通电一次，使激光器点亮半小时。仪器若发生故障，须由熟悉仪器结构者修理，或送修理部门修复，不要轻易拆卸仪器零件。

思考题与习题

(1) 什么是水平角？什么是竖直角？经纬仪为什么既能测出水平角又能测出竖直角？

(2) 经纬仪由几大部分组成？经纬仪的制动螺旋和微动螺旋各有何作用？如何正确使用微动螺旋？

(3) 观测水平角时，为什么要进行对中和整平？简述光学经纬仪对中和整平的方法。

(4) 观测水平角时，要使起始方向的水平度盘读数对准 0°00′00″或略大于 0°，应怎样操作？

(5) 试分述用测回法与方向观测法测量水平角的操作步骤。

(6) 观测水平角时，如测两个以上测回，为什么各测回要变换度盘位置？若测回数为 4，各测回的起始读数应如何变换？

(7) 观测水平角和竖直角有哪些相同和不同之处？应如何判断竖直角计算公式？

(8) 经纬仪有哪些主要轴线？各轴线之间应满足什么几何条件？为什么？

(9) 水平角测量的误差来源有哪些？在观测中应如何消除或削弱这些误差的影响？

(10) 采用盘左、盘右观测水平角，能消除哪些仪器误差？

(11) 整理表 3.5 中测回法观测水平角的记录。

(12) 整理表 3.6 中方向观测法测水平角的记录。

(13) 整理表 3.7 中竖直角观测的记录。

(14) 电子经纬仪有哪些主要特点？它与光学经纬仪的根本区别是什么？

表 3.5 测回法观测手簿

测站	竖盘位置	目标	水平度盘读数 ° ′ ″	半测回角值 ° ′ ″	一测回角值 ′ ″	各测回平均角值 ° ′ ″	备注
第一测回 O	左	A	0 01 12				
		B	200 08 54				
	右	A	180 02 00				
		B	20 09 30				
第二测回 O	左	A	90 00 36				
		B	290 08 00				
	右	A	270 01 06				
		B	110 08 48				

表 3.6 方向观测法观测手簿

测站	测回数	目标	读数 盘左 ° ′ ″	读数 盘右 ° ′ ″	2c ′ ″	平均读数 ′ ″	归零方向值 ° ′ ″	各测回平均方向值 ° ′ ″	角值 ° ′ ″	备注
O	1	C	0 00 42	180 01 24						
		D	76 25 36	256 26 30						
		B	128 48 06	308 48 54						
		A	290 56 24	110 57 00						
		C	0 00 54	180 01 30						
		Δ=								

续表 3.6

测站	测回数	目标	读数 盘左 ° ′ ″	读数 盘右 ° ′ ″	2c ′ ″	平均读数 ′ ″	归零方向值 ° ′ ″	各测回平均方向值 ° ′ ″	角值 ° ′ ″	备注
O	2	C	90 01 30	270 02 06						
		D	166 26 30	346 27 12						
		B	218 49 00	38 49 42						
		A	20 57 06	200 57 54						
		C	90 01 30	270 02 12						
		Δ=								

表 3.7 竖直角观测手簿

测站	目标	竖盘位置	竖盘读数 ° ′ ″	半测回竖直角 ° ′ ″	指标差 ′ ″	一测回竖直角 ° ′ ″	各测回平均竖直角 ° ′ ″	备注
O	A	左	98 43 18					竖盘为天顶式顺时针注记
		右	261 15 30					
	B	左	75 36 00					
		右	284 22 36					

4　距离测量与直线定向

【本章提要】本章主要讲述钢尺量距方法，钢尺量距成果处理；视距测量原理、测量方法和成果计算；介绍光电测距原理，红外测距仪的使用、光电测距成果计算及注意事项；详细讲述了测量坐标的方向、方位角的概念及坐标方位角的推算。

距离测量就是测量地面两点之间的水平距离。如果测得的是倾斜距离，还必须换算为水平距离。依所用仪器的不同，距离测量的方法有钢尺量距、普通视距测量和光电测距仪测距。

4.1　钢尺量距

4.1.1　量距工具

钢尺又叫钢卷尺，长度有 20 m、30 m、50 m 等，其基本分划有厘米和毫米两种。厘米分划的钢尺在起始的 10 cm 内刻有毫米分划。由于尺上零点位置的不同，有端点尺和刻线尺之分，如图 4.1 所示。

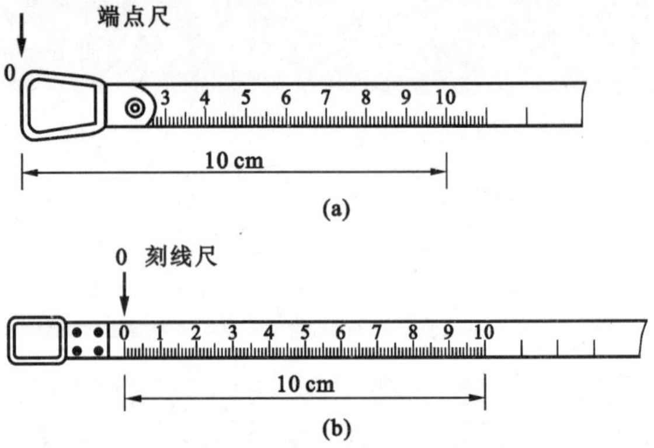

图 4.1　钢尺

钢尺量距的辅助工具有测钎、标杆、锤球等，如图 4.2 所示。

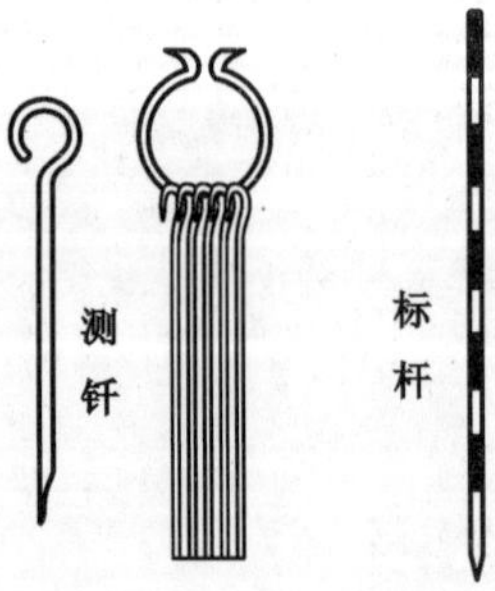

图 4.2　量距的辅助工具

4.1.2　直线定线

地面两点间的距离大于整根尺子长度时，用钢尺一次(一尺段)不能量完，这就需要在直线方向上标定若干个点，这项工作称为直线定线。直线定线可以采用目测定线和经纬仪定线。

采用目测定线时，如图 4.3 所示，A、B 为地面上待测距离的两个端点，要在 A、B 直线上定出 1、2 等点。先在 A、B 点上竖标杆，甲在 A 点标杆后 1～2 m 处，指挥乙左右移动标杆，直到 A、2、B 三根标杆在同一直线上。同法可以定出直线上的其他点。一般定线时，点与点的间距宜稍短于一整尺长。

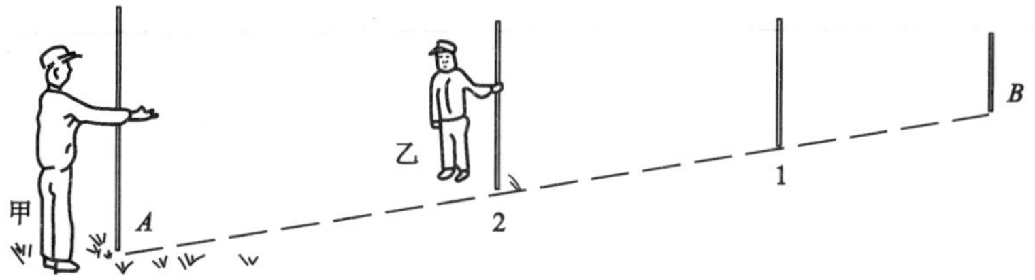

图 4.3　目测定线

采用经纬仪定线时，甲先将经纬仪安置在 A 点并对中整平，乙将一根标杆先立于 B 点，然后甲操作经纬仪瞄准标杆，拧紧水平制动螺旋和望远镜制动螺旋，而后，甲指挥乙持标杆前进至点 1 附近并左右移动标杆，至标杆与望远镜十字丝竖丝重合时定下 1 点的位置。同法可以定出直线上的其他点。

4.1.3　距离丈量

4.1.3.1　平坦地面的丈量方法

如图 4.4 所示，丈量工作一般由两人进行。后尺手甲持钢尺零端站在起点 A 处，前尺手乙持钢尺末端沿直线方向前进，至一尺段长处停下。甲指挥乙将钢尺拉在 AB 直线上，甲把尺的零端对准起点，甲、乙同时拉紧钢尺，乙将测钎对准钢尺末端刻画垂直插入地面（在坚硬地面处，可用铅笔在地面划线作标记）。量完第一尺段后，甲乙举尺前进，同法丈量第二尺段。依此丈量，直到最后量出不足一整尺的余长，乙在钢尺上读取余长值 q。A、B 两点间的水平距离为：

$$D = nl + q \tag{4.1}$$

式中：n——整尺段数；

l——钢尺整尺段长度；

q——不足一整尺的余长。

图 4.4　平坦地面量距

为了防止错误和提高丈量精度，需要往、返丈量，取平均值为最后结果。量距精度以相对误差 K 表示，通常化成分子为 1 的分数形式。相对误差用下式表示：

$$K=\frac{|D_{往}-D_{返}|}{D_{平均}}=\frac{1}{\dfrac{D_{平均}}{|D_{往}-D_{返}|}} \tag{4.2}$$

【例 4.1】 AB 的往测距离为 213.41 m，返测距离为 213.35 m，平均值为 213.38 m，计算相对误差。

解

$$K=\frac{|213.41-213.35|}{213.38}\approx\frac{1}{3556}$$

在平坦地区，钢尺量距的相对误差一般不应大于 1/3000。在量距较困难的地区，也不应大于 1/1000。

4.1.3.2 倾斜地面的丈量方法

(1) 平量法

当倾斜地面地势起伏不大时，可将钢尺水平拉直丈量，如图 4.5 所示。尺子的水平情况可由第三人在尺子侧旁适当位置用目估判定。一般使尺子一端靠地，另一端用锤球线紧靠尺子的某分划，使锤球自由下坠，其尖端在地面上击出的印子作为该分划的水平投影位置。各测段丈量结果总和即为 AB 水平距离。

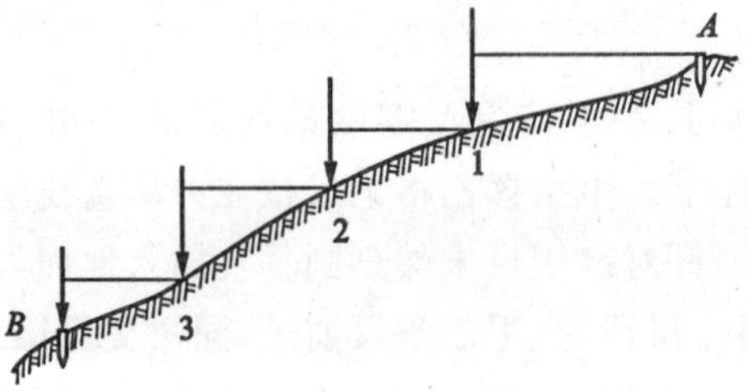

图 4.5 平量法示意图

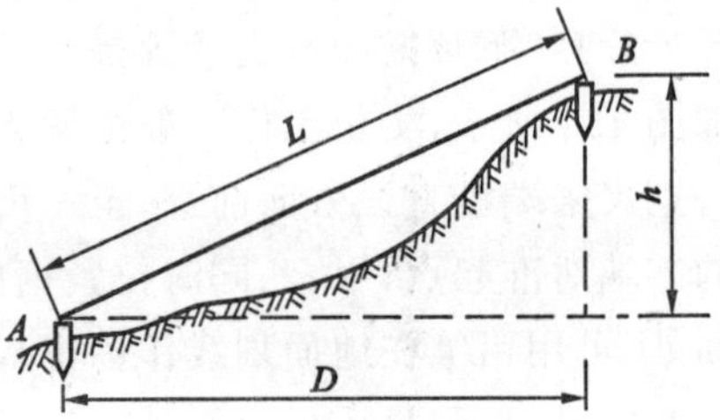

图 4.6 斜量法示意图

(2) 斜量法

如图 4.6 所示，当地面坡度较大时，可以直接量出 AB 的斜距 L，测定出 AB 的高差 h，按式(4.3)或式(4.4)中任一公式计算水平距离。公式为：

$$D=\sqrt{L^2-h^2} \tag{4.3}$$

$$D=L+\Delta L_h=L-\frac{h^2}{2L} \tag{4.4}$$

式中 ΔL_h 称为倾斜改正，用下式表示：

$$\Delta L_h=-\frac{h^2}{2L} \tag{4.5}$$

式(4.4)的证明如下：

$$L^2-D^2=h^2$$

$$(L-D)(L+D)=h^2$$

$$L-D=\frac{h^2}{L+D}$$

由于 h 与 L 相比总是小得多，因此 $L+D\approx 2L$，则

$$L-D=\frac{h^2}{2L}$$

$$D = L - \frac{h^2}{2L}$$

4.1.4 钢尺的检定

由于制造误差、拉力不同及温度的影响，使钢尺尺面注记的名义长度与实际长度往往不相等。用这样的尺子量距，会使丈量结果包含一定的差值，因此，要测得准确的距离，除了要掌握好量距方法外，还必须进行钢尺检定。

4.1.4.1 尺长方程式

经过检定的钢尺，其长度可用尺长方程式表示。它的一般形式为：

$$l_t = l_0 + \Delta l + \alpha l_0 (t - t_0) \tag{4.6}$$

式中：l_t——钢尺在温度 t 时的实际长度；

l_0——钢尺的名义长度；

Δl——尺长改正数，即钢尺在温度 t_0 时的全长改正数；

α——钢尺的膨胀系数，一般取 $\alpha = 1.25 \times 10^{-5}$；

t——用钢尺量距时的温度；

t_0——检定钢尺时的温度。

此式未考虑拉力对尺长的影响。因此，量距时作用于钢尺上的拉力应与检定时的拉力相同。对于 30 m 和 50 m 的钢尺，通常拉力为 100 N 和 150 N。

4.1.4.2 钢尺的检定方法

可将被检定的钢尺与已有尺长方程式的标准钢尺相比较。两根钢尺并排放在平坦地面上，都加上规定的拉力，把两根钢尺的末端对齐，在零分划处读出两尺的差数，这样就可以根据标准尺的尺长方程式来确定被检定钢尺的尺长方程式。检定时最好在阴处，使气温与钢尺温度基本一致。

【例 4.2】 已知 1 号钢尺的尺长方程式为：

$$l_{t1} = 30\ \text{m} + 0.003\ \text{m} + 1.25 \times 10^{-5} \times 30 \times (t - 20\ ℃)\text{m}$$

被检定的 2 号钢尺名义长度是 30 m，两尺末端对齐时，1 号钢尺零分划对准 2 号钢尺的 0.006 m 处，试确定 2 号钢尺的尺长方程式。

解 根据比较结果可得出：

$$l_{t2} = l_{t1} + 0.006\ \text{m}$$

将 1 号钢尺尺长方程式代入上式得：

$$l_{t2} = 30\ \text{m} + 0.003\ \text{m} + 1.25 \times 10^{-5} \times 30 \times (t - 20\ ℃)\text{m} + 0.006\ \text{m}$$

则 2 号钢尺的尺长方程式为：

$$l_{t2} = 30\ \text{m} + 0.009\ \text{m} + 1.25 \times 10^{-5} \times 30 \times (t - 20\ ℃)\text{m}$$

4.1.5 成果整理

4.1.5.1 水平距离的成果整理

丈量结果若为水平距离 D'，可根据钢尺的尺长方程式算出尺子的实际长度(l_t)，求出每米尺长的实际长度(l_t/l_0)。则所量距离的实际长度应为：

$$D = D' \frac{l_t}{l_0} \tag{4.7}$$

【例 4.3】 某钢尺的尺长方程式为 $l_t=30\ \mathrm{m}+0.006\ \mathrm{m}+30\times1.25\times10^{-5}\times(t-20\ ℃)\mathrm{m}$，用这根钢尺在 14 ℃时丈量一段水平距离为 186.45 m，试求改正后的实际距离。

解 14 ℃时钢尺的实际长度为：

$$l_t=30\ \mathrm{m}+0.006\ \mathrm{m}+30\times1.25\times10^{-5}\times(14-20)\mathrm{m}=30.004\ \mathrm{m}$$

所量距离的实际长度为：

$$D=D'\frac{l_t}{l_0}=186.45\times\frac{30.004}{30}=186.47\mathrm{m}$$

4.1.5.2 倾斜距离的成果整理

丈量结果若为倾斜距离 L 时，需要对 L 进行尺长、温度和倾斜三项改正。地面倾斜坡度不同时，可分段进行改正；地面倾斜坡度基本一致时，可按整条边的长度进行改正。

(1) 尺长改正 ΔL_d

$$\Delta L_d=L\frac{\Delta l}{l_0} \tag{4.8}$$

(2) 温度改正 ΔL_t

$$\Delta L_t=L\alpha(t-t_0) \tag{4.9}$$

(3) 倾斜改正 ΔL_h

按式(4.5)计算倾斜改正。

经过各项改正后的水平距离为：

$$D=L+\Delta L_d+\Delta L_t+\Delta L_h \tag{4.10}$$

【例 4.4】 使用尺长方程为 $l_t=30\ \mathrm{m}-0.002\ \mathrm{m}+1.25\times10^{-5}\times30\times(t-20\ ℃)\mathrm{m}$ 的钢尺，沿倾斜地面往返丈量 A、B 两点的距离，用水准仪测得两点的高差 $h=1.68$ m，往测时量得长度为 214.542 m，平均温度 24.5 ℃，返测时量得长度为 214.532 m，平均温度 24.8 ℃，试求经过各项改正后 AB 的水平距离。

解 计算过程见表 4.1。

表 4.1 钢尺精密量距计算表

线段	距离 (m)	温度 (℃)	高差 (m)	尺长改正 (m)	温度改正 (m)	倾斜改正 (m)	水平距离 (m)	备注
A—B	214.542	24.5	1.68	−0.0143	+0.0121	−0.0066	214.533	相对误差 $K=\frac{1}{23800}$
B—A	214.532	24.8	−1.68	−0.0143	+0.0129	−0.0066	214.524	平均值 $D=214.528$ m

4.1.6 钢尺量距误差及注意事项

产生钢尺量距误差的主要来源有以下几种。

4.1.6.1 尺长误差

钢尺的名义长度与实际长度不符，产生尺长误差。尺长误差是累积的，所量距离越长，误差越大。因此，新购的钢尺应经过检验，以便进行尺长改正。

4.1.6.2 温度误差

钢尺的长度随温度变化，丈量时温度和标准温度不一致，或测定的空气温度与钢尺温度相差较大，都会产生温度误差。精度要求较高的丈量，应尽可能用点温计测定尺温，并进行尺长改正。

4.1.6.3 拉力误差

拉力的大小会影响钢尺的长度。一般丈量时保持拉力均匀即可。对精度要求较高的量距，则需要使用弹簧秤，以控制丈量时的拉力与检定时的拉力相同。

4.1.6.4 钢尺垂曲与不水平误差

钢尺悬空丈量时中间下垂，或用平量法丈量时尺子不水平，都会导致量得的长度大于实际长度。因此，悬空丈量时中间应有人托一下尺子，用平量法丈量时应注意尺子水平。

4.1.6.5 定线误差

丈量时钢尺偏离定线方向，将使测线成为一折线，导致丈量结果偏大。当待测线段较长或精度要求较高时，可利用仪器定线。

4.1.6.6 丈量误差

钢尺端点对不准、测钎插不准、尺子读数等引起的误差都属于丈量误差，这种误差对丈量结果的影响有正有负，大小不定。在丈量时应尽量认真操作，以减小丈量误差。

4.2 普通视距测量

视距测量是根据几何光学原理测距的一种方法。视距测量可分为精密视距测量和普通视距测量。目前精密视距测量已被光电测距仪所取代。普通视距测量的测距精度虽仅有 $\frac{1}{300}\sim\frac{1}{200}$，但由于操作简便迅速，不受地形起伏限制，可同时测定距离和高差，被广泛用于测距精度要求不高的地形测量中。

4.2.1 普通视距测量原理

经纬仪、水准仪等测量仪器的十字丝分划板上，都有与横丝平行、等距对称的两根短丝，称为视距丝。利用视距丝配合标尺就可以进行视距测量。

4.2.1.1 视准轴水平时的距离与高差公式

如图 4.7 所示，在 A 点安置仪器，并使视准轴水平，在 1 点或 2 点立标尺，视准轴与标尺垂直。对于倒像望远镜，下丝在标尺上读数为 a，上丝在标尺上读数为 b，下、上丝读数之差称为视距间隔或尺间隔 $l(l=a-b)$。由于上、下丝间距固定，两根丝引出的视线在竖直面内的夹角 φ 是一个固定角度(约为 $34'23''$)。因此，尺间隔 l 和立尺点到测站的水平距离 D 成正比，即：

$$\frac{D_1}{l_1}=\frac{D_2}{l_2}=K$$

比例系数 K 称为视距乘常数，由上、下丝的间距来决定。制造仪器时，通常使 $K=100$。因而视准轴水平时的视距公式为：

$$D=Kl=100l \tag{4.11}$$

同时由图 4.7 可知，测站点到立尺点的高差为：

$$h=i-v \tag{4.12}$$

式中：i——仪器高，是桩顶到仪器水平轴的高度；

v——中丝在标尺上的读数。

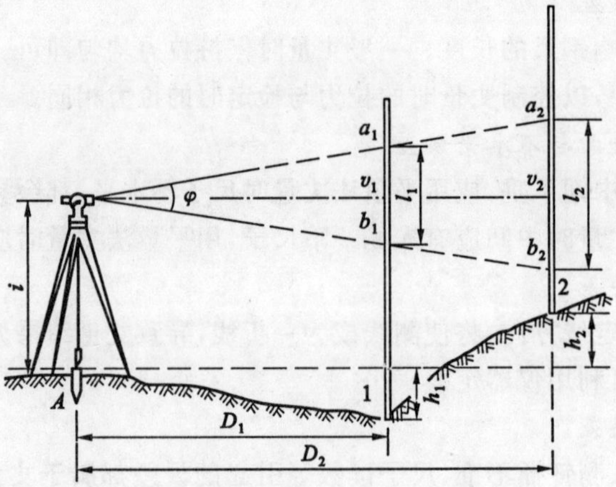

图 4.7 视准轴水平时的视距测量原理

4.2.1.2 视准轴倾斜时的距离与高差公式

在地面起伏较大的地区测量时，必须使视准轴倾斜才能读取尺间隔，如图 4.8 所示。由于视准轴不垂直于标尺，不能用式(4.11)和式(4.12)。如果能将尺间隔 ab 转换成与视准轴垂直的尺间隔 $a'b'$，就可按式(4.11)计算倾斜距离 L，根据 L 和竖直角 α 算出测站点到立尺点的水平距离 D 和高差 h 以及立尺点的高程。

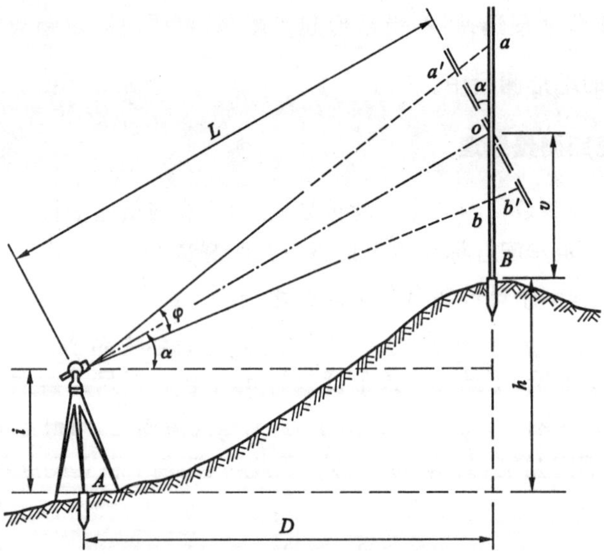

图 4.8 视准轴倾斜时的视距测量原理

图 4.8 中的 $\angle aoa' = \angle bob' = \alpha$，由于 φ 角很小，可近似认为 $\angle aa'o$ 和 $\angle bb'o$ 是直角，设 $l' = a'b'$，$l = ab$，则

$$l' = a'o + ob' = ao\cos\alpha + ob\cos\alpha = l\cos\alpha$$

根据式(4.11)得倾斜距离为：

$$L = Kl' = Kl\cos\alpha$$

视准轴倾斜时的视距公式为：

$$D = L\cos\alpha = Kl\cos^2\alpha \tag{4.13}$$

由图 4.8 知，测站点到立尺点的高差为：

$$h = D\tan\alpha + i - v = \frac{1}{2}Kl\sin 2\alpha + i - v \tag{4.14}$$

立尺点的高程为：

$$H = H_0 + h \tag{4.15}$$

式中：H_0——测站点的高程。

4.2.2 视距测量的观测与计算

视距测量主要用于地形测量测定测站点至地形点的水平距离及地形点的高程。视距测量的观测步骤如下：

(1) 在测站点(如 A 点)上安置经纬仪，量取仪器高 i(取至厘米)，并抄录测站点的高程 H_A(取至厘米)。

(2) 立标尺于欲测定其位置的地形点上，尽量使尺子竖直，尺面对准仪器。

(3) 视距测量一般用经纬仪盘左位置进行观测，望远镜瞄准标尺后，消除视差读取下丝读数 m 及上丝读数 n(读取米、分米、厘米，估读至毫米)，计算视距间隔 $l=m-n$；也可以直接读出视距间隔，其方法为旋转望远镜微动螺旋，使上丝对准标尺上某一整分米数并迅速估读下丝的毫米数，再读取其分米及厘米数，用心算得到视距间隔 l，读取中丝的读数 v(读至厘米)；使竖盘水准管气泡居中，读竖盘读数(若竖盘指标自动归零，则打开竖盘指标补偿器开关直接读数)。

(4) 按公式计算出水平距离和高差，然后根据测站点高程计算出地形点高程。

完成一个地形点的观测后，重复(2)、(3)、(4)的步骤测定其他地形点。

视距测量的记录和计算见表 4.2 所示。视距测量时可以使用函数型计算器或编程型计算器进行计算。

在十分平坦地区也可以用水准仪代替经纬仪采用视准轴水平时的方法进行视距测量。

表 4.2 视距测量记录和计算

测站：A　　　　测站高程：58.26 m　　　　仪器高：1.42 m

照准点号	下丝读数 上丝读数 视距间隔 (m)	中丝读数 v (m)	竖盘读数 L ° ′	竖直角 α ° ′	水平距离 D (m)	高差 h (m)	高程 H (m)
1	1.632 0.784 0.848	1.21	92 45	−2 45	84.60	−3.85	54.41
2	2.456 2.052 0.404	2.25	95 27	−5 27	40.04	−4.65	53.61
3	1.730 1.113 0.617	1.42	86 25	+3 35	61.46	+3.85	62.11

注：竖盘公式 $\alpha=90°-L$。

4.2.3 视距测量误差及注意事项

4.2.3.1 读数误差

读数误差直接影响尺间隔 l，当视距乘常数 $K=100$ 时，读数误差将扩大 100 倍地影响距离测定。如读数误差为 1 mm，则对距离的影响为 0.1 m。因此，读数时应注意消除视差。

4.2.3.2 标尺不竖直误差

标尺立得不竖直对距离的影响与标尺倾斜度和竖直角有关。当标尺倾斜 1°，竖直角为 30°时，产生的视距相对误差可达 1/100。为减小标尺不竖直误差的影响，应选用安装圆水准器的标尺。

4.2.3.3 外界条件的影响

外界条件影响主要有大气的竖直折光、空气对流使标尺成像不稳定、风力使尺子抖动等。因此，应尽可能使仪器视线高出地面 1 m，并选择合适的天气作业。

上述三种误差对视距测量影响较大。此外，还有标尺分划误差、竖直角观测误差、视距常数误差等。

4.3 光电测距

光电测距是以光波(可见光或红外光)作为载波，通过测定光波在测线两端点间往返传播的时间来测量距离。与钢尺量距和视距法测距相比，光电测距具有测程远、精度高、作业快、受地形限制少等优点，被广泛应用于大地测量、工程测量和地形测量中。

光电测距仪的精度常用下式表示：

$$m_D=\pm(a+b\times10^{-6}\times D)$$

式中：m_D——测距中误差(“中误差”的概念将在 5.2 节阐述)；

a——固定误差；

b——比例误差；

D——两点间的距离。

4.3.1 光电测距仪的分类

4.3.1.1 按所采用的载波分

(1) 用激光作为载波的激光测距仪；

(2) 用红外光作为载波的红外测距仪。

激光测距仪多属于长程测距，测程可达 60 km，一般用于大地测量，而红外测距仪属于中、短程测距仪(测程为 15 km 以下)，一般用于小地区控制测量、地形测量、地籍测量和工程测量等。

4.3.1.2 按测程分

(1) 短程测距仪，测程不大于 5 km；

(2) 中程测距仪，测程不大于 15 km，小于 5 km；

(3) 远程测距仪，测程大于 15 km。

4.3.1.3 按测量精度分

(1) Ⅰ级，$m_D \leqslant 5$ mm；

(2) Ⅱ级，5 mm$< m_D \leqslant$10 mm；

(3) Ⅲ级，$m_D >$10 mm。

m_D 为 1 km 测距的中误差。

4.3.1.4 按基本功能分

(1) 专用型：测距仪安装在基座上只用于测量距离。

(2) 半站型：测距仪与光学经纬仪按一定的形式组合安装在三脚架上，称为半站型仪器。测距仪与光学经纬仪组合后的功能较强，便于即时距离测量和角度测量，便于进行其他数据处理等工作。

(3) 全站型：测距仪与光电经纬仪安装成为组合式的仪器，或者测距仪与光电经纬仪结合成为一体化的仪器，称为全站型仪器。这种仪器能及时快速完成距离、角度测量和其他数据处理等工作。

红外测距仪采用 GaAs(砷化镓)发光二极管作光源。由于 GaAs 发光管输入电源小，耗电省，体积小，寿命长，抗震性能强，能连续发光并能直接调制，从 20 世纪 80 年代以来，红外测距仪得到了迅速的发展和应用。本节主要介绍红外光电测距仪的基本原理和测距方法。

4.3.2 光电测距的基本原理

如图 4.9 所示，欲测量 A、B 两点间的距离 D，在 A 点安置光电测距仪主机，在 B 点设置反射镜，主机发出的光束经反射镜反射后，又返回到主机。如果测定出光波在 AB 之间传播的时间 t，则距离 D 可按下式计算：

$$D = \frac{1}{2}Ct \tag{4.16}$$

式中：C——光波在大气中的传播速度，可根据观测时的气象条件确定。

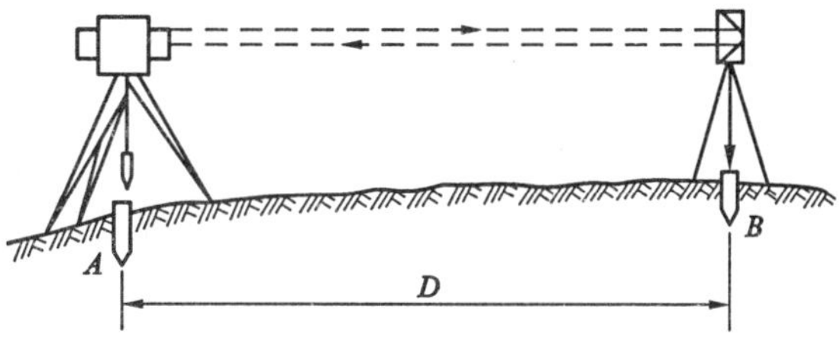

图 4.9 光电测距原理

光电测距仪按照 t 的不同测定方法，可分直接测定时间的脉冲式和间接测定时间的相位式两类。由于脉冲宽度和电子计数器时间分辨率的限制，脉冲式测距仪测距精度较低。工程测量中使用的精密测距仪几乎都采用相位式。

相位式测距仪的基本工作原理可用图 4.10 来说明。由光源发出的光通过调制器后，成为光强随高频信号变化的调制光射向测线另一端的反射镜，经反射后被接收器所接收。然后由相位计对发射信号相位和接收信号相位进行相位比较，测定出相位移(相位差)φ，根据 φ 可间接计算出时间，从而计算距离。

如果将调制光的往程和返程展开，则如图 4.11 所示的波形。调制光的波长为 λ，光强变化一周期的相位移为 2π，每秒钟光强变化的周期数为频率 f，角频率为 ω。由物理学可知：

$$\varphi = \omega t = 2\pi f t$$

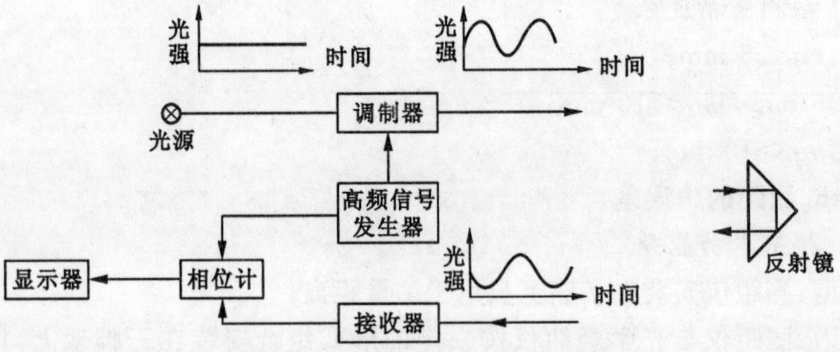

图 4.10　相位式测距仪的工作原理

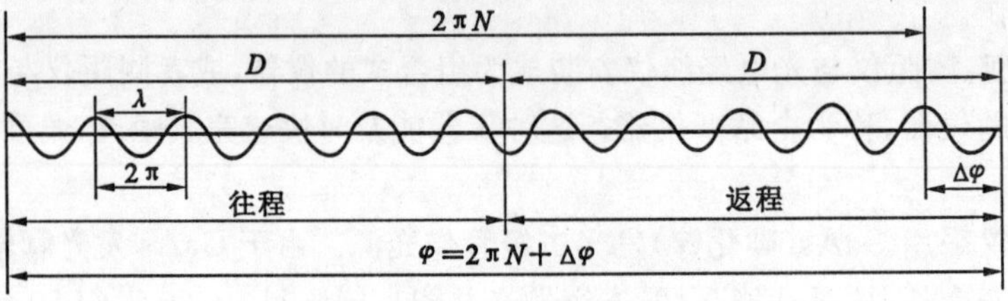

图 4.11　相位式测距原理

所以

$$t=\frac{\varphi}{2\pi f} \tag{4.17}$$

由图 4.11 可看出，φ 可表示为 N 个整周期的相位移和不足一个整周期的相位移尾数 $\Delta\varphi$ 之和，即 $\varphi=2\pi N+\Delta\varphi$。将其代入式(4.17)，得：

$$t=\frac{2\pi N+\Delta\varphi}{2\pi f}$$

则

$$D=\frac{1}{2}Ct=\frac{C}{2}\left(\frac{2\pi N+\Delta\varphi}{2\pi f}\right)=\frac{C}{2f}\left(N+\frac{\Delta\varphi}{2\pi}\right) \tag{4.18}$$

设 $\Delta N=\Delta\varphi/2\pi$，由于 $\Delta\varphi$ 小于 2π，因此 ΔN 是一个小于 1 的数。又因 $\lambda=C/f$，则式(4.18)可写为：

$$D=\frac{\lambda}{2}(N+\Delta N) \tag{4.19}$$

式(4.19)是相位式测距仪的基本测距公式。式中的 $\lambda/2$ 可以看做是一根“光尺”的长度，则距离 D 就是 N 个整光尺长度与不足一个整光尺长度的余长之和。

实际上，相位式光电测距仪中的相位计只能测出不足 2π 的相位移尾数 $\Delta\varphi$，无法测定整周期数 N，因此式(4.19)有多值解，只有当待测距离小于光尺长度时，才能有确定的距离值。此外，仪器测相系统精度一般可达到 $10^{-4}\sim10^{-3}$，光尺长度越长，测距误差越大。例如 10 m 的光尺，误差为 1 cm；1000 m 的光尺，误差达 1 m。为了兼顾测程与精度，相位式测距仪上选用了几把光尺配合测距，用短光尺(精测尺)测出精确的小数，用长光尺(粗测尺)测出距离的大数。

例如，用 2 km 短程相位式测距仪测距，仪器一般有两种调制频率，以 $\lambda_1/2=10$ m 作短光尺，以 $\lambda_2/2=1000$ m 作长光尺，精测时 $\Delta N_1=0.487$，粗测时 $\Delta N_2=0.485$，则所测距离为：

精测距离(0.487×10 m)	4.87 m
粗测距离(0.485×1000 m)	485 m
所测距离	$D=484.87$ m

在实际仪器结构中，由精、粗测尺读数计算距离工作，可由仪器内部的逻辑电路自动完成。

4.3.3 RED mini 型红外测距仪

4.3.3.1 仪器外部部件

测程在 5 km 以下的测距仪称为短程测距仪，一般都用红外光源。图 4.12 为日本索佳 RED mini 型短程测距仪的外貌，仪器测程为 0.8 km，测距中误差为 $m_D=\pm(5\text{ mm}+5\times10^{-6}\times D)$。测距仪的支座下有插孔及制紧螺旋，可使测距仪牢固地安装在经纬仪的支架上方。旋紧测距仪支架上的竖直制动螺旋后，可调节微动螺旋使测距仪在竖直面内俯仰转动。测距仪发射接收镜的目镜内有十字丝分划板，用以瞄准反射镜。

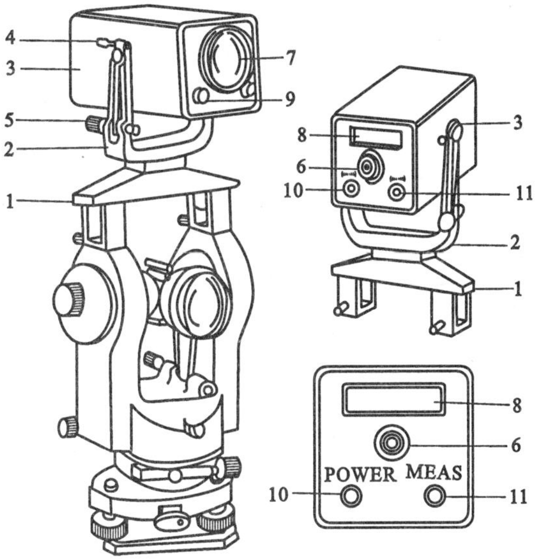

图 4.12 RED mini 测距仪

1—支架座；2—支架；3—主机；4—竖直制动螺旋；5—竖直微动螺旋；6—发射接收镜的目镜；7—发射接收镜的物镜；8—显示窗；9—电源电缆插座；10—电源开关键(POWER)；11—测量键(MEAS)

图 4.13 是 RED mini 测距仪的反射棱镜，图中为单块棱镜，当测程较远时可换装上三块棱镜。

此外，测距仪横轴到经纬仪横轴的高度与觇牌中心到反射镜中心的高度一致，从而使经纬仪瞄准觇牌中心的视线与测距仪瞄准反射镜中心的视线保持平行(如图 4.14)。

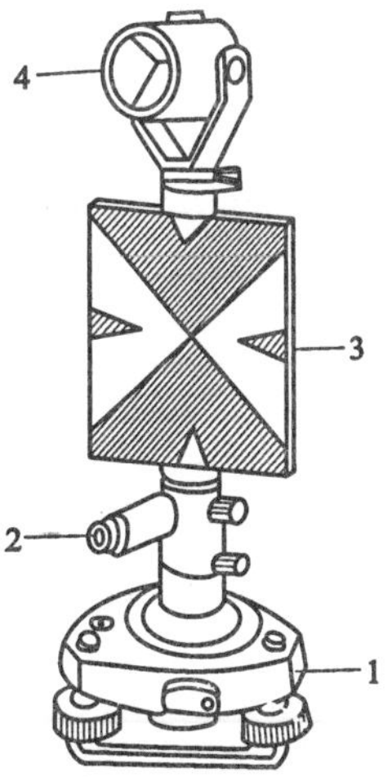

图 4.13 反射棱镜及照准觇牌

1—基座；2—光学对中器目镜；3—照准觇牌；4—反射棱镜

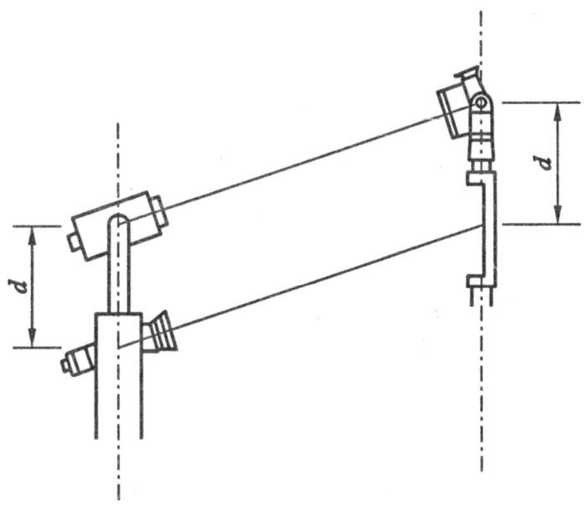

图 4.14 反射棱镜及瞄准位置

4.3.3.2　仪器安置

(1) 在测站上安置经纬仪,对中、整平后,将测距仪主机安装在经纬仪上,固紧制紧螺旋,插上电池盒。

(2) 在镜站处安置反射镜,对中、整平后,概略瞄准测距仪。

(3) 按下电源开关“POWER”键,显示窗内显示“8888888”约 5 s,表示仪器自检正常。

4.3.3.3　距离测量

(1) 用经纬仪目镜十字丝对准反射镜的觇牌中心(如图 4.15),测出竖直角 α。

(2) 调整测距仪,左、右方向可调整测距仪支架位置,上、下方向可调整竖直微动螺旋,使十字丝对准棱镜中心(如图 4.16)。

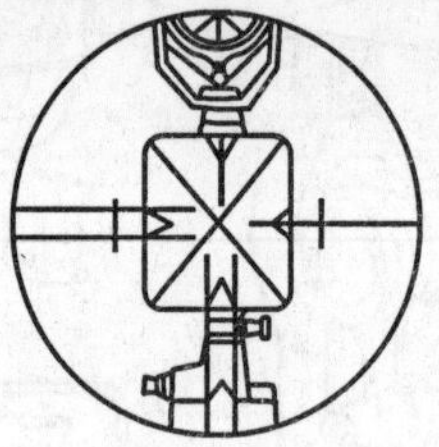

图 4.15　瞄准觇牌

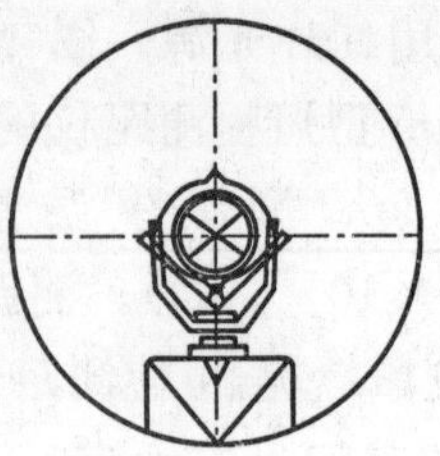

图 4.16　瞄准反射棱镜

(3) 测距仪瞄准棱镜后,若反射回来的红外光强度足够,则显示窗下方显示“*”,并发出持续鸣声;如果不显示“*”,或显示暗淡,或忽隐忽现,表示未收到回光或回光不足,应重新瞄准,使“*”的颜色最浓。上述工作称为电瞄准。

(4) 按“MEAS”键,显示窗显示斜距,一般重复进行 3～5 次,若较差不超过 5 mm,则取平均值作为一测回观测值。测定测站气压及温度。

(5) 若要多个测回观测,可重复(1)、(2)、(3)、(4)操作。

4.3.4　光电测距成果计算

测距仪测得的一测回或几测回距离读数平均值 L,还必须经过气象改正和倾斜改正,才能得到水平距离最终结果。

4.3.4.1　气象改正

影响光速的大气折射率是光的波长 λ、气温 t 和气压 P 的函数。λ 为一定值,因此可根据观测时测定的气温和气压对测距结果进行气象改正。RED mini 型测距仪的气象改正公式为:

$$\Delta L=\left(278.96-\frac{0.3872P}{1+0.003661t}\right)L \tag{4.20}$$

式中:ΔL——气象改正值(mm);

P——测站气压(mmHg,1 mmHg=133.322 Pa);

t——测站温度(℃);

L——距离(km)。

4.3.4.2　倾斜改正

若已知测线两端点间的高差为 h 时,可用 $\Delta L_h=-h^2/2L$ 计算倾斜改正值。若测定了测线竖直角 α,可用 $D=L\cos\alpha$ 计算水平距离。

【例 4.5】 测得 A、B 两点间斜距为 516.350 m，高差为 7.432 m，测距时温度为 20 ℃，气压为 740 mmHg，计算 A、B 两点间的水平距离。

解 气象改正值为：

$$\Delta L = \left(278.96 - \frac{0.3872 \times 740}{1 + 0.003661 \times 20}\right) \times 0.51635 = 6.2 \text{ mm}$$

倾斜改正值为：

$$\Delta L_h = -\frac{7.432^2}{2 \times 516.350} = -0.053 \text{ m}$$

水平距离为：

$$D = L + \Delta L + \Delta L_h = 516.350 + 0.0062 - 0.053 = 516.303 \text{ m}$$

4.3.5 光电测距仪使用注意事项

(1) 光电测距仪属于精密贵重仪器，运输、携带、装卸、操作过程中都必须十分小心。运输和携带中要防震、防潮，装卸和操作中要注意连接牢固、电源插接正确、严格按操作程序使用仪器；搬站时，必须将仪器装箱。

(2) 当前市场上出售的大部分红外测距仪是使用镍镉可充电电池作为供电电源，由于镍镉电池具有记忆效应，所以一定要确认电池的电量已经全部用完后才可以充电，否则电池的容量会逐渐减小而损坏电池。

(3) 在有阳光的天气，必须撑伞保护仪器，在通电作业时，严防阳光及其他强光直射接收物镜，更不能将接收物镜对准太阳，以免损坏接收镜内的光敏二极管。

(4) 设置测站时，要避免强电磁场的干扰，例如，在变压器、高压线附近不宜设站。

(5) 气象条件对光电测距有较大的影响。不宜在阳光强烈、视线靠近地面或者高温的环境条件下观测。

(6) 要注意仪器防晒、防雨、防潮和防震。

4.4 全站仪及其使用

4.4.1 全站仪的基本功能

全站型电子速测仪（简称全站仪）是集测角、测距和常用测量软件功能于一体，由微处理机控制，自动测距、测角，自动归算水平距离、高差、坐标增量等，同时还可自动显示、记录、存储和数据输出的一种智能型测绘仪器。

全站仪集光电、计算机、微电子通信、精密机械加工等高精尖技术于一体，可方便、高效、可靠地完成多种工程测量工作，是目前测量工作中使用频率最高的仪器之一，具有常规测量仪器无法比拟的优点，是新一代综合性勘察测绘仪器。与普通测绘仪器相比，全站仪具有如下基本功能：

(1) 具有普通仪器（如经纬仪）的全部功能。

(2) 能在数秒内测定距离、坐标值，测量方式分为精测、粗测、跟踪三种，可任选其中一种。

(3) 角度、距离、坐标的测量结果在液晶屏幕上自动显示，不需人工读数、计算，测量速度快、效率高。

(4) 测距时仪器可自动进行气象改正。

(5) 系统参数可视需要进行设置、更改。

(6) 菜单式操作，可进行人机对话。提示语言有中文、英文等。

(7) 内存大，一般可储存几千个点的测量数据，能充分满足野外测量需要。

(8) 数据可录入电子手簿，并输入计算机进行处理。

(9) 仪器内置多种测量应用程序，可视实际测量工作需要，随时调用。

全站仪作为一种现代大地测量仪器，它的主要特点是同时具备电子经纬仪测角和测距两种功能，并由电子计算机控制、采集、处理和储存观测数据，使测量数字化、后处理自动化。全站仪除了应用于常规的控制测量、地形测量和工程测量外，还广泛地应用于变形测量等领域。

全站仪的种类很多，目前常见的全站仪有瑞士徕卡的 TC 系列、日本拓普康的 GTS 系列、日本索佳的 SET 系列、日本尼康 DTM 系列、中国南方 NTS 系列等十几种品牌。各类全站仪的外形大致相同，酷似光学经纬仪，也有照准部、基座和度盘三大部件。照准部上有望远镜，水平、竖直制微动螺旋，管水准器，圆水准器经纬仪，光学对中器等。另外，仪器正反两侧大都有液晶显示器和操作键盘，图 4.17 所示为南方 NTS-660 系列全站仪。

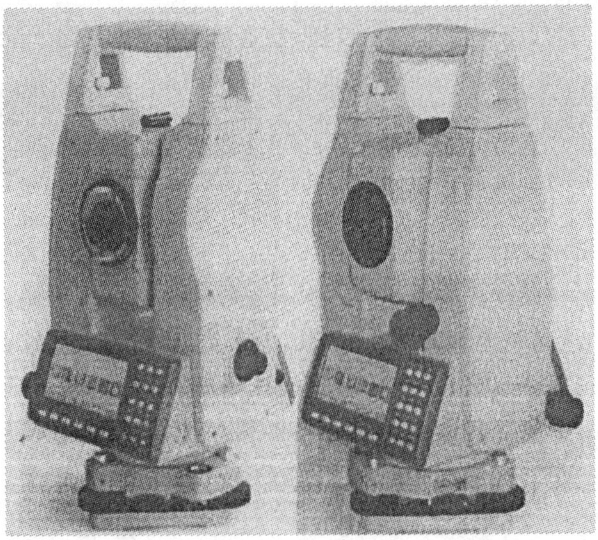

图 4.17　南方 NTS-660 系列全站仪

4.4.2　全站仪的基本结构

全站仪的基本结构如图 4.18 所示。其基本技术装备包括光电测角系统、光电测距系统、双轴液体补偿装置和微处理器(测量计算机系统)。有些自动化程度高的全站仪还有自动瞄准和自动跟踪系统。全站仪通过测量计算机有序地实现每一专用设备的功能。

4.4.2.1　光电测量系统

全站仪有两大光电测量系统，即光电测角系统和光电测距系统，它是全站仪的技术核心。电子测角系统的机械转动部分及光学照准部分与一般光学经纬仪基本相同，其主要的不同点在于电子测角采用电子度盘而非光学度盘。光电测距机构与普通电磁波测距仪相同，与望远镜集成在一起。光电测角系统与光电测距系统使用共同的光学望远镜，使得角度和距离测量只需照准一次。光电测量系统通过 I/O 接口与测量计算机联系起来，由测量计算机控制光电测角、测距，并实时处理数据。

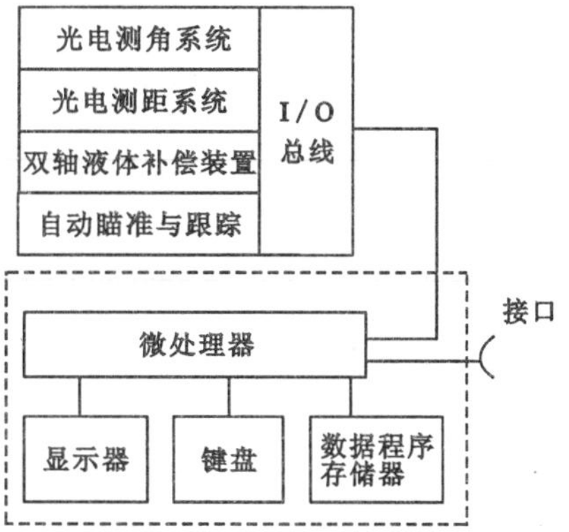

图 4.18　全站仪基本结构

在现代全站仪光电测距系统中，有的还具有无棱镜激光测距技术，它是在测距时将激光（可见或不可见）射向目标，经目标表面漫反射，测距仪接收到漫反射光而实现距离测量。目前，无棱镜测距范围，由于漫反射信号衰减一般在 200 m 以内。

4.4.2.2　双轴液体补偿系统

由于竖轴不严格在铅垂线方向上，对角度的影响无法通过一测回取平均消除，一些较高精度的全站仪都装有双轴液体补偿器，以补偿（自动改正）竖轴倾斜对观测角度的影响。双轴液体补偿器补偿范围一般在 3′以内。

光电液体补偿器补偿功能，是仪器在粗平后以光电传感技术和倾斜测微技术为基础，实现双轴自动误差改正。如图4.19所示，由发光管 1 发出的光经物镜组 6 发射到硅油 4，液面全反射后经接收物镜组 7 聚焦至光电接收器 2 上。光电接收器为一光电二极管阵列，可以分为四个象限，其原点为竖轴竖直时光落点的位置。当竖轴倾斜时（在补偿范围内），光电接收器接收到的光落点位置就发生了变化，其变化量即反映了竖轴偏离正确位置的纵向和横向上的倾斜分量。位置变化信息经处理，对所测角自动加以补偿（改正）。

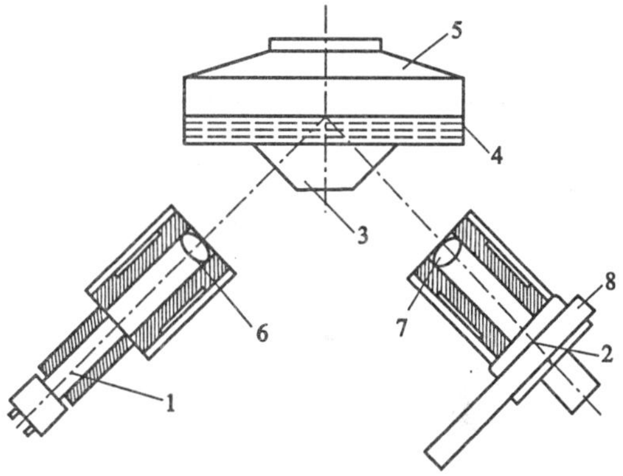

图 4.19　双轴液体自动补偿原理

1—发光管；2—光电接收器；3—棱镜；4—硅油；5—补偿器液体盒；6—发射物镜；7—接收物镜；8—接收二极管阵列

除双轴光电液体补偿之外，有的全站仪还有视准差、横轴误差、指标差等修正，以提高单盘位观测精度。

4.4.2.3　自动瞄准与跟踪

全站仪正向着测量机器人的方向发展，自动瞄准与跟踪是重要的技术标志。全站仪自动瞄准的原理是用 CCD 摄像机获取棱镜反射器影像与内存的反射器标准图像比较，获取目标影像中心与内存图像中心的差异量，同时启动全站仪内部的伺服电机转动全站仪照准部、望远镜，减少差异量，实现正确瞄准目标。比较与调整是反复的自动过程，同时伴随有自动对光等动作。

全站仪自动跟踪是以 CCD 摄像技术和自动寻找瞄准技术为基础，自动进行图像判断，指挥自身照准部和望远镜的转动、寻找、瞄准、测量的全自动的跟踪测量过程。

4.4.2.4　测量计算机系统

全站仪是测量光电化技术与计算机技术的有机结合，图 4.18 下半部（虚线框内）实际是全站仪配有的测量专用计算机。微处理器是全站仪的核心部件，它如同计算机 CPU，由它来控制和处理电子测角、测距的信号，控制各项固定参数，如温度、气压等信息的输入、输出，还由它进行安置、观测误差的改正、有关数据的实时处理及自动记录数据或控制电子手簿等。微处理器通过键盘和显示器指挥全站仪有条不紊地进行光电测量工作。

早期的全站仪一般有与之相匹配的数据自动记录装置（即电子手簿），它不仅具有自动数据记录功能，还具有编程处理功能。目前市场上的全站仪大都采用内存储器或插入式存储卡，实现了观测装置与存储装置一体化，可非常方便地进行数据自动记录和查询。

4.4.3　全站仪的使用

全站仪的功能很多，它是通过显示屏和操作键盘来实现的。不同型号的全站仪操作键盘不同，大致可区分为两大类：一类是操作按键比较多（15 个左右），每个键都有 2～3 个功能，通过按某个键执行某个功能；另一类是操作按键比较少，只有几个作业模式按键和几个软键（功能键），通过选择菜单达到执行某项功能。下面以南方 NTS-660 系列全站仪为例，介绍全站仪的使用。

4.4.3.1　按键名称与功能

NTS-660 系列全站仪有双面操作键盘和显示屏，只有 21 个按键，操作方便。操作键盘如图 4.20，其名称与功能见表 4.3。

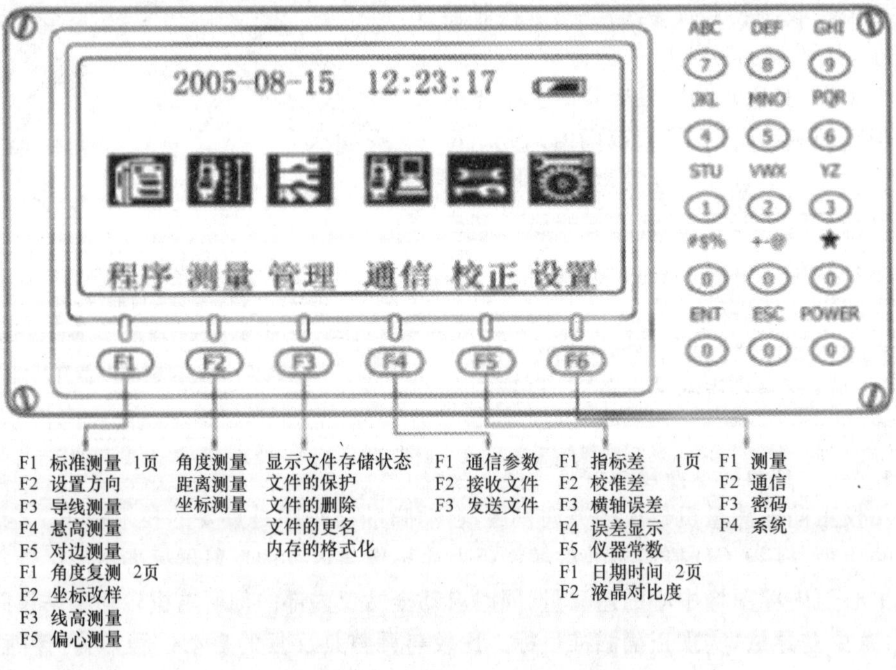

图 4.20　NTS-660 系列全站仪键盘

表 4.3　NTS-660 系列全站仪的按键名称及功能

按　　键	名　　称	功　　能
F1～F6	软　键	功能参见所显示的信息
0～9	数字键	输入数字，用于欲置数值
A～/	字母键	输入字母
ESC	退出键	退回到前一个显示屏或前一个模式
★	星　键	用于仪器若干常用功能的操作
ENT	回车键	数据输入结束并认可时按此键
POWER	电源键	控制电源的开/关

软键功能标记在显示屏的底行，如图 4.21 所示，相应功能随测量模式的不同而改变。各软键在角度测量、斜距测量、平距测量和坐标测量中的功能见表 4.4。

NTS-660 系列显示窗采用点阵式液晶显示(LCD)，一般上面几行显示观测数据，底行显示随测量模式变化的软键功能。显示符号的含义如表 4.5 所示。

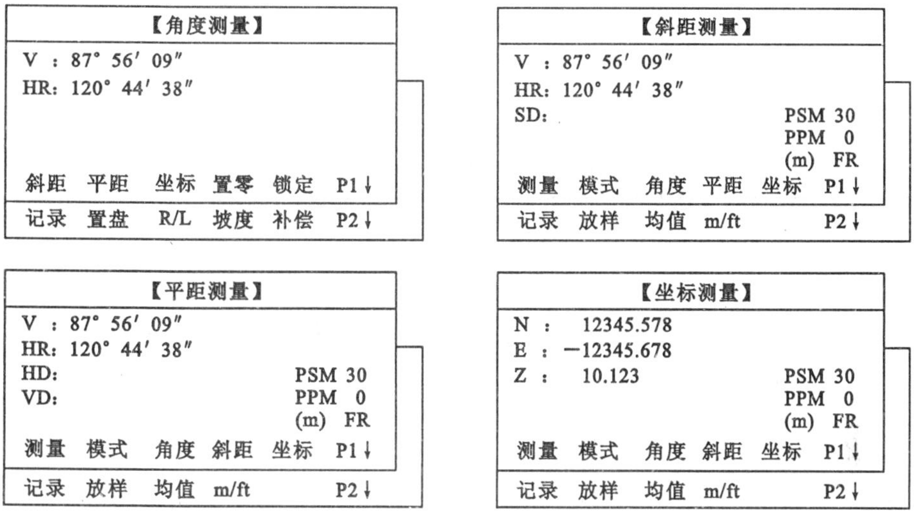

图 4.21　NTS-660 软键功能

表 4.4　NTS-660 系列全站仪软键功能表

模　式	页　码	显　示	软　键	功　　能
角度测量	P1	斜距	F1	倾斜距离测量；
		平距	F2	水平距离测量；
		坐标	F3	坐标测量；
		置零	F4	水平角置零；
		锁定	F5	水平角锁定；
	P2	记录	F1	将测量数据传输到数据采集器；
		置盘	F2	预置一个水平角；
		R/L	F3	水平角右角/左角变换；
		坡度	F4	垂直角/百分度的变换；
		补偿	F5	设置倾斜改正；若打开补偿功能，则显示倾斜改正值

续表 4.4

模式	页码	显示	软键	功能
斜距测量	P1	测量	F1	启动斜距测量； 选择连续测量/N次(单次)测量模式；
		模式	F2	设置单次精测/N次精测/重复精测/跟踪测量模式；
		角度	F3	角度测量模式；
		平距	F4	平距测量模式，显示N次或单次测量后的水平距离；
		坐标	F5	坐标测量模式，显示N次或单次测量后的坐标
	P2	记录	F1	将测量数据传输到数据采集器；
		放样	F2	放样测量模式；
		均值	F3	设置N次测量的次数；
		m/ft	F4	米或英尺的变换
平距测量	P1	测量	F1	启动平距测量； 选择连续测量/N次(单次)测量模式；
		模式	F2	设置单次精测/N次精测/重复精测/跟踪测量模式；
		角度	F3	角度测量模式；
		斜距	F4	斜距测量模式，显示N次或单次测量后的倾斜距离；
		坐标	F5	坐标测量模式，显示N次或单次测量后的坐标
	P2	记录	F1	将测量数据传输到数据采集器；
		放样	F2	放样测量模式；
		均值	F3	设置N次测量的次数；
		m/ft	F4	米或英尺的变换
坐标测量	P1	测量	F1	启动坐标测量； 选择连续测量/N次(单次)测量模式；
		模式	F2	设置单次精测/N次精测/重复精测/跟踪测量模式；
		角度	F3	角度测量模式；
		斜距	F4	斜距测量模式，显示N次或单次测量后的倾斜距离；
		平距	F5	平距测量模式，显示N次或单次测量后的水平距离
	P2	记录	F1	将测量数据传输到数据采集器；
		高程	F2	输入仪器高/棱镜高；
		均值	F3	设置N次测量的次数；
		m/ft	F4	米或英尺的变换；
		设置	F5	预置仪器测站点坐标

表 4.5 NTS-660 系列全站仪显示窗内常用符号的含义

符号	含义	符号	含义
V	垂直角	*	电子测距正在进行
V%	百分度	m	以米为单位
HR	水平角(右角)	ft	以英尺为单位
HL	水平角(左角)	F	精测模式
HD	平距	T	跟踪模式(10 mm)
VD	高差	R	重复测量
SD	斜距	S	单次测量
N	北向坐标	N	N次测量
E	东向坐标	PPM	大气改正值
Z	天顶方向坐标	PSM	棱镜常数值

4.4.3.2 测量准备

1. 仪器开箱和存放

开箱：轻轻地放下箱子，让其盖朝上，打开箱子的锁栓，开箱盖，取出仪器。

存放：盖好望远镜镜盖，使照准部的垂直制动手轮和基座的水准器朝上，将仪器平卧（望远镜物镜端朝下）放入箱中，轻轻旋紧垂直制动手轮，盖好箱盖，并关上锁栓。

2. 安置仪器

将仪器安装在三脚架上，精确整平和对中，以保证测量成果的精度（应使用专用的中心连接螺旋的三脚架）。

3. 打开电源开关

将NTS-660系列全站仪对中、整平后，按下[POWER]键，即打开电源，显示器初始化约两秒钟后，显示初始界面，如图4.22所示。确认显示窗中显示有足够的电池电量，当电池电量不多时，应及时更换电池或对电池进行充电。

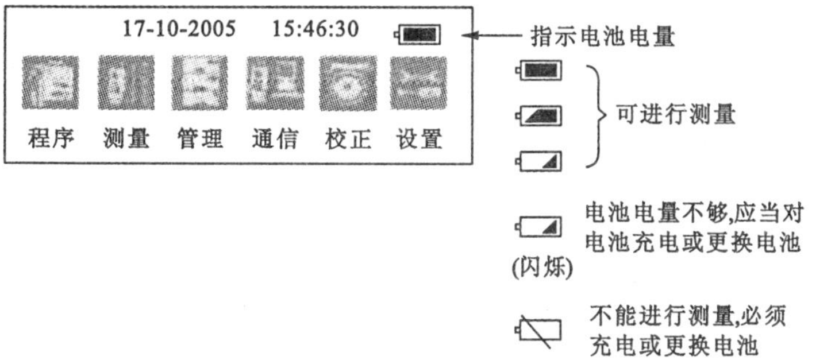

图4.22 NTS-660系列初始显示

4. 安置反射棱镜

全站仪在进行距离测量等作业时，需在目标处放置反射棱镜。反射棱镜有单（三）棱镜组，可通过基座连接器将棱镜组与基座连接，再安置到三脚架上，也可直接安置在对中杆上。棱镜组由用户根据作业需要自行配置。

5. 望远镜目镜调整和目标照准

① 将望远镜对准明亮地方，旋转目镜筒，调焦看清十字丝（先朝自己方向旋转目镜筒，再慢慢旋进，调焦清楚十字丝）。

② 利用粗瞄准器内的三角形标志的顶尖瞄准目标点，照准时眼睛与瞄准器之间应保留有一定距离。

③ 利用望远镜调焦螺旋使目标成像清晰。

当眼睛在目镜端上下或左右移动发现有视差时，说明调焦或目镜屈光度未调好，这将影响观测的精度，应仔细调焦并调节目镜筒消除视差。

6. 垂直角和水平角的倾斜改正

当启动倾斜传感器功能时，将显示由于仪器不严格水平而需对垂直角和水平角自动施加的改正数。为确保精密测角，必须启动倾斜传感器。

倾斜量的显示也可用于仪器精密整平。若显示（补偿超限），则表示仪器倾斜已超过自动补偿范围，必须人工整平仪器。

7. 仪器系统误差的补偿

仪器系统误差主要有：仪器竖轴误差（x、y方向倾斜传感器的偏离量）、视准轴误差、垂直角零基准误差、水平轴误差等。

以上误差均可由软件根据每一项补偿值在仪器内部计算得到改正。这些误差在仪器仅仅作为一个盘位(盘左/盘右)观测时也能通过软件计算得到补偿，而为了消除这些误差，一般都是采取正倒镜观测取平均值的方法。

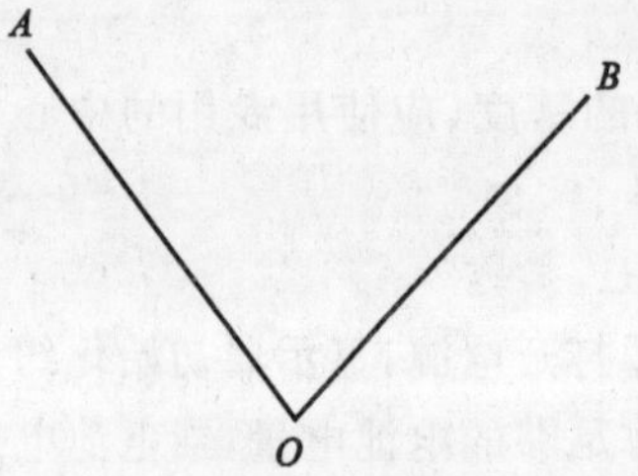

图 4.23　角度测量

4.4.3.3　角度测量

1. 水平角(右角)和垂直角测量

如图 4.23 所示，欲测定 OA、OB 两方向的水平角，以及 A 点、B 点的竖直角，其操作步骤如下：

① 在 O 点整置仪器，开机后，按[F2]键进入测量模式，选择角度测量。

② 照准第一个目标 A，仪器显示目标 A 的水平角和垂直角。

③ 按[F4](置零)键和[F6](设置)键，可设置目标 A 的水平角读数为 $0°00'00''$。

④ 照准第二个目标 B，仪器显示目标 B 的水平角和垂直角。

2. 水平角右角、左角的转换

水平角右角，即仪器右旋角，从上往下看水平度盘，水平读数顺时针增大；水平角左角，即仪器左旋角，水平读数逆时针增大。在测角模式下，右角、左角可交替转换。通常使用右角模式观测，右角、左角的转换步骤如下：

① 在角度测量模式下按[F6](P1↓)键，进入第 2 页显示功能。

② 按[F3]键，水平角测量右角模式转换成左角模式。

③ 类似右角观测方法进行左角观测。

每按一次[F3](R/L)键，右角/左角便依次切换。右角/左角转换开关可以在“参数设置模式”关闭或开启。

3. 水平度盘读数的设置

(1) 利用锁定水平角法设置

① 在角度测量模式下，利用水平微动螺旋设置水平度盘读数。

② 按[F5](锁定)键，启动水平度盘锁定功能。

③ 照准用于定向的目标点。要返回到先前模式，可按[F1](退出)键。

④ 按[F6](解除)键，取消水平度盘锁定功能，显示返回到正常的角度测量模式。

(2) 利用数字键设置

① 在角度测量模式下，照准用于定向的目标点。

② 按[F6](P1↓)键，进入第 2 页功能，再按[F2](置盘)键。

③ 输入所需的水平度盘读数。若输入有误，可按[F6](左移)键移动光标，或按[F1](退出)键重新输入正确值。

④ 按[ENT]键。若输入错误数值，则设置失败，须从第③步起重新输入。至此，即可进行定向后的正常角度测量。

在测角模式下，按[F4](坡度)键，垂直角与坡度显示模式依次转换。

4.4.3.4　距离测量

1. 大气改正的设置

设置大气改正时，须量取温度和气压，由此即可求得大气改正值。在星键(★)模式下进行大气改正的设置。

2. 棱镜常数的设置

南方的棱镜常数为－30，因此棱镜常数应设置为－30。如果使用的是另外厂家的棱镜，则应预先设置相应的棱镜常数。在星键(★)模式下进行棱镜常数的设置。

3. 距离测量

距离测量可设为单次测量和 N 次测量。一般设为单次测量，以节约用电。当预置了观测次数时，仪器会按设置的次数进行距离测量并显示出平均距离值。距离测量可分为三种测量模式，即精测模式、粗测模式、跟踪模式。若要改变测量模式，按[F2](模式)键，每按一次测量模式就改变一次。一般情况下用精测模式观测，最小显示单位为 1 mm，测量时间约 2.4 s。粗测模式最小显示单位为 10 mm，测量时间约 0.7 s。跟踪模式用于观测移动目标或工程放样中，此模式测量时间要比精测模式短，在跟踪运动目标或工程放样中非常有用，最小显示单位为 10 mm，测量时间约 0.3 s。

4.4.3.5　坐标测量

1. 设置测站点坐标

设置好测站点(仪器位置)相对于原点的坐标后，仪器便可计算并显示未知点(棱镜位置)的坐标。关机后(若参数设置中[坐标记忆]设置为[开])测站点坐标仍可恢复。坐标测量的操作步骤如下：

① 在角度测量模式下，按[F3](坐标)键。

② 按[F6](P1↓)键进入第 2 页功能。

③ 按[F5](设置)键，显示以前的数据。

④ 输入新的坐标值并按[ENT]键；按[F1](退出)键可取消设置。

⑤ 测量开始。

2. 设置仪器高/棱镜高

坐标测量须输入仪器高与棱镜高，以便直接测定未知点坐标。仪器高与棱镜高的设置方法如下：

① 在角度测量模式下，按[F3](坐标)键。

② 在坐标观测模式下，按[F6](P1↓)键进入第 2 页功能。

③ 按[F2](高程)键，显示以前的数据。

④ 输入仪器高，按[ENT]键；按[F1](退出)键可取消设置。

⑤ 输入棱镜高，按[ENT]键，显示返回到坐标测量模式。

3. 坐标测量

在进行坐标测量时，通过输入测站坐标、仪器高和棱镜高，即可直接测定未知点的坐标。

① 在角度测量模式下，设置测站坐标和仪器高/棱镜高。若未输入测站点坐标，则以缺省值(0,0,0)作为测站坐标；若未输入仪器高和棱镜高，则亦以 0 代替。

② 设置已知点的方向角。

③ 照准目标点。

④ 按[F3](坐标)键；按[F2](模式)键，可更换测距模式(单次精测/N 次精测/重复精测/跟踪测量)。

⑤ 显示测量结果。

要返回正常角度或距离测量模式，可按[F6](P2↓)键进入第 1 页功能，再按[F3](角度)键、[F4](斜距)键或[F5](平距)键。

4.4.3.6 *存储管理*

NTS-660 系列全站仪应用测量程序内容很多,可进行数据采集、坐标放样、存储管理、专用测量(悬高测量、对边测量、线高测量、偏心测量等)及设置工作。

存储管理模式有显示文件存储状态、文件的保护、文件的删除、文件的更名、内存的格式化等内容。

4.5 直线定向

为了确定地面上两点之间的相对位置,除了量测两点之间的水平距离外,还必须确定该直线与标准方向之间的水平夹角,这项工作称为直线定向。

4.5.1 标准方向

4.5.1.1 *真子午线方向*

包含地球南北极的平面与地球表面的交线称为真子午线。过地面某点的真子午线的切线方向,称为该点的真子午线方向。指向北方的一端简称真北方向,指向南方的一端简称真南方向。真子午线方向可用天文测量方法测定。

4.5.1.2 *磁子午线方向*

磁子午线方向是磁针在地球磁场作用下,磁针自由静止时其轴线所指的方向。指向北方的一端简称磁北方向,指向南方的一端简称磁南方向。磁子午线方向可用罗盘仪测定。

4.5.1.3 *坐标纵轴方向*

高斯平面直角坐标系中,坐标纵轴方向就是地面点所在投影带的中央子午线方向。在同一投影带内,各点的坐标纵轴方向是彼此平行的。坐标纵轴方向也有北、南方向之分。

4.5.2 方位角

测量工作中常采用方位角来表示直线的方向。从直线起点的标准方向北端起,顺时针方向量至直线的水平夹角,称为该直线的方位角,其取值范围是 0°～360°。因标准方向有真北、磁北和坐标北之分,对应的方位角分别称为真方位角(用 A 表示)、磁方位角(用 A_m 表示)和坐标方位角(用 α 表示)。

4.5.3 正、反坐标方位角

如图 4.24,直线 12 的两个端点,1 是起点,2 是终点,α_{12} 称为直线 12 的正坐标方位角,α_{21} 称为直线 12 的反坐标方位角。对于直线 21,2 是起点,1 是终点,α_{21} 称为直线 21 的正坐标方位角,α_{12} 称为直线 21 的反坐标方位角。一条直线的正、反坐标方位角相差 180°,即

$$\alpha_{21} = \alpha_{12} + 180° \tag{4.21}$$

4.5.4 坐标方位角的推算

在实际工作中并不需要测定每条直线的坐标方位角,而是通过与已知坐标方位角的直线连测后,推算出各条直线的坐标方位角。如图 4.25,已知直线 12 的坐标方位角 α_{12},观测

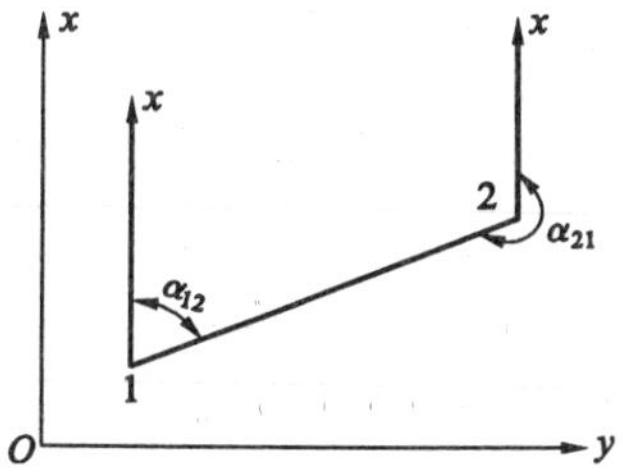

图 4.24　正、反坐标方位角

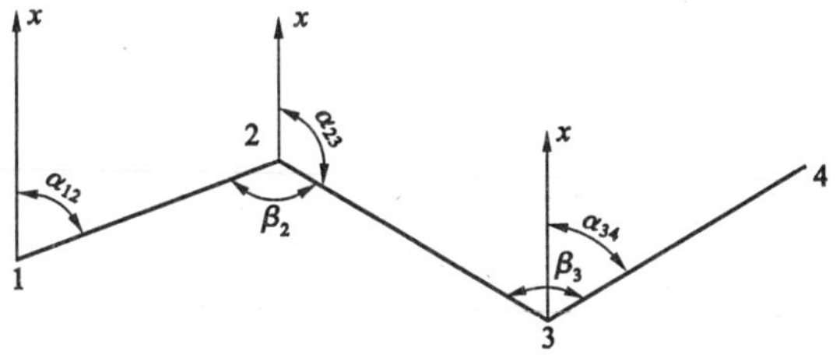

图 4.25　坐标方位角推算

了水平角 β_2 和 β_3，要求推算直线 23 和直线 34 的坐标方位角。

由图 4.25 可看出：

$$\alpha_{23} = \alpha_{21} - \beta_2 = \alpha_{12} + 180° - \beta_2$$

$$\alpha_{34} = \alpha_{32} + \beta_3 = \alpha_{23} + 180° + \beta_3$$

因 β_2 在推算路线前进方向的右侧，称为右折角；β_3 在左侧，称为左折角。从而可归纳出坐标方位角推算的一般公式为：

$$\alpha_{前} = \alpha_{后} + 180° + \beta_{左} \tag{4.22}$$

$$\alpha_{前} = \alpha_{后} + 180° - \beta_{右} \tag{4.23}$$

因方位角的取值范围是 0°～360°，计算中，如果 $\alpha_{前} > 360°$，应减去 360°；如果 $\alpha_{前} < 0°$，应加上 360°。

4.5.5　三种方位角之间的关系

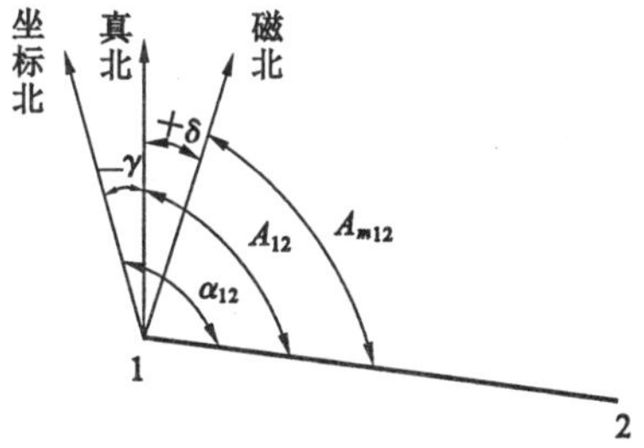

图 4.26　三北方向图

因标准方向选择的不同，使得一条直线有不同的方位角，一般来讲，它们之间互不相等。如图 4.26 所示，过 1 点的真北方向与磁北方向之间的夹角称为磁偏角，用 δ 表示。过 1 点的真北方向与坐标北方向之间的夹角称为子午线收敛角，用 γ 表示。δ 和 γ 的符号规定相同。当磁北方向或坐标北方向偏于真北方向东侧时，δ 和 γ 为正；偏于西侧时为负。不同点的 δ 和 γ 值一般是不相同的。

直线的三种方位角之间可有如下关系：

$$A = A_m + \delta \tag{4.24}$$

$$A = \alpha + \gamma \tag{4.25}$$

$$\alpha = A_m + \delta - \gamma \tag{4.26}$$

由于地面各点的真北（或磁北）方向之间互不平行，直线正、反真（磁）方位角并不刚好相差 180°，用真（磁）方位角表示直线方向会给方位角的推算带来不便，所以在一般测量工作中，常采用坐标方位角来表示直线的方向。

4.5.6　象限角

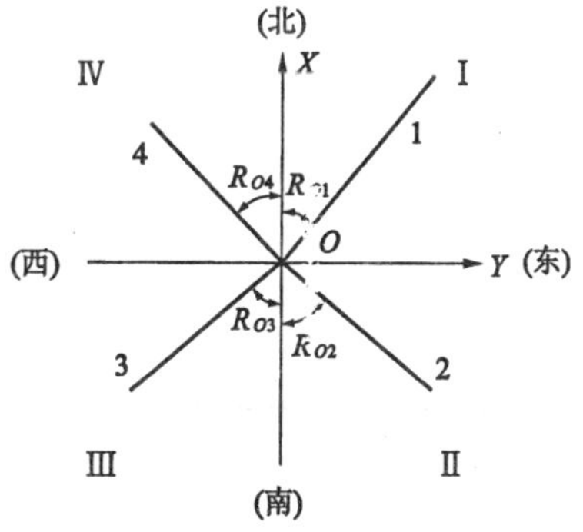

图 4.27　象限角

象限角是由标准方向的北端或南端沿顺时针或逆时针方向量至直线的锐角，用 R 表示，如图 4.27 所示。

象限角和方位角之间的关系列于表 4.6 中。

使用计算器计算反三角函数时，只能得出象限角值，欲求方位角还必须进行换算。

表 4.6　象限角与方位角之间的关系

直线方向	象　限	象限角与方位角的关系
北东	Ⅰ	$\alpha=R$
南东	Ⅱ	$\alpha=180°-R$
南西	Ⅲ	$\alpha=180°+R$
北西	Ⅳ	$\alpha=360°-R$

思考题与习题

(1) 用钢尺丈量两段距离，一段往测为 126.78 m，返测为 126.67 m，另一段往测为 357.38 m，返测为 357.23 m，问这两段距离丈量的精度是否相同？

(2) 将一根 30 m 的钢尺与标准钢尺比较，发现此钢尺比标准钢尺长 14 mm，已知标准钢尺的尺长方程式为 $l_t=30\text{ m}+0.0032\text{ m}+1.25\times10^{-5}\times30\times(t-20\text{ ℃})\text{m}$，钢尺比较时的温度为 11 ℃，求此钢尺的尺长方程式。

(3) 用尺长方程为 $l_t=30\text{ m}-0.0028\text{ m}+1.25\times10^{-5}\times30\times(t-20\text{ ℃})\text{m}$ 的钢尺沿平坦地面丈量直线 AB 时，用了 4 个整尺段和 1 个不足整尺段的余长，余长值为 8.362 m，丈量时的温度为 16.5 ℃，求 AB 的实际长度。

(4) 用尺长方程为 $l_t=30\text{ m}-0.0018\text{ m}+1.25\times10^{-5}\times30\times(t-20\text{ ℃})\text{m}$ 的钢尺沿倾斜地面往返丈量 AB 边的长度，丈量时用 100 N 的标准拉力，往测为 234.943 m，平均温度为 27.4 ℃，返测为 234.932 m，平均温度为 27.9 ℃，测得 AB 两点间高差为 2.54 m，试求 AB 边的水平距离。

(5) 影响钢尺量距的主要因素有哪些？如何提高量距精度？

(6) 试述普通视距测量的基本原理，其主要优缺点有哪些？

(7) 普通视距测量的误差来源有哪些？其中主要误差来源有哪几种？

(8) 进行普通视距测量时，上、下丝在标尺上读数的尺间隔 $l=0.65$ m，竖直角 $\alpha=15°$，试求站点到立尺点的水平距离。

(9) 用相位式测距仪测距时，为什么测出调制光的相位移即可求得测线长度？

(10) 短程相位式测距仪使用两个频率，今测得一段距离为 718.97 m，此时粗测尺和精测尺读数各为多少？

(11) 如图 4.28 所示，已知 $\alpha_{12}=49°20'$，求其余各边的坐标方位角。

(12) 四边形内角值如图 4.29 所示，已知 $\alpha_{12}=149°20'$，求其余各边的坐标方位角。

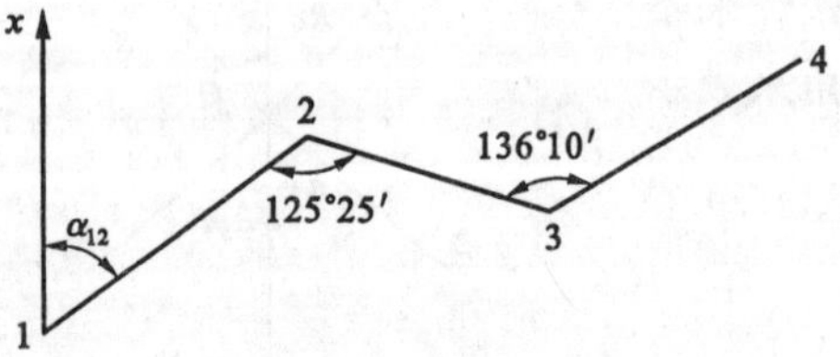

图 4.28　习题(11)图

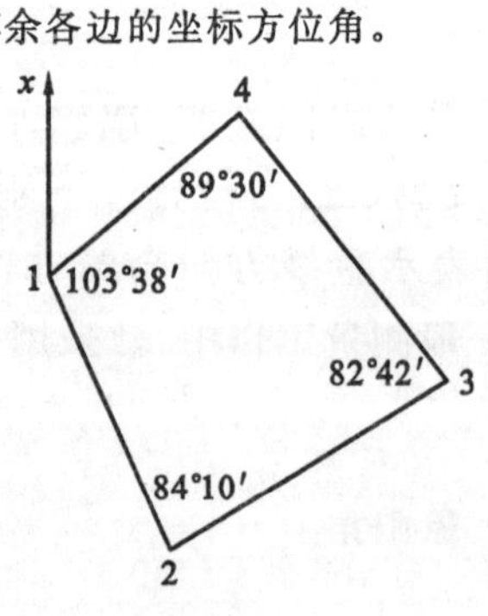

图 4.29　习题(12)图

5 测量误差的基本知识

【本章提要】通过前几章的学习，我们掌握了角度、距离和高差的测量方法，对测量过程含有误差也有了一定的感性认识。本章集中讲述有关测量误差的基本知识，包括衡量精度的标准、误差传播定律及测量误差的计算。

5.1 测量误差概述

测量工作的实践表明，当对某量进行多次观测时，不论测量仪器多么精密，观测多么仔细，观测值之间总是存在着差异。例如，往返丈量某段距离若干次，或重复观测某一角度，观测结果都不会一致。再如，测量某一平面三角形的三个内角，其观测值之和常常不等于理论值 180°。这些现象都说明了测量结果不可避免地存在着误差。

5.1.1 测量误差产生的原因

产生测量误差的原因有下列几个方面：

(1) 人的原因　由于观测者感觉器官的鉴别能力有限，所以不论如何仔细地工作，在安置仪器、照准目标及读数等方面均会产生误差。

(2) 仪器原因　由于仪器制造和校正不可能十分完善，导致观测值的精度受到一定的影响，不可避免地存在误差。

(3) 外界条件原因　在观测过程中由于外界条件(如温度、湿度、风力及阳光照射等)随时发生变化，必然给观测值带来误差。

通常把仪器、观测者的技术水平和外界条件三个方面综合起来，称作观测条件。观测条件相同的各次观测，称为等精度观测；观测条件不相同的各次观测，称为非等精度观测。观测成果的精度与观测条件有着密切的关系，观测条件好时，观测成果精度就高；观测条件差时，观测成果精度就低。

在观测结果中，有时还会出现错误。例如读错、记错或测错等，统称为粗差。粗差与观测误差有着本质的区别，在观测结果中是不允许存在的。为了杜绝粗差，除认真仔细地进行作业外，还必须采取必要的检核措施，例如，对距离往返丈量，对角度进行必要的重复观测，以便用一定的几何条件或用数理统计方法来检验。

由此可见，任何一个观测值都含有误差。测量工作不仅要取得观测成果，而且还要知道观测成果所具有的精度，而精度是以误差的大小来确定的。对同一量的观测，测量误差愈大，则测量精度愈低；反之，误差愈小，精度愈高。因此，在测量工作中，必须对测量误差进行研究，以便对不同的误差采取不同的措施，消除或减弱误差对测量成果的影响，以提高测量成果的精度。

5.1.2 测量误差的分类

测量误差按其性质可分为系统误差和偶然误差两类。

5.1.2.1 系统误差

在相同的观测条件下，对某量进行一系列观测，如果误差出现的符号和大小均相同或按一定的规律变化，这种误差称为系统误差。产生系统误差的主要原因是测量仪器和工具构造不完善或校正不完全准确。例如一根 30 m 的钢尺比标准尺长了 1 cm，用此钢尺丈量 300 m 距离，所测得的长度比实际长度要短 10 cm。误差的大小与距离成正比，距离愈长，所积累的误差愈大。又如水准测量每站的前视距离都大于后视距离，则仪器误差的影响使每次前视读数的误差大于后视读数的误差。

外界条件也是产生系统误差的重要因素。如钢尺在丈量时的温度与检定时的温度不同，则丈量结果就会因温度变化而产生系统误差。

系统误差具有积累性，对测量成果影响很大，但它们的符号和大小有一定的规律。有的系统误差可以用计算改正的方法加以消除，例如尺长误差和温度对尺长的影响。有的可以用一定的观测方法加以消除，例如在水准测量中，用前、后视距离相等的方法消除 i 角的影响。在经纬仪测角中，用盘左、盘右观测取中数的方法可以消除视准差、支架差和竖盘指标差的影响。有的系统误差，例如经纬仪照准部水准管轴不垂直于竖轴的误差对水平角的影响，则只能通过对仪器进行精确校正，并在观测中仔细整平，从而将误差对精度的影响减小到允许范围。

5.1.2.2 偶然误差

在相同的观测条件下对某量进行一系列观测，误差出现的符号和大小都表现出偶然性，即从单个误差来看，在观测前我们不能预知其出现的符号和大小，但就大量误差总体来看，则具有一定的统计规律，这种误差称为偶然误差。偶然误差是由人、仪器和外界条件等多方面因素引起的。例如，测角时用望远镜的十字丝瞄准目标，由于人眼的分辨力、望远镜的放大率的限制，以及空气透明度、大气折射等的影响，照准目标可能偏左或偏右而产生照准误差，以及读数时，其估读数值与正确数值也可能有差异，产生读数误差等均属偶然误差。

在观测中，偶然误差和系统误差通常是同时产生的。当系统误差设法消除或减弱后，决定观测精度的关键就是偶然误差。所以在测量误差理论中主要是讨论偶然误差。

5.1.3 偶然误差的特性

前面已提到，偶然误差从表面上看没有规律，但就大量误差的总体而言，则具有一定的统计规律，并且随着观测次数的增多，这种规律表现得愈明显。下面用一个测量实例来说明其规律性。

例如，在相同的观测条件下，对平面三角形的三个内角进行观测，因观测中存在误差，三角形内角观测值之和 L 不等于真值 180°，其差值 Δ 称为闭合差，也是三角形内角之和的观测值 L 的真误差，表示为：

$$\Delta = L - 180^\circ$$

现对一个平面三角形的三个内角独立地重复观测了 217 次，由上式计算得出的三角形内角和的真误差有 217 个，现按其大小和一定的区间(本例为 3″)进行统计，列入表 5.1。

表 5.1　偶然误差分布表

误差区间 $d_{\Delta}=3''$	正误差$+\Delta$		负误差$-\Delta$	
	个数 k	频率 k/n	个数 k	频率 k/n
0～3	30	0.138	29	0.134
3～6	21	0.097	20	0.092
6～9	15	0.069	18	0.083
9～12	14	0.065	16	0.073
12～15	12	0.055	10	0.046
15～18	8	0.037	8	0.037
18～21	5	0.023	6	0.028
21～24	2	0.009	2	0.009
24～27	1	0.005	0	0
>27	0	0	0	0
合　　计	108	0.498	109	0.502

由表 5.1 可以看出：① 小误差的个数比大误差多；② 绝对值相同的正、负误差的个数大致相等；③ 最大误差不超过 27″。在实际测量中，通过对大量的观测数据进行统计分析，其结果都显示出同样的规律。由此，人们总结出偶然误差具有如下特性：

(1) 在一定的观测条件下，偶然误差的绝对值有一定的限值，或者说，超出该限值的误差出现的概率为零。

(2) 绝对值较小的误差比绝对值较大的误差出现的概率大。

(3) 绝对值相等的正、负误差出现的概率相同。

(4) 同一量的等精度观测，其偶然误差的算术平均值随着观测次数 n 的无限增加而趋于零，即

$$\lim_{n\to\infty}\frac{[\Delta]}{n}=0 \tag{5.1}$$

式中：$[\Delta]=\Delta_1+\Delta_2+\cdots+\Delta_n$。

特性(1)说明误差出现的范围；特性(2)说明误差绝对值大小的规律；特性(3)说明误差符号出现的规律；特性(4)可由特性(3)导出，它说明偶然误差具有抵偿性。

用图示的方法可以更直观地对偶然误差的特性进行统计分析。根据表 5.1 的数据，以误差的数值 Δ 为横坐标，以频率 k/n 与区间 d_{Δ} 的比值 $k/(n\cdot d_{\Delta})$ 为纵坐标，可以绘制出如图 5.1 所示的频率直方图。

可以设想，如果对三角形作更多次的观测，即 $n\to\infty$，同时将误差区间 d_{Δ} 无限缩小，那么图 5.1 中的细长状矩形的顶边所形成的折线将变成一条光滑的曲线，称为误差分布曲线，如图 5.2 所示。在概率论中，这条曲线又称为正态分布曲线，其函数形式为：

$$y=f(\Delta)=\frac{1}{\sqrt{2\pi}\,\sigma}\cdot e^{-\frac{\Delta^2}{2\sigma^2}} \tag{5.2}$$

式中：e——自然对数的底；

σ——误差分布的标准差。

实践证明，偶然误差不能用计算改正或用一定的观测方法简单地加以消除，只能根据偶然误差的特性来改进观测方法并合理地处理数据，以减少偶然误差对测量成果的影响。

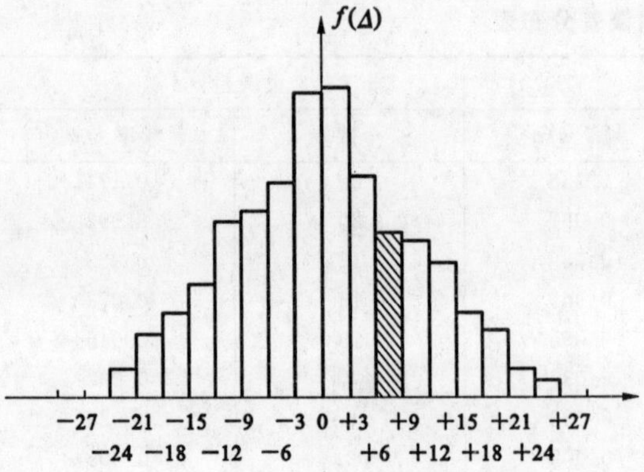

图 5.1 频率直方图

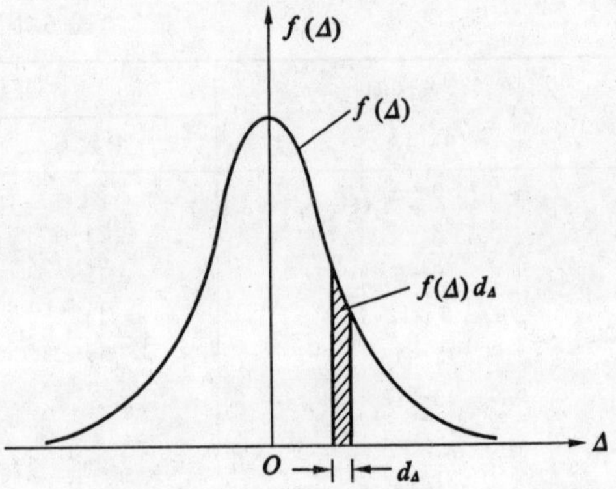

图 5.2 正态分布曲线

5.2 衡量精度的标准

在测量工作中，为了评定测量成果的精度，以便确定其是否符合要求，需要有衡量精度的统一标准。常用的标准有以下几种。

5.2.1 中误差

设对一未知量 x 进行等精度观测，观测值为 l_1、l_2、…、l_n，其真误差为 Δ_1、Δ_2、…、Δ_n。测量工作中，通常是以各个真误差的平方和的均值再开方作为评定该组每一观测值精度的标准，即

$$m=\pm\sqrt{\frac{[\Delta\Delta]}{n}} \tag{5.3}$$

式中：m——观测值的中误差；

$[\Delta\Delta]=\Delta_1^2+\Delta_2^2+\cdots+\Delta_n^2$；

n——观测次数。

从上式可以看出中误差与真误差的关系。中误差不等于真误差，它仅是一组真误差的代表值，中误差 m 值的大小反映了这组观测值精度的高低，而且它能明显地反映出测量结果中较大误差的影响。因此，一般都采用中误差作为评定观测质量的标准。

例如，由两组用 50 m 普通钢尺对某段距离丈量了 6 次，其观测值列于表 5.2 中，该段距离用因瓦基线尺量得的结果为 49.982 m，由于其精度很高，可视其为真值，则丈量该距离一次的观测值中误差如表中所示。

表 5.2 观测值中误差计算

观测次序	观测值(m)	Δ(mm)	ΔΔ	计　算
1	49.988	+6	36	$m=\pm\sqrt{\frac{131}{6}}=\pm 4.7$ mm
2	49.975	−7	49	
3	49.981	−1	1	
4	49.978	−4	16	
5	49.987	+5	25	
6	49.984	+2	4	
$\sum$			131	

从表 5.2 的计算结果可知，该组等精度观测值的中误差 $m=\pm 4.7$ mm，也就是说，表 5.2 中的每一个观测值的精度均为 $m=\pm 4.7$ mm。

5.2.2 相对误差

真误差和中误差都是绝对误差。单纯比较绝对误差的大小，有时还不能判断观测结果精度的高低。例如，丈量两段距离，第一段的长度为 100 m，中误差为±2 cm；第二段的长度为 300 m，中误差为±3 cm。如果单纯用中误差的大小评定其精度，就会得出前者比后者精度高的错误结论。实际上长度丈量的误差与长度大小有关，距离愈长，误差的积累愈大。为了更客观地衡量精度，还必须引入相对误差的概念。相对误差 K 就是绝对误差的绝对值与相应测量结果的比。它是一个无名数，通常以分子为 1 的分式表示为：

$$K=\frac{|m|}{D}=\frac{1}{\frac{D}{|m|}} \tag{5.4}$$

在式(5.4)中，当 m 为距离 D 的中误差时，K 为相对误差。在上例中：

$$K_1=\frac{|m_1|}{D_1}=\frac{0.02}{100}=\frac{1}{5000}$$

$$K_2=\frac{|m_2|}{D_2}=\frac{0.003}{300}=\frac{1}{10000}$$

用相对误差来衡量，就可直观地看出后者比前者的精度高。

在距离测量中，往往用往、返测量结果的较差率来进行检验。较差率为：

$$\frac{|D_{往}-D_{返}|}{D_{平均}}=\frac{|\Delta D|}{D_{平均}}=\frac{1}{\frac{D_{平均}}{|\Delta D|}}$$

较差率是相对误差，它只能反映往、返测的符合程度，以作为测量结果的检核。显然，较差率愈小，观测结果精度愈高。

还应该指出，用经纬仪测角时，不能用相对误差来衡量测角精度，因为测角误差与角度大小无关。

5.2.3 容许误差

由偶然误差的第一个特性可知，在一定的观测条件下，偶然误差的绝对值不会超过一定的限值，这个限值称为极限误差。那么怎样确定极限误差呢？由前述可知，观测值的中误差只是衡量观测精度的一种指标，它不能代表某一个观测值真误差的大小，但是它和观测值的真误差之间存在着一定的统计关系。根据误差理论和实践的统计表明，在等精度观测的一组误差中，绝对值大于 1 倍中误差的偶然误差，其出现的机会为 32%，大于 2 倍中误差的偶然误差，其出现的机会只有 5%，大于 3 倍中误差的偶然误差，其出现的机会仅为 0.3%，即大约 300 次观测中，才可能出现 1 次大于 3 倍中误差的偶然误差。因此，在观测次数不多的情况下，可认为大于 3 倍中误差的偶然误差实际上是不可能出现的。故通常以 3 倍中误差为偶然误差的极限误差，即

$$|\Delta_{极}|=3|m|$$

在实际工作中，测量规范要求在观测值中不容许存在较大的误差，故常以 2 倍或 3 倍中

误差作为偶然误差的容许值，称为容许误差，即

$$|\Delta_{容}| = 2|m| \tag{5.5}$$

或

$$|\Delta_{容}| = 3|m| \tag{5.6}$$

如果观测值中出现了大于容许误差的偶然误差，可认为该观测值不可靠，应舍去不用。

5.3 误差传播定律

前面已述，以任一未知量直接观测值的中误差作为衡量观测值精度的标准，但在实际工作中，某些未知量不可能或不便于直接进行观测，而需要由另外一些量的直接观测值根据一定的函数关系计算出来。如用水准测量测定两点间的高差，是根据后视读数 a 和前视读数 b 按 $h=a-b$ 计算出来的。所求高差 h 是独立观测值 a、b 的函数。由于独立观测值不可避免地包含有误差，导致独立观测值的函数也必然存在误差。显然，独立观测值的中误差和函数的中误差必定存在某种关系，阐述这种关系的定律称为误差传播定律。下面分别讨论倍数函数、和或差函数、一般线性函数和一般函数的误差传播定律。

5.3.1 倍数函数

设函数为：

$$Z=kx$$

式中 x 为可直接观测的未知量，k 为常数，Z 为不能直接观测的未知量。

设对 x 观测了 n 次，其相应的真误差为 Δx_i。由于 Δx_i 的存在，使函数 Z 也产生相应的真误差 ΔZ_i，其中 $i=1,2,\cdots,n$。则

$$\Delta Z_i = k\Delta x_i \qquad (i=1,2,\cdots,n)$$

将上式平方得

$$\Delta Z_i^2 = k^2\Delta x_i^2 \qquad (i=1,2,\cdots,n)$$

将上式求和，并除以 n，得

$$\frac{[\Delta Z^2]}{n} = \frac{k^2[\Delta x^2]}{n} \tag{5.7}$$

由中误差定义可知：

$$m_Z^2 = \frac{[\Delta Z^2]}{n}; \qquad m_x^2 = \frac{[\Delta x^2]}{n}$$

所以，式(5.7)可写为：

$$m_Z^2 = k^2 m_x^2 \tag{5.8}$$

或

$$m_Z = km_x \tag{5.9}$$

【例 5.1】 在 1∶500 地形图上量得一段距离 $d=76$ mm，其中误差 $m_d=\pm0.2$ mm，求实地平距 D 和中误差 m_D。

解

$$D=500d=38 \text{ m}$$

$$m_D=500m_d=\pm0.1 \text{ m}$$

5.3.2 和或差函数

设函数为

$$Z = x \pm y$$

式中 x、y 是彼此独立的可直接观测的未知量，Z 是 x、y 的和或差函数。

设对 x、y 均观测了 n 次，x、y、Z 的真误差分别为 Δx_i、Δy_i、$\Delta Z_i(i=1,2,\cdots,n)$，则

$$\Delta Z_i = \Delta x_i \pm \Delta y_i \qquad (i = 1,2,\cdots,n)$$

将上式平方，得

$$\Delta Z_i^2 = \Delta x_i^2 + \Delta y_i^2 \pm 2\Delta x_i \Delta y_i \qquad (i = 1,2,\cdots,n)$$

将上式求和，并除以 n，得

$$\frac{[\Delta Z^2]}{n} = \frac{[\Delta x^2]}{n} + \frac{[\Delta y^2]}{n} \pm 2\frac{[\Delta x \Delta y]}{n}$$

由于 Δx、Δy 均为偶然误差，且互相独立，所以其乘积也具有正负机会相同的性质。根据偶然误差特性(3)和(4)，当 n 愈大时，上式中最后一项将趋近于零，即

$$\lim_{n\to\infty}\frac{[\Delta x \Delta y]}{n} = 0$$

当 n 有限时，该项近似为零，再依据式(5.3)，则

$$m_Z^2 = m_x^2 + m_y^2 \tag{5.10}$$

当 Z 是一组可直接观测未知量 x_1、x_2、$\cdots$、x_n 代数和的函数时，即

$$Z = x_1 + x_2 + \cdots + x_n$$

根据上述推导方法，可以得出函数 Z 的中误差平方为：

$$m_Z^2 = m_{x_1}^2 + m_{x_2}^2 + \cdots + m_{x_n}^2 \tag{5.11}$$

若诸未知量 x_i 的观测值为同精度观测时，设其中误差为 m，即 $m_{x_1} = m_{x_2} = \cdots = m_{x_n} = m$，则式(5.11)可写为：

$$m_Z = m\sqrt{n} \tag{5.12}$$

【例 5.2】 用 30 m 长的钢尺丈量 120 m 的距离，当每尺段量距中误差为±5 mm 时，全长的中误差为多少？

解 因全长共需 4 个尺段丈量，即

$$D = l_1 + l_2 + l_3 + l_4$$

则

$$m_D = \pm 5\sqrt{4} = \pm 10 \text{ mm}$$

5.3.3 一般线性函数

设有线性函数

$$Z = k_1 x_1 + k_2 x_2 + \cdots + k_n x_n$$

式中 x_1、x_2、$\cdots$、x_n 为相互独立的可直接观测的未知量，k_1、k_2、$\cdots$、k_n 为常数，则综合式(5.9)和式(5.11)可得：

$$m_Z^2 = (k_1 m_1)^2 + (k_2 m_2)^2 + \cdots + (k_n m_n)^2 \tag{5.13}$$

式中 m_1、m_2、$\cdots$、m_n 分别是 x_1、x_2、$\cdots$、x_n 观测值的中误差。

5.3.4 一般函数

设有一般函数

$$Z = f(x_1, x_2, \cdots, x_n) \tag{5.14}$$

式中 $x_i(i=1,2,\cdots,n)$为相互独立的可直接观测的未知量，其观测值的中误差为 $m_i(i=1,2,\cdots,n)$，求 Z 的中误差。

当 x_i 的观测值具有真误差 Δx_i 时，函数 Z 相应地产生真误差 ΔZ，这些真误差都是很小的值。由数学分析可知，变量的误差与函数的误差之间的关系，可以近似地用函数的全微分来表达，因此，对式(5.14)求全微分为：

$$dZ=\frac{\partial f}{\partial x_1}dx_1+\frac{\partial f}{\partial x_2}dx_2+\cdots+\frac{\partial f}{\partial x_n}dx_n$$

以真误差符号"Δ"替代微分符号"d"得

$$\Delta Z=\frac{\partial f}{\partial x_1}\Delta x_1+\frac{\partial f}{\partial x_2}\Delta x_2+\cdots+\frac{\partial f}{\partial x_n}\Delta x_n \tag{5.15}$$

式中$\frac{\partial f}{\partial x_i}(i=1,2,\cdots,n)$是函数对各变量所取的偏导数，以观测值代入计算，即为确定的常数。因此上式是线性函数，按式(5.13)得：

$$m_Z^2=\left(\frac{\partial f}{\partial x_1}\right)^2m_1^2+\left(\frac{\partial f}{\partial x_2}\right)^2m_2^2+\cdots+\left(\frac{\partial f}{\partial x_n}\right)^2m_n^2 \tag{5.16}$$

上式是误差传播定律的一般形式。前述的式(5.9)、式(5.11)、式(5.13)都可以看做是上式的特例。

【例 5.3】 已知倾斜距离及中误差分别为 $L=50\ \text{m}$，$m_L=\pm0.05\ \text{m}$，倾斜角及其中误差分别为 $\alpha=15°$，$m_\alpha=\pm30''$，$\rho''=206265''$，求水平距离 D 和中误差 m_D。

解 $D=L\cos\alpha=50\times\cos15°=48.30\ \text{m}$

因为 $\frac{\partial D}{\partial L}=\cos\alpha=\cos15°\qquad\frac{\partial D}{\partial\alpha}=-L\sin\alpha=-50\times\sin15°$

所以

$$\begin{aligned}m&=\pm\sqrt{\left(\frac{\partial D}{\partial L}\right)^2m_L^2+\left(\frac{\partial D}{\partial\alpha}\right)^2\left(\frac{m_\alpha}{\rho''}\right)^2}\\&=\pm\sqrt{\cos^2 15°\times0.05^2+(-50\times\sin15°)^2\times(30\div206265)^2}\\&=\pm0.048\ \text{m}\end{aligned}$$

综上所述，应用误差传播定律求观测值函数的中误差，可归纳为如下三步：

(1) 按问题要求写出函数式，函数式中可直接观测的未知量必须是相互独立的。

(2) 对函数式全微分，得出函数的真误差与观测值真误差之间的关系式。

(3) 写出函数中误差与观测值中误差之间的关系式。

5.3.5 应用举例

5.3.5.1 水准测量的精度

在 A、B 两点间设了 n 个测站，在第 i 个测站用水准仪测得的高差为 h_i，则 A、B 两点之间的高差 h_{AB} 为：

$$h_{AB}=h_1+h_2+\cdots+h_n$$

设各测站观测的高差精度相同，其中误差均为 $m_{站}$，则由式(5.11)可知，A、B 间的高差中误差为：

$$m_{h_{AB}}^2=m_{h_1}^2+m_{h_2}^2+\cdots+m_{h_n}^2$$

因为

$$m_{h_1}=m_{h_2}=\cdots=m_{h_n}=m_{站}$$

则 $$m_{h_{AB}} = m_{站}\sqrt{n} \tag{5.17}$$

若水准路线是在地形平坦的地区，前、后立尺点的距离 l 大致相等。设 A、B 间的距离为 L，则测站数 $n=\frac{L}{l}$，代入上式得：

$$m_{h_{AB}} = m_{站}\sqrt{\frac{L}{l}}$$

若 $L=1$ km，l 以千米为单位，代入上式后，即得 1km 路线长的高差中误差为：

$$m_{千米} = m_{站}\sqrt{\frac{1}{l}}$$

当 A、B 的距离为 L 千米时，A、B 两点间的高差中误差按误差传播定律应为：

$$m_{h_{AB}} = m_{千米}\sqrt{L} \tag{5.18}$$

由以上分析可以看出，根据式(5.17)，当各测站高差的观测精度相同时，水准测量高差的中误差与测站数的平方根成正比。由式(5.18)可知，当各测站距离大致相等时，水准测量高差的中误差与距离的平方根成正比。

5.3.5.2 水平角测量的精度

(1) DJ6 光学经纬仪测角中误差

DJ6 光学经纬仪一测回方向中误差为±6″，而一测回角值为两个方向值之差，故一测回角值的中误差为：

$$m_\beta = \pm\sqrt{2}\times 6'' = \pm 8.5''$$

(2) 测回之间较差的容许值

测回法测角时，各测回角值之差的中误差为：

$$m_{\Delta\beta} = m_\beta\sqrt{2}$$

若以 3 倍中误差为容许误差，则各测回角值之差的容许误差为：

$$|\Delta\beta_{容}| = 3|m_{\Delta\beta}| = 3\sqrt{2}|m_\beta| = 3\sqrt{2}\times|\sqrt{2}\times 6''| = 36'' \approx 40''$$

5.4 算术平均值及其中误差

5.4.1 算术平均值

设对某一量进行了一组等精度观测，其观测值为 l_1、l_2、…、l_n，未知量的真值为 x，观测值的真误差为 Δ_1、Δ_2、…、Δ_n，则

$$\Delta_i = l_i - x \qquad (i = 1,2,\cdots,n)$$

上式求和并除以 n，得

$$\frac{[\Delta]}{n} = \frac{[l]}{n} - x = L - x$$

式中：L——观测值的算术平均值。

显然 $$L=\frac{[l]}{n}=\frac{[\Delta]}{n}+x \tag{5.19}$$

根据偶然误差的特性(4)，有

$$\lim_{n\to\infty} L = \lim_{n\to\infty}\left(\frac{[\Delta]}{n} + x\right) = \lim_{n\to\infty}\frac{[\Delta]}{n} + x = x$$

由上式可以看出，当观测次数 n 趋于无限大时，算术平均值就趋向于未知量的真值。但实际工作中观测次数总是有限的，故算术平均值不等于真值。但可认为算术平均值是该量的最可靠值，又称最或然值。

5.4.2 算术平均值的中误差

由前所述，算术平均值为：

$$L = \frac{[l]}{n} = \frac{1}{n}l_1 + \frac{1}{n}l_2 + \cdots + \frac{1}{n}l_n$$

因为是等精度观测，各观测值的中误差相同，即 $m_1 = m_2 = \cdots = m_n = m$，根据式(5.13)得算术平均值的中误差为：

$$m_L^2 = \left(\frac{1}{n}m_1\right)^2 + \left(\frac{1}{n}m_2\right)^2 + \cdots + \left(\frac{1}{n}m_n\right)^2 = \frac{1}{n}m^2$$

所以

$$m_L = \frac{m}{\sqrt{n}} \tag{5.20}$$

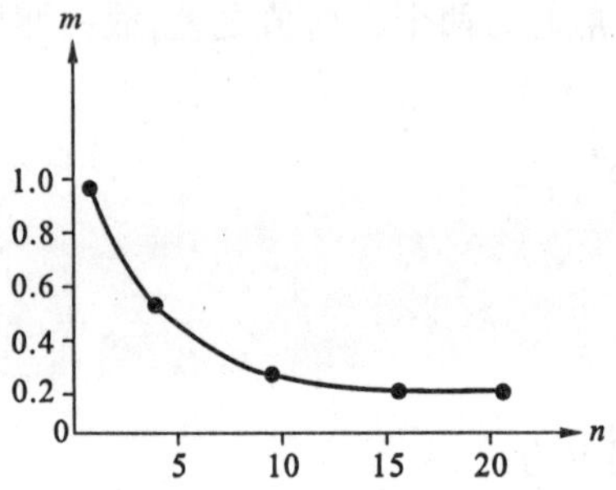

图 5.3　m_L 与 n 的关系

式(5.20)表明，在相同的观测条件下，算术平均值的中误差与观测次数的平方根成反比。设当观测值的中误差 $m=1$ 时，则算术平均值的中误差 m_L 与观测次数 n 的关系如图 5.3 所示。由图中可以看出，随着观测次数的增加，算术平均值的精度随之提高，但当观测次数增加到一定数值后，算术平均值精度的提高是很微小的。因此，不能单依靠增加观测次数来提高观测成果的精度，还应设法提高观测本身的精度，例如，采用精度较高的仪器，提高观测技能，在良好的外界条件下进行观测等。

5.5 用观测值的改正数计算中误差

在根据式(5.3)计算中误差 m 时，需要知道观测值 l_i 的真误差 Δ_i，而真误差往往是不知道的。在实际实用中，多利用观测值的改正数 v_i 来计算中误差。由 v_i 及 Δ_i 的定义知：

$$v_i = L - l_i \qquad (i = 1,2,\cdots,n)$$

$$\Delta_i = l_i - x \qquad (i = 1,2,\cdots,n)$$

将两式对应相加得：

$$v_i + \Delta_i = L - x \qquad (i = 1,2,\cdots,n)$$

设 $L - x = \delta$，代入上式并移项后得：

$$\Delta_i = -v_i + \delta \qquad (i = 1,2,\cdots,n)$$

将上式平方并取和，得：

$$[\Delta\Delta] = [vv] - 2[v]\delta + n\delta^2$$

因为 $$[v]=\sum_{i=1}^{n}(L-l_i)=nL-[l]=0$$

故有 $$[\Delta\Delta]=[vv]+n\delta^2$$

又因 $$\delta=L-x=\frac{[l]}{n}-x=\frac{[l-x]}{n}=\frac{[\Delta]}{n}$$

故 $$\delta^2=\frac{[\Delta]^2}{n^2}=\frac{1}{n^2}(\Delta_1^2+\Delta_2^2+\cdots+2\Delta_1\Delta_2+2\Delta_1\Delta_3+\cdots)$$

$$=\frac{[\Delta\Delta]}{n^2}+\frac{2}{n^2}(\Delta_1\Delta_2+\Delta_1\Delta_3+\cdots)$$

由于 Δ_1、Δ_2、…、Δ_n 是相互独立的偶然误差，故 $\Delta_1\Delta_2$、$\Delta_2\Delta_3$…也具有偶然误差的性质。当 $n\to\infty$ 时，上式右边第二项趋近于零；当 n 为有限值时，其值远比第一项小，故可忽略不计。于是

$$[\Delta\Delta]=[vv]+\frac{[\Delta\Delta]}{n}$$

$$\frac{[\Delta\Delta]}{n}=\frac{[vv]}{n}+\frac{[\Delta\Delta]}{n^2}$$

根据中误差定义，上式可写成：

$$m^2=\frac{[vv]}{n}+\frac{m^2}{n}$$

$$nm^2=[vv]+m^2$$

故观测值的中误差为：

$$m=\pm\sqrt{\frac{[vv]}{n-1}} \tag{5.21}$$

式(5.21)即为利用观测值的改正数计算中误差的公式，称为白塞尔公式。

【例 5.4】 对某段距离进行了 6 次等精度观测，各次的观测值列于表 5.3，试求该段距离的算术平均值、观测值中误差及算术平均值中误差。

解 为使计算成果清晰，计算的全部数据列于表 5.3 中。

表 5.3 用改正数计算中误差

观测次序	观测值(m)	v (mm)	$[vv]$	计 算
1	119.913	+5	25	$L=119.918$ m
2	119.918	0	0	$m=\pm\sqrt{\frac{118}{6-1}}=\pm4.9$ mm
3	119.925	−7	49	$m_L=\frac{m}{\sqrt{6}}=\pm2.0$ mm
4	119.920	−2	4	
5	119.912	+6	36	
6	119.920	−2	4	
$\sum$		0	118	

思考题与习题

(1) 系统误差与偶然误差有什么不同？偶然误差有哪些特性？

(2) 何谓中误差、相对误差和容许误差？

(3) 等精度观测的算术平均值为什么是最可靠值？

(4) 在三角形 ABC 中，直接观测了 $\angle A$ 和 $\angle B$，其中误差分别为 $m_A=\pm14''$ 和 $m_B=\pm12''$，求三角形第三角 $\angle C$ 的中误差 m_C。

(5) 设对某线段测量了 6 次，其结果为 324.225 m、324.232 m、324.210 m、324.248 m、324.230 m、324.216 m，试求其算术平均值、观测值中误差、算术平均值中误差及相对误差。

(6) 设在图上量得一圆的半径 $R=50$ mm，其中误差 $m_R=\pm0.5$ mm，试求其圆面积值及其中误差。

(7) 在斜坡上丈量距离，其斜距 $L=165.50$ m，中误差 $m_L=\pm0.5$ cm，测量竖直角 $\alpha=15°30'$，其中误差为 $m_\alpha=\pm3'$，求水平距离 D 及其中误差 m_D。

(8) 已知 DJ6 光学经纬仪一测回的方向中误差 $m=\pm6''$，问该类型仪器一测回角值的中误差是多少？如果要求某角度的算术平均值的中误差 $m_{角}=\pm5''$，用这种仪器需要观测几个测回？

(9) 丈量两段距离 $D_1=224.18$ m±0.08 m 和 $D_2=250.32$ m±0.10 m，问哪一段距离丈量的精度高？两段距离之和的中误差及其相对误差各是多少？

(10) 如图 5.4 所示，在三角形 ABC 中，测得 $a=100.00$ m±0.05 m，$\angle A=57°25'10''\pm24''$，$\angle B=65°30'48''\pm12''$，求算三角形中边长 b 及其中误差 m_b。

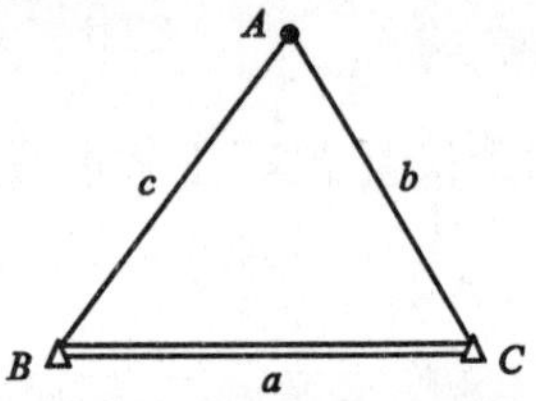

图 5.4 习题(10)图

6　小地区控制测量

【本章提要】本章主要讲述控制测量的原理及方法。重点介绍导线测量和高程控制测量的实测方法和内业计算，介绍了交会定点的原理和方法。

6.1　控制测量概述

在绪论中已经指出，测量工作必须遵循“从整体到局部，先控制后碎部”的原则。首先在测区内选择若干有控制意义的控制点，按一定的规律和要求组成网状几何图形，称之为控制网。控制网分为平面控制网和高程控制网。测定控制点平面位置(x，y)的工作，称为平面控制测量。测定控制点高程(H)的工作称为高程控制测量。平面控制测量和高程控制测量统称为控制测量。

控制网按控制范围可分为国家控制网、城市控制网和小地区控制网等。

6.1.1　国家控制网

在全国范围内建立的控制网，称为国家控制网。它是全国各种比例尺测图的基本控制，并为确定地球的形状和大小提供研究资料。国家控制网按精度从高到低分为一、二、三、四共4个等级。它的低级点受高级点逐级控制。一等精度最高，是国家控制网的骨干，二等精度是国家控制网的全面基础，三、四等精度是二等控制网的进一步加密。

国家平面控制网主要布设成三角网(锁)的形式，也可布设成三边网、边角组合网、导线网和GPS网。图6.1为国家一等三角锁和一等导线布设略图。国家高程控制网一般布设成水准网的形式，包括闭合环线和附合水准路线。图6.2为国家一等水准路线布设略图。建立国家控制网是用精密测量仪器和方法进行的。

表6.1　城市三角网的主要技术要求

等　级	平均边长(km)	测角中误差(″)	起始边边长相对中误差	最弱边边长相对中误差
二　等	9	≤±1.0	≤1/300000	≤1/120000
三　等	5	≤±1.8	≤1/200000(首级) ≤1/300000(加密)	≤1/80000
四　等	2	≤±2.5	≤1/120000(首级) ≤1/80000(加密)	≤1/45000
一级小三角	1	≤±5.0	≤1/40000	≤1/20000
二级小三角	0.5	≤±10.0	≤1/20000	≤1/10000

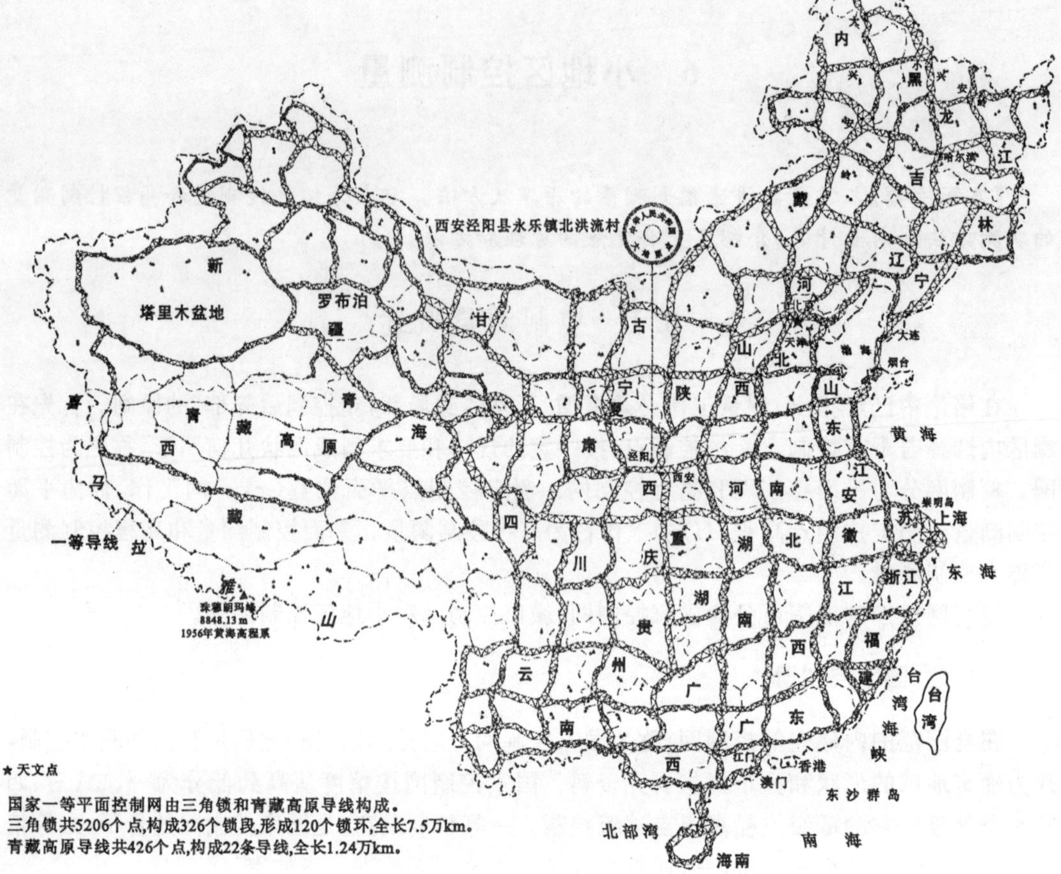

图 6.1　国家一等三角锁和一等导线略图

6.1.2　城市控制网

城市控制网是为城市建设工程测量建立统一坐标系统而布设的,它是城市规划、市政工程、城市建设以及施工放样的依据,城市控制网通常以国家控制网点为基础,布设成不同等级的三角网、边角组合网、导线网和 GPS 网等形式,表 6.1～表 6.3 分别为城市三角网、边角组合网、导线网的主要技术要求,GPS 网的技术要求见表 6.14。

国家控制网和城市控制网的控制测量,由测绘部门完成,控制成果可从有关测绘管理部门索取。

6.1.3　小地区控制网

在面积为 15 km^2 以内的小地区范围内,为大比例尺测图和工程建设而建立的控制网,称为小地区控制网。小地区控制网应尽可能与国家(或城市)已建立的高级控制网连测,将国家(或城市)控制点的坐标和高程作为小地区控制网的起算和校核数据。若测区内或附近无国家(或城市)控制点,或附近有这种高级控制点而不便连测时,可以建立测区内的独立控制网。此外,为工程建设服务而建立的专用控制网,或个别重点工程出于某种特殊需要,在建立控制网时也可采用独立控制网系统。

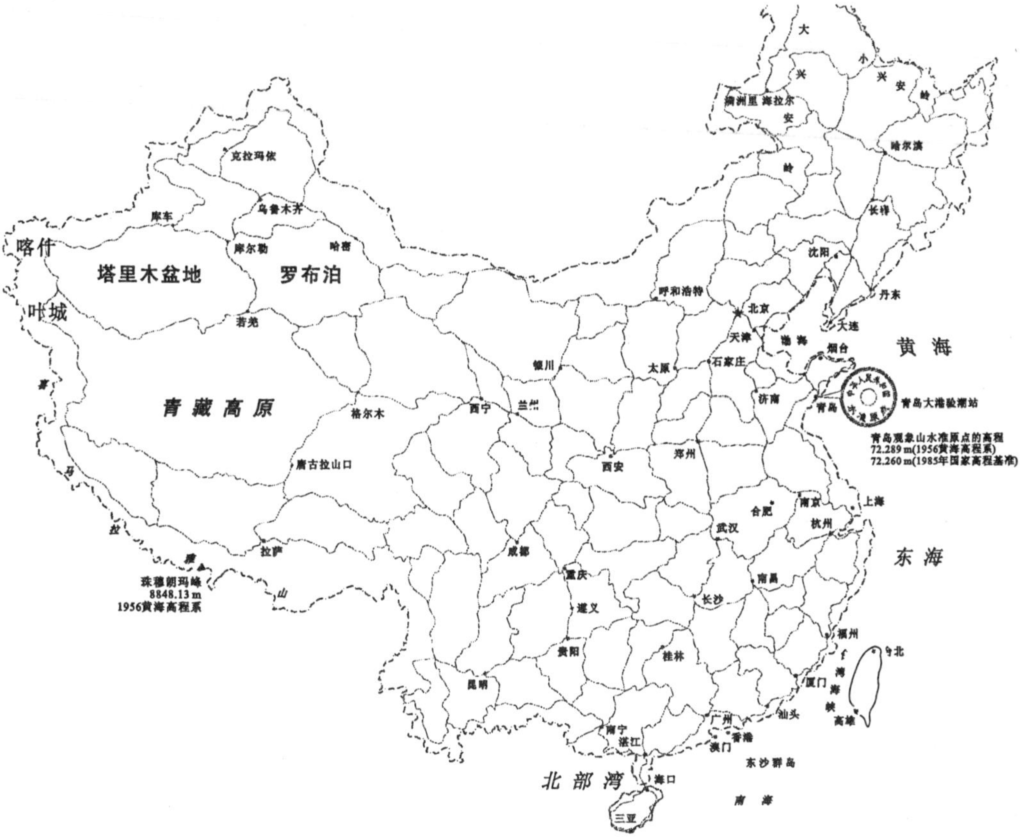

图 6.2 国家一等水准路线略图

表 6.2 城市边角组合网边长测量的主要技术要求

等 级	平均边长(km)	测距中误差(mm)	测距相对中误差
二 等	9	≤±30	≤1/300000
三 等	5	≤±30	≤1/160000
四 等	2	≤±16	≤1/120000
一级小三角	1	≤±16	≤1/60000
二级小三角	0.5	≤±16	≤1/30000

表 6.3 城市光电测距导线网的主要技术要求

等 级	附合环或附合导线长度(km)	平均边长(m)	测距中误差(mm)	测角中误差(″)	导线全长相对闭合差
三 等	15	3000	≤±18	≤±1.5	≤1/60000
四 等	10	1600	≤±18	≤±2.5	≤1/40000
一 级	3.6	300	≤±15	≤±5	≤1/14000
二 级	2.4	200	≤±15	≤±8	≤1/10000
三 级	1.5	120	≤±15	≤±12	≤1/6000

小地区平面控制网，应根据测区面积的大小按精度要求分级建立。在测区范围内建立的精度最高的控制网，称为首级控制网。直接为测图建立的控制网，称为图根控制网。图根控制网中的控制点称为图根控制点，简称图根点。图根点的密度(包括高级点)，取决于测图比例尺和地物、地貌的复杂程度。平坦开阔地区图根点的密度可参考表6.4的规定；地形复杂地区、城市建筑密集区和山区，应根据测图需要并结合具体情况加大密度。

表6.4　平坦开阔地区图根点的密度

测图比例尺	1∶500	1∶1000	1∶2000	1∶5000
图根点密度(点/千米^2)	150	50	15	5

小地区高程控制网也应视测区面积大小和工程要求采用分级布设的方法建立。一般以国家等级水准点为基础，在全测区建立三、四等精度水准路线和水准网，再以三、四等精度水准点为基础，测定图根点的高程。水准点间的距离，一般为2～3 km，城市建筑区为1～2 km，工业区小于1 km。一个测区至少应设立3个水准点。

下面结合建筑工程的实际需要，着重介绍用导线测量建立小地区平面控制网的方法，以及用三、四等精度水准测量及图根水准测量建立小地区高程控制网的方法。

6.2　导线测量的外业

将相邻控制点用直线连接而构成的折线，称为导线。构成导线的控制点，称为导线点。导线测量就是依次测定各导线边的边长和各转折角；根据起算数据，推算各边的坐标方位角，从而求出各导线点的坐标。

用经纬仪测量转折角，用钢尺丈量导线边长的导线，称为经纬仪量距导线；若用光电测距仪测定导线边长，则称为光电测距导线。随着测距仪和全站仪的普遍使用，工程中通常采用光电测距导线。

导线测量是建立小地区平面控制网常用的一种方法。特别是在地物分布较复杂的建筑区、视线障碍较多的隐蔽区和带状地区，多采用导线测量的方法。

6.2.1　导线的布设形式

根据测区的不同情况和要求，导线可布设成下列形式。

6.2.1.1　附合导线

布设在两个已知点间的导线，称为附合导线。

如图6.3所示，导线从已知控制点B和已知方向AB出发，经过1、2、3点，最后附合到另一已知控制点C和已知方向CD。此种布设形式，具有检核观测成果的作用。

6.2.1.2　闭合导线

起讫于同一已知点的导线，称为闭合导线。如图6.4所示，导线从已知控制点B和已知方向AB出发，经过1、2、3、4点，最后仍回到起点B，形成一闭合多边形。它本身存在着严密的几何条件，具有检核作用。

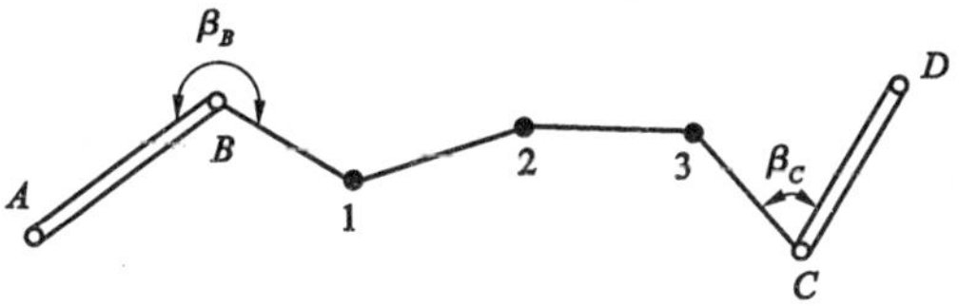

图 6.3 附合导线

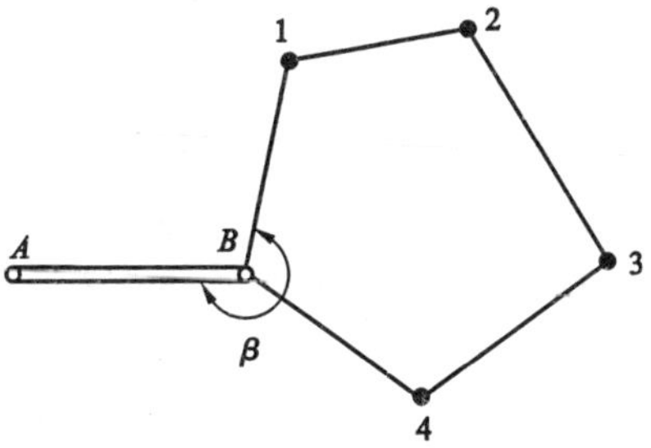

图 6.4 闭合导线

6.2.1.3 支导线

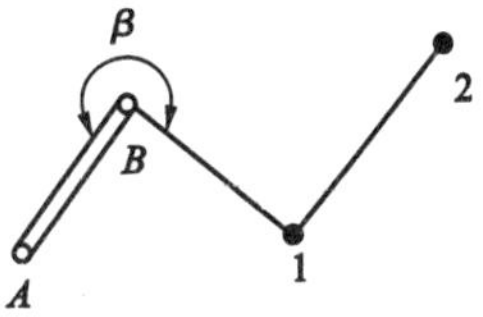

图 6.5 支导线

由一已知点和一已知方向出发，既不附合到另一已知点，又不回到原起始点的导线，称为支导线。如图 6.5 所示，B 为已知控制点，AB 为已知方向，1、2 为支导线点。由于支导线缺乏检核条件，不易发现错误，故一般不宜采用。

6.2.2 导线测量技术要求

用导线测量方法建立小地区平面控制网，通常分为一级导线、二级导线、三级导线和图根导线几个等级，表 6.3 中列出了一、二、三级光电测距导线的主要技术要求，表 6.5 为图根光电测距导线测量的主要技术要求。

表 6.5 图根光电测距导线测量的主要技术要求

比例尺	附合导线长度(m)	平均边长(m)	导线相对闭合差	测回数 DJ6	方位角闭合差(″)	测距 仪器类型	测距 方法与测回数
1∶500	900	80	$\leqslant 1/4000$	1	$\leqslant \pm 40\sqrt{n}$	Ⅱ级	单程观测 1
1∶1000	1800	150					
1∶2000	3000	250					

注：n 为测站数。

6.2.3 导线测量外业工作

导线测量的外业工作包括踏勘选点及建立标志、测距、测角等工作，现分述如下。

6.2.3.1 踏勘选点及建立标志

在踏勘选点之前，应调查收集测区已有的地形图和高一级控制点的成果资料，然后到现场踏勘，了解测区现状和寻找核对已知点。根据已知控制点的分布、测区地形条件和测图及工程要求等具体情况，在测区原有地形图（或测区简图、示意图）上拟订导线的布设方案，最后到实地去踏勘，核对、修改、落实点位和建立标志。选点时应注意下列事项：

(1) 相邻点间应通视良好，地势平坦，便于测角和测距。

(2) 点位应选在土质坚实，便于安置仪器和保存标志的地方。

(3) 视野开阔，便于施测碎部。

(4) 导线各边的长度应大致相等，除特殊情形外，应不大于 350 m，也不宜小于 50 m，平均边长如表 6.3 所示。对于光电测距导线可适当放宽。

(5) 导线点应有足够的密度，分布较均匀，便于控制整个测区。

导线点选定后，应在点位上埋设标志。一般的图根点，常在点位上打一大木桩，在桩的周围浇上混凝土，桩顶钉一小钉，如图 6.6(a)；也可在水泥地面上用红漆画一圆，圆内点一小点，作为临时性标志。若导线点需要保存的时间较长，应埋设混凝土桩或石桩，如图 6.6(b)所示，桩顶嵌入带"+"字的金属标志，或将标志直接嵌入水泥地面或岩石上，作为永久性标志。导线点应按顺序统一编号。为了便于寻找，应量出导线点与附近固定而明显的地物点的距离，绘一草图，注明尺寸，称为"点之记"，如图 6.7 所示。

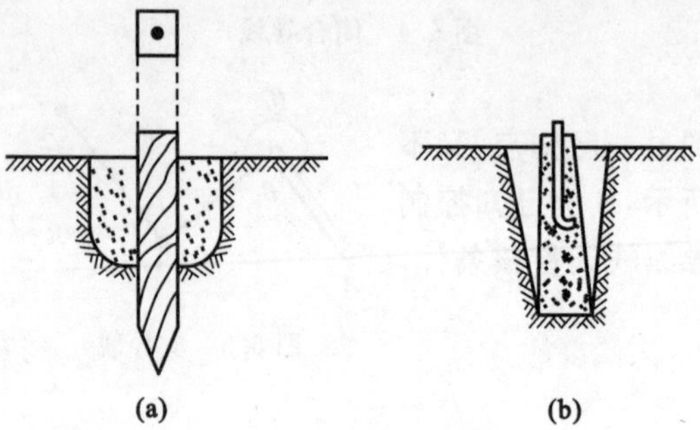

图 6.6　导线点标志

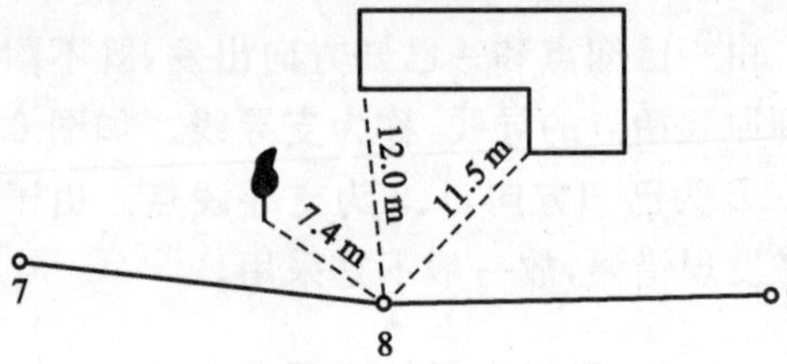

图 6.7　导线点点之记

6.2.3.2　导线边长测量

导线边长通常用光电测距仪直接测定。测距时，应根据导线等级和技术要求，选用相应的测距仪，经检验后，按表 6.3 和表 6.5 中的规定测距。

6.2.3.3　导线转折角测量

导线转折角的测量一般采用测回法观测，多于两个方向的，可用方向法观测。在附合导线中，一般测量导线左角；在闭合导线中均测内角。对于图根支导线应分别观测左角和右角，以资检核。不同等级导线的测角技术要求已列入表 6.3 和表 6.6。图根导线一般用 DJ6 经纬仪测一测回。若盘左、盘右测得角值的较差不超过 40″，则取其平均值作为最终结果。

对于精度等级较高的导线，为了测角时便于瞄准，可在已埋设的标志上用三根竹竿吊一个大锤球(图 6.8)作为照准标志。

当导线需要与高级控制点连接时(如图 6.9 所示)，必须观测连接角 β_A、β_1 及连接边 D_{A1}，以便求得导线起始点的坐标及起始边的坐标方位角。如果测区及其附近没有高级控制点时，可应用罗盘仪测出导线起始边的磁方位角，并假定起始点的坐标，作为导线的起始数据，即建立独立平面直角坐标系。

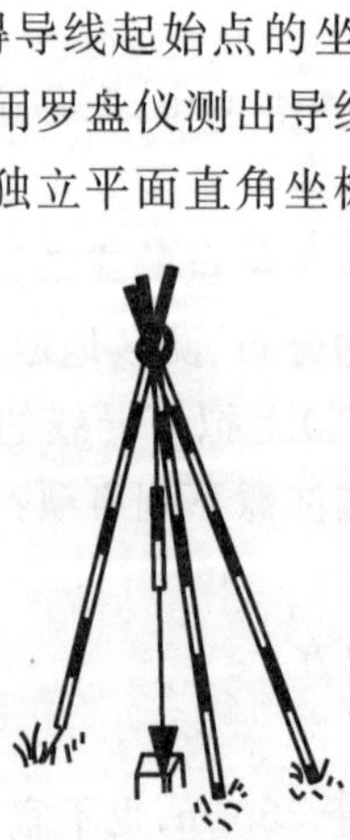
图 6.8　照准标志

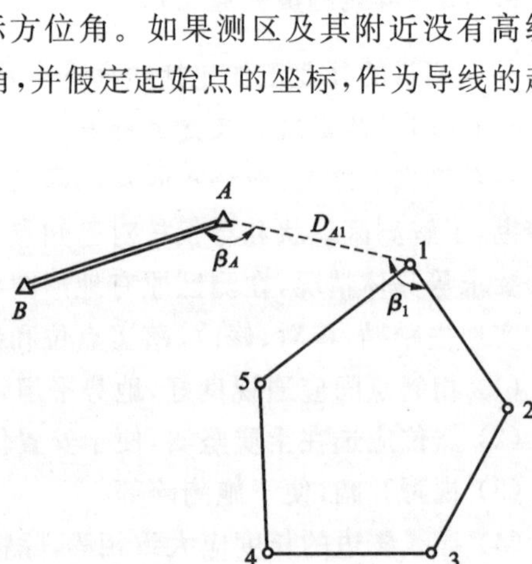

图 6.9　导线连测

6.3 导线测量的内业计算

导线测量的内业计算，就是根据起始点的坐标和起始边的坐标方位角，以及所测得的导线边长和转折角，计算各导线点的坐标。

计算之前，应全面检查导线测量外业记录，检查数据是否齐全，有无记错、算错，成果是否符合精度要求，起算数据是否准确。然后绘制计算略图，并把边长、转折角、起始边方位角及已知点坐标等计算数据注在图上的相应位置。

6.3.1 坐标计算的基本公式

6.3.1.1 坐标正算

根据已知点的坐标、已知边长及该边的坐标方位角，计算未知点的坐标，称为坐标的正算。如图 6.10 所示，设 A 点的坐标 x_A、y_A 和 AB 边的边长 D_{AB} 及其坐标方位角 α_{AB} 为已知，则未知点 B 的坐标为：

$$\left.\begin{aligned} x_B &= x_A + \Delta x_{AB} \\ y_B &= y_A + \Delta y_{AB} \end{aligned}\right\} \tag{6.1}$$

式中，Δx_{AB}、Δy_{AB} 称为坐标增量，也就是直线两端点 A、B 的坐标值之差。根据图 6.10 中三角原理，可写出坐标增量的计算公式为：

$$\left.\begin{aligned} \Delta x_{AB} &= x_B - x_A = D_{AB}\cos\alpha_{AB} \\ \Delta y_{AB} &= y_B - y_A = D_{AB}\sin\alpha_{AB} \end{aligned}\right\} \tag{6.2}$$

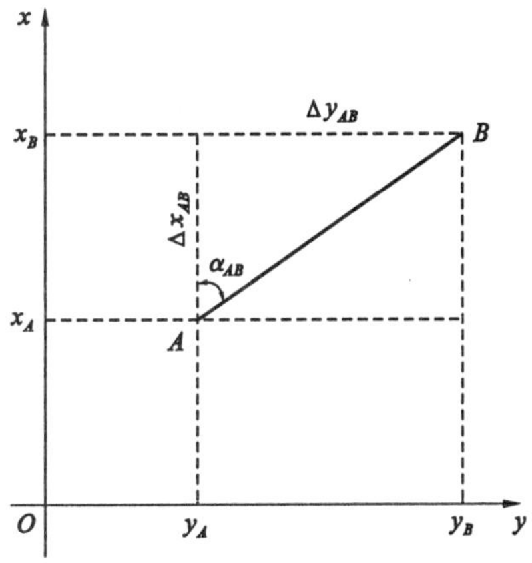

图 6.10 坐标计算

6.3.1.2 坐标反算

根据两个已知点的坐标求算两点间的边长及其方位角，称为坐标反算。当导线与已知高级控制点连测时，一般应利用高级控制点的坐标，反算出高级控制点间的坐标方位角或边长，作为导线的起算数据与校核，此外，在施工放样前，也要利用坐标反算求出放样数据。

如图 6.10 所示，若 A、B 为两已知点，其坐标分别为 $A(x_A, y_A)$、$B(x_B, y_B)$。根据三角原理，可写出以下公式：

$$\tan\alpha_{AB} = \frac{\Delta y_{AB}}{\Delta x_{AB}} = \frac{y_B - y_A}{x_B - x_A}$$

或

$$\alpha_{AB} = \arctan\frac{\Delta y_{AB}}{\Delta x_{AB}} = \arctan\frac{y_B - y_A}{x_B - x_A} \tag{6.3}$$

$$\left.\begin{aligned} D_{AB} &= \frac{\Delta y_{AB}}{\sin\alpha_{AB}} = \frac{\Delta x_{AB}}{\cos\alpha_{AB}} \\ D_{AB} &= \sqrt{(\Delta x_{AB})^2 + (\Delta y_{AB})^2} \end{aligned}\right\} \tag{6.4}$$

或（第二式）

应该注意，按公式(6.3)计算出的是象限角，因此必须根据坐标增量 Δx、Δy 的正负号确定 AB 边象限角所在的象限，然后再把象限角换算为 AB 边的坐标方位角。

6.3.2 附合导线坐标的计算

现以图 6.11 所注的数据为例，结合“附合导线坐标计算表”（表 6.6）的使用，说明图根附合导线坐标计算的步骤。

计算前先将图 6.11 中的有关数据填入表 6.6 中的相应栏内，起算数据用双线标明。

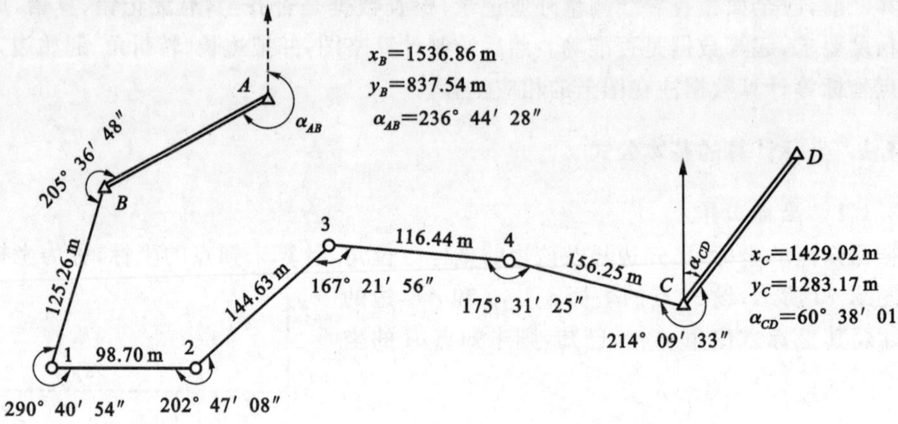

图 6.11 附合导线略图

6.3.2.1 角度闭合差的计算与调整

根据起始边的已知坐标方位角 α_{AB} 及观测的右角 β，按式(4.23)可以推算出终边 CD 的坐标方位角 α'_{CD}。

$$\begin{aligned}
\alpha_{B1} &= \alpha_{AB} + 180° - \beta_B \\
\alpha_{12} &= \alpha_{B1} + 180° - \beta_1 \\
\alpha_{23} &= \alpha_{12} + 180° - \beta_2 \\
\alpha_{34} &= \alpha_{23} + 180° - \beta_3 \\
\alpha_{4C} &= \alpha_{34} + 180° - \beta_4 \\
+)\quad \alpha'_{CD} &= \alpha_{4C} + 180° - \beta_C \\
\hline
\alpha'_{CD} &= \alpha_{AB} + 6\times 180° - \sum \beta_{测}
\end{aligned}$$

写成一般公式为：

$$\alpha'_{终} = \alpha_{起} + n \times 180° - \sum \beta_{测} \tag{6.5}$$

式中 $\alpha'_{终}$ 为推算出的终边坐标方位角，$\alpha_{起}$ 为已知的起始边坐标方位角，n 为观测角的个数。

若观测角为左角，则按下式计算 $\alpha'_{终}$：

$$\alpha'_{终} = \alpha_{起} - n \times 180° + \sum \beta_{测} \tag{6.6}$$

角度闭合差 f_β 的计算公式为：

$$f_\beta = \alpha'_{终} - \alpha_{终} \tag{6.7}$$

各级导线角度闭合差的容许值 $f_{\beta_{容}}$ 见表 6.3 和表 6.5。若 f_β 超过 $f_{\beta_{容}}$，则说明所测角度不符合要求，应重新检测。若 f_β 不超过 $f_{\beta_{容}}$，当 β 为左角时，则将闭合差反符号平均分配到各观测角中，各角改正数均为 $v_\beta = -f_\beta/n$；当 β 为右角时，则将闭合差同符号平均分配到各观测角中，即 $v_\beta = f_\beta/n$。改正后的角值（简称改正角）$\bar{\beta} = \beta + v_\beta$。改正角之和应满足下列条件：

$$\left.\begin{aligned}\sum\bar{\beta}_{左} &= \alpha_{终} - \alpha_{起} - n \times 180^\circ \\ \sum\bar{\beta}_{右} &= \alpha_{起} - \alpha_{终} + n \times 180^\circ\end{aligned}\right\} \tag{6.8}$$

当 f_β 不能被 n 整除时，将余数均匀分配到若干较短边所夹角度的改正数中。对于左角，角度改正数应满足 $\sum v_\beta = -f_\beta$；对于右角，应满足 $\sum v_\beta = f_\beta$，此条件用于计算检核。

6.3.2.2 各边坐标方位角的计算

根据起始边已知坐标方位角和改正角，按式(4.23)推算各边的坐标方位角，并填入表6.6的第5栏内。例如：

$$\alpha_{B1} = \alpha_{AB} + 180^\circ - \beta_B = 236^\circ 44' 28'' + 180^\circ - 205^\circ 36' 35'' = 211^\circ 07' 53''$$

按上述方法逐边推算坐标方位角，最后算出终边坐标方位角，应与已知的终边坐标方位角相等，否则应重新检查计算。

6.3.2.3 坐标增量的计算与调整

(1) 坐标增量的计算

根据已推算出的导线各边的坐标方位角和相应边的边长，按式(6.2)计算各边的坐标增量。例如，导线边 $B1$ 的坐标增量为：

$$\Delta x_{B1} = D_{B1} \cos\alpha_{B1} = 125.26 \times \cos 211^\circ 07' 53'' = -107.22 \text{ m}$$

$$\Delta y_{B1} = D_{B1} \sin\alpha_{B1} = 125.26 \times \sin 211^\circ 07' 53'' = -64.76 \text{ m}$$

同法算得其他各边的坐标增量值，填入表6.6的第7、8两栏的相应格内。

(2) 坐标增量闭合差的计算与调整

显而易见，对附合导线来说，由边长和坐标方位角计算的各纵、横坐标增量，其代数和的理论值应等于终、始两已知点间的纵、横坐标差，即

$$\sum \Delta x_{理} = x_C - x_B$$

$$\sum \Delta y_{理} = y_C - y_B$$

由于调整后的各转折角和实测的各导线边长均含有误差，导致由它们为基础计算的各边纵、横坐标增量，其代数和不等于附合导线终点和起点的纵、横坐标之差，差值即为纵、横坐标增量闭合差 f_x 和 f_y，即

$$f_x = \sum \Delta x - \sum \Delta x_{理} = \sum \Delta x - (x_C - x_B)$$

$$f_y = \sum \Delta y - \sum \Delta y_{理} = \sum \Delta y - (y_C - y_B)$$

坐标增量闭合差的一般公式为：

$$\left.\begin{aligned}f_x &= \sum \Delta x - (x_{终} - x_{始}) \\ f_y &= \sum \Delta y - (y_{终} - y_{始})\end{aligned}\right\} \tag{6.9}$$

从图6.12中可以看出，由于 f_x、f_y 的存在，使导线不能和 CD 连接。$C—C'$ 的长度 f_D 称为导线全长闭合差，并用下式计算：

$$f_D = \sqrt{f_x^2 + f_y^2} \tag{6.10}$$

仅以 f_D 值的大小还不能显示导线测量的精度，应当将 f_D 与导线全长 $\sum D$ 相比较，求

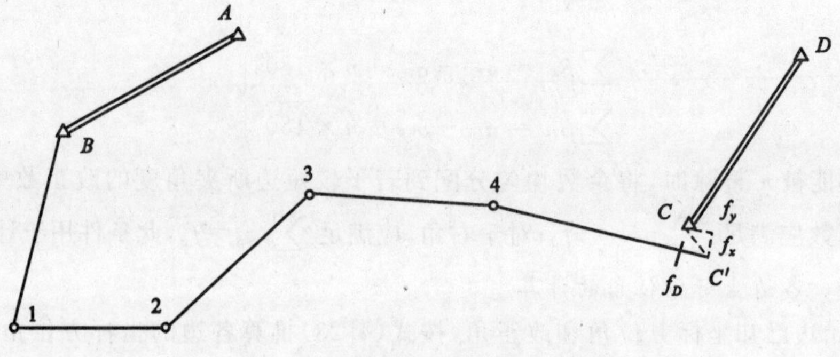

图 6.12　附合导线坐标增量闭合差

得导线全长相对闭合差 K：

$$K=\frac{f_D}{\sum D}=\frac{1}{\frac{\sum D}{f_D}} \tag{6.11}$$

以相对闭合差 K 来衡量导线测量的精度，K 的分母越大，精度越高。不同等级的导线，其容许相对闭合差 $K_{容}$ 不超过相应的规定。

本例中 f_x、f_y、f_D 及 K 的计算见表 6.6 辅助计算栏。

若 K 大于 $K_{容}$，则说明成果不合格，应首先检查内业计算有无错误，然后检查外业观测成果，必要时重测。若 K 不超过 $K_{容}$，则说明测量成果符合精度要求，可以进行调整。调整的原则是：将 f_x、f_y 以相反符号按与边长成正比例分配到相应纵、横坐标增量中去。以 v_{x_i}、v_{y_i} 分别表示第 i 边的纵、横坐标增量改正数，即

$$\left.\begin{aligned} v_{x_i}&=-\frac{f_x}{\sum D}D_i \\ v_{y_i}&=-\frac{f_y}{\sum D}D_i \end{aligned}\right\} \tag{6.12}$$

本例中导线边 1—2 的坐标增量改正数为：

$$v_{x_{12}}=-\frac{f_x}{\sum D}D_{12}=-\frac{-0.09}{641.28}\times 98.70=0.01\ \text{m}$$

$$v_{y_{12}}=-\frac{f_y}{\sum D}D_{12}=-\frac{0.10}{641.28}\times 98.70=-0.02\ \text{m}$$

同法求得其他各导线边的纵、横坐标增量改正数填入表 6.6 的第 7、8 栏坐标增量值相应方格的上方。改正数取位到厘米。

纵、横坐标增量改正数之和应满足下式：

$$\left.\begin{aligned} \sum v_x&=-f_x \\ \sum v_y&=-f_y \end{aligned}\right\} \tag{6.13}$$

各边坐标增量计算值加改正数，即得各边的改正后的坐标增量，即

$$\left.\begin{aligned} \Delta\overline{x}_i&=\Delta x_i+v_{x_i} \\ \Delta\overline{y}_i&=\Delta y_i+v_{y_i} \end{aligned}\right\} \tag{6.14}$$

本例中导线边 1—2 改正后的纵、横坐标增量分别为表 6.6 中第 7、8 栏内各自两数

表 6.6　附合导线坐标计算表(使用计算器计算)

点号	观测角(右角)(° ′ ″)	改正数(″)	改正角(° ′ ″)	坐标方位角 α(° ′ ″)	距离 D(m)	增量计算值 Δx(m)	增量计算值 Δy(m)	改正后增量 Δx(m)	改正后增量 Δy(m)	坐标值 x(m)	坐标值 y(m)	点号
1	2	3	4=2+3	5	6	7	8	9	10	11	12	13
A												
				236 44 28								
B	205 36 48	−13	205 36 35							1536.86	837.54	B
				211 07 53	125.26	+0.02 −107.22	−0.02 −64.76	−107.20	− 64.78			
1	290 40 54	−12	290 40 42							1429.66	772.76	1
				100 27 11	98.70	+0.01 −17.91	−0.02 +97.06	− 17.90	+97.04			
2	202 47 08	−13	202 46 55							1411.76	869.8	2
				77 40 16	144.63	+0.02 +30.88	−0.02 +141.29	+ 30.90	+141.27			
3	167 21 56	−13	167 21 43							1442.66	1011.07	3
				90 18 33	116.44	+0.02 −0.63	−0.02 +116.44	− 0.61	+116.42			
4	175 31 25	−13	175 31 12							1442.05	1127.49	4
				94 47 21	156.25	+0.02 −13.05	−0.02 +155.70	− 13.03	+155.68			
C	214 09 33	−13	214 09 20							1429.02	1283.17	C
				60 38 01								
D												
合计	1256 07 44	−77	1256 06 27		641.28	−107.93	+445.73	−107.84	+445.63			

辅助计算：

$f_\beta = \alpha_{起} + n \times 180° - \sum \beta_{测} - \alpha_{终}$

$= 236°44'28'' + 6 \times 180° - 1256°07'44'' - 60°38'01''$

$= -1'17''$

$f_{\beta_{容}} = \pm 40\sqrt{6} = \pm 98''$

$\sum \Delta x_{测} = -107.93$　　$\sum \Delta y_{测} = +445.73$

$-)\ x_C - x_B = -107.84$　　$-)\ y_C - y_B = +445.63$

$f_x = -0.09$　　$f_y = +0.10$

导线全长闭合差 $f_D = \sqrt{f_x^2 + f_y^2} = \pm 0.13$ m

相对闭合差 $K = \frac{0.13}{641.28} = \frac{1}{4930}$

容许相对闭合差 $K_{容} = \frac{1}{4000}$

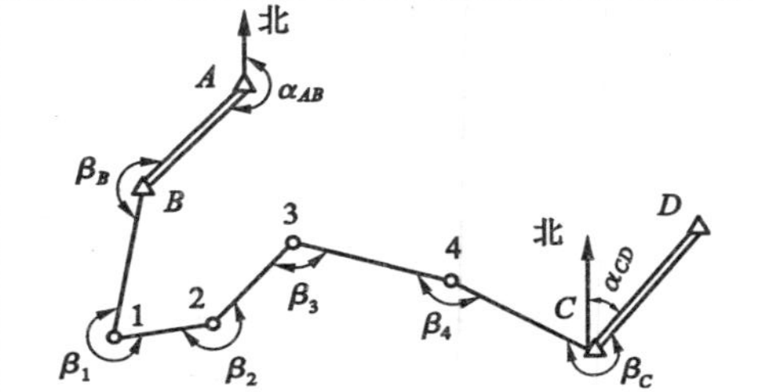

注：本例为图根光电测距导线，故边长和坐标取至厘米；$f_{\beta_{容}} = \pm 40''\sqrt{n}$；$K_{容} = \frac{1}{4000}$。

之和：

$$\Delta\overline{x}_{12} = -17.91 + 0.01 = -17.90\ \text{m}$$

$$\Delta\overline{y}_{12} = +97.06 - 0.02 = +97.04\ \text{m}$$

同法求得其他各导线边的改正后坐标增量，填入表 6.6 的第 9、10 栏内。

改正后的纵、横坐标增量之代数和应分别等于终、始已知点坐标之差，以资检核（见表 6.6 中第 9、10 栏最后一格）。

6.3.2.4　导线点的坐标计算

根据导线起始点 A 的已知坐标及改正后的坐标增量，按式(6.1)依次推算出其他各导线点的坐标，填入表 6.6 中的第 11、12 栏内。最后应推算出终点 C 的坐标，其值应与 C 点已知坐标相同，以资检核。

6.3.3　闭合导线坐标的计算

闭合导线的坐标计算与附合导线基本相同，它是附合导线的一个特例，只在角度闭合差与坐标增量闭合差的计算上稍有差别。现结合闭合导线图 6.13 中的数据分别说明上述不同点的计算方法。

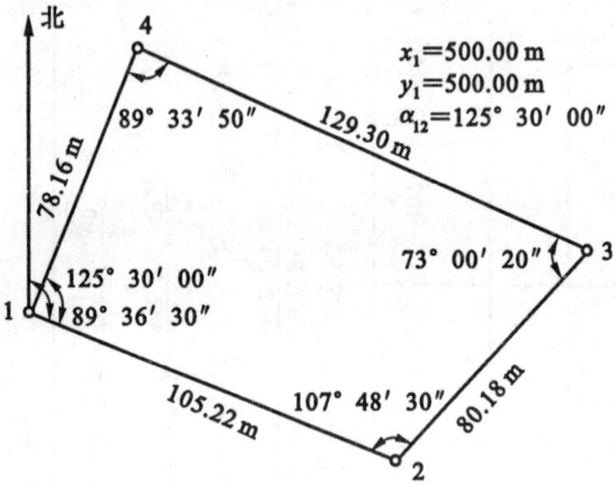

图 6.13　闭合导线略图

6.3.3.1　角度闭合差的计算

图 6.13 为闭合导线，n 边形闭合导线内角和的理论值应为：

$$\sum\beta_{理} = (n-2)\times 180^\circ$$

由于观测角不可避免地存在误差，导致实测的内角总和 $\sum\beta_{测}$ 不等于 $\sum\beta_{理}$，而产生角度闭合差为：

$$f_\beta = \sum\beta_{测} - \sum\beta_{理}$$

闭合导线角度闭合差的调整与附合导线相同，将角度闭合差反符号平均分配到各观测角中。

6.3.3.2　坐标增量闭合差的计算

根据闭合导线本身的几何特点，由边长和坐标方位角计算的各边纵、横坐标增量，其代数和的理论值应等于 0，即

$$\sum\Delta x_{理} = 0$$

$$\sum\Delta y_{理} = 0$$

实际上由于量边的误差和角度闭合差调整后的残余误差，往往使 $\sum\Delta x_{测}$、$\sum\Delta y_{测}$ 不等于零，从而产生纵坐标增量闭合差 f_x 和横坐标增量闭合差 f_y，即

$$\left.\begin{aligned} f_x &= \sum\Delta x_{测} \\ f_y &= \sum\Delta y_{测} \end{aligned}\right\}\tag{6.15}$$

如表 6.7 中纵、横坐标增量闭合差分别为：

表 6.7　闭合导线坐标计算表(使用计算器计算)

点　号	观测角 (左角) (° ′ ″)	改正数 (″)	改正角 (° ′ ″)	坐标方位角 α (° ′ ″)	距　离 D (m)	增量计算值 Δx (m)	增量计算值 Δy (m)	改正后增量 Δx (m)	改正后增量 Δy (m)	坐标值 x (m)	坐标值 y (m)	点　号
1	2	3	4=2+3	5	6	7	8	9	10	11	12	13
1										500.00	500.00	1
				125　30　00	105.22	− 0.02 −61.10	+ 0.01 +85.66	−61.12	+85.67			
2	107　48　30	+13	107　48　43							438.88	585.67	2
				53　18　43	80.18	− 0.02 +47.90	+ 0.01 +64.30	+47.88	+64.31			
3	73　00　20	+12	73　00　32							486.76	649.98	3
				306　19　15	129.30	− 0.02 +76.59	+ 0.01 −104.18	+76.57	−104.17			
4	89　33　50	+12	89　34　02							563.33	545.81	4
				215　53　17	78.16	− 0.01 −63.32	+ 0.01 −45.82	−63.33	−45.81			
1	89　36　30	+13	89　36　43							500.00	500.00	1
				125　30　00								
2												
总　和	359　59　10	+50	360　00　00		392.86	+0.07	−0.04	0.00	0.00			

辅助计算

$$\sum \beta_{测} = 359°59'10''$$
$$-\sum \beta_{理} = 360°00'00''$$
$$f_\beta = \quad -50''$$

$$f_{\beta_{容}} = \pm 40''\sqrt{4} = \pm 80''$$

$$f_x = \sum \Delta x_{测} = +0.07, \quad f_y = \sum \Delta y_{测} = -0.04$$

导线全长闭合差 $f_D = \sqrt{f_x^2 + f_y^2} = \pm 0.08$ m

相对闭合差 $K = \dfrac{0.08}{392.86} \approx \dfrac{1}{4910}$

容许的相对闭合差 $K_{容} = \dfrac{1}{4000}$

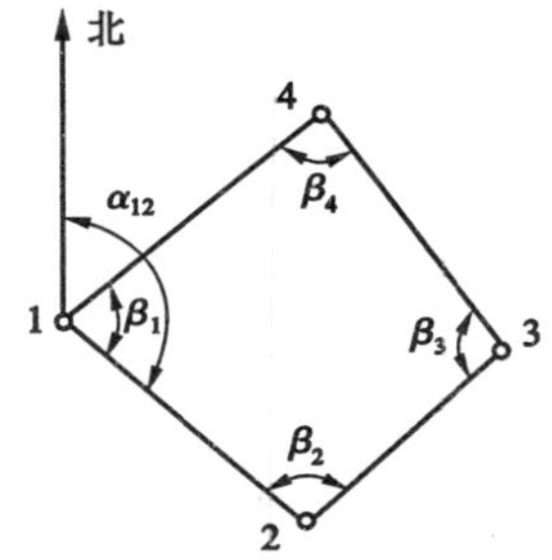

注:本例为图根光电测距导线,故边长和坐标取至厘米；　$f_{\beta_{容}} = \pm 40''\sqrt{n}$；　$K_{容} = \dfrac{1}{4000}$。

$$f_x = 0.07\ \text{m}$$

$$f_y = -0.04\ \text{m}$$

坐标增量闭合差的调整与附合导线相同。

闭合导线坐标计算的全过程，见表 6.7 算例。

附合导线和闭合导线的坐标可使用计算器按表 6.6 和表 6.7 逐项计算，也可利用 Excel 电子表格，事先编制程序样表，计算时先复制样表，再按实际数据填写，计算得出所需要的导线测量成果。下面以图 6.13 的闭合导线为例，说明使用表 6.8 进行坐标计算的基本步骤。

表 6.8 闭合导线坐标计算表(使用 Excel 计算)

	A	B	C	D	E	F	G	H	I	J	K	L	M	N	O
1	闭合导线坐标计算表														
2	点号	°	′	″	观测左角(°)	角度改正数(″)	改正后左角(°)	改正后坐标方位角(°)	距离(m)	Δx(m)	Δy(m)	改正后Δx(m)	改正后Δy(m)	x(m)	y(m)
3	起点1							125.5	105.22	−61.10	85.66	−61.12	85.67	500.00	500.00
4	2	107	48	30	107.808333	13	107.811944	53.31194444	80.18	47.90	64.30	47.89	64.30	438.88	585.67
5	3	73	0	20	73.0055556	12	73.0088889	306.3208333	129.30	76.59	−104.18	76.56	−104.17	486.77	649.98
6	4	89	33	50	89.5638889	12	89.5672222	215.8880556	78.16	−63.32	−45.82	−63.34	−45.81	563.34	545.81
7	1	89	36	30	89.6083333	13	89.6119444	125.5						500.00	500.00
8	2														
9	和	—	—	—	359.986111	50	360	—	392.86	0.07	−0.04	0.00	0.00		
10	已知σ_1=	125	30	0	125.5		坐标测量闭合点f_x(m)=		0.07	坐标测量闭合点f_y(m)=		−0.04			
11	测站数n=		4	角度闭合点(″)=		−50	导线全长闭合点f(m)=		0.08						
12				角度闭合点隔点(′)=		80	导线全长相对闭合点K=		1/5168 <1/4000						

(1) 第 1 行用作标题，第 2 行作为表格栏名。在 A3～A8 单元输入点号。

(2) 水平角观测值的输入：在 B4～B7 单元输入水平角的度数，C4～C7 单元输入水平角的分数，D4～D7 单元输入水平角的秒数。将每个水平角的度、分、秒分成 3 列输入，是为了便于将 60 进制的角度换算为十进制的度。

(3) 水平距离的输入：在 I3～I6 单元输入水平距离值。

(4) 已知数据的输入：在 N3 单元输入 1 号点的 x 坐标，在 O3 单元输入其 y 坐标，在 H3 单元输入已知坐标方位角。

(5) 将 60 进制的水平角换算为十进制的度为单位，其结果放置在 E4～E7 单元中。其中，E4 单元的公式为"＝B4＋C4/60＋D4/3600"，E5～E7 的公式依次类推。在 E9 单元输入公式"＝SUM(E4:E7)"计算 $\sum\beta_{测}$。

(6) 在 F11 单元输入公式"＝E9－360"计算以"°"为单位的 f_β，在 F12 单元输入公式"＝F11 * 3600"计算以"″"为单位的 f_β，在 G12 单元输入公式"＝60 * SQRT(4)"计算 $f_{\beta允}$。

(7) 在 F4～F7 单元输入公式"＝－F11/4"计算角度改正数 v_β，在 F9 单元输入公式"＝SUM(F4:F7)"计算角度改正数之和 $\sum v_\beta$，它应等于 F11 单元值的反号。

(8) 在 G4 单元输入公式“=E4+F4”计算改正后的角度 $\hat{\beta}$,G5～G7 的公式依次类推。在 G9 单元输入公式“=SUM(G4:G7)”计算改正后的角度之和 $\sum\hat{\beta}$,它应等于 360°。

(9) 在 H4 单元输入公式“=H3+G4+IF(H3+G4>180,-180,180)”计算坐标方位角,H5～H7 的公式依次类推。

(10) 在 I9 单元输入公式“=SUM(I3:I7)”计算距离之和 $\sum D$。

(11) 在 J3 单元输入公式“=I3 * COS(RADIANS)(H3))”计算坐标增量 Δx,I4～I6 单元的公式依次类推;在 J9 单元输入公式“=SUM(J3:J6)”计算 f_x;在 K3 单元输入公式“=I3 * SIN(RADIANS(H3))”计算坐标增量 Δy,K4～K6 单元的公式依次类推;在 K9 单元输入公式“=SUM(K3:K6)”计算 f_y。式中函数 RADIANS(H3)是将 H3 中以十进制度为单位的角度值换算为以弧度为单位的角度值,因为 Excel 的三角函数要求其角度以弧度为单位。

(12) 在 I11 单元输入公式“=SQRT(J9^2+K9^2)”计算 f,在 J12 单元输入公式“=I9/I11”计算导线相对误差 K 的分母值。

(13) 直接在 L3～L6 和 M3～M6 中计算调整后的坐标增量 $\Delta\hat{x}$ 和 $\Delta\hat{y}$。在 L3 单元输入公式“=J3-I3/I9 * J9”计算 $\Delta\hat{x}_{12}$,L4～L6 的公式依次类推;在 L9 单元输入公式“=SUM(L3:L6)”计算 $\sum\Delta\hat{x}$,它应等于零;在 M3 单元输入公式“=K3-I3/I9 * K9”计算 $\Delta\hat{y}_{12}$,M4～M6 的公式依次类推;在 M9 单元输入公式“=SUM(M3:M6)”计算 $\sum\Delta\hat{y}$,它应等于零。

(14) 在 N4～N7 和 O4～O7 中计算导线点的坐标。在 N4 单元输入公式“=N3+L3”计算 $\hat{x}_2$,N5～N7 单元的公式依次类推,其中 N5 单元的值应等于 N3 单元的值;在 O4 单元输入公式“=O3+M3”计算 $\hat{y}_2$,O5～O7 单元的公式依次类推,其中 O5 单元的值应等于 O3 单元的值。

6.4 交会定点

交会定点又称解析交会法,是指利用已知控制点及其坐标,通过观测水平角或者测定边长来确定未知点坐标的方法。根据测角和测边的不同,分为测角交会法和距离交会法。测角交会法包括前方交会法(图 6.14(a))、侧方交会法(图 6.14(b))、单三角形(图 6.14(c))和后方交会法(图 6.14(d))。距离交会法如图 6.14(e)。在图 6.14 中,A、B、C 均为已知控制点,α、β、γ 为水平角观测值,D_a、D_b 为边长测定值,P 为未知点。

交会定点的方法常用于加密大比例尺地形测量中的平面控制点。本节仅介绍前方交会法和距离交会法的计算方法。

6.4.1 前方交会

6.4.1.1 基本公式

如图 6.15,已知 A、B 两点的坐标(x_A,y_A)、(x_B,y_B)和水平角 α、β。设未知点 P 的坐标为(x_P,y_P),AP 边的边长为 D_{AP},坐标方位角为 α_{AP},则

$$x_P = x_A + D_{AP}\cos\alpha_{AP}$$
$$y_P = y_A + D_{AP}\sin\alpha_{AP}$$

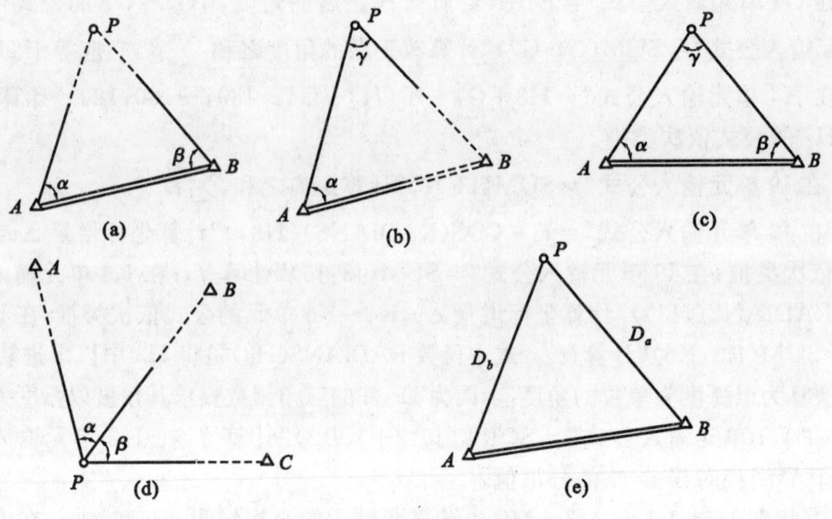

图 6.14 交会定点略图

或

$$x_P - x_A = D_{AP}\cos\alpha_{AP}$$

$$y_P - y_A = D_{AP}\sin\alpha_{AP}$$

从图 6.15 中可知 $\alpha_{AP} = \alpha_{AB} - \alpha$，代入上式得

$$\begin{aligned} x_P - x_A &= D_{AP}\cos(\alpha_{AB} - \alpha) \\ &= D_{AP}(\cos\alpha_{AB}\cos\alpha + \sin\alpha_{AB}\sin\alpha) \\ y_P - y_A &= D_{AP}\sin(\alpha_{AB} - \alpha) \\ &= D_{AP}(\sin\alpha_{AB}\cos\alpha - \cos\alpha_{AB}\sin\alpha) \end{aligned}$$

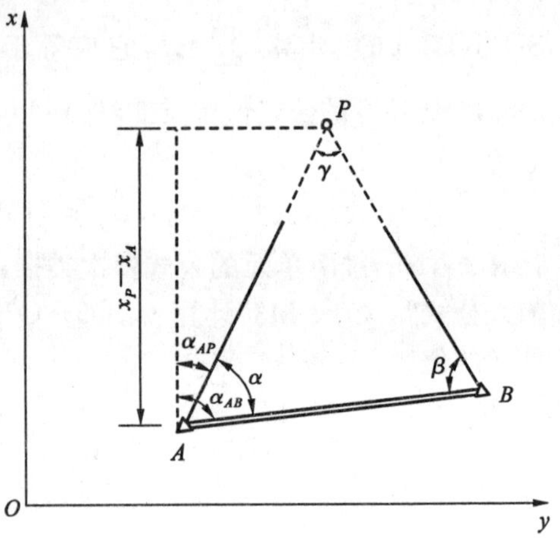

图 6.15 前方交会

因为

$$\cos\alpha_{AB} = \frac{x_B - x_A}{D_{AB}}$$

$$\sin\alpha_{AB} = \frac{y_B - y_A}{D_{AB}}$$

代入上式得：

$$x_P - x_A = \frac{D_{AP}\sin\alpha}{D_{AB}}[(x_B - x_A)\cot\alpha + (y_B - y_A)]$$

$$y_P - y_A = \frac{D_{AP}\sin\alpha}{D_{AB}}[(y_B - y_A)\cot\alpha - (x_B - x_A)]$$

根据正弦定理，得

$$\frac{D_{AP}}{D_{AB}} = \frac{\sin\beta}{\sin\gamma} = \frac{\sin\beta}{\sin(\alpha + \beta)}$$

则

$$\frac{D_{AP}\sin\alpha}{D_{AB}} = \frac{\sin\alpha\sin\beta}{\sin(\alpha + \beta)} = \frac{1}{\cot\alpha + \cot\beta}$$

故

$$x_P - x_A = \frac{(x_B - x_A)\cot\alpha + (y_B - y_A)}{\cot\alpha + \cot\beta}$$

$$y_P - y_A = \frac{(y_B - y_A)\cot\alpha - (x_B - x_A)}{\cot\alpha + \cot\beta}$$

移项化简即得：

$$\left.\begin{aligned} x_P &= \frac{x_A\cot\beta + x_B\cot\alpha - y_A + y_B}{\cot\alpha + \cot\beta} \\ y_P &= \frac{y_A\cot\beta + y_B\cot\alpha + x_A - x_B}{\cot\alpha + \cot\beta} \end{aligned}\right\} \tag{6.16}$$

6.4.1.2 计算实例(表 6.9)

为检查观测和控制点坐标抄录是否有错误，衡量观测成果质量是否符合限差要求以及提高点位精度，一般要求前方交会法有三个已知控制点(示意图中的 A、B、C)，观测四个水平角(示意图中的 α_1、β_1、α_2、β_2)，按式(6.16)，分别在△ABP 和△BCP 中计算出 P 点两组坐标 $P'(x_P', y_P')$ 和 $P''(x_P'', y_P'')$。当两组坐标较差在容许限差内时，取其平均值作为 P 点的最后坐标。一般规范规定，两组坐标较差 e 不大于两倍比例尺精度，用公式表示为：

$$e = \sqrt{\delta_x^2 + \delta_y^2} \leqslant e_{容}(= 2 \times 0.1M \quad \text{mm}) \tag{6.17}$$

式中：$\delta_x = x_P' - x_P''$；

$\delta_y = y_P' - y_P''$；

M——测图比例尺分母。

表 6.9 前方交会坐标计算表

点名	x(m)		观测角		y(m)	
A	x_A	37477.54	α_1	40°41′57″	y_A	16307.24
B	x_B	37327.20	β_1	75°19′02″	y_B	16078.90
P	x_P'	37194.57			y_P'	16226.42
B	x_B	37327.20	α_2	59°11′35″	y_B	16078.90
C	x_C	37163.69	β_2	69°06′23″	y_C	16046.65
P	x_P''	37194.54			y_P''	16226.42
中数	x_P	37194.56			y_P	16226.42
略图	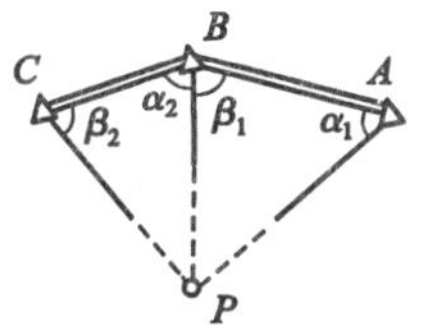		辅助计算	$\delta_x=0.03$ m $\delta_y=0$ $e=0.03$ m $M=1000$ $e_{容}=0.2\times10^{-3}M=0.2$ m		

6.4.2 距离交会

6.4.2.1 基本公式

如图 6.14(e)，已知 A、B 两点的坐标(x_A, y_A)、(x_B, y_B)，实测水平距离 D_a、D_b。设未知点 P 的坐标为(x_P, y_P)，A、B 两点间的水平距离为 D_{AB}，直线 AB 的坐标方位角为 α_{AB}，则

$$\alpha_{AB} = \arctan\frac{y_B - y_A}{x_B - x_A} \tag{6.18}$$

$$D_{AB} = \sqrt{(x_B - x_A)^2 + (y_B - y_A)^2} \tag{6.19}$$

$$\angle A = \arccos\frac{D_b^2 + D_{AB}^2 - D_a^2}{2D_bD_{AB}} \tag{6.20}$$

得 AP 边的坐标方位角为：

$$\alpha_{AP} = \alpha_{AB} - \angle A \tag{6.21}$$

则 P 点的坐标为：

$$\left.\begin{aligned} x_P &= x_A + D_{AP}\cos\alpha_{AP} \\ y_P &= y_A + D_{AP}\sin\alpha_{AP} \end{aligned}\right\} \tag{6.22}$$

6.4.2.2　计算实例(表 6.10)

与前方交会法一样，为检查观测错误和控制点坐标抄录错误等，需测定三条边，组成两个距离交会图形，解出 P 点两组坐标，在满足式(6.17)条件下，取两组坐标平均值作为 P 点坐标。

表 6.10　距离交会坐标计算表

三角形编号	边名	边长(m)	点名	坐标 x(m)	坐标 y(m)	略图
Ⅰ	$AP(D_b)$	321.180	$A(A)$	524.767	919.750	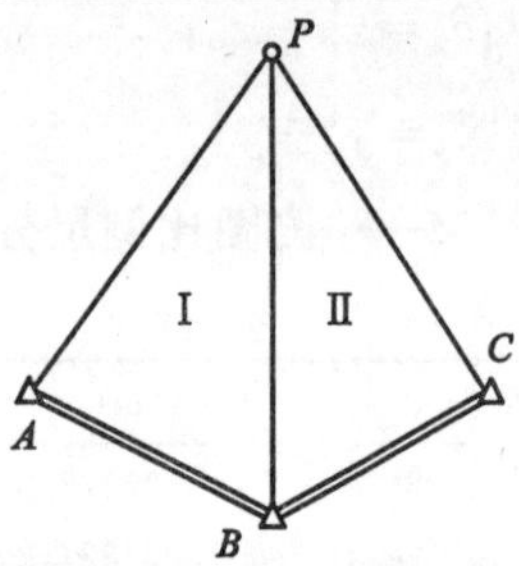
	$AB(D_{AB})$	301.065	$B(B)$	479.593	1217.407	
	$BP(D_a)$	312.266	$P(P)$	776.161	1119.644	
Ⅱ	$BP(D_b)$	312.266	$B(A)$	479.593	1217.407	
	$BC(D_{AB})$	260.722	$C(B)$	700.433	1355.991	
	$CP(D_a)$	248.177	$P(P)$	776.163	1119.650	
P 点最后坐标				776.162	1119.647	
辅助计算	$\alpha'_{AB}=98°37'47''$		$\alpha''_{AB}=32°06'34''$		$\delta_x=-0.002$ m　$\delta_y=-0.006$ m	
	$-)\angle A'=60°08'24''$		$-)\angle A''=50°21'11''$		$e=0.006$ m　$M=1000$	
	$\alpha'_{AP}=38°29'23''$		$\alpha''_{AP}=341°45'23''$		$e_{容}\leqslant\pm0.2\times10^{-3}M=\pm0.2$ m	

6.5　高程控制测量

小地区高程控制测量包括三、四等水准测量，图根水准测量和三角高程测量。现分别介绍如下。

6.5.1　三、四等水准测量

三、四等水准测量除用于国家高程控制网的加密外，还用于建立小地区首级高程控制网。三、四等水准点的高程一般应从附近的一、二等水准点引测，若测区内或附近没有国家一、二等水准点，可建立独立的首级高程控制网。首级高程控制网应布设成闭合水准路线。三、四等水准点应选在土质坚硬、便于长期保存和使用的地方，并应埋设水准标石(参阅图 2.13)，亦可利用埋石的平面控制点作为水准点。为了便于寻找，各水准点应绘“点之记”。

《国家三、四等水准测量规范》中规定的主要技术要求见表 6.11。三、四等水准测量的观测应在通视良好，成像清晰稳定的情况下进行。常用的观测方法有双面尺法和变动仪器高法。

表 6.11　三、四等水准测量的主要技术要求

等级	附合路线长度（km）	仪器类型	标尺类型	视线长度（m）	视线高度（m）	前后视距差（m）	前后视距累积差（m）	基、辅分划（黑红面）读数的差（mm）	基、辅分划（黑红面）所测高差的差（mm）	附合路线或环线闭合差 平原（mm）	附合路线或环线闭合差 山区（mm）
三	45	DS1 DS05	因瓦	≤100	三丝能读数	≤2.0	≤5.0	1.0	1.5	$\pm 12\sqrt{L}$	$\pm 15\sqrt{L}$
		DS3	双面	≤75				2.0	3.0		
四	15	DS1 DS05	因瓦	≤150	三丝能读数	≤3.0	≤10.0	3.0	5.0	$\pm 20\sqrt{L}$	$\pm 25\sqrt{L}$
		DS3	双面	≤100							

注：L 为附合路线或环线的长度，以千米为单位。

6.5.1.1　*双面尺法*

(1) 一个测站上的观测顺序

按以下观测顺序观测，读数填入记录表（表 6.12）相应位置。

后视水准点上的黑面尺，读取下、上、中丝读数(1)、(2)、(3)；

前视黑面尺，读取下、上、中丝读数(4)、(5)、(6)；

前视红面尺，读取中丝读数(7)；

后视红面尺，读取中丝读数(8)。

以上(1)、(2)、…、(8)表示观测与记录的顺序。这样的观测顺序简称为“后—前—前—后”，其优点是可以大大减弱仪器下沉误差的影响。四等水准测量测站观测顺序也可为“后—后—前—前”。

(2) 测站计算与检核

① 视距计算

后视距离：(9)＝[(1)－(2)]×100。

前视距离：(10)＝[(4)－(5)]×100。

前、后视距离差：(11)＝(9)－(10)。该值在三等水准测量时，不得超过 3 m；四等水准测量时，不得超过 5 m。

前、后视距累积差：(12)＝上站之(12)＋本站(11)。三等水准测量，不得超过 6 m；四等水准测量，不得超过 10 m。

② 同一水准尺黑、红面中丝读数的检核

同一水准尺红、黑面中丝读数之差，应等于该尺红、黑面的常数 K（4.687 m 或 4.787 m），其差值为：

前视尺：(13)＝(6)＋K－(7)

后视尺：(14)＝(3)＋K－(8)

(13)、(14)的大小：三等水准测量，不得超过 2 mm；四等水准测量，不得超过 3 mm。

③ 高差计算及检核

黑面所测高差:(15)=(3)-(6)。

红面所测高差:(16)=(8)-(7)。

黑、红面所测高差之差:(17)=(15)-[(16)±0.100]=(14)-(13)。

[(16)±0.100]的目的是获得一个与(15)数值接近的值(也就是没有标尺系统误差的值)。该值在三等水准测量中不得超过 3 mm,四等水准测量不得超过 5 mm。式中 0.100 为单、双号两根水准尺红面底部注记之差,以米为单位。

平均高差:(18)=$\frac{1}{2}${(15)+[(16)±0.100]}。

(3) 每页计算的检核

① 视距计算检核

后视距离总和减前视距离总和应等于末站视距累积差,即

$$\sum(9)-\sum(10)=\text{末站}(12)$$

检核无误后,算出总视距为:

$$\text{总视距}=\sum(9)+\sum(10)$$

② 高差计算检核

红、黑面后视总和减红、黑面前视总和应等于红、黑面高差总和,还应等于平均高差总和的两倍。即

$$\sum[(3)+(8)]-\sum[(6)+(7)]=\sum[(15)+(16)]=2\sum(18)$$

上式适用于测站数为偶数。

$$\sum[(3)+(8)]-\sum[(6)+(7)]=\sum[(15)+(16)]=2\sum(18)\pm 0.100$$

上式适用于测站数为奇数。

用双面尺法进行三、四等水准测量的记录、计算与检核,实例见表 6.12。

(4) 水准点的高程计算

外业成果经检核无误后,按第 2 章水准测量成果计算的方法,计算各水准点的高程。

6.5.1.2　变动仪器高法

进行四等水准测量时,如果没有黑、红双面尺,可采用单面水准尺,用变动仪器高法进行检核。在每一测站上需变动仪器高度 0.1 m 以上。观测时将上述手簿中黑、红面中丝读数改为第一次和第二次仪器高读数,(14)、(13)两项不必计算。变动仪器高所测得的两次高差之差不得超过 5 mm,其他要求与双面尺法相同。

6.5.2　图根水准测量

图根水准测量用于测定测区首级平面控制点和图根点高程,其精度低于四等水准测量,故又称等外水准测量。图根水准测量的水准路线形式可根据平面控制点和图根点在测区的分布情况布设。其观测方法及记录计算,参阅第 2 章,其技术要求见表 6.11。

6.5.3　三角高程测量

在山区及位于较高建筑物上的控制点,用水准测量方法测定控制点的高程较为困难,通常采用三角高程测量的方法。

表 6.12　三、四等水准测量记录(双面尺法)

测站编号	点号	后尺 下丝	前尺 下丝	方向及尺号	水准尺读数 (m)		K+黑-红 (mm)	平均高差 (m)	备注
		后尺 上丝	前尺 上丝						
		后视距	前视距		黑面	红面			
		视距差 d (m)	$\sum d$ (m)						
		(1)	(4)	后	(3)	(8)	(14)		K 为尺常数：
		(2)	(5)	前	(6)	(7)	(13)		$K_5=4.787$m
		(9)	(10)	后—前	(15)	(16)	(17)	(18)	$K_6=4.687$m
		(11)	(12)						
1	BM1—TP1	1.536	1.030	后 5	1.242	6.030	−1		
		0.947	0.442	前 6	0.736	5.422	+1		
		58.9	58.8	后—前	+0.506	+0.608	−2	+0.5070	
		+0.1	+0.1						
2	TP1—TP2	1.954	1.276	后 6	1.664	6.350	+1		
		1.373	0.693	前 5	0.985	5.773	−1		
		58.1	58.3	后—前	+0.679	+0.577	+2	+0.6780	
		−0.2	−0.1						
3	TP2—TP3	1.146	1.744	后 5	1.024	5.811	0		
		0.903	1.499	前 6	1.622	6.308	+1		
		24.3	24.5	后—前	−0.598	−0.497	−1	−0.5975	
		−0.2	−0.3						
4	TP3—A	1.479	0.982	后 6	1.171	5.859	−1		
		0.864	0.373	前 5	0.678	5.465	0		
		61.5	60.9	后—前	+0.493	+0.394	−1	+0.4935	
		+0.6	+0.3						
⋮				后					
				前					
				后—前					

每页校核

$\sum(9) = 202.8$
−) $\sum(10) = 202.5$
$= +0.3$
$= 4$ 站(12)

$\sum[(3)+(8)] = 29.151$
−) $\sum[(6)+(7)] = 26.989$
$= +2.162$

$\sum[(15)+(16)] = +2.162$

$\sum(18) = +1.081$
$2\sum(18) = +2.162$

总视距 $\sum(9)+\sum(10) = 405.3$ m

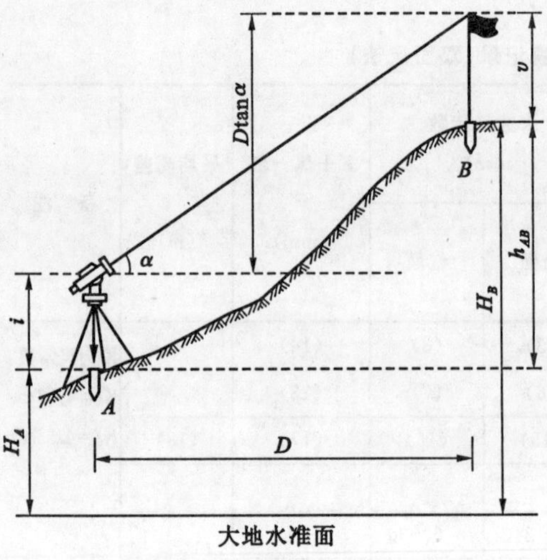

图 6.16　三角高程测量原理

6.5.3.1　三角高程测量的原理

三角高程测量是根据两点间的水平距离和竖直角计算两点的高差，再求出所求点的高程。

如图 6.16 所示，已知 A 点高程 H_A，欲测定 B 点高程 H_B，可在 A 点安置经纬仪，在 B 点竖立觇标，用望远镜中丝瞄准觇标的顶点，测得竖直角 α，量取桩顶至仪器横轴的高度 i（仪器高）和觇标高度 v，再根据 AB 之平距 D，即可算出 A、B 两点间的高差为：

$$h_{AB} = D\tan\alpha + i - v \tag{6.23}$$

B 点的高程为：

$$H_B = H_A + h_{AB}$$

$$= H_A + D\tan\alpha + i - v \tag{6.24}$$

三角高程测量一般应进行往返观测，即由 A 向 B 观测（称为直觇），再由 B 向 A 观测（称为反觇），这样的观测称为对向观测（或双向观测）。对向观测可以消除地球曲率和大气折射的影响。三角高程测量对向观测所求得的高差较差不应大于 $0.1D$(m)（D 为平距，以千米为单位），若符合要求，则取两次高差的平均值作为高程计算依据。

6.5.3.2　三角高程测量的实施与计算

(1) 安置经纬仪于测站 A 上，量仪器高 i 和觇标高 v，读数至 0.5 cm，量取两次的结果之差不超过 1 cm，取其平均值记入表 6.13。

表 6.13　三角高程测量计算

所　求　点	B	
起　算　点	A	
觇法	直	反
平距 D(m)	286.36	286.36
竖直角 α	+10°32′26″	−9°58′41″
$D\tan\alpha$(m)	+53.28	−50.38
仪器高 i(m)	+1.52	+1.48
觇标高 v(m)	−2.76	−3.20
高差改正数 f(m)		
高差 h(m)	+52.04	−52.10
平均高差(m)	+52.07	
起算点高程(m)	105.72	
所求点高程(m)	157.79	

(2) 用经纬仪瞄准 B 点觇标顶端，观测竖直角 1～2 测回，前、后半测回之间的较差及各测回之间的较差如果不超过规范规定的限差，则取其平均值作为最后的结果。

(3) 将经纬仪搬至 B 点，同法对 A 点进行观测。

(4) 高差及高程的计算，见表 6.13。

当用三角高程测量方法测定平面控制点的高程时，应组成闭合或附合的三角高程路线。每条边均要进行对向观测。用对向观测所求得的高差平均值，计算闭合环线或附合路线的高程闭合差的限差值为：

$$f_{h_{容}}=\pm 0.05\sqrt{[D^2]} \quad \text{m} \tag{6.25}$$

式中：D——各边的水平距离，以千米为单位。

当 f_h 不超过 $f_{h_{容}}$ 时，则按与边长成正比例分配的原则，将 f_h 反符号分配于各高差之中，然后用改正后的高差，从起始点的高程计算各点的高程。

6.6 GPS 技术简介

全球定位系统（Global Positioning System，GPS）是美国从 20 世纪 70 年代开始研制，历时 20 年，耗资 200 亿美元，于 1994 年全面建成，具有全方位实时三维导航与定位能力的卫星导航与定位系统。它是在美国海军导航卫星系统（Navy Navigation Satellite System，NNSS）的基础上发展起来的第二代卫星导航系统。全球导航卫星系统除了美国的 GPS 系统外，还有俄罗斯的 GLONASS 系统，中国的北斗系统，以及正在构建的欧盟 GALILEO 系统。但目前系统开发程度最高、应用占主流地位的还是美国的 GPS 系统。

6.6.1 GPS 系统的组成

全球定位系统由空间卫星（GPS 卫星星座）、地面监控系统和用户设备三大部分组成，如图 6.17 所示。

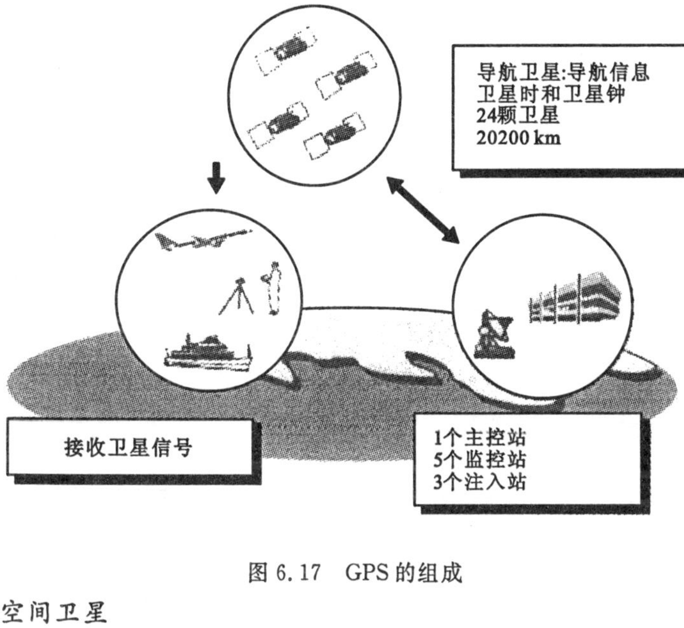

图 6.17 GPS 的组成

6.6.1.1 空间卫星

GPS 卫星星座由 24 颗卫星组成（其中 21 颗工作卫星，3 颗在轨备用卫星，记作 21+3），目前的实际卫星数已经超过 32 颗。GPS 卫星均匀分布在 6 个近似圆形轨道平面内，轨道倾角为 55°，各个轨道平面之间相距 60°。每个轨道平面内各颗卫星之间的升交角距相差 90°，任一轨道平面上的卫星比西边相邻轨道平面上的相应卫星超前 30°。GPS 卫星距地球表面的平均高度约为 20200 km，运行速度为 3800 m/s，运行周期为 11 小时 58 分。每颗卫星可覆盖地球38%的面积，卫星的分布可保证地球上任何地点、任何时刻、在高度15°以上的天空同时能观测到4颗以上卫星，如图6.18所示。

GPS工作卫星发射各种信号，供用户接收后进行导航和定位。GPS工作卫星的编号是按照美国航天局(NASA)在其序列文件中给出的编号。但在导航定位测量中，若需查询某颗卫星的相关数据，则要采用称为伪随机噪声码(PRN)的GPS卫星编号，以识别和确定该颗卫星。

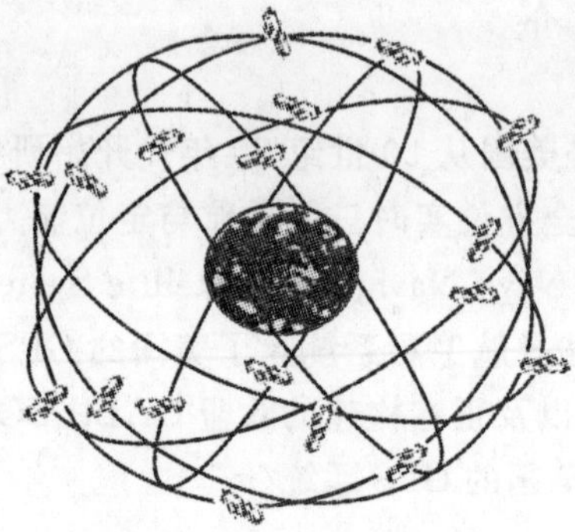

图6.18 GPS卫星星座

图6.19 地面监控系统

6.6.1.2 地面监控系统

GPS的地面控制部分由分布在全球的若干个跟踪站所组成的监控系统所构成。

对于导航定位来说，GPS卫星是一动态已知点。卫星的位置是根据其星历——描述卫星运动及其轨道的参数——算得的。每颗GPS卫星的星历，都是由地面监控系统提供的。卫星上的各种设备是否工作正常，以及卫星是否一直沿着预定轨道运行，都要由地面设备进行监测和控制。地面监控系统的另一重要作用是保证各颗卫星在统一的时间标准——GPS时间系统下工作。为了完成这些任务，就需要许多地面监控站对卫星进行跟踪监测，即所谓的地面监控系统，有1个主控站、3个注入站和5个监控站，其分布位置如图6.19所示。主控站位于美国科罗拉多(Colorado)的法尔孔(Falcon)空军基地，它的作用是负责整个地面监控系统的正常运行。根据各监控站得到的GPS的观测数据，计算出卫星的星历和卫星钟的改正参数等，并将这些数据通过注入站注入卫星中，对卫星进行控制，向卫星发布指令。工作卫星一旦出现故障，就调度备用卫星，替代失效的卫星工作。另外，主控站还是一个监控站。监控站除了主控站外，其他4个分别位于夏威夷(Hawaii)、阿松森群岛(Ascencion)、迭哥伽西亚(Diego Garcia)、卡瓦加兰(Kwajalein)，它们的作用是接收GPS卫星信号，监测卫星的工作状态。注入站分别位于阿松森群岛(Ascencion)、迭哥伽西亚(Diego Garcia)、卡瓦加兰(Kwajalein)，注入站的作用是将主控站发来的卫星星历和卫星钟的改正数等注入卫星中去，并主动向主控站报告自己的工作情况。

6.6.1.3 用户设备

用户设备包括GPS接收机和相应的数据处理软件。GPS接收机的作用是捕获按一定卫星高度截止角所选择的待测卫星的信号，并跟踪这些卫星的运行，对所接收到的GPS信号进行变换、放大和处理，以便测量出GPS信号从卫星到接收机天线的传播时间，解译出GPS卫星所发送的导航电文，实时地计算出测站的三维位置、速度和时间。

6.6.2 GPS定位的基本原理

6.6.2.1 测边后方交会

如图6.20，O-XYZ表示一个空间三维坐标系，其中XOY是二维平面，Z是高程。图中s_1、s_2、s_3是空间上的点位，三维坐标分别是(x_1, y_1, z_1)、(x_2, y_2, z_2)、(x_3, y_3, z_3)。P点是待定点，设坐标为(x, y, z)。现以光电测距技术在P点测量s_1、s_2、s_3，得距离是D_1、D_2、D_3，现列出三个距离方程，即

$$\left.\begin{aligned} D_1 &= \sqrt{(x_1 - x)^2 + (y_1 - y)^2 + (z_1 - z)^2} \\ D_2 &= \sqrt{(x_2 - x)^2 + (y_2 - y)^2 + (z_2 - z)^2} \\ D_3 &= \sqrt{(x_3 - x)^2 + (y_3 - y)^2 + (z_3 - z)^2} \end{aligned}\right\} \tag{6.26}$$

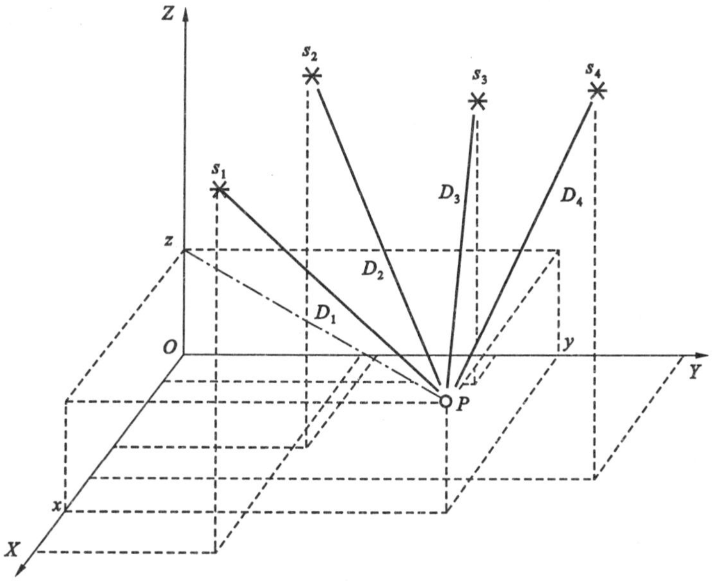

图6.20

上述三个方程可解得P点的三个未知数x、y、z。这种在未知点P以观测三个已知点的距离求得自身点位参数的方法，习惯上称为测边后方交会。

6.6.2.2 GPS定位的原理要点

(1) 坐标系统

时距导航系统——全球定位系统采用协议地球坐标系统，即WGS-84世界大地坐标系(World Geodetic System)。该坐标系的几何意义：以地球质心为原点，Z轴指向北极，X轴指向格林尼治平子午线面与赤道面交点的方向，Y轴垂直于XOZ平面，构成一种右手坐标系，如图6.21。

由于地球自转轴指向时空变化等原因，上述坐标系的轴向将是不定的。因此国际时间局规定以1984年的瞬时地极OZ为坐标系的轴向基准。GPS技术以这种轴向基准所确定的三维坐标系的x、y、z参数确定点的位置。

(2) 被动式的全站测量定位方式

图6.17中，GPS接收机接收GPS卫星发射的无线电信号，继而进行数据处理得出

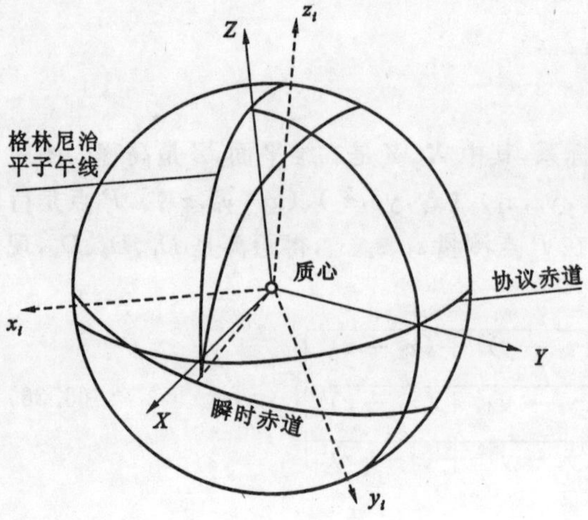

图 6.21

GPS 接收机所在点的位置。这种测量定位方式不同于全站仪的主动式全站测量(全站测量目标的位置),也不同于主动式的测角后方交会(测量目标,定测站位置),可谓是被动式的全站测量定位方式。这是继甚长基线测量技术和子午卫星多普勒频移测量技术之后而发展起来的划时代的高科技测量新技术。

(3) 单程测距技术

GPS 时距导航系统的实质是距离测量,即利用卫星本身的超高频无线电波测量卫星至 GPS 接收机之间的距离 D。但是这种距离测量不同于往返双程的光电测距(或微波测距),而是以电波单程传输时间 Δt 为参数的单程测距。正是这种距离测量的需要以及整个精密导航系统的特点所决定,整个 GPS 系统必须具备专用的时间系统,其中控制整个时间系统的原子钟稳定度为 $10^{-14}\sim10^{-12}$。

(4) 多卫星测量

GPS 卫星的测距结果受到各种因素的影响,如受到大气电离层的折射、大气对流层的影响以及 GPS 接收机的钟差影响等,令这种时间影响为 V_T。由于 V_T 的存在,GPS 测距得到的距离 D 并非真正的几何距离,人们把这种距离 D 称为伪距。现在把 V_T 当作未知数,仿式(6.26)则 GPS 测距的方程是

$$D_i = \sqrt{(x_i - x)^2 + (y_i - y)^2 + (z_i - z)^2} + V_T C \qquad (6.27)$$

式中 C 是电磁波的速度,i=1、2、3、4。

式(6.27)中有 x、y、z、V_T 四个未知数。由式(6.27)及图 6.20 可知,GPS 接收机必须观测四个同步卫星的伪距 D,建立四个伪距式(6.27),才有可能解得 x、y、z、V_T 四个未知数,实现 GPS 接收机的定位测量。式(6.27)的 x_i、y_i、z_i 是卫星在协议地球坐标系统中的位置参数,x、y、z 是 P 点在协议地球坐标系统中的位置参数。

上述情况表明,GPS 接收机的定位测量至少应同时观测四个卫星,GPS 测量是多卫星同时观测的技术过程。

6.6.3 GPS 定位方法

GPS 定位的方法是多种多样的,用户可以根据不同的用途采用不同的定位方法。GPS 定位方法可依据不同的标准进行分类。

6.6.3.1 *根据定位所采用的观测值分类*

(1) 伪距定位

伪距定位采用的观测值为 GPS 伪距观测值。它既可以是 C/A 码伪距,也可以是 P 码伪距。伪距定位的优点是数据处理简单,对定位条件的要求低,不存在整周模糊度的问题,可以非常容易地实现实时定位;其缺点是 C/A 码伪距观测值的精度一般为 3 m,精度较低;P 码伪距观测值的精度一般也在 30 cm 左右,定位成果精度稍高。但采用精度较高的 P 码

伪距观测值，存在着AS的问题。

(2) 载波相位定位

载波相位定位采用的观测值为GPS的载波相位观测值，即L_1、L_2或它们的某种线性组合。载波相位定位的优点是观测值的精度高，一般优于2 mm；其缺点是数据处理过程复杂，存在整周模糊度的问题。

6.6.3.2 根据定位时接收机的运动状态分类

(1) 静态定位

静态定位就是在进行GPS定位时，接收机的天线始终处于静止状态。多台接收机在不同的测站上连续地同步观测不同的卫星，观测时间从几分钟、几小时甚至到数十小时不等，以获取充分的多余观测数据。测后，通过数据处理，求得本测站的坐标或两测站间的坐标差。静态定位一般用于高精度的测量定位。

(2) 动态定位

动态定位就是在进行GPS定位时，接收机的天线始终处于运动过程中。也就是说，天线位置是不断变化的。在数据处理时，将接收机天线的位置作为一个随时间延续的变量，来确定每一时刻天线的位置(坐标)。

6.6.3.3 根据定位的模式分类

(1) 绝对定位

GPS绝对定位又称为单点定位，这是一种采用一台接收机进行定位的模式。它确定的是接收机天线在WGS-84坐标系中的绝对坐标。这种定位模式的特点是单机作业，作业方式简单。绝对定位一般用于导航和精度要求不高的测量中。

(2) 相对定位

采用两台以上GPS接收机，同时对一组相同的卫星进行观测，确定接收机天线间的相互位置(坐标差)关系的定位方法叫做GPS相对定位。两个接收机天线间的空间连线叫做基线，是一个既有方向，又有大小的矢量。基线是用两点间的坐标差来表示的。相对定位是目前GPS精密定位中精度最高的一种定位方法，广泛应用于大地测量、精密工程测量、地球动力学的研究和精密导航等。

6.6.3.4 根据获取定位结果的时间分类

(1) 实时定位

实时定位是由观测数据实时地解算出接收机天线所在的位置的一种定位方法。

(2) 非实时定位

非实时定位又称后处理定位，它是通过对观测数据事后处理来进行定位的方法。

上述的定位分类都只顾及了GPS定位的某一特征。在实际的GPS定位中，往往是几种定位方法的组合，如采用伪观测值的动态实时定位，采用载波相位观测值的静态相对定位等。

6.6.4 GPS静态定位测量

静态定位可以分为静态绝对定位和静态相对定位。静态绝对定位是在接收机天线处于静止状态下确定测站的三维地心坐标，所依据的观测量是根据码相关测距原理测定的卫星至测站之间的伪距。之所以称为伪距，是因为根据卫星信号到达地面的传播时间与接收机钟和卫星钟的相对钟差所计算的距离包含大气折射、电离层折射延迟等误差，需要加以改正，其观测方程为：

$$\widetilde{D}_i^j(t) = D_i^j(t) + c\delta t_i^j + \delta I_i^j(t) + \delta T_i^j(t) \tag{6.28}$$

式中：$\widetilde{D}_i^j(t)$——伪距；

$D_i^j(t)$——测站与卫星之间的几何距离；

δt_i^j——接收机钟与卫星钟的相对钟差；

$\delta I_i^j(t)$——t 时刻电离层折射延迟的等效距离误差；

$\delta T_i^j(t)$——t 时刻对流层折射延迟的等效距离误差。

静态绝对定位由于受到多种误差的影响，定位精度比较低，静态相对定位采用载波相位观测量以及相位观测量的线型组合技术，极大地削弱了绝对定位中的各项误差，是目前 GPS 定位技术中精度最高的一种方法，应用非常广泛。其载波相位观测方程如下：

$$\varphi_i^j(t) = \frac{f}{c}[D_i^j(t) + \delta I_i^j(t) + \delta T_i^j(t)] + f\delta t_i - f\delta t^j - \lambda N_i^j(t_0) \tag{6.29}$$

式中：$f\delta t_i - f\delta t^j$ 若乘以波长 λ，则等于静态绝对定位中的 δt_i^j。

$N_i^j(t_0)$——整周未知数(整周模糊度)，即相位差整周数。

整周未知数的正确求解是载波相位测量高精度定位的关键。

静态相对定位的精度为 $10^{-7} \sim 10^{-6}$，而采用精密星历和轨道改进技术的定位精度高达 $10^{-9} \sim 10^{-8}$，是常规大地测量技术无法相比的。但其缺点是观测时间长，一般都要观测一个小时，近几年来发展的一种整周未知数快速逼近技术，使时间缩短到几分钟，为 GPS 定位技术开辟了更广泛的应用前景。

6.6.5 GPS 动态定位测量

GPS 动态定位方法主要有单点动态绝对定位法和实时差分动态定位法。

GPS 单点动态绝对定位法与静态绝对定位方法类似，都是利用测距码伪距进行定位，精度较低，一般仅有几十米，多用于飞机船舶或车辆的导航。

GPS 动态相对定位是用安置在基准站上的固定 GPS 接收机与安置在运动载体上 GPS 接收机进行求差以消除相关性，提高精度，所以又叫做差分 GPS 定位。差分 GPS 定位既可以以测距码伪距为观测值，也可以以载波相位为观测值，测距码差分 GPS 能以米级精度实时给定运动载体的位置，可以满足车辆、引航、水下测量等方面的动态定位需要，但测距码由于自身码结构及测量随机噪声误差限制，难以达到更高精度，载波相位的噪声误差相比之下非常小，其定位精度可以提高两个数量级。随着快速逼近整周模糊度技术的出现与改进，使得利用载波相位差分 GPS 技术实时求解载体的位置成为可能，这种高精度的载波相位差分 GPS 测量技术就叫 RTK(Real Time Kinematic)技术。

实时动态测量(RTK)即在基准站安置一台接收机对所有可见 GPS 卫星进行连续观测，并将观测数据通过无线电设备实时传送到用户接收机，用户接收机在接收 GPS 卫星信号的同时也接收基准站的数据，并根据差分原理实时计算用户站的三维坐标和精度。目前 RTK 在精密导航、工程放样、实时动态指挥调度系统等方面应用很广。

6.6.6 GPS 测量设计与实施

GPS 测量与常规测量一样，在实际工作中包括方案设计、外业测量及内业数据处理三部分。以载波相位观测值为主的相对定位测量是目前 GPS 测量普遍采用的精密定位方法。下面以此方法为例介绍其定位方法和工作程序。

6.6.6.1 GPS 控制网设计

控制网设计是进行 GPS 测量的基础，应依据国家有关规范规程及 GPS 网的用途、用户要求等因素进行网形、精度指标和基准设计。

(1) GPS 测量精度指标

GPS 精度指标取决于网的用途、实际需要和设备等，通常以网中相邻点之间的距离误差 m_D 表示：

$$m_D = a + b \times 10^{-6} \times D \tag{6.30}$$

式中：a——GPS 接收机标称精度中固定误差；

b——GPS 接收机标称精度中比例误差系数；

D——GPS 网中相邻点之间的距离，单位是 km。

不同用途的 GPS 网精度是不同的，用于地壳形变及国家基本大地测量的 GPS 网可参照《全球定位系统 GPS 测量规范》，用于城市或工程的 GPS 网，其精度可参照《全球定位系统城市测量技术规程》执行。各级 GPS 测量基本技术规定应符合表 6.14 的要求；表 6.15 为 C、D、E 级 GPS 测量中 PDOP 的要求。

表 6.14 各级 GPS 网测量基本技术要求

级别 \ 项目	A	B	C	D	E
卫星截止高度角(°)	10	15	15	15	15
同时观测有效卫星数	≥4	≥4	≥4	≥4	≥4
有效观测卫星总数	≥20	≥9	≥6	≥4	≥4
观测时段数	≥6	≥4	≥2	≥1.6	≥1.6
基线平均距离(km)	300	70	10～15	5～10	0.2～5
时段长度(min)	≥540	≥240	≥60	≥45	≥40

注：夜间可以将观测时间缩短一半，或者把距离延长一倍。

表 6.15 C、D、E 级 GPS 测量中 PDOP 的要求

级　别	C	D	E
PDOP	≤8	≤10	≤10

注：为了保证观测的质量，实际上 PDOP 一般在 4.0 以下才采集数据。

(2) GPS 网的基准设计

GPS 测量获得的是 GPS 基线向量，它属于 WGS-84 坐标系的三维坐标，而实际需要的是国家坐标系或地方坐标系。在 GPS 网设计时必须明确 GPS 成果所采用的坐标系和起算数据，即 GPS 网的基准。GPS 网基准包括位置基准、方位基准和尺度基准。方位基准一般由给定的起算方位角值确定，也可由 GPS 基线向量的方位作为基准；尺度基准一般由地面电磁波测距边确定，也可由两个以上的起算点间距确定，还可由 GPS 基线向量的距离确定；位置基准一般由给定的起算点坐标确定。因此，GPS 网的基准设计实质上主要是指确定网的位置基准问题。

(3) GPS 网的图形设计

因为 GPS 网测量点之间无须相互通视，所以网形设计具有很大的灵活性。网形布设通常有点连式、边连式、网连式及边点混合连接式四种。

点连式是指相邻同步图形间仅有一个公共点连接，图形强度较弱且检查条件少，一般不单独使用，如图 6.22 所示。边连式是指相邻同步图形之间有一条公共边连接，其图形强度和可靠性优于点连式，如图 6.23 所示。网连式如图 6.24 所示，是指相邻同步图形之间有两个以上的公共点连接，这种方法需要四台以上的 GPS 接收机，其图形几何强度和可靠性指标相当高，但花费时间和经费比较多，多用于高精度控制网。边点混合连接式如图 6.25 所示，是把边连式和点连式有机地结合起来，其周边的图形应尽量采用边连式，这样可保证网的精度，提高可靠性，且减少外业工作量，降低成本，是比较理想的布网方法。

此外低等级 GPS 测量或碎部测量可以采用星连式，这种方式图形简单，无检核条件，作业速度快，如图 6.26 所示。

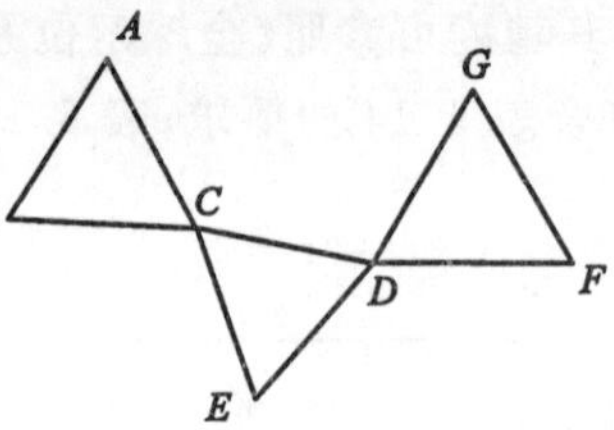

图 6.22　点连式

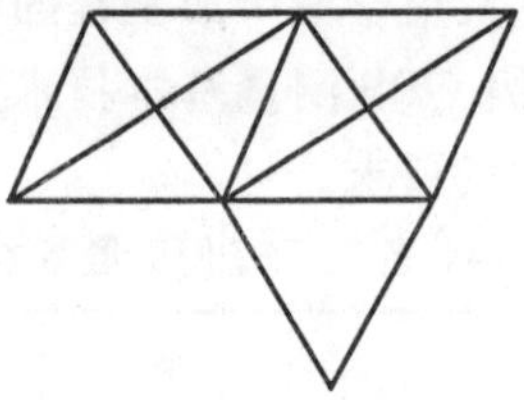

图 6.23　边连式

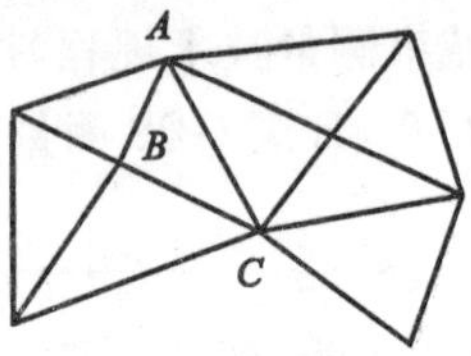

图 6.24　网连式

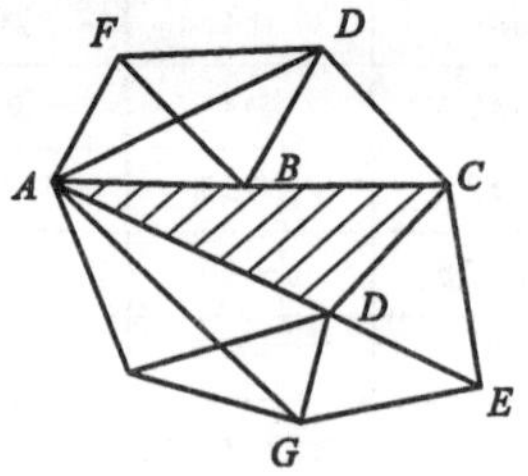

图 6.25　边点混合连接式

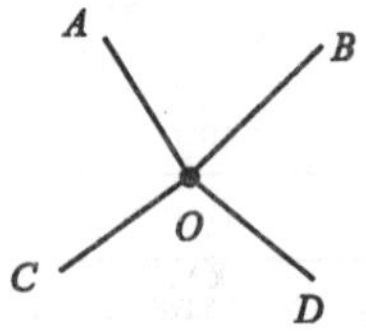

图 6.26　星连式

6.6.6.2　选点与建立标志

GPS 测量观测站之间因为无须通视，且网形结构灵活，所以选点比常规方法简便。点位应尽量选在便于安置接收机、视野开阔位置；点位目标要显著，视场周围 15°以上不应有障碍物，以便减少 GPS 信号的阻挡或被吸收；要选在交通方便，土质坚硬、便于保存，有利于其他手段联测的地方；应远离大功率无线电发射源、高压输电线；附近不应有大面积水域或强干扰体。选好点位后要埋石做好标志，并绘制点之记、测站环视图和 GPS 网选点图。

6.6.6.3　外业观测

外业观测是利用接收机接收来自 GPS 卫星的无线电信号，主要包括天线的安置和接收机操作以及气象数据记录等工作。观测时先在点位上安置接收机，对中整平，精确定向并量取天线高。经过预处理和静置后即可启动接收机观测，并记录观测者姓名、观测日期、天气状况、测站(点)名、时段号、开机时间、关机时间、接收机编号、天线高等内容。目前接收机的智能化程度比较高，所以要严格遵照仪器说明进行操作。

外业观测前应对测区的情况作一个详细的了解，内容包括点位情况、测区内交通状况、民风民俗、测量人员的食宿安排等。另外，由于不同时间，测区上空的卫星个数、分布和PDOP值是变化的，为了保证野外数据采集的质量，必须进行星历预报（即根据测区的地理位置，以及最新的星历，对卫星状况进行预报，作为选择合适的观测时间段的依据）。星历预报在数据处理软件Gpsadj中进行，具体方法是，首先从美国的www.navcen.uscg.gov\ftp\gps\almanacs\yuma网站下载一个大小约17 kB、名称为"Yuma*.txt"（*代表数字）最新星历预报文件，并将其放置在用户计算机的数据处理软件Gpsadj软件安装路径下。

6.6.6.4　数据处理

在数据处理前要严格按照规范要求对各项检查内容严格检查，确保无误后进行数据处理。GPS接收机记录的是GPS接收机天线到卫星的伪距、载波相位和星历等数据。GPS数据处理要从原始的观测值出发得到最终的测量定位成果，其数据处理过程大概分为基线向量结算、基线向量网平差以及GPS网平差等几个阶段。

6.6.7　GPS系统的应用

由于GPS系统具有定位精度高、观测时间短、测站间无须通视、提供三维坐标、操作简便、全天候作业、功能多等特点，在以下各个方面得到了广泛的应用。

在大地测量方面：利用GPS技术开展国际联测，建立全球性大地控制网，提供高精度的地心坐标，测定和精化大地水准面，建立各级测量控制网，提供高精度的平面和高程三维基准。

在工程测量方面：应用GPS静态相对定位技术，布设精密工程控制网，用于城市建设、矿区和油田地面沉降监测、大坝变形监测、高层建筑变形监测、隧道贯通测量等精密工程。应用GPS实时动态定位技术（简称RTK）进行工程施工放样等。

在数字化测图方面：应用GPS RTK技术加密测图控制点，测绘各种比例尺地形图。

在航空摄影测量方面：应用GPS技术进行航测外业控制测量、航摄飞行导航、机载GPS航测等航测成图的各个阶段。

在地球动力学方面：GPS技术用于全球板块运动监测和区域板块运动监测。

在其他方面：在军事、交通、邮电、煤矿、石油、建筑以及农业、气象、土地管理、金融、公安、电力、通讯、城市管理等部门和行业，在航空航天、测时授时、物理探矿、姿态测定等领域，也都有GPS技术的广泛应用。

思考题与习题

(1) 测绘地形图和施工放样为什么要先建立控制网？

(2) 导线有哪几种布设形式？各在什么情况下采用？

(3) 选定导线点应注意哪些问题？

(4) 导线坐标计算时应满足哪些几何条件？闭合导线与附合导线在计算中有哪些异同点？

(5) 设有闭合导线1—2—3—4—5—1，其已知数据和观测数据列于表6.16（表中已知数据用双线标明），试求算各导线点的坐标。

表 6.16　习题(5)数据表

点　号	观测角(右角) (°　′　″)	坐标方位角 α (°　′　″)	距离 D (m)	坐　标　值　(m) x	y	点　号
1				1000.00	1000.00	1
		98　25　36	199.36			
2	128　39　34					2
			150.23			
3	85　12　33					3
			183.45			
4	124　18　54					4
			105.42			
5	125　15　46					5
			185.26			
1	76　34　13					1

(6) 试根据图 6.27 中的已知数据及观测数据计算 1、2、3 点的坐标。

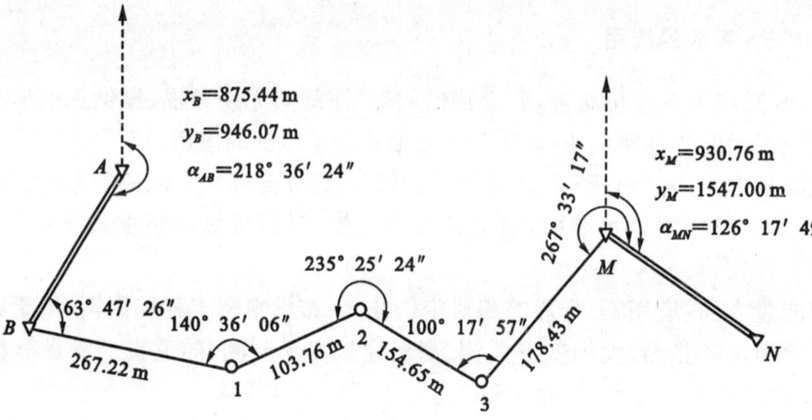

图 6.27　习题(6)图

(7) 前方交会观测数据如图 6.28，已知 $x_A=1112.342$ m，$y_A=351.727$ m，$x_B=659.232$ m，$y_B=355.537$ m，$x_C=406.593$ m、$y_C=654.051$ m，求 P 点坐标。

(8) 距离交会观测数据如图 6.29，已知 $x_A=1223.453$ m，$y_A=462.838$ m，$x_B=770.343$ m，$y_B=466.648$ m，$x_C=517.704$ m，$y_C=765.162$ m，求 P 点坐标。

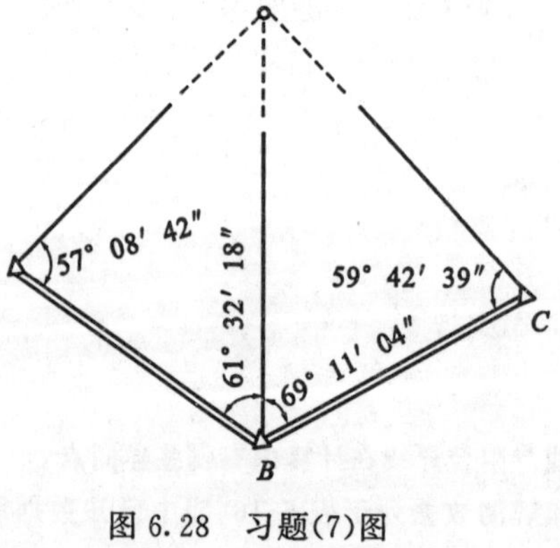

图 6.28　习题(7)图

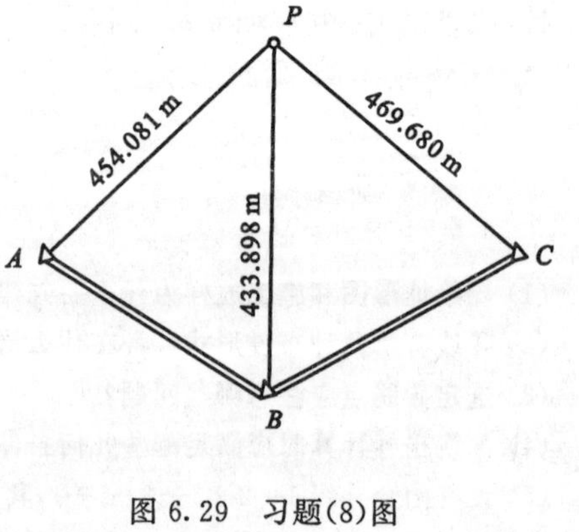

图 6.29　习题(8)图

(9) 用三、四等水准测量建立高程控制时，怎样观测、记录与计算？

(10) 在什么情况下采用三角高程测量？如何观测、记录和计算？

7 地形图的基本知识

【本章提要】本章以大比例尺地形图为主，重点介绍地形图的比例尺；地形图的分幅和编号方法，地形图上地物和地貌的表示方法，地形图上注记的内容，地形图图式。

地球表面错综复杂，有高山、丘陵、平原，有江、河、湖、海，还有各种人工建筑物，这些统称为地形。习惯上把地形分为地物和地貌两大类。地物是指地面上有明显轮廓的，自然形成的物体或人工建造的建筑物、构筑物，如房屋、道路、水系等。地貌是指地面的高低起伏变化等自然形态，如高山、丘陵、平原、洼地等。

当测区范围较小时，可将地面上的各种地物、地貌沿铅垂方向投影到同一水平面上，再按一定的比例缩小绘制成图。在图上仅表示地物平面位置的图，称为平面图或地物图。在图上既表示地物的平面分布状况，又用特定的符号表示地貌的起伏情况的图，称为地形图。在较大测区范围内，考虑地球曲率的影响，采用专门的投影方法，运用观测成果编绘而成的图，称为地图。

由于在地形图上客观地反映了地物和地貌的变化情况，给分析、研究和处理问题带来了许多的方便。因此，在经济、国防等各种工程建设中，都需要利用地形图进行规划、设计、施工及竣工管理。

各种地物和地貌采用各种专门的符号和注记表示在地形图上。为了使全国采用统一的符号，国家测绘局制定并颁布了各种比例尺的地形图图式，供测图、读图和用图时使用。

地形图的内容相当丰富，下面分别介绍地形图的比例尺、图名、图号、图廓以及地物和地貌在地形图上的表示方法。

7.1 地形图的比例尺

地形图上任意线段的长度 d 与它所代表的地面上的实际水平长度 D 之比，称为地形图的比例尺，注记在南图廓外下方中央位置。

7.1.1 比例尺的种类

7.1.1.1 数字比例尺

数字比例尺用分子为 1 的分数表示，即

$$\frac{d}{D}=\frac{1}{D/d}=\frac{1}{M} \tag{7.1}$$

或写成 1∶M，其中 M 为比例尺分母。M 愈大，比值愈小，比例尺愈小；相反，M 愈小，比值愈大，比例尺愈大。

可利用式(7.1)，根据图上长度和比例尺求实际长度，也可根据实际长度和比例尺求图上长度。

通常称1∶100万、1∶50万和1∶20万比例尺的地形图为小比例尺地形图;1∶10万、1∶5万和1∶2.5万比例尺的地形图为中比例尺地形图;1∶1万、1∶5000、1∶2000、1∶1000和1∶500比例尺的地形图为大比例尺地形图。大比例尺地形图是直接为满足各种工程设计、施工而测绘的。因此,本章中重点介绍大比例尺地形图的基本知识。

7.1.1.2　图示比例尺

为了便于应用,通常在地形图的正下方绘制一图示比例尺。由两条平行线构成,并把它们分成若干个2 cm长的基本单位,最左端的一个基本单位分成10等份,如图7.1所示。图示比例尺上所注记的数字表示以米为单位的实际距离。图7.1表示的是1∶1000的图示比例尺。图示比例尺除直观、方便外,还有一个突出的特点就是比例尺随图纸一起产生伸缩变形,避免了数字比例尺因图纸变形而影响在图上量算的准确性。

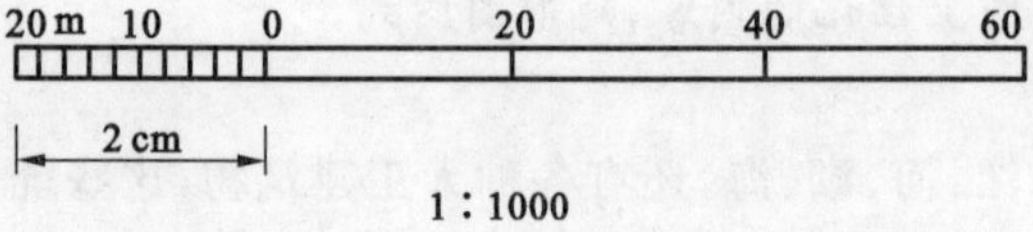

图7.1　图示比例尺

使用时,用分规的两脚尖对准衡量距离的两点,然后将分规移至图示比例尺上,使一个脚尖对准"0"分划右侧的整分划线上,而使另一个脚尖落在"0"分划线左端的小分划段中,则所量的距离就是两个脚尖读数的总和,不足一小分划的零数可以目估确定。

7.1.2　比例尺精度

通常人眼能在图上分辨出的最小距离为0.1 mm。因此,图上0.1 mm所代表的实地水平距离称为比例尺精度,用ε表示,即

$$\varepsilon = 0.1M \quad \text{mm} \tag{7.2}$$

根据比例尺精度,可以确定测图时测量实地距离应准确的程度,此外,当确定了要表示地物的最短距离时,可以根据比例尺精度确定测图的比例尺。如用1∶1000比例尺测图时,其比例尺精度为0.1 m,因此,实地测量距离只需精确到0.1 m即可。又如,若规定图上应表示出的最短距离为0.5 m,则所采用的图纸比例尺不应小于$\frac{0.1}{500}=\frac{1}{5000}$。

表7.1为几种常用的大比例尺地形图的比例尺精度。

表7.1　比例尺精度表

比 例 尺	1∶500	1∶1000	1∶2000	1∶5000	1∶10000
比例尺精度(m)	0.05	0.1	0.2	0.5	1.0

从表7.1可以看出:比例尺愈大,表示地形变化的状况愈详细,精度也愈高;比例尺愈小,表示地形变化的状况愈粗略,精度也愈低。比例尺愈大,测图所耗费的人力、财力和时间愈多。因此,在各类工程中,究竟选用何种比例尺地形图,应从实际情况出发,合理地选择利用比例尺,而不要盲目追求更大比例尺地形图。

7.2　地形图的分幅与编号

为使各种比例尺地形图幅面规格人小一致,避免重测、漏测,需要将测图区域按一定规

律划分为若干小块，这就是地形图的分幅。图号是为了方便贮存、检索和使用地形图而给予各幅地形图的代号，通常标注在地形图的正上方处。地形图的分幅方法有两类：一类是按经纬线分幅的梯形分幅法，它一般用于1：5000～1：100万的中、小比例尺地形图的分幅；另一类是按坐标格网分幅的矩形分幅法，它一般用于城市和工程建设1：500～1：2000的大比例尺地形图的分幅。

7.2.1 1：5000～1：100万的中、小比例尺地形图的梯形分幅和编号

地形图的梯形分幅又称国际分幅，由国际统一规定的经线为图的东西边界，统一规定的纬线为图的南北边界。由于子午线向南北极收敛，因此，整个图幅呈梯形，其划分的方法和编号，随比例尺不同而不同。

(1) 1：100万比例尺地形图的分幅和编号。1：100万比例尺地形图的分幅是从地球赤道(纬度0°)起，分别向南北两极，每隔纬差4°为一横行，依次以拉丁字母A、B、C、D、…、V表示；由经度180°起，自西向东每隔经差6°为一纵列，依次用数字1、2、3、…、60表示。图7.2所示为东半球北纬1：100万地形图的国际分幅和编号，图7.3所示为我国领域的1：100万地形图的分幅和编号，每幅图的编号，先写出横行的代号，中间绘一横线相隔，后面写出纵列的代号。如图7.3北京某处的纬度为北纬39°56′23″，经度为东经116°22′53″，则所在的1：100万比例尺图的图幅号是J-50。

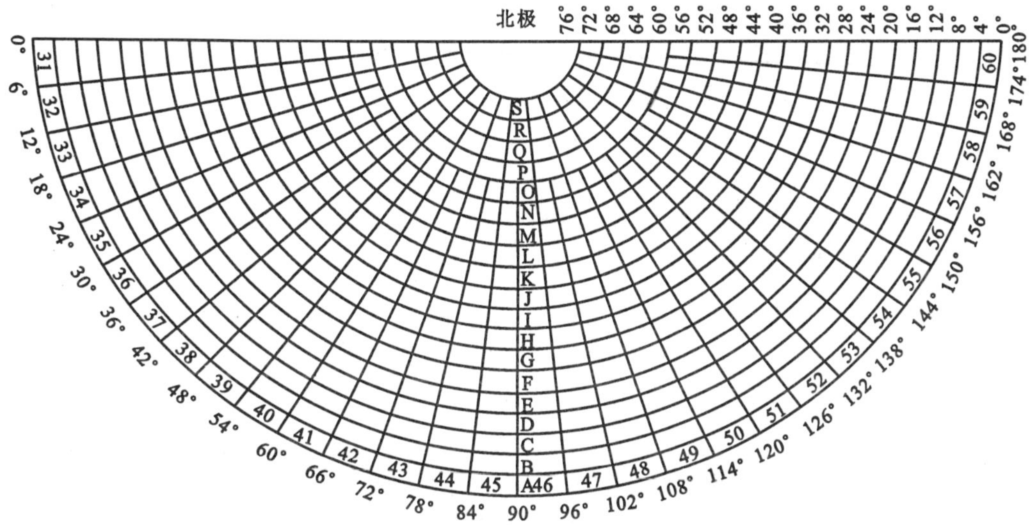

图7.2 东半球北纬1：100万地形图的国际分幅和编号

(2) 1：50万、1：20万、1：10万比例尺地形图的分幅和编号。这三种比例尺地形图的分幅和编号，都是在1：100万比例尺地形图分幅和编号的基础上，按照表7.2中的相应纬差和经差划分的。每幅1：100万的图，按经差3°、纬差2°可划分成4幅1：50万的图，分别以A、B、C、D表示。

(3) 1：5万、1：2.5万、1：1万比例尺地形图的分幅和编号。这三种比例尺地形图的分幅和编号都是在1：10万的图的基础上进行的，其划分的经差和纬差见表7.2。

每幅1：10万的图，可划分为4幅1：5万的图，分别在1：10万的图号后面写上各自的代号A、B、C、D，每幅1：10万的图，如果按其经差和纬差作8等分，就直接可划分为64

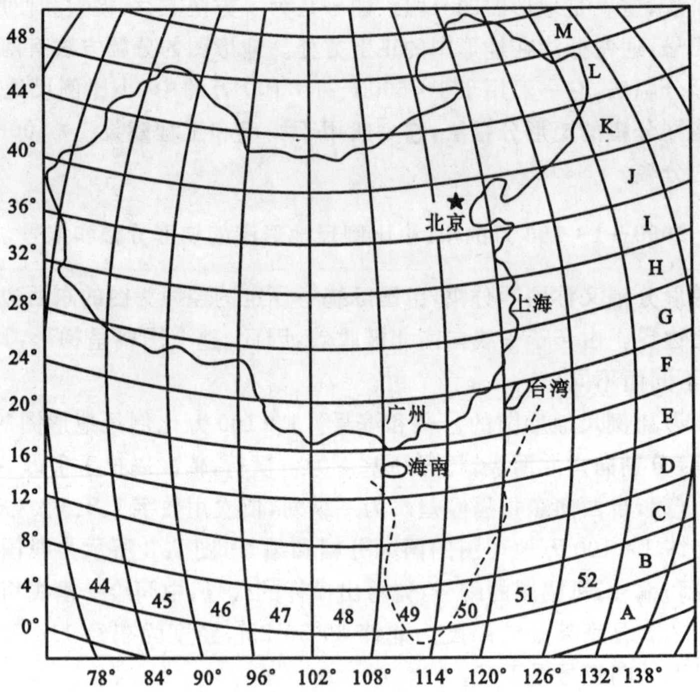

图 7.3　1∶100 万中国版图的国际分幅和编号

幅 1∶1 万的图，分别以(1)、(2)、(3)、…、(64)作编号。

(4) 1∶5000 比例尺地形图的分幅和编号。按经纬线分幅的 1∶5000 比例尺地形图，是在 1∶1 万图的基础上进行分幅和编号的，每幅 1∶1 万的图分成 4 幅 1∶5000 的图，并分别在 1∶1 万图的图号后面写上各自的代号 a、b、c、d 作为编号。

表 7.2　各种比例尺按经、纬度分幅

比例尺	图幅大小		1∶100 万、1∶10 万、1∶5 万、1∶1 万的分幅数	分幅代号
	纬差	经差		
1∶100 万	4°	6°	1	A,B,C,…,V 列 1,2,3,…,60
1∶50 万	2°	3°	4	A,B,C,D
1∶20 万	40′	1°	36	[1],[2],[3],…,[36]
1∶10 万	20′	30′	144	1,2,3,…,144
1∶10 万	20′	30′	1	
1∶5 万	10′	15′	4	A,B,C,D
1∶1 万	2′30″	3′45″	64	(1),(2),(3),…,(64)
1∶5 万	10′	15′	1	
1∶2.5 万	5′	7′30″	4	1,2,3,4
1∶1 万	2′30″	3′45″	1	
1∶5000	1′15″	1′52.5″	4	a,b,c,d

7.2.2 大比例尺地形图的分幅与编号

《1∶500　1∶1000　1∶2000 地形图图式》规定：1∶500～1∶2000 比例尺地形图一般采用 50 cm×50 cm 正方形分幅或 40 cm×50 cm 矩形分幅。根据需要，也可以采用其他规格的分幅，1∶2000 地形图也可以采用经纬度统一分幅。

1∶500、1∶1000、1∶2000 大比例尺地形图的图廓规格及图幅大小如表 7.3 所示。

表 7.3　正方形、矩形分幅图廓规格及图幅大小

比例尺	图幅大小（cm×cm）	实地面积（km^2）	每平方千米图幅数	图廓坐标值（m）
1∶2000	50×50	1	1	1000 的整数倍
	40×50	0.8	1.25	纵坐标 800 的整数倍；横坐标 1000 的整数倍
1∶1000	50×50	0.25	4	500 的整数倍
	40×50	0.2	5	纵坐标 400 的整数倍；横坐标 500 的整数倍
1∶500	50×50	0.0625	16	50 的整数倍
	40×50	0.05	20	纵坐标 20 的整数倍；横坐标 50 的整数倍

大比例尺地形图的编号一般采用图廓西南角坐标千米数编号法，也可选用数字顺序编号法或行列编号法等。

(1) 坐标编号法

采用图廓西南角坐标千米数编号时，x 坐标在前，y 坐标在后，中间用“—”相连。1∶500比例尺地形图取至 0.01 km，如 10.40—21.75；1∶1000、1∶2000 比例尺地形图取至 0.1 m，如图 7.5 的图号为 10.0—21.0。

(2) 数字顺序编号法

带状测区或小面积测区，可按测区统一顺序进行编号，一般从左到右，从上到下用阿拉伯数字 1、2、3、…编定，如图 7.4(a)中××—15(××为测区名称)。

(3) 行列编号法

对带状测区或小面积测区，除按数字顺序编号外，还可利用行列编号法。一般以代号(如 A、B、C、…)为横行，由上到下排列，以阿拉伯数字为纵列，按先行后列的顺序从左到右排列编定，如图 7.4(b)中 A—4。

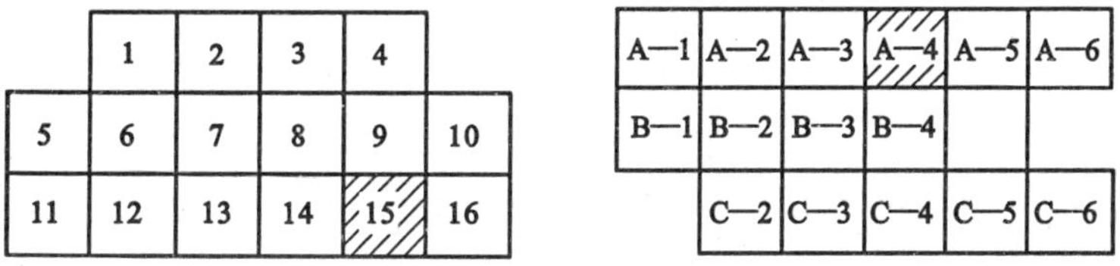

(a)　(b)

图 7.4　大比例尺地形图的编号

7.3　地形图图名、图廓及接合图表

7.3.1　图名

图名即本图幅的名称，一般以本图幅内主要的地名、单位或行政名称命名，注记在北图廓外上方中央。如图7.5，图名为热电厂。

7.3.2　图廓

图廓是地形图的边界，有内、外图廓线之分。内图廓线就是坐标格网线，线粗为0.1 mm，外图廓线为图幅的最外围边线，线粗为0.5 mm，是修饰线。内、外图廓线相距12 mm。在内、外图廓线之间注记格网坐标值，如图7.5所示。

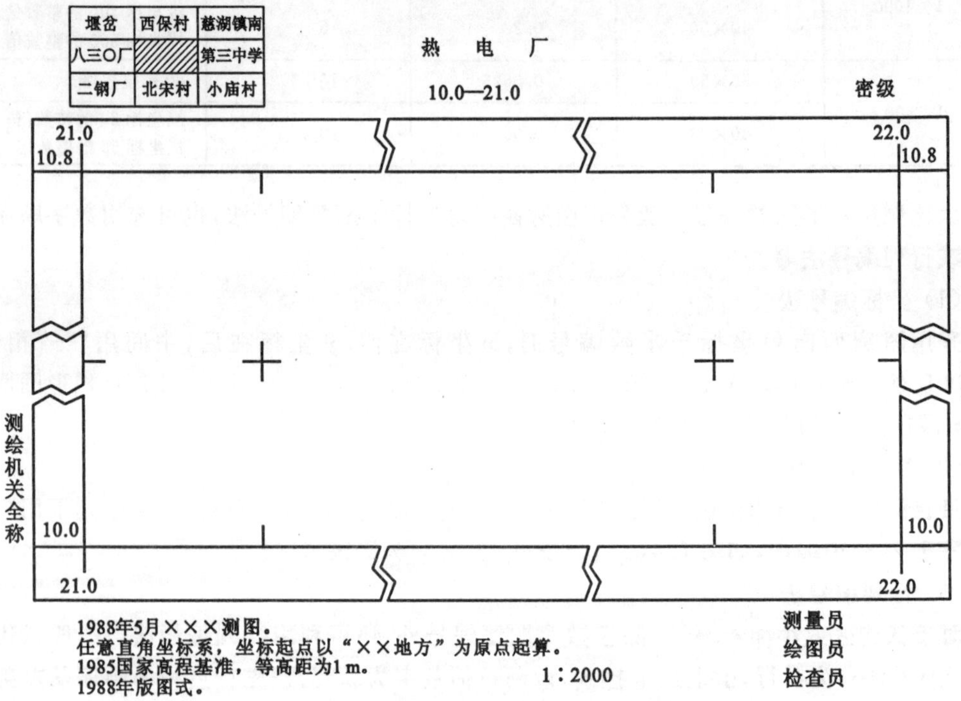

图7.5　地形图图廓整饰示例

7.3.3　接合图表

说明本幅图与相邻图幅的联系，供索取相邻图幅时用。通常把相邻图幅的图号标注在相邻图廓线的中部，或将相邻图幅的图名标注在图幅的左上方，如图7.5所示。

在地形图外还有一些其他注记，如外图廓左下角，应注记测图时间、坐标系统、高程系统、图式版本等；右下角应注明测量员、绘图员和检查员；在图幅左侧注明测绘机关全称；在右上角标注图纸的密级，参见图7.5。

7.4 地物符号

为了便于测图和读图，在地形图中常用不同的符号来表示地物和地貌的形状和大小，这些符号总称为地形图图式。《地形图图式》是由国家测绘管理机关制定，国家标准局批准并颁布实施的国家标准。它是测制、出版地形图的基本依据之一，是识别和使用地形图的重要工具，也是地形图上表示各种地物、地貌要素的符号、注记和颜色的标准。成图的比例尺不同，符号的大小、详略也有所不同。在《地形图图式》中没有规定的地物和地貌可自行补充，但应在技术报告书中注明，并在地形图上以图例的形式做出标注。

根据地物大小及描绘方法的不同，地物符号可分为比例符号、非比例符号、线形符号(半比例符号)和地物注记。

7.4.1 比例符号

把地面上轮廓尺寸较大的地物，依形状和大小按测图比例尺缩绘到图纸上，称为比例符号，如房屋、湖泊、道路等。如表 7.4 中编号从 1～26 都是比例符号(除编号 14b 和 15 以外)。

7.4.2 非比例符号

当地物轮廓较小，如三角点、水准点、独立树、消火栓等，无法将其形状和大小按测图比例尺缩绘到图纸上，但这些地物又很重要，必须在图上表示出来，则不管地物的实际尺寸大小，均用特定的符号表示在图上，这类符号称为非比例符号。如表 7.4 中编号从 27～44 都是非比例符号。

非比例符号的中心位置与实际地物中心位置的关系随地物而异，在测绘、读图及用图时应注意以下几点：

(1) 规则的几何图形符号，如三角点、导线点、钻孔等，该几何图形的中心即为地物的中心位置。

(2) 宽底符号，如里程碑、岗亭等，该符号底线的中心即为地物的中心位置。

(3) 底部为直角的符号，如独立树、加油站等，地物中心在该符号底部直角顶点。

(4) 由几种几何图形组成的符号，如气象站、路灯等，地物中心在其下方图形的中心点或交叉点。

(5) 下方没有底线的符号，如窑洞、亭等，地物中心在下方两端点间的中心点。

在绘制非比例符号时，除图式中要求按实物方向描绘外，如窑洞、水闸、独立屋等，其他非比例符号的方向一律按直立方向描绘，即与南图廓垂直。

7.4.3 半比例符号(线形符号)

对一些呈带状延伸的地物，如小路、通讯线路、管道等，其长度可按测图比例尺缩绘，而宽度却无法按比例尺缩绘，这种长度按比例、宽度不按比例的符号，称为半比例符号或线形符号。半比例符号的中心线即为实际地物的中心线。如表 7.4 中编号从 45～56，以及编号 14b 和 15 都是半比例符号。

表 7.4　常用地物、注记和地貌符号

编号	符号名称	图例 1∶500	图例 1∶1000	图例 1∶2000	编号	符号名称	图例 1∶500	图例 1∶1000	图例 1∶2000
1	一般房屋 混—房屋结构 3—房屋层数	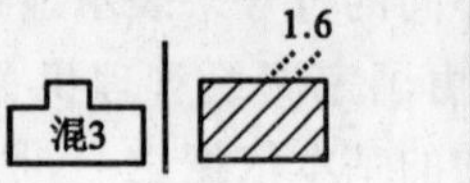			14	乡村路 a. 依比例尺的 b. 不依比例尺的	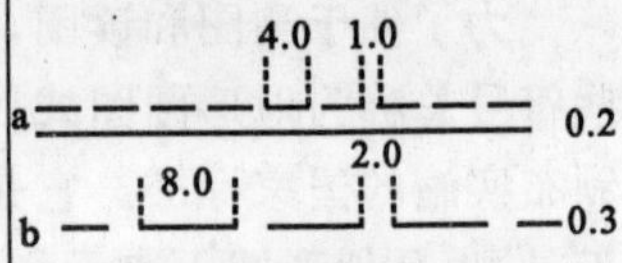		
2	简单房屋				15	小路			
3	建筑中的房屋				16	内部道路	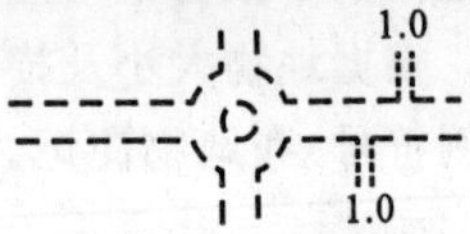		
4	破坏房屋				17	阶梯路	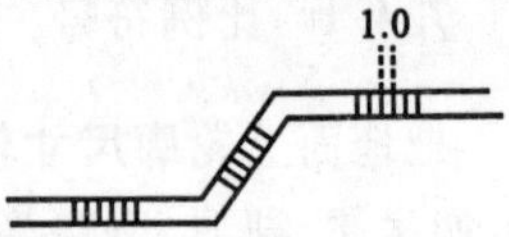		
5	棚房	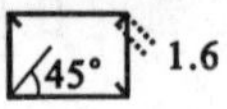			18	打谷场、球场			
6	架空房屋				19	旱地	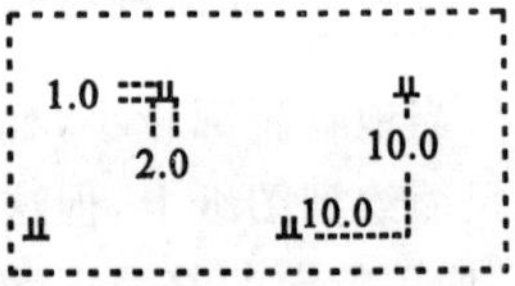		
7	廊房	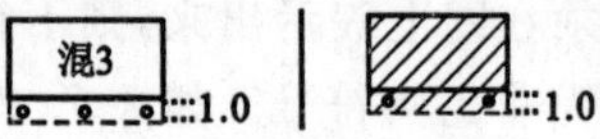			20	花圃	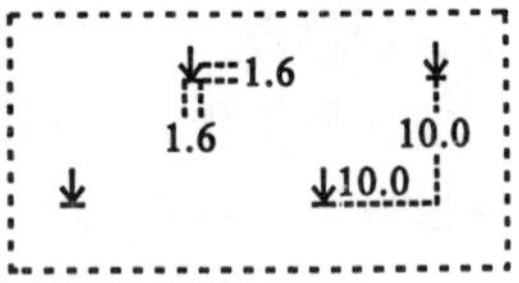		
8	台阶	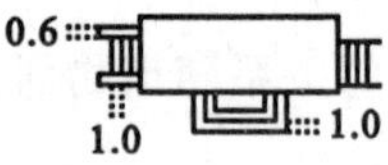			21	育林地	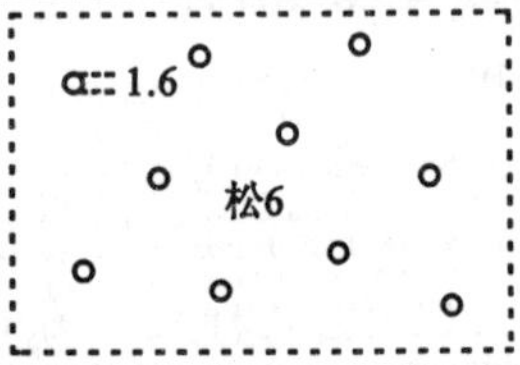		
9	无看台的露天体育场	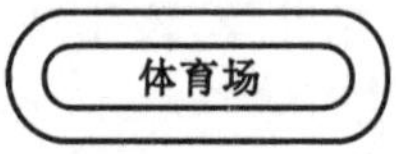			22	人工草地	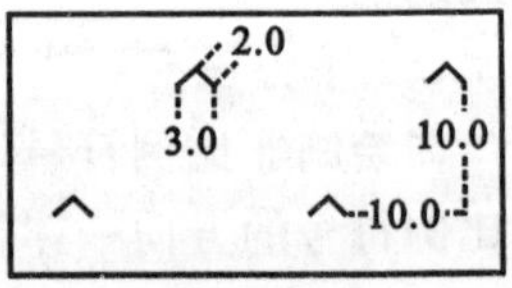		
10	游泳池				23	稻田	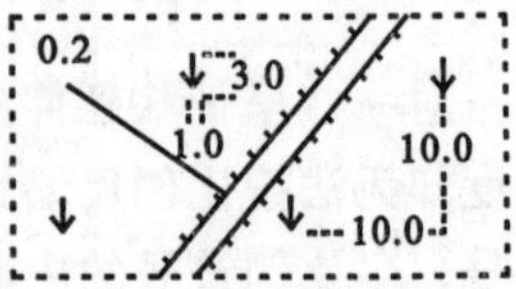		
11	过街天桥	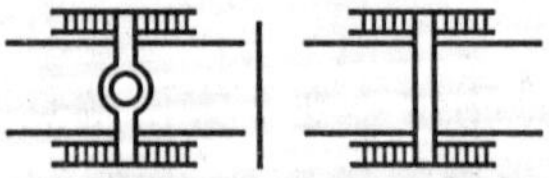							
12	高速公路 a—收费站 0—技术等级代码	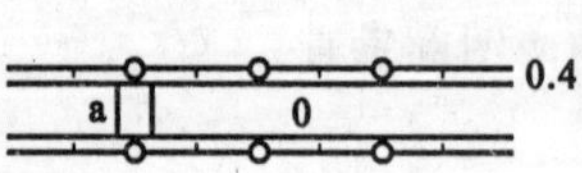							
13	等级公路 2—技术等级代码 (G325)—国道路线编码	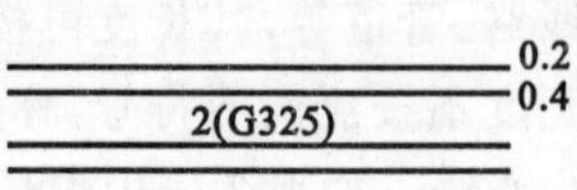							

续表 7.4

编号	符号名称	图例 1∶500	1∶1000	1∶2000
24	常年湖			
25	池塘			
26	常年河 a. 水准线 b. 高水界 c. 流向 d. 湖流向 涨潮 落潮	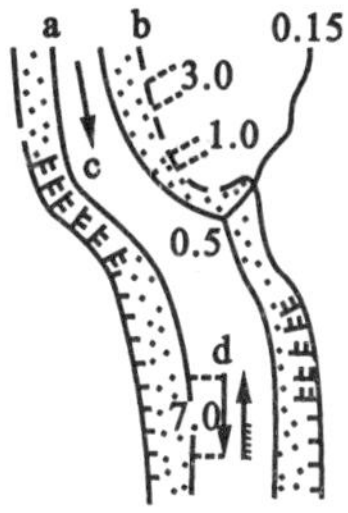		
27	喷水池			
28	GPS控制点	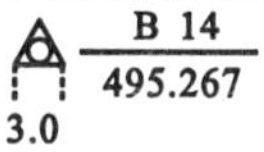		
29	三角点 凤凰山—点名 394.468—高程	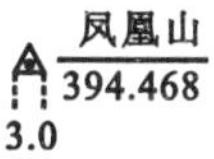		
30	导线点 116—等级、点号 84.46—高程	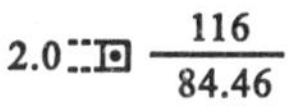		
31	埋石图根点 16—点号 84.46—高程	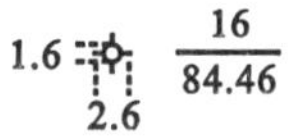		
32	不埋石图根点 25—点号 62.74—高程	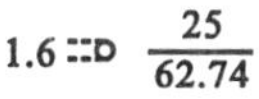		
33	水准点 Ⅱ京石 5—等级、点名、点号 32.804—高程	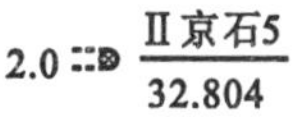		
34	加油站	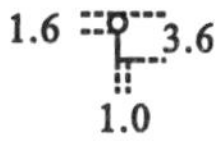		
35	路灯	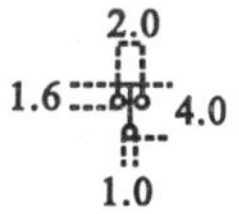		

编号	符号名称	图例 1∶500	1∶1000	1∶2000
36	独立树 a. 阔叶 b. 针叶 c. 果树	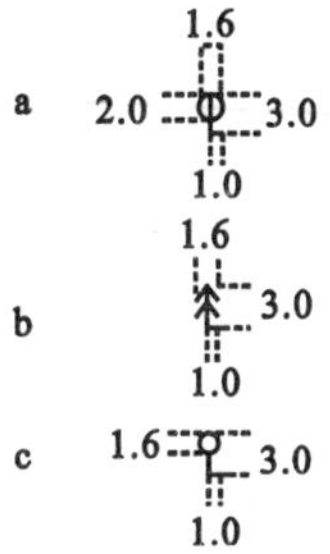		
37	独立树 棕树、椰子树、槟榔树	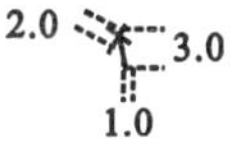		
38	上水检修井			
39	下水(污水)、雨水检修井			
40	下水暗井			
41	煤气、天然气检修井			
42	热力检修井	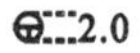		
43	电信检修井 a. 电信人孔 b. 电信手孔	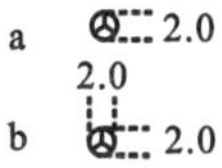		
44	电力检修井			
45	地面下的管道	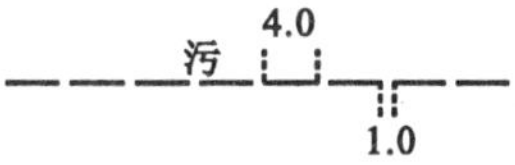		
46	围墙 a. 依比例尺的 b. 不依比例尺的	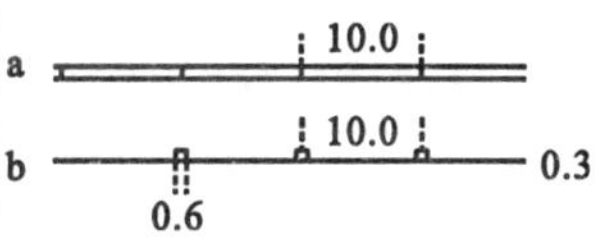		
47	挡土墙	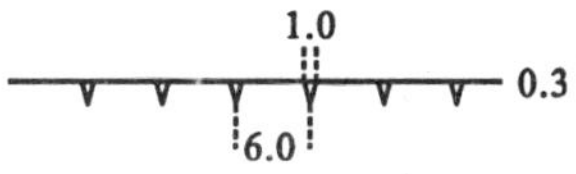		
48	栅栏、栏杆	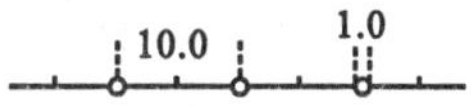		

续表 7.4

编号	符号名称	图例 1∶500	图例 1∶1000	图例 1∶2000
49	篱笆	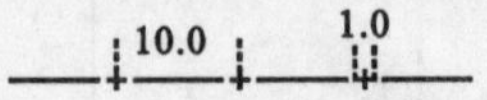		
50	活树篱笆	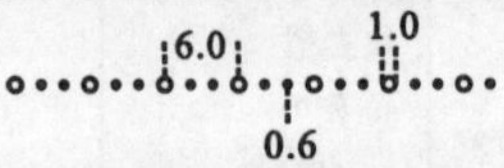		
51	铁丝网	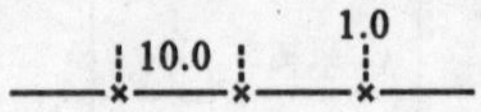		
52	通讯线 地面上的	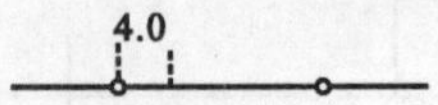		
53	电线架			
54	配电线 地面上的	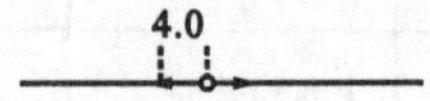		
55	陡坎 a. 加固的 b. 未加固的	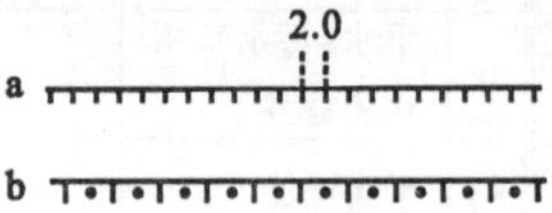		
56	散树、行树 a. 散树 b. 行树	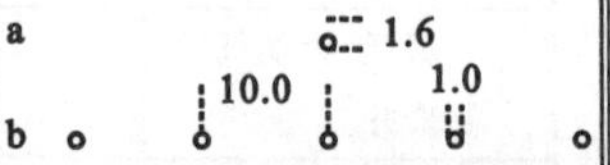		
57	一般高程点及注记 a. 一般高程点 b. 独立性地物的高程	a 0.5 163.2 b 75.4		
58	名称说明注记	**友谊路** 中等线体4.0(18k) **团结路** 中等线体3.5(15k) **胜利路** 中等线体2.75(12k)		
59	等高线 a. 首曲线 b. 计曲线 c. 间曲线	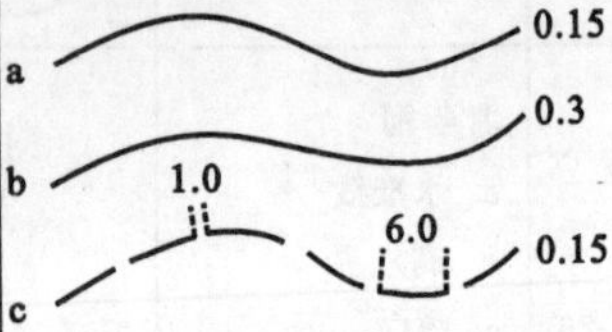		
60	等高线注记	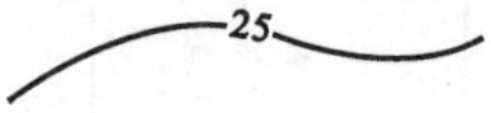		
61	示坡线	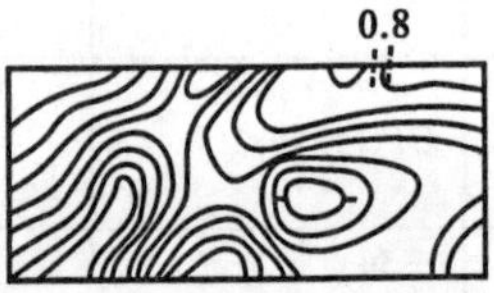		
62	梯田坎	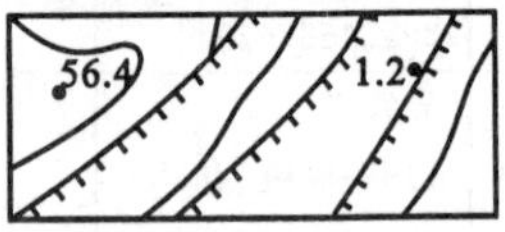		

7.4.4 地物注记

用文字、数字或特定的符号对地物加以说明或补充，称为地物注记。它包括文字注记、数字注记和符号注记三种。

7.4.4.1 文字注记

对行政名称、单位名称、村镇名称，以及公路、铁路、河流等的名称，在地形图上均应逐一注记。

7.4.4.2 数字注记

在地形图上需用相应的数字注记河流的流速、深度，房屋的层数，控制点的高程，桥梁的长、宽及载重量等。

7.4.4.3 符号注记

用特定的符号表示地面的植被种类，如草地、耕地、林地类别等。

必须指出，比例符号和非比例符号并非固定不变，还要依据测图比例尺和实物轮廓的大小而定。一般来说，测图比例尺愈小，使用的非比例符号愈多；测图比例尺愈大，使用的比例符号愈多。

7.5 地貌符号

地貌是指地球表面自然起伏的状态，包括山地、丘陵、平原、洼地等。在地形图上表示地貌的方法很多，在大比例尺地形图上通常用等高线表示地貌。因为用等高线表示地貌，不仅能表示地面的起伏状态，而且还能科学地表示出地面的坡度和地面点的高程。

7.5.1 等高线

等高线是地面上高程相同的相邻点所连成的闭合曲线。

如图 7.6 所示，假想有一座小山全部被湖水淹没，设山顶的高程为 100 m，如果水面下降 5 m，则水平面与小山相截，构成一条闭合的曲线，在此曲线上各点的高程相同，这就是等高线。当水面每下降 5 m，可分别得出 95 m、90 m、85 m、…一系列的等高线，这些等高线都是闭合曲线。如果将这些等高线铅直投影到某一水平面 H 上，并按一定的比例缩绘到图纸上，就获得与实地形态相似的等高线。因此，地形图上的等高线比较客观地反映了地面高低起伏的空间形状，同时具有可度量性。

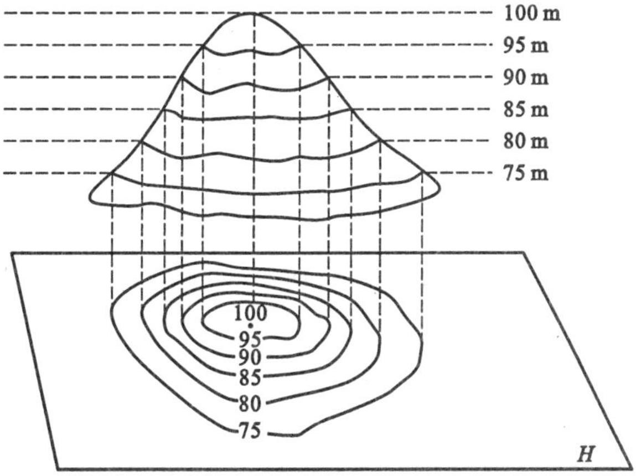

图 7.6 等高线表示地貌的原理

7.5.2 等高距和等高线平距

相邻两条高程不同的等高线之间的高差，称为等高距，用 h 表示。相邻两条等高线之间的水平距离，称为等高线平距，用 d 表示。地面的坡度 i 可以写成：

$$i = \frac{h}{dM} \tag{7.3}$$

式中：M——地形图的比例尺分母。

由于在同一幅地形图上，等高距 h 是相同的，所以，式(7.3)表明 i 与 d 成反比，即在地形图上等高线愈密集，表示地面坡度愈大，等高线愈稀疏，地面坡度愈小。地形图上等高距的选定，取决于地形的类别和测图比例尺。只有合理地选择等高距，才能既保证图面的清晰、准确，又不至于增加图面负载量。等高距的选用可参见相应工程的测量规范。表 7.5 为《工程测量规范》所规定的地形图的基本等高距。

应用表 7.5 时注意：

(1) 一个测区同一比例尺，宜采用一种基本等高距。

(2) 地形的类别划分，根据地面倾角(α)大小确定：

平坦地：$\alpha<3°$；

丘陵地：$3°\leqslant\alpha<10°$；

山　地：$10°\leqslant\alpha<25°$；

高山地：$\alpha\geqslant25°$。

表 7.5　地形图的基本等高距(m)

地形类别	比　　例　　尺			
	1∶500	1∶1000	1∶2000	1∶5000
平坦地	0.5	0.5	1	2
丘陵地	0.5	1	2	5
山　地	1	1	2	5
高山地	1	2	2	5

7.5.3　几种基本地貌的等高线

地面上地貌的形态多种多样，但仔细分析后，就会发现它们一般是由山头、洼地、山脊、山谷、鞍部等几种基本地貌组成，如图 7.7(a)所示。如果掌握了这些基本地貌的等高线特点，就能比较容易地根据地形图上的等高线，分析和判别地面的起伏状态，以利于读图、用图和测图。

7.5.3.1　山头和洼地

一组等高线中，里圈的高程大于外圈的高程，对应为山头。相反，里圈的高程小于外圈的高程，对应为洼地，如图 7.7(b)所示。在地形图上通常用一根垂直于等高线的短线，即示坡线来指示坡度降低的方向，并加注等高线的高程。

7.5.3.2　山脊和山谷

山脊是沿着一个方向延伸的高地，山脊的最高棱线称为山脊线。山脊的等高线为一组凹向山头的曲线。山谷是沿着一个方向延伸的洼地，贯穿山谷最低点的连线称为山谷线。山谷的等高线为一组凸向山头的曲线。参见图 7.7。

山脊附近的雨水必然以山脊线为分界线，分别流向山脊的两侧，因此，山脊线又称为分水线。在山谷中，雨水必然由两侧山坡流向谷底，向山谷线汇集，因此，山谷线又称为集水线或汇水线或合水线。山脊线和山谷线统称为地性线。

7.5.3.3　鞍部

鞍部是相邻两山头之间呈马鞍形的低凹部位。鞍部的等高线是由两组相对的山脊和山谷等高线组成，即在一圈大的闭合曲线内，套有两组小的闭合曲线，参见图 7.7(b)中的相应位置。

此外，还有一些特殊地貌，如陡坎、悬崖、冲沟、雨裂、绝壁、滑坡、崩坍等，用等高线难以表示，可按《地形图图式》中所规定的符号表示。参见图 7.7(b)中的相应位置。

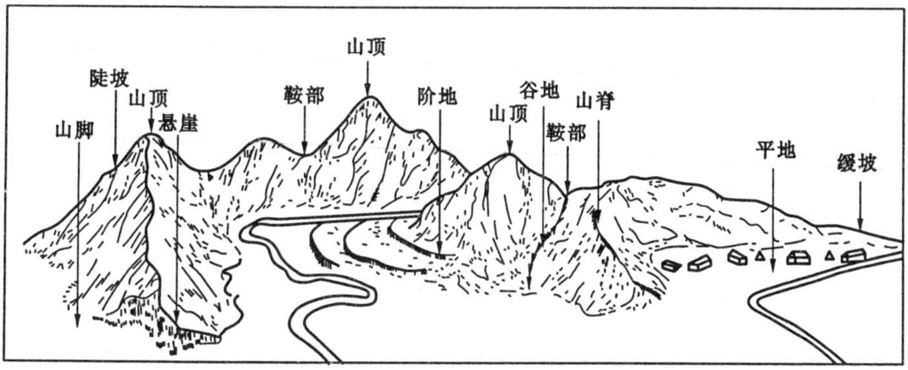

(a)

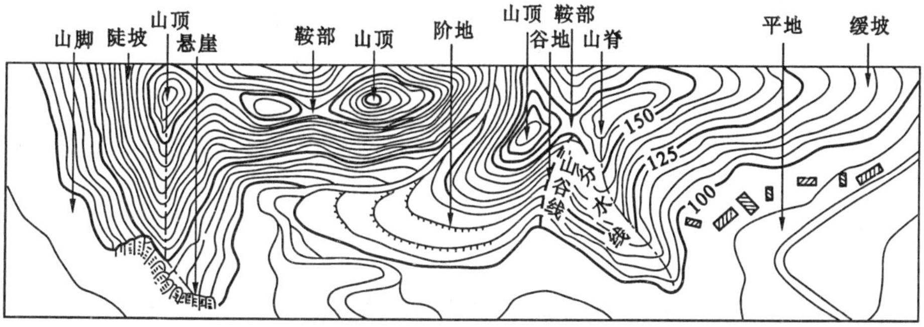

(b)

图 7.7　地貌的基本形态

7.5.4　等高线分类

表示地形起伏的等高线有首曲线、计曲线、间曲线和助曲线之分。

7.5.4.1　首曲线

在同一幅地形图上，按基本等高距描绘的等高线，称为首曲线，又称基本等高线。用 0.15 mm 的细实线绘出，如图 7.8 中 98 m、102 m、104 m、106 m、108 m 的等高线。

7.5.4.2　计曲线

为了计算和用图的方便，每隔四条基本等高线，或凡高程能被 5 倍基本等高距整除且加粗描绘的基本等高线称为计曲线或加粗等高线，用 0.3 mm 的粗实线绘出，如图 7.8 中 100 m等高线。

7.5.4.3　间曲线

为了显示首曲线不便于表示的地貌，按 1/2 基本等高距描绘的等高线，称为间曲线或半距等高线。用 0.15 mm 的细长虚线表示，如图 7.8 中高程为 101 m、107 m 的等高线。

7.5.4.4　助曲线

有时为了显示局部地貌的变化，按 1/4 基本等高距描绘的等高线，称为助曲线，用 0.15 mm的细短虚线表示。

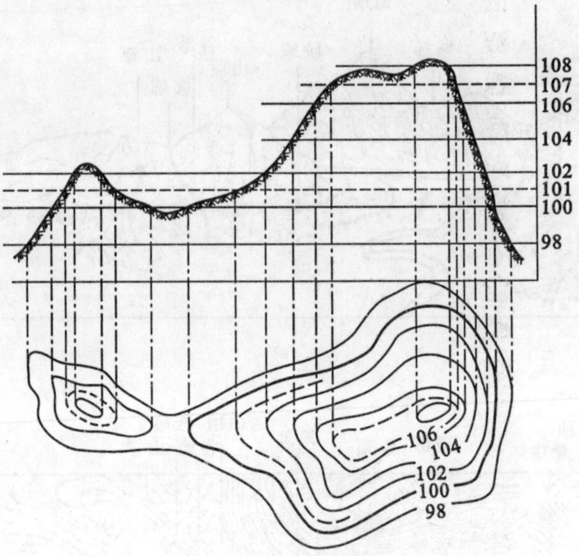

图 7.8 等高线的分类

7.5.5 等高线的特性

(1) 同一条等高线上的各点高程相等,但高程相等的点,不一定在同一条等高线上。

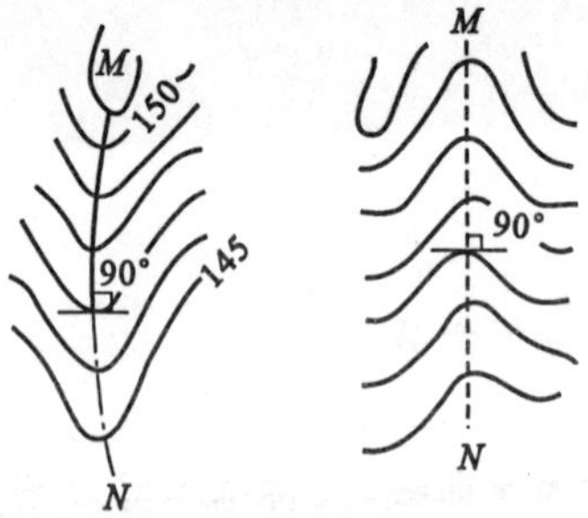

图 7.9 等高线的特性

(2) 等高线为连续的闭合曲线,有可能在同一幅图内闭合,也可能穿越若干图幅而闭合。凡不在本幅图闭合的等高线,应绘到图廓线处与图廓线相交,不能在图内中断,但间曲线和助曲线只在需要的地方绘出。

(3) 非特殊地貌,等高线不能重叠和相交,也不能分岔;非河流、房屋或数字注记处,等高线不能中断。

(4) 在同一幅地形图内,基本等高距是相同的。因此,等高线平距大表示地面坡度小,即等高线平距与地面坡度成反比。

(5) 等高线与山脊线、山谷线成正交,如图 7.9 所示。

(6) 等高线不能直穿河流,应逐渐折向上游,正交于河岸线,中断后再从彼岸折向下游,如图 7.7(b)所示。

思考题与习题

(1) 何谓地物、地貌和地形?何谓地物图?何谓地形图?地物图和地形图有何区别?

(2) 何谓比例尺?何谓比例尺精度?比例尺精度在测绘工作中有何作用?

(3) 地形图为什么要进行分幅和编号?

(4) 试述 1∶5000、1∶2000、1∶1000、1∶500 比例尺地形图正方形分幅和矩形分幅时的图幅大小和所包含的实地面积。

(5) 比例符号、半比例符号和非比例符号分别适用于什么情况？

(6) 何谓等高线、等高距、等高线平距？在同一幅地形图上，等高线平距与地面坡度有什么关系？

(7) 等高线有哪几种？等高线具有哪些特性？

(8) 试用规定的符号，将图 7.10 中的山头、鞍部、山脊线和山谷线标示出来（山头△、鞍部○、山脊线—·—·—、山谷线————）。

图 7.10　习题(8)图

8 大比例尺地形图测绘

【本章提要】本章以大比例尺地形图为中心，着重讲述测图前的准备工作，经纬仪测图，地形图的拼接、检查与整饰，以及地面数字测图的基本知识。

地形图测绘是在控制测量工作之后，以控制点为测站，测定其周围的地物、地貌的特征点的平面位置和高程，按测图比例尺缩绘在图纸上，并根据地形图图式规定的符号，勾绘出地物、地貌的位置、形状和大小，形成地形图。测绘地形图的方法很多，如经纬仪测绘法、小平板仪与经纬仪联合测绘法、大平板仪测绘法、摄影测量及全站式电子速测仪测图等。本章主要介绍用经纬仪测绘法测绘大比例尺地形图。

8.1 测图前的准备工作

测图前应整理本测区的控制点成果及测区内可利用的资料，勾绘出测图范围。按坐标以一定比例尺绘制整个测区的展点网图，并在网图上绘注测区中图的分幅和编号。然后定出本测区的施测方案和技术要求。

对测图用的仪器应进行检验与校正，其他必要的测量工具应准备齐全。

除此以外，还应着重做好测图板的准备工作。它包括图纸的准备，绘制坐标方格网及展绘控制点等工作。

8.1.1 图纸准备

为了保证测图质量，应选择质地较好的图纸。对于临时性测图，可将图纸直接固定在图板上进行测绘；对于需要长期保存的地形图，为了减少图纸变形，可以将图纸裱糊在锌板、铝板或胶合板上。

目前，各测绘部门大多采用打毛的无色透明的聚酯薄膜代替图纸。聚酯薄膜厚度为0.07～0.10 mm，它具有透明度好、伸缩性小、不怕潮湿、经久耐用等优点。如果表面不清洁，还可用清水或淡肥皂水洗涤，并可直接在底图上着墨，复晒蓝图。但聚酯薄膜有易燃、易折等缺点，故在使用保管过程中应注意防火、防折。

8.1.2 绘制坐标方格网

聚酯薄膜图纸分空白图纸和印有坐标方格网的图纸。印有坐标方格网的图纸又有50 cm×50 cm正方形分幅和40 cm×50 cm矩形分幅两种规格。如果购买的聚酯薄膜图纸是空白图纸，则需要在图纸上精确绘制坐标方格网，每个方格的尺寸为10 cm×10 cm。绘制方格网的方法有对角线法、坐标格网尺法及使用AutoCAD绘制等。对角线法绘制坐标方格网的操作方法是：

如图8.1所示，先在图纸上画出两条对角线，以其交点M为圆心，取适当长度为半径画弧，在对角线上交得 A、B、C、D 四点，用直线连接各点，得矩形 $ABCD$。再从 A、B 两点起各沿 AD、BC 方向每隔 10 cm 截取一点，从 A、D 两点起各沿 AB、DC 方向每隔 10 cm 截取一点，连接各对应边的相应点，即得坐标方格网。

坐标方格网画好后，要用直尺检查各方格网的交点是否在同一直线上，其偏离值不应超过 0.2 mm。用比例尺检查 10 cm 小方格的边长与其理论值相差不应超过 0.2 mm。小方格对角线长度(14.14 cm)误差不应超过 0.3 mm。如超过限差，应重新绘制。

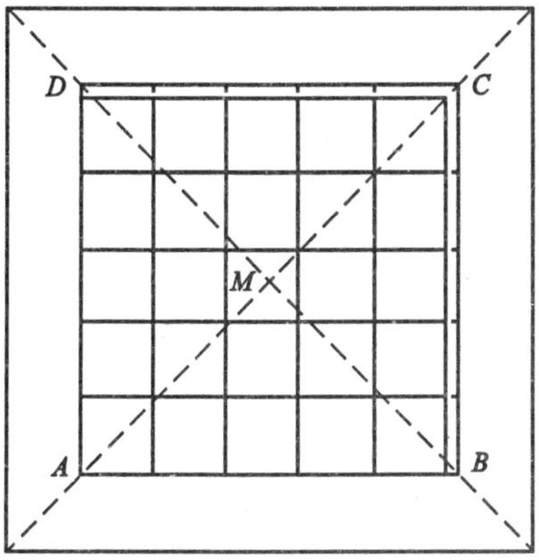

图 8.1　对角线法绘制坐标格网

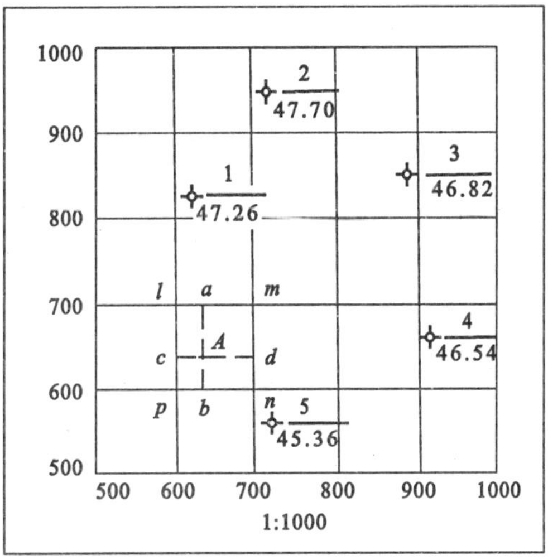

图 8.2　展绘控制点

8.1.3　展绘控制点

展点前，先按图的分幅位置，将坐标格网线的坐标值注在相应方格网边线的外侧(图 8.2)。展点时，首先根据控制点的坐标，确定所在的方格。如控制点 A 的坐标 $x_A=647.43$ m、$y_A=634.52$ m，由其坐标值可知 A 点的位置在 $plmn$ 方格内。再按 y 坐标值分别从 l、p 点按测图比例尺向右各量 34.52 m 对应的图上长度，得 a、b 两点。同法，从 p、n 点向上各量 47.43 m 对应的图上长度，得 c、d 两点。连接 a、b 和 c、d，其交点即为 A 点的位置。同法将图幅内其余控制点展绘在图纸上，各点的符号应按《地形图图式》的规定绘出，并在点的右侧画一短横线，横线之上注明点号，横线之下注明点的高程，如图 8.2 中 1、2、…、5 点。

控制点展绘后，应进行校核。方法是用比例尺量出各相邻控制点之间的长度，与坐标反算长度比较，其差值不应超过图上 0.3 mm。

8.2　经纬仪测图

8.2.1　碎部点的选择

碎部点的正确选择是保证成图质量和提高测图效率的关键。碎部点应选在地物和地貌的特征点上。地物的特征点就是决定地物形状的地物轮廓线上的转折点、交叉点、弯曲点及独立地物的中心点等，如房角点、道路转折点、交叉点、河岸线转弯点、窨井中心点等。连接这些特征点，便可得到与实地相似的地物形状。由于地物形状极不规则，一般规定主要地物凸凹部分在图上大于0.4 mm均应表示出来。在地形图上小于0.4 mm，可以用直线连接。对于地貌来说，碎部点应选择在最能反映地貌特征的山脊线、山谷线等地性线上，如山顶、鞍部、山脊、山脚、谷底、谷口、沟底、沟口、洼地、台地、河川湖池岸旁等的坡度和方向变化处，如图8.3所示。根据这些特征点的高程勾绘等高线，即可将地貌在图上表示出来。为了能真实地表示实地情况，地物点、地形点视距和测距最大长度及高程注记点间距应符合表8.1的规定。

图8.3　地形示例

表8.1　视距和测距最大长度及高程注记点间距(m)

比例尺	视距最大长度		测距最大长度		高程注记点间距
	地物点	地形点	地物点	地形点	
1∶500	—	70	80	150	15
1∶1000	80	120	160	250	30
1∶2000	150	200	300	400	50

注：① 1∶500比例尺测图时，在建成区和平坦地区及丘陵区，地物点距离应采用皮尺量距或测距，皮尺丈量最大长度为50 m；

② 山地、高山地地物点最大视距可按地形点要求；

③ 平坦及地形简单地区高程注记点间距可放宽至1.5倍，地貌变化较大的丘陵地、山地及高山地应适当加密。

8.2.2　一个测站上的测绘工作

经纬仪测图法就是将经纬仪安置在测站上，绘图板安置于测站旁；用经纬仪测定碎部点的方向与已知方向之间的夹角；再用视距测量方法测出测站点至碎部点的平距及碎部点的高程；然后根据测定数据，用量角器(又称半圆仪)和比例尺把碎部点的平面位置展绘在图纸上，并在点的右侧注明其高程，再对照实地描绘地形。

一个测站上的测绘工作步骤如下：

8.2.2.1　安置仪器

如图8.4所示，将经纬仪安置在测站点 A 上，对中、整平，量出仪器高度 i。后视另一控制点 B，设置水平度盘读数0°。

将小平板安置在测站附近，使图纸上控制边方向与地面上相应控制边方向大致一致。连接图上相应控制点 a、b，并适当延长 ab 线，ab 即为图上起始方向线。然后用小针通过量角器圆心的小孔插在 a 点，使量角器圆心固定在 a 点上。

8.2.2.2　立尺

在立尺之前，立尺员应根据实地情况及本测站实测范围，选定立尺点，并与观测员、绘图员共同商定跑尺路线。然后依次将视距尺立在地物、地貌的特征点上。

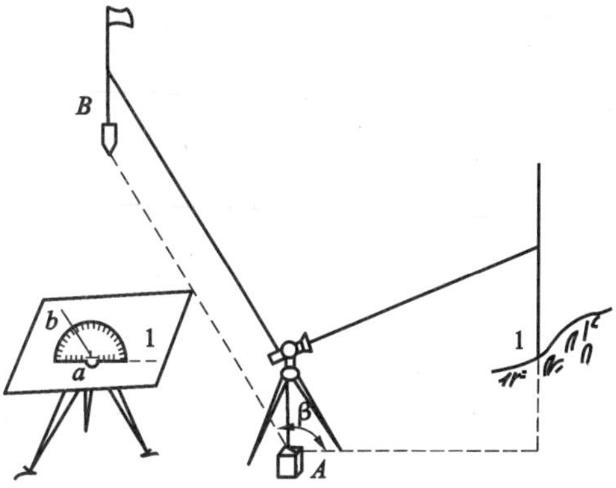

图 8.4　量角器配合经纬仪测图法

8.2.2.3　观测

观测员转动经纬仪照准部，瞄准 1 点视距尺，读尺间隔 l、中丝读数 v、竖盘读数及水平角 β。同法观测 2、3、… 各点。在观测过程中，应随时检查定向点方向，其归零差不应超过 4′；否则，应重新定向，并检查已测的碎部点。

8.2.2.4　记录与计算

将测得的尺间隔、中丝读数、竖盘读数及水平角依次填入手簿。依测得数据按视距测量计算公式计算水平距离 D 和高程 H。对有特殊作用的碎部点，如房角、山顶、鞍部等，还应在备注中加以说明，以备必要时查对和作图。地形碎部测量观测记录手簿见表 8.2。

表 8.2　地形碎部测量手簿

测站：A　后视点：B　　仪器高 $i=1.42$ m　指标差 $x=0$

测站高程 $H_A=27.40$ m　　视线高程 $H_{视}=H_A+i=28.82$ m

点　号	视距 Kl (m)	中丝读数 v (m)	竖盘读数 (°　′)	竖直角 (°　′)	水平角 (°　′)	水平距离 D (m)	高程 H (m)	备　注
1	64.7	1.42	93　28	−3　28	59　15	64.5	23.49	
2	51.4	1.55	91　45	−1　45	172　40	51.4	25.70	房角
3	37.5	1.60	93　00	−3　00	327　36	37.4	25.26	电杆
4	25.7	2.42	87　26	+2　34	16　24	25.6	27.55	

8.2.2.5　展绘碎部点

转动量角器，将量角器上等于 β 角值(碎部点 1 为 59°15′)的刻画线对准起始方向线 AB，如图 8.5 所示。此时量角器的零方向便是碎部点 1 的方向，然后在零方向线上，根据测图比例尺按所测的水平距离 64.5 m 定出点 1 的位置，并在点的右侧注明其高程。同法，将其余各碎部点的平面位置及高程绘于图上。

为了检查测图质量，仪器搬到下一站时，应先观测前站所测的某些明显碎部点，以检查由两站测得该点的平面位置和高程是否相符。如相差较大，则应查明原因，纠正错误，再继续进行测绘。

8.2.3　增补测站点

在地形图测绘过程中应充分利用已布设测定的控制点和图根点。当图根点的密度不够

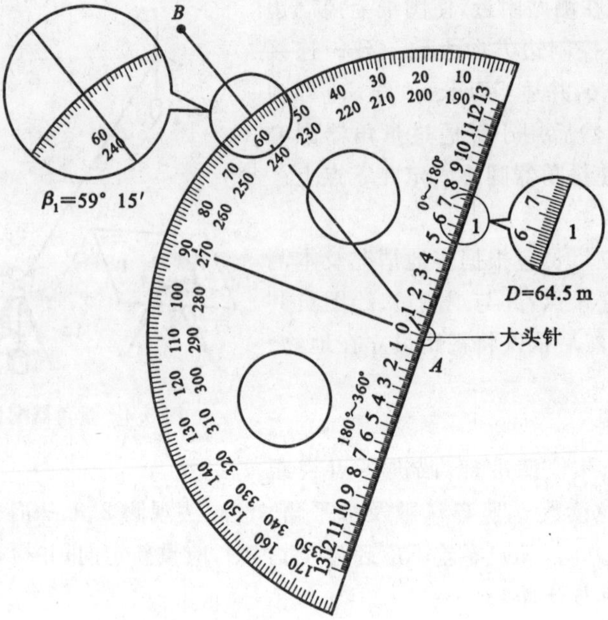

图 8.5　使用量角器展绘碎部点

时，可在现场增补测站点，以满足测图的需要。常用的增补测站点的方法有支导线法和内、外插点法。

8.2.3.1　支导线法

如图 8.6 所示，从图根控制点 A 测定支导线点 1。其施测方法是：在 A 点用 DJ6(或 DJ2)经纬仪测 AB 与 $A1$ 之间的水平夹角 β 一测回；用视距(或量距、光电测距仪测距)测定水平距离 D_{A1}；用经纬仪视距测量方法测出高差 h_{A1}；仪器搬到 1 点之后，用同样的方法返测水平距离 D_{1A} 和高差 h_{1A}。若距离往返的相对误差不大于 1/200，高差往返的较差不超过1/7 基本等高距，则取往返距离和高差的平均值作为施测成果，依此求出 1 点的高程，然后将支导线点 1 展绘于图纸上，即可作为增补的测站点使用。

支导线的最大边长及其测量方法应符合表 8.3 的要求。

表 8.3　支导线的最大边长及其测量方法

比例尺	最大边长(m)	测量方法
1∶500	50	实量或测距
1∶1000	100	实量或测距
	70	视距
1∶2000	160	实量或测距
	120	视距

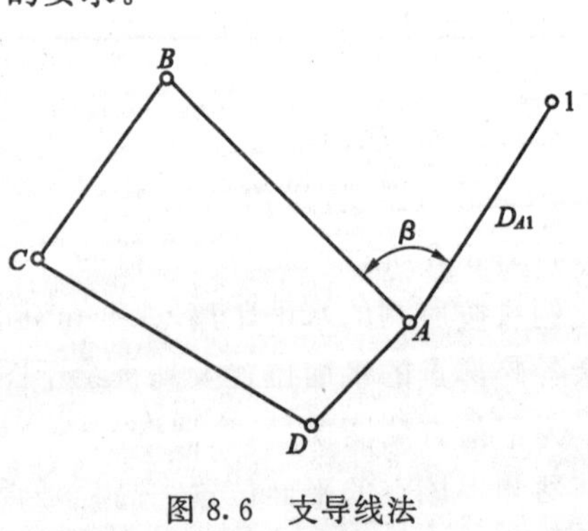

图 8.6　支导线法

8.2.3.2　内、外插点法

如图 8.7 所示，根据测图需要，在图根点 A、B 的连线上选定点 1，称为内插点，或在 A、B 连线的延长线上选定点 1′，称为外插点。用 DJ6(或 DJ2)经纬仪视距测量方法从 B 点和 1

点(或 1′点)分别测出 D_{B1}、h_{B1}、D_{1B}、h_{1B}(或 $D_{B1'}$、$h_{B1'}$、$D_{1'B}$、$h_{1'B}$)。若距离往返的相对误差不大于 1/200,高差往返的较差不超过 1/7 基本等高距,则取往返距离和高差的平均值作为施测成果,依此求出 1 点(或 1′点)的高程,然后将其展绘于图纸上,即可作为增补测站点使用。距离测量也可采用量距和光电测距仪测距,最大边长和测量方法应符合表 8.3 的要求。

图 8.7　内、外插点法

8.2.4　碎部测量的注意事项

(1) 观测人员在读取竖盘读数时,要注意检查竖盘指标水准管气泡是否居中。每观测 20～30 个碎部点后,应检查起始方向变化情况。起始方向度盘读数偏差不得超过 4′。

(2) 立尺人员应将视距尺竖直,并随时观察立尺点周围的情况,弄清碎部点之间的关系,地形复杂时还需绘出草图,以协助绘图人员做好绘图工作。

(3) 绘图人员要注意图面正确、整洁、注记清晰,并做到随测点,随展绘,随检查。

(4) 当该站工作结束时,应检查有无漏测、测错,并将图面上的地物、地性线及等高线与实地对照,及时发现问题,予以纠正。

8.2.5　地物、地貌的描绘

在测绘工作进行中,碎部点展绘到图纸上后,即可对照实地随时描绘地物和等高线。

8.2.5.1　地物描绘

地物要按《地形图图式》规定的符号表示。如房屋按其轮廓用直线连接;道路、河流的弯曲部分用平滑的曲线连接;对于不能按比例描绘的地物,应按《地形图图式》规定的非比例符号表示。

8.2.5.2　等高线勾绘

地貌主要用等高线来表示。勾绘等高线时,首先轻轻描绘出山脊线、山谷线等地性线,再根据碎部点的高程勾绘等高线。对于不能用等高线表示的特殊地貌,如悬崖、峭壁、土坎、土堆、冲沟、雨裂等,则用图式规定的相应符号表示。由于各等高线的高程是等高距的整倍数,而测得的碎部点的高程往往不是等高距的整倍数,因此,必须在相邻点间用内插法定出等高线通过的点位。由于碎部点是选在地面坡度变化处,相邻两点间可视为均匀坡度,因此可以在图上两相邻碎部点的连线上,按平距与高差成比例的关系,定出两点间各条等高线通过的位置。

如图 8.8(a)所示,地面上两碎部点 A、C 的高程分别为 207.4 m 和 202.8 m。若等高距为 1 m,则其间有高程为 203 m、204 m、205 m、206 m 及 207 m 五条等高线通过。根据平距与高差成比例的原理,便可定出它们在图上的位置。先按比例关系目估定出高程为 203 m 的点 m 和高程为 207 m 的点 q,然后将 mq 的距离四等分,定出高程为 204 m、205 m、206 m 的 n、o、p 点。同法定出其他相邻两碎部点间等高线应通过的位置。将高程相等的相邻点连成光滑的曲线,即为等高线,如图 8.8(b)所示。勾绘等高线时,要对照实地情况,先画计曲线,后画首曲线,并注意等高线通过山脊线、山谷线的走向。地形图等高距应根据比例尺的大小和地面起伏情况选定。

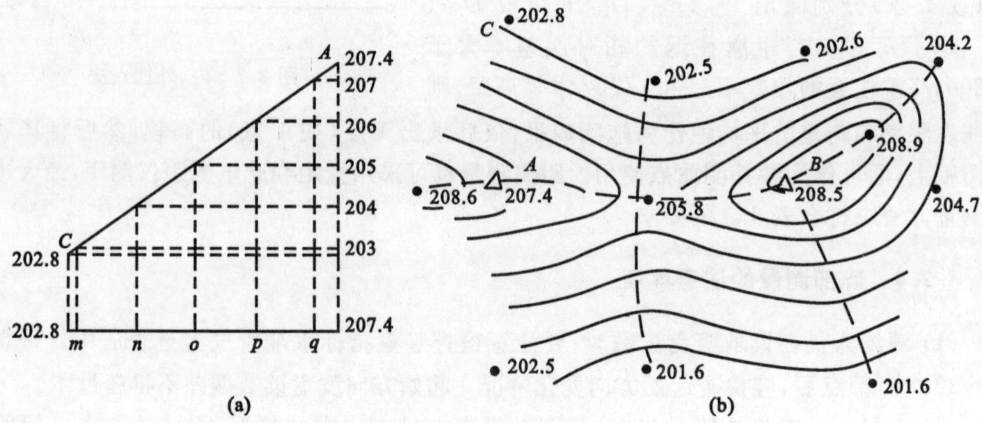

图 8.8　等高线勾绘

8.3　地形图的拼接、检查与整饰

8.3.1　地形图的拼接

当测区面积较大时，整个测区必须划分为若干幅图进行施测。这样，在相邻图幅连接处，由于测量误差和绘图的影响，使得相邻图幅连接处的地物轮廓线、等高线往往不能完全吻合。因此，在相邻图幅测绘完成后需要进行图的拼接。图 8.9 表示相邻左、右两图幅相邻边的拼接情况，房屋、河流、等高线都有偏差。拼接时，用宽 5～6 cm的透明纸蒙在左图幅的接图边上，用铅笔把坐标格网线、地物、地貌符号描绘在透明纸上；然后再把透明纸按坐标格网线位置蒙在右图幅衔接边上，同样用铅笔描绘地貌、地物符号。若地物、地貌偏差不超过表 8.4 中规定的$2\sqrt{2}$倍时，则可取其平均位置，在保持地物、地貌相互位置和走向正确的前提下，改正相邻图幅的地物、地貌位置。

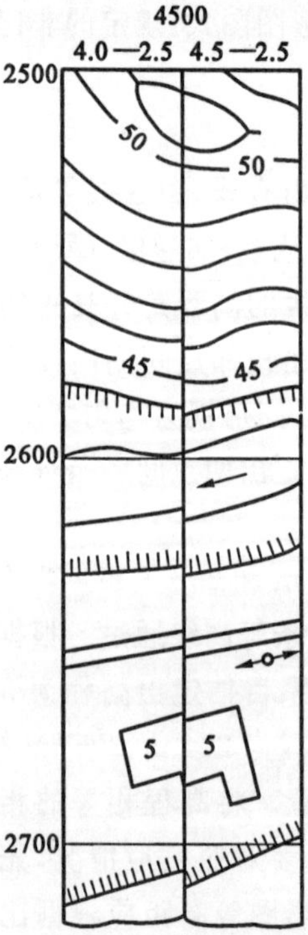

图 8.9　地形图拼接

8.3.2　地形图的检查

在测图中，测量人员应做到随测随检查。为了保证成图的质量，在地形图测完后，还必须对完成的成图资料进行全面严格的自检和互检。图的检查可分为室内检查和野外检查两个部分。

8.3.2.1　室内检查

室内检查的内容有图面地物、地貌是否清晰易读，各种符号注记是否正确，等高线与地貌特征点的高程是否相符，有无矛盾和可疑之处，周边拼接有无问题等。如发现错误和疑点，不可随意修改，应加以记录，并到野外进行实地检查、修改。

表 8.4 地物点、地形点平面和高程中误差

地区类别	点位中误差（图上 mm）	邻近地物点间距中误差（图上 mm）	等高线高程中误差（等高距）			
			平　地	丘　陵　地	山　地	高　山　地
山地、高山地和设站施测困难的旧街坊内部	±0.75	±0.6	1/3	1/2	2/3	1
城市建筑区和平地、丘陵地	±0.5	±0.4				

8.3.2.2　野外检查

(1) 巡视检查

检查时应携带测图板，根据室内检查的疑点，按预定的巡视检查路线，进行实地对照查看。主要查看地物、地貌各要素的测绘是否正确、齐全，取舍是否得当，等高线的勾绘是否逼真，图式符号运用是否正确等。

(2) 仪器设站检查

仪器检查是在室内检查和野外巡视检查的基础上进行的。除对以上发现的问题进行修改和补测外，还要对本测站所测地形进行检查，看原测地形图是否符合要求。仪器检查量为10%左右。

8.3.3　地形图的整饰

当原图经过拼接和检查后，还应按规定的地形图图式符号对地物、地貌进行清绘和整饰，使图面更加合理、清晰、美观。整饰的顺序是先图内后图外，先地物后地貌，先注记后符号。图上的注记、地物以及等高线均按规定的图式进行注记和绘制，但应注意等高线不能通过注记和地物。最后，应按图式要求注明图名、图号、比例尺、坐标系统及高程系统、施测单位、测绘者及施测日期等。

8.4　地面数字测图技术

8.4.1　数字测图技术概述

由于全站仪的广泛应用，以及微型计算机硬件和软件技术的迅猛发展与渗透，使大比例尺地形测图技术由传统的白纸测图向数字化测图方向发展。地形图的表现形式不仅仅是绘制在纸上的地形图，更重要的是提交可供传输、处理、共享的数字地形信息。这种以数字形式表达地形特征的集合形态称为数字地形图。它采用位置、属性与关系三方面的要素来描述存储的图形对象。数字化测图是获取数字地形图的主要技术途径之一。

数字测图系统是以计算机为核心，在外连输入与输出设备硬、软件的支持下，对地理空间数据采集、输入、成图、输出、管理的测绘系统。它分为地形的数据采集、数据处理与成图、绘图与输出三大部分。大比例尺数字地形图是城市的基本地形图，它可以为与空间位置有关的城市各类 GIS 系统提供基础地理数据，以便这些信息系统对地理数据进行空间数据分

析和管理，使更多行业的用户共享地形图数据资源。由于一个城市或地区大比例尺数字地形图的建设和维护需要很大的投入和较长的时间才能完成，因此，大比例尺地形图数据库的建设应坚持充分考虑城市现有地形图资源、经济发展水平和未来发展趋势的原则，有计划、有步骤、因地制宜地实施。大比例尺数字地形图的生产方法主要有图解地形图法和地面数字测图法两种。对于图解地形图（采用传统的白纸测图方法获得的地形图），可以采用手扶跟踪数字化和扫描数字化两种方法进行图解地形图的数字化。地面数字测图法是利用全站仪（或测距经纬仪）、GPS、电子手簿（或掌上电脑和笔记本电脑）、计算机和数字化测图软件等设备进行数字成图。采用地面数字测图法创建的大比例尺数字地形图的质量优于采用图解地形图法获得的数字地形图，但前者的设备投入经费及测图成本高于后者。因此，在成图时应根据实际需要，合理选用成图方法。本节主要介绍地面数字测图技术。

8.4.2 地面数字测图的基本方法

在没有合适的大比例尺地形图的地区，当设备条件许可时，可以直接采用地面数字测图方法，也称为内外业一体化数字测图方法。根据所使用设备的不同，地面数字测图方法有草图法和电子平板法两种实现形式。

8.4.2.1 草图法

草图法数字测图的流程是：外业使用全站仪、电子手簿或 GPS 等采集并记录碎部点三维坐标的同时，领图员绘制碎部点构成的地物形状和类型并记录下碎部点点号（必须与全站仪自动记录的点号一致）。内业将全站仪或电子手簿或 GPS 记录的碎部点三维坐标下载到计算机内，将外业观测的碎部点坐标读入数字化测图软件直接展点，根据现场绘制的地物属性关系草图在显示屏幕上连线绘制地物，经编辑和注记后成图。

草图法的优点是：测图时，不需要记忆繁多的地形符号编码，是一种十分实用、快速的测图方法；缺点是不直观，当草图编号有错误时，可能还需要到实地查错。

8.4.2.2 电子平板法

电子平板法数字测图是在野外利用安装了数字化测图软件的笔记本电脑或掌上电脑直接与全站仪相连，现场测点，电脑实时展绘所测点位，作业员根据实地情况，现场直接连线、编辑和加注记成图。

全站仪与笔记本电脑一般采用标准的 RS232C 接口通信电缆连接，也可以采用加配两个数传电台（数据链），分别连接于全站仪、笔记本电脑上，即可实现数据的无线传送，但数传电台的价格较贵。

与传统的白纸测图方法比较，地面数字测图具有如下特点：

① 白纸测图方法是采用视距法测距，测距相对误差只有约 1/300，而地面数字测图方法是采用 EDM 测距，测距相对误差小于 1/40000，几百米的距离测量误差均在 1 cm 左右。在通视良好、定向边较长的情况下，地形点到测站点的距离可以比常规测图法长。

② 白纸测图方法是将控制点和碎部点坐标手工展绘在聚酯薄膜上，受人眼最小分辨距离（图上 0.1 mm）的限制，存在展点误差。地面数字测图方法是采用计算机自动展点，没有展点误差。

③ 白纸测图方法先完成图根点加密，按坐标将控制点展绘在聚酯薄膜上，然后进行地形测图。地面数字测图方法可以使图根点加密和地形测图同时进行，例如采用自由设站方

法，用全站仪的边角后方交会功能观测 2 个或 2 个以上的已知点，就可以精确测定出测站点的三维坐标。

④ 白纸测图方法是以一幅地形图为单元组织施测，这容易给图幅边缘测图带来困难，数字测图方法不受图幅的限制。作业小组的任务可以按照河流、道路和自然分界来划分，方便地形测图的施测，也减少了常规测图的接边问题。

⑤ 数字地形图便于修测。由于数字地形图的碎部点精度较高且分布均匀，重要地物点相对于临近控制点的点位误差小于 5 cm，所以当数字地形图需要修测而图内大部分控制点已遭破坏时，可以自由设站，使用全站仪的边角后方交会功能观测图内已知的重要地物点，就可以快速获得测站点的三维坐标。

8.4.3 NTS-660 系列全站仪野外数据采集方法

8.4.3.1 数据采集前的准备

进行数据采集之前，应进行有关参数设置，如选择精测模式、单次测距、记录数据前确认测量结果、先输入有关数据后进行测量、退出数据采集模式时自动将测量数据转换成坐标数据文件等。NTS-660 系列全站仪可将测量数据存储在内存中，内存可分配给测量数据（被采集的数据）和已知数据（放样点或控制点的坐标数据）存储，选用 16M 内存，可存储测量数据或坐标数据多达 4 万个，并可以方便地进行内存管理，对数据进行增加、删除、修改、传输。数据采集前应检查全站仪的内存空间的大小，删除无用的文件，如全部文件无用，可将内存初始化。

8.4.3.2 数据采集操作步骤

① 键入控制点坐标：使用全站仪野外采集数据时，通常先在室内将控制点坐标键入全站仪，以减轻测站安置工作量。

② 安置仪器：在测站点上对中、整平仪器，量取仪器高，按下仪器电源开关，使全站仪进入观测状态。

③ 设置数据采集文件名：这个文件名与内业输入控制点坐标的文件名相同，可以直接键入，也可以从文件库里查找。若内业没有输入控制点坐标，这时要输入一个便于记忆的数据采集文件名。输入方法是：开机→[程序]→[标准测量]→[设置]→[作业]→[新建]→[ENT]。

④ 设置测站点数据：分别输入测站点的点号、坐标（N，E，Z）、测站编码、仪器高。若采用无码作业，测站可不输入编码；若测平面图，仪器高可不输入。测站点数据可以利用内存中的坐标数据来设定，也可以直接由键盘输入测站信息。输入方法是：返回到标准测量程序主菜单中的[记录]→[设置测站点]→[ENT]→输入测站信息→[ENT]。

⑤ 设置后视点数据：后视点设置可利用内存中的坐标数据设定，也可直接键入后视点坐标或直接键入定向角。输入方法是：返回到标准测量程序主菜单中的[记录]→[设置后视点]→[ENT]→输入后视点信息。在后视点数据设置时，可选择输入后视点编码和目标高（棱镜高）。

⑥ 定向：当测站点数据和后视点数据输入完后，选择一种测量模式，进入坐标测量，并进行定向，使水平度盘自动设置为后视点的方位角值。设置方法是：瞄准后视点（即定向点）→[设置]（使水平角等于方位角）→[ENT]。

⑦ 碎部测量：返回到标准测量程序主菜单中的[记录]→[侧视测量]（碎部测量）→输入点名、编码、镜高信息→瞄准碎部点棱镜→[ENT]→[确定]。

⑧ 瞄准下一碎部点棱镜→[ENT]，依次测量各点，直至本测站工作结束。

⑨ 搬至下一测站：重复①、③～⑥的操作步骤（作业名与前面一致，无须重新设置）。

注意：碎部点数据采集时，应边测量边绘草图，并使草图的点号与仪器记录的点号保持一致。

8.4.4 室内数字成图

实现内外业一体化数字测图的关键是要选择一种成熟的、技术先进的数字测图软件。目前，市场上比较成熟的大比例尺数字化测图软件主要有以下四种：① 广州南方测绘仪器公司开发的CASS。② 清华山维新技术开发有限公司开发的EPSW全息测绘系统。③ 北京威远图仪器公司开发的SV300。④ 广州开思测绘软件公司（SCS）开发的SCS GIS2000。这些数字化测图软件一般都应用了数据库管理技术并具有GIS前端数据采集功能，其生成的数字地形图可以多种格式文件输出并可以供某些GIS软件读取。它们都是在AutoCAD平台上开发的，其优点是可以充分利用AutoCAD强大的图形编辑功能。虽然上述数字化测图软件都是在AutoCAD平台上开发的，但它们的图形数据和地形编码一般互不兼容。因此，在同一个城市或一个区域，应根据实际情况和需求目的选择同一种数字化测图软件，以便统一全市或区域的数字化测图工作。

8.4.4.1 测图软件对软、硬件要求

(1) 硬件环境

① CPU为Pentium 133以上，内存不小于64MB，硬盘要有500兆以上的空间，VGA(800×600)以上彩色显示器。② 绘图仪、打印机应满足出图的需要。③ 本系统的硬加密锁（软件狗）。

(2) 软件环境

① Windows 95 或以上版本的操作系统，安装有 AutoCAD 2000 或以上版本。② Microsoft Access 97 数据库。③ 本系统的软件、硬加密锁号（软件狗）及相应软件的注册授权号。

8.4.4.2 数字地形图绘制

绘制数字地形图时，首先将外业采集的坐标数据文件或图形文件传输到计算机中，然后利用数字化测图软件的绘图功能，灵活运用多种成图方法，如先用“引导文件自动成图法”将能自动成图的图形画好，然后再利用“坐标定位成图法”，配合“工具”、“编辑”、“地物编辑”等下拉菜单的功能，根据草图或属性记录把剩余部分人机交互绘制成完善的平面图。对于电子平板和测图精灵测绘的平面图，也应使用各种编辑工具通过注记和编辑绘制出完整的平面图。平面图经过人机交互编辑好后，通常要用“删除实体所在图层”的功能，单击某一个点名将全部所展的点名删除，然后展高程点，并利用“等高线”下拉菜单的功能绘制、修饰等高线。等高线绘制有两种方案：一种是在绘制好的平面图上绘制等高线；另一种是单独绘制等高线，然后将等高线制作成图块，利用“图块插入”的功能将等高线图插入平面图中。在常规的平板测图中，等高线由手工描绘，虽然等高线可以描绘得比较光滑，但精度较低。而在数字测图系统中，等高线由计算机自动绘制，生成的等高线不仅光滑而且精度相当高。地形图

画好后，再进行图幅整饰即可得到一幅幅标准的地形图。

思考题与习题

(1) 测图前应做哪些准备工作？控制点展绘后，怎样检查其正确性？

(2) 试述经纬仪测绘法测绘地形图的工作步骤。

(3) 为确保地形图质量，应采取哪些主要措施？

(4) 根据表 8.5 中的视距测量记录数据，计算出各碎部点的水平距离及高程。

表 8.5　习题(4)表

测站 A　后视点 B　仪器高 $i=1.50$m　指标差 $x=0$　测站高程 $H_A=28.34$ m

点号	视距 Kl (m)	中丝读数 v (m)	竖盘读数 L (°　′)	竖直角 α (°　′)	水平角 β (°　′)	水平距离 D (m)	高程 H (m)	备注
1	28.6	1.50	87　42		26　30			望远镜视线水平时，
2	54.2	1.48	84　54		72　36			竖盘读数为 90°;向上
3	42.5	1.55	92　48		102　18			倾斜时，读数减少

(5) 根据图 8.10 上各碎部点的平面位置和高程，试勾绘等高距为 1 m 的等高线。

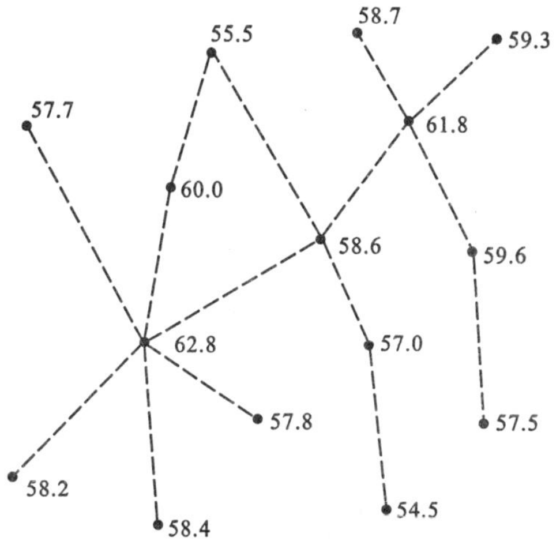

图 8.10　习题(5)图

(6) 地面数字测图有哪些主要特点？

(7) 简述 NTS-660 系列全站仪野外数据采集的操作步骤。

9　地形图的应用

【本章提要】本章主要介绍地形图的识读，地形图在工程建设中的应用。重点内容包括：地物、地貌的识读；应用地形图求某点坐标和高程，求某直线的坐标方位角、长度和坡度；利用地形图量算图形面积、绘纵断面图、选等坡度线、确定汇水面积，以及用地形图进行土石方计算。

地形图的一个突出特点是具有可量性和可定向性。设计人员可以在地形图上对地物、地貌做定量分析。如可以确定图上某点的平面坐标及高程；确定图上两点间的距离和方位；确定图上某部分的面积、体积；了解地面的坡度、坡向；绘制某方向线上的断面图；确定汇水区域和场地平整填挖边界等。地形图的另一个特点是综合性和易读性。在地形图上所提供的信息内容非常丰富，如居民地、交通网、境界线等各种社会经济要素，以及水系、地貌、土壤和植被等自然地理要素，还有控制点、坐标格网、比例尺等数字要素，此外还有文字、数字和符号等各种注记，尤其是大比例尺地形图更是建筑工程规划、设计、施工和竣工管理等不可缺少的重要资料。因此，正确地识读和应用地形图，是建筑工程技术人员必须具备的基本技能。

9.1　地形图的识读

地形图的识读是正确应用地形图的基础，这就要求能将地形图上的每一种注记、符号的含义准确地判读出来。地形图的识读，可按先图外后图内、先地物后地貌、先主要后次要、先注记后符号的基本顺序，并参照相应的《地形图图式》逐一阅读。

9.1.1　图外注记识读

读图时，先了解所读图幅的图名、图号、接合图表、比例尺、坐标系统、高程系统、等高距、测图时间、测图类别、图式版本等内容。然后进行地形图内地物和地貌的识读。

9.1.2　地物识读

根据地物符号和有关注记，了解地物的分布和地物的位置，因此，熟悉地物符号，是提高识图能力的关键。如图 9.1，图幅东南部有耀华新村和耀华小学，长冶公路从东南方穿过，路边有两个埋石图根导线点 12、13，并有低压电线。图幅西北部的小山头和山脊上有 73、74、75 三个图根三角点。

9.1.3　地貌识读

根据等高线判读出山头、洼地、山脊、山谷、山坡、鞍部等基本地貌，并根据特定的符号判读出雨裂、冲沟、峭壁、悬崖、崩坍、陡坎等特殊地貌。同时根据等高线的密集程度来分析地面坡度的变化情况。如图 9.1,该图中从北向南延伸着高差约 15 m 的山脊,西边有座十余米高的小山,西北方向有个鞍部。地面坡度在 6°～25°之间,属于山地,另有多处陡坎和斜坡。

在地形图上,除读出各种地物和地貌外,还应根据图上配置的各种植被符号或注记说明,了解植被的分布、类别特征、面积大小等。在图 9.1 中,两山之间种植有水稻,东南角为藕塘,正北方向的山坡为竹林,紧靠竹林的是一片经济林,西南方向的小山头上是一片坟地,其余山坡是旱地。

按以上读图的基本程序和方法,可对一幅地形图获得较全面的了解,以达到真正读懂地形图的目的,为用图打下良好的基础。

9.2 地形图应用的基本内容

9.2.1 图上量取点的坐标

欲确定地形图上某点的坐标,可根据格网坐标用图解法求得。

如图 9.2,欲求图上 A 点的坐标,首先找出 A 点所处的小方格,并用直线连成小正方形 $abcd$,其西南角 a 点的坐标为(x_a,y_a),再量取 ag 和 ae 的长度,即可获得 A 点的坐标为:

$$\left.\begin{aligned} x_A &= x_a + ag \cdot M \\ y_A &= y_a + ae \cdot M \end{aligned}\right\} \tag{9.1}$$

式中:M——地形图比例尺分母。

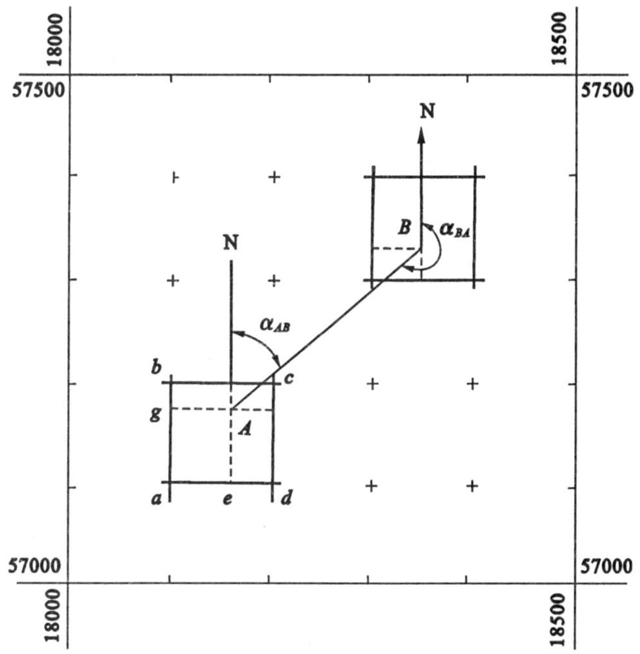

图 9.2 图上量测

为了提高坐标量算的精度,必须考虑图纸伸缩的影响,可按下式计算 A 点的坐标:

$$\left.\begin{aligned} x_A &= x_a + \frac{10}{ab} \cdot ag \cdot M \\ y_A &= y_a + \frac{10}{ad} \cdot ae \cdot M \end{aligned}\right\} \tag{9.2}$$

式中：ag、ae、ab、ad——图上量取的长度(单位为毫米)，量至 0.1 mm；

M——地形图比例尺分母。

图解法求得的坐标精度受图解精度的限制，一般认为，图解精度为图上 0.1 mm，则图解坐标精度不会高于 0.1M(单位为毫米)。

9.2.2 图上量测两点间的水平距离

如图 9.2，欲确定 A、B 两点间的距离，可用以下两种方法。

9.2.2.1 图解法

用直尺直接量取 A、B 两点间的图上长度 d_{AB}，再根据比例尺计算两点间的距离 D_{AB}。公式为：

$$D_{AB} = d_{AB}M \tag{9.3}$$

也可以用卡规在图上直接卡出线段长度，再与图示比例尺比量，得出图上两点间的水平距离。

9.2.2.2 解析法

利用图上两点的坐标计算出两点间的距离。这种方法能消除图纸变形的影响，提高距离精度。

如图 9.2，先按式(9.1)或式(9.2)求出 A、B 两点的坐标值(x_A, y_A)、(x_B, y_B)，然后按下式计算出两点间的距离：

$$D_{AB} = \sqrt{(x_B - x_A)^2 + (y_B - y_A)^2} = \sqrt{(\Delta x_{AB})^2 + (\Delta y_{AB})^2} \tag{9.4}$$

若求解图解坐标考虑了图纸伸缩变形的影响，则解析法求距离的精度高于图解法的精度。图纸上绘有图示比例尺时，一般用图解法量取两点间的距离，这样既方便，又能保证精度。

9.2.3 图上量测直线的方位角

在图 9.2 中，欲确定直线 AB 的坐标方位角，可用以下两种方法。

9.2.3.1 图解法

如图 9.2，过 A、B 两点分别作坐标纵轴的平行线，然后用测量专用量角器量出 α_{AB} 和 α_{BA}，取其平均值作为最后结果，即

$$\bar{\alpha}_{AB} = \frac{1}{2}[\alpha_{AB} + (\alpha_{BA} \pm 180°)] \tag{9.5}$$

此法受量角器最小分划的限制，精度不高。当精度要求较高时，可用解析法。

9.2.3.2 解析法

先求出 A、B 两点的坐标，然后按下式计算 AB 直线的方位角 α_{AB}：

$$\alpha_{AB} = \arctan\frac{\Delta y_{AB}}{\Delta x_{AB}} = \arctan\frac{y_B - y_A}{x_B - x_A} \tag{9.6}$$

由于坐标量算的精度比角度量测的精度高，因此，解析法所获得的方位角比图解法可靠。

9.2.4 图上量测点的高程

如果所求点正好处在等高线上，则此点的高程即为该等高线的高程。如图 9.3，A 点的高程 $H_A=38$ m。若所求点不在等高线上，则应根据比例内插法确定该点的高程。在图 9.3 中，欲求 B 点的高程，首先过 B 点作相邻两条等高线的近似公垂线，与等高线相交于 m、n 两点，然后在图上量取 mn 和 nB，按下式计算 B 点的高程：

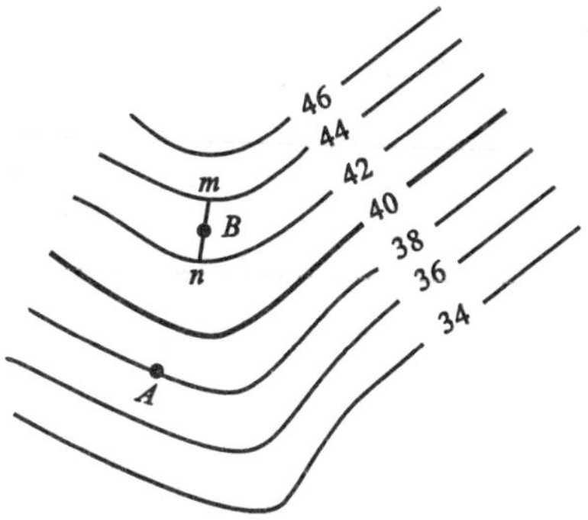

图 9.3 点的高程量测

$$H_B = H_n + \frac{nB}{mn} \cdot h \tag{9.7}$$

式中：h——等高距(m)；

H_n——n 点的高程。

如图 9.3 中

$$H_B = 42 + \frac{3.0}{5.7} \times 2 = 43.1 \text{ m}$$

当精度要求不高时，也可用目估内插法确定待求点的高程。

9.2.5 图上量测两点间的坡度

设图上直线两端点间的高差为 h，两点间的距离为 D，则地面上该直线的平均坡度为：

$$i = \frac{h}{D} = \frac{h}{dM} \tag{9.8}$$

坡度 i 通常用百分率(%)或千分率(‰)表示。

如图 9.3，$h_{AB}=43.1-38=5.1$ m，若 $D_{AB}=100$ m，则 $i=5.1\%$。

如果直线两端位于相邻两条等高线上，则所求的坡度与实地坡度相符。如果直线跨越多条等高线，且相邻等高线之间的平距不等时，则所求的坡度是两点间的平均坡度，与实地坡度不完全一致。

9.2.6 图上面积量算

在工程建设、城市规划、地籍测量中常需要在地形图上量算一定轮廓范围的面积。当今社会人们对面积的关注程度超出了以往任何时候，作为一个测绘工作者，要正确对待面积量算。面积量算的正确与否关系到有关各方的利益，只有通过选用适当的量算方法和正确的计算程序，才能保证结果的客观、公正和准确。

图上面积量算的方法有几何图形法、解析法、模片法、求积仪法等。

对于数字地形图，可利用 AutoCAD 或数字化测图软件直接查询指定区域的面积。

9.2.6.1 几何图形法

此法是利用分规和比例尺，在地形图上量取图形的各几何要素(一般为线段长度)，通过公式计算面积。常用的图形有三角形、梯形和矩形等简单几何图形。对于较为复杂的图形可将其划分成简单的几何图形，用上述方法求出各简单几何图形的面积再相加，如图 9.4 所示。为了保证面积量测、计算的精度，要求在图上量测线段长度时精

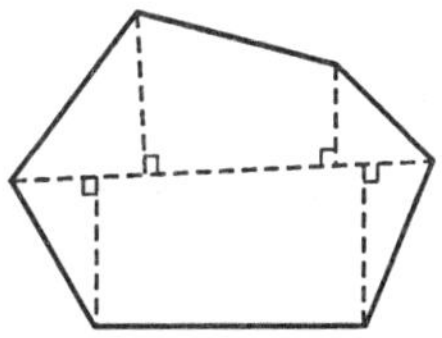
图 9.4 几何图形法

确到 0.1 mm。

9.2.6.2 解析法

如果欲求面积的图形为任意多边形，且各顶点的坐标已知，则可根据公式计算面积。如图 9.5 所示，$ABCD$ 为任意四边形，各顶点 A、B、C、D 的坐标按顺时针方向编号，分别为(x_1,y_1)、(x_2,y_2)、(x_3,y_3)、(x_4,y_4)，各顶点向 x 轴投影得 A'、B'、C'、D'点，则四边形 $ABCD$ 的面积，等于 $C'CDD'$的面积加 $D'DAA'$的面积减去 $C'CBB'$和 $B'BAA'$的面积。四边形 $ABCD$ 的面积为：

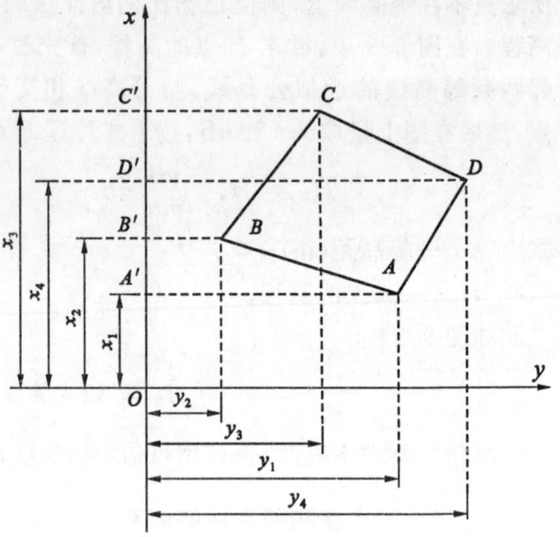

图 9.5 坐标计算法

$$S=\frac{1}{2}[(y_3+y_4)(x_3-x_4)]$$
$$+\frac{1}{2}[(y_4+y_1)(x_4-x_1)]$$
$$-\frac{1}{2}[(y_3+y_2)(x_3-x_2)]$$
$$-\frac{1}{2}[(y_2+y_1)(x_2-x_1)]$$
$$=\frac{1}{2}[x_1(y_2-y_4)+x_2(y_3-y_1)$$
$$+x_3(y_4-y_2)+x_4(y_1-y_3)]$$

若图形有 n 个顶点，则上式可推广为：

$$S=\frac{1}{2}[x_1(y_2-y_4)+x_2(y_3-y_1)+\cdots+x_n(y_{n+1}-y_{n-1})]$$

即
$$S=\frac{1}{2}\sum_{i=1}^{n}x_i(y_{i+1}-y_{i-1}) \tag{9.9}$$

若将各顶点投影于 y 轴，同理可推出：

$$S=\frac{1}{2}\sum_{i=1}^{n}y_i(x_{i-1}-x_{i+1}) \tag{9.10}$$

应注意，在式(9.9)和式(9.10)中，当 $i=1$ 时，$i-1$ 取 n 值；当 $i=n$ 时，$i+1$ 取 1。

式(9.9)和式(9.10)为解析法求面积的通用公式。如果多边形顶点按顺时针方向编号，面积值为正号，反之则为负号，但最终取值为正。

9.2.6.3 模片法

模片法是利用赛璐珞、聚酯薄膜、玻璃、透明胶片等制成的模片，在模片上建立一组有单位面积的方格、平行线等，然后利用这种模片去覆盖被量测的面积，从而求得相应的图上面积值，再根据地形图的比例尺，计算出所测图形的实地面积。模片法具有量算工具简单，方法容易掌握，又能保证一定的精度等特点。因此，在图解面积测算中是一种常用的方法。

(1) 方格法

如图 9.6 所示，在透明模片上绘制边长为 1 mm 的正方形格网，把它覆盖在待测算面积的图形上，数出图形内的整方格数和图形边缘的零散方格个数。对零散方格采用目估凑整，通常每两个凑成一个，则所测算图形的面积为：

$$S=\left(n_{整}+\frac{1}{2}n_{零}\right)a^2M^2 \tag{9.11}$$

式中：S——图形面积(m^2)；

$n_{整}$——整方格个数；

$n_{零}$——零散方格个数；

a——方格边长(m)；

M——比例尺分母。

(2) 平行线法

如图 9.7 所示，在透明模片上绘有间距为 2～5 mm 的平行线(同一模片上间距相同)，把它覆盖在待测算面积的图形上，并转动模片使平行线与图形的上、下边线相切。此时，相邻两平行线之间所截的部分为若干个等高的近似梯形。量出各梯形的底边长度 l_1、l_2、…、l_n，则各梯形的面积分别为：

$$S_1=\frac{1}{2}(0+l_1)hM^2$$

$$S_2=\frac{1}{2}(l_1+l_2)hM^2$$

$$\vdots$$

$$S_{n+1}=\frac{1}{2}(l_n+0)hM^2$$

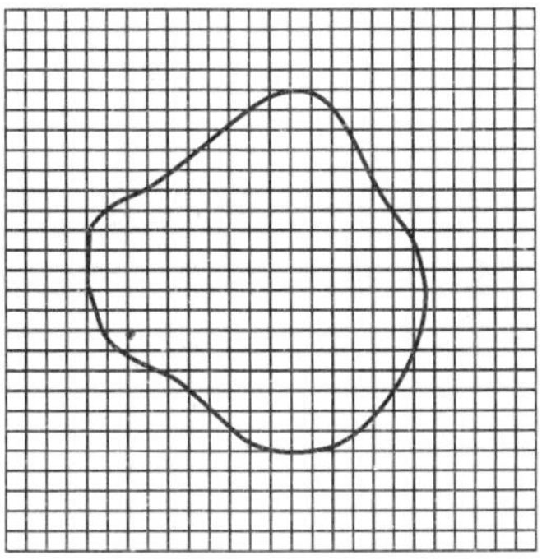

图 9.6 方格法

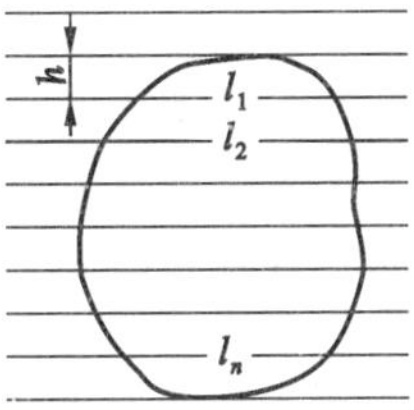

图 9.7 平行线法

则图形的总面积为：

$$S=S_1+S_2+\cdots+S_{n+1}=(l_1+l_2+\cdots+l_n)hM^2 \tag{9.12}$$

式中：S——图形面积(m^2)；

l_1、l_2、…、l_n——梯形底边长度(m)；

h——平行线间距(m)；

M——比例尺分母。

9.2.6.4 求积仪法

求积仪是一种专门用于在图纸上量算图形面积的仪器，适用于不同的图形。图 9.8 所示是日本索佳公司生产的 KP-90N 脉冲式数字求积仪。它由动极轴、电子计算器和跟踪臂三部分组成。动极轴两端为滚轮，可在垂直于动极轴的方向上滚动。计算器与动极轴之间由活动枢纽连接，使计算器能绕枢纽旋转。跟踪臂与计算器固连在一起，右端是描迹镜，用以走描图形的边界。借助动极轴的滚动和跟踪臂的旋转,可使描迹镜沿图形边缘运动。仪器底面有一积分轮,它随描迹镜的移动而转动,并获得一种模拟量。微型编码器也在底面,它将积分轮所得模拟量转换成电量,测得的数据经专用电子计算器运算后,直接按8位数在显示器上显示出面积值。

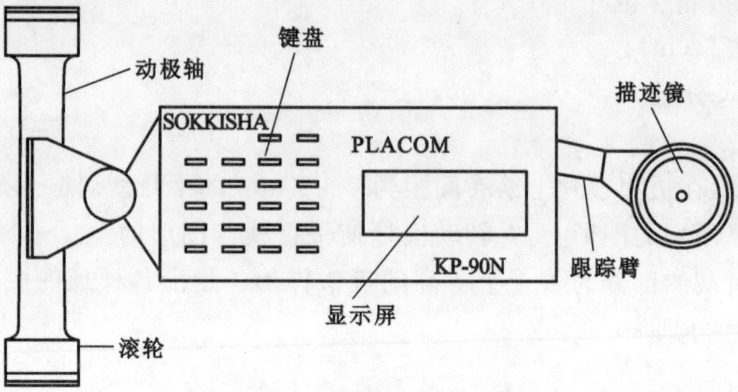

图 9.8　KP-90N 数字求积仪

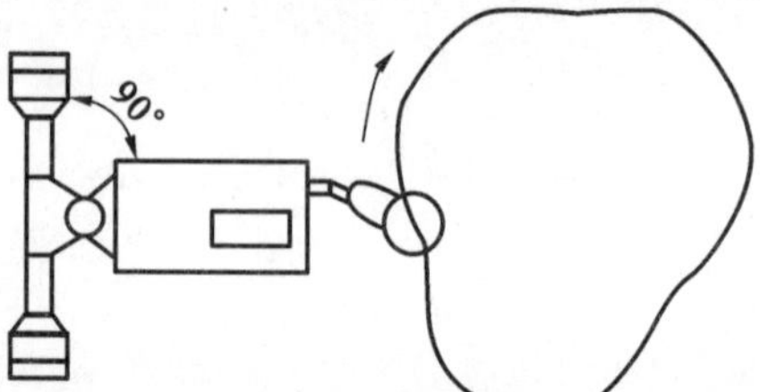

图 9.9　求积仪法

使用数字求积仪进行面积测量时,先将欲测面积的地形图水平放置,并试放仪器在图形轮廓的中间偏左处,使跟踪臂的描迹镜上下移动时,能达到图形轮廓线的上下顶点,并使动极轴与跟踪臂大致垂直,然后在图形轮廓线上标记起点,如图 9.9 所示。测量时,先打开电源开关,用手握住跟踪臂描迹镜,使描迹镜中心点对准起点,按下 STAR 键后沿图形轮廓线顺时针方向移动,准确地跟踪一周后回到起点,再按 AVER 键,则显示器显示出所测量图形的面积值。若想得到实地面积,测量前可选择 m^2 或 km^2,并将比例尺分母输入计算器,当测量一周回到起点时,可得所测图形的实地面积。

有关数字求积仪的具体操作方法和其他功能,可参阅使用说明书。

9.3　地形图在工程建设中的应用

9.3.1　绘制地形断面图

在道路、管线等线路工程设计中,为了合理地确定线路的纵坡,或在场地平整中,进行填、挖土方量的概算,或为布设测量控制网,进行图上选点,以及判断通视情况等,均需详细了解沿线方向的坡度变化情况。因此,要根据地形图并按一定比例绘制能反映某一方向地面起伏状况的断面图。

如图 9.10(a),若要绘制 MN 方向的断面图,具体步骤如下:

(1) 在图纸上绘制一直角坐标,横轴表示水平距离,纵轴表示高程。水平距离的比例尺与地形图的比例尺一致。为了明显地反映地面的起伏情况,高程比例尺一般为水平距离比例尺的 10～20 倍,如图 9.10(b)所示。

(2) 在纵轴上标注高程,在横轴上适当位置标出 M 点。将直线 MN 与各等高线的交点

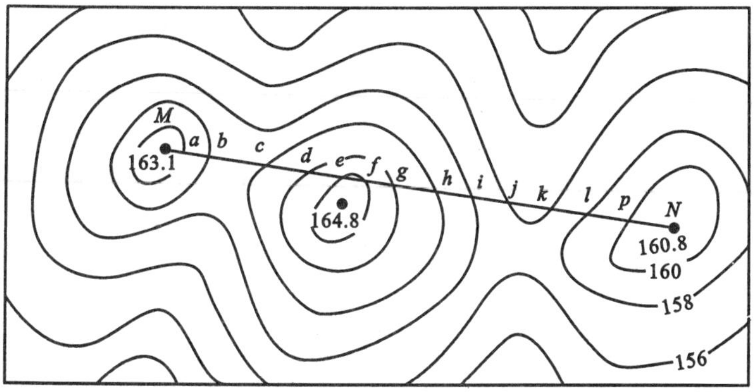

(a)

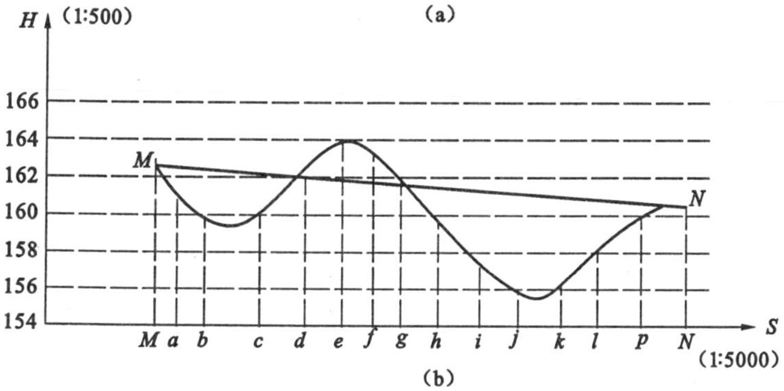

(b)

图 9.10　绘制断面图

a、b、…、p 以及 N 点，按其与 M 点之间的距离转绘在横轴上。

(3) 根据横轴上各点相应的地面高程，在坐标系中标出相应的点位。

(4) 把相邻的点用光滑的曲线连接起来，便得到地面直线 MN 的断面图，如图 9.10(b)所示。

若要判断地面上两点是否通视，只需在这两点的断面图上用直线连接两点，如果直线与断面线不相交，说明两点通视，否则，两点之间视线受阻。在图 9.10(b)中，M、N 两点互不通视。这类问题的研究，对于架空索道、输电线路、水文观测、测量控制网布设、军事指挥及军事设施的兴建等都有很重要的意义。

9.3.2　按限制坡度选择最短路线

在山区或丘陵地区进行管线或道路工程设计时，均有指定的坡度要求。在地形图上选线时，先按规定坡度找出一条最短路线，然后综合考虑其他因素，获得最佳设计路线。

如图 9.11 所示，欲在 A 和 B 两点间选定一条坡度不超过 i 的线路，设图上等高距为 h，地形图的比例尺为 $1:M$，由式(9.8)可得线路通过相邻两条等高线的最短距离为：

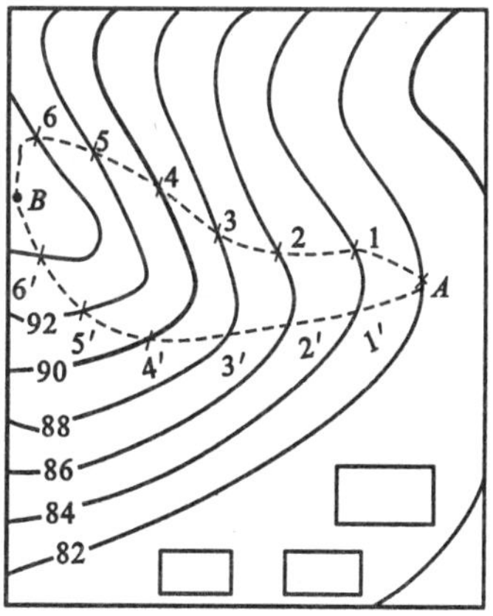

图 9.11　按设计坡度选线

$$d = \frac{h}{iM}$$

在图上选线时，以 A 点为圆心，以 d 为半径画弧，交 84 m 等高线于 1、1′两点，再以 1、1′两点为圆心，以 d 为半径画弧，交 86 m 等高线于 2、2′两点，依次画弧直至 B 点。将这些相邻的交点依次连接起来，便可获得两条同坡度线 $A12\cdots B$ 和 $A1'2'\cdots B$，最后通过实地调查比较，从中选定一条最合理的路线。

在作图过程中，如果出现半径小于相邻等高线平距的情况，即圆弧与等高线不能相交，说明该处的坡度小于指定坡度，此时，路线可按最短距离定线。

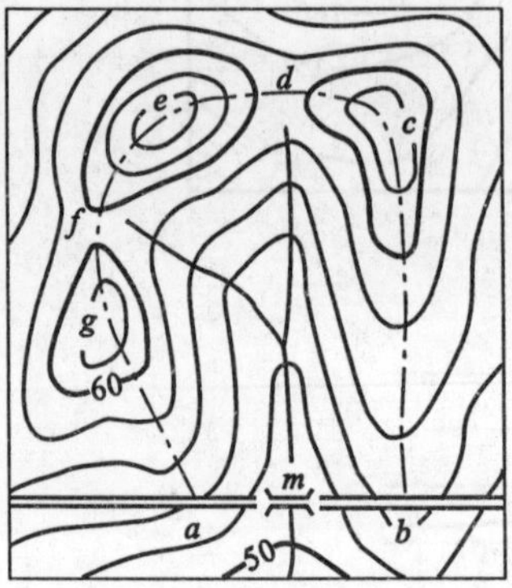

图 9.12　确定汇水面积

9.3.3　确定汇水区域

在修筑桥涵或水库大坝等工程中，桥梁、涵洞孔径的大小，大坝的设计位置、高度，水库的库容量大小等，都需要了解这个区域水流量的大小，而水流量是根据汇水面积来计算的。汇集水流量的面积称为汇水面积。汇水面积由一系列的分水线连接而成。

如图 9.12 所示，一条公路跨越山谷，拟在 m 处架一座桥梁或修一涵洞，此时必须了解此处的汇水量。欲确定汇水量，先应确定汇水面积的边界线，以确定汇水区域。在图 9.12 中，由山脊线 $bcdefga$ 与公路上的 ab 所围成的闭合图形的面积即为这个山谷的汇水面积。利用 9.2.6 节中面积量算的方法，求得汇水面积的大小，再结合气象水文资料，可确定流经公路 m 处的水流量。

9.3.4　场地平整时填挖边界的确定和土方量计算

在建筑工程中，往往要进行建筑场地的平整。利用地形图可以估算土石方工程量，选择既合理又经济的最佳方案。下面介绍方格网法估算土石方量的方法。

9.3.4.1　平整为水平场地

如图 9.13 所示，欲将 40 m 见方的 $ABCD$ 坡地平整为某一高程的平地，要求填、挖方量平衡。其方法如下：

(1) 绘制方格网

在地形图上拟平整土地的区域绘制方格网。方格的大小取决于地形的复杂程度、地形图比例尺和土方量概算的精度。一般取小方格的实地边长为 10 m 或 20 m。图 9.13 中为 10 m。

(2) 计算设计高程

根据地形图上的等高线，用内插法求出各方格顶点的地面高程，标注在方格顶点的右上方。分别求出各方格四个顶点的平均高程 $H_i(i=1,2,\cdots,n)$，然后将各方格的平均高程求和并除以方格总数 n，就可得到设计高程 $H_{设}$，即：

$$H_{设}=\frac{1}{n}(H_1+H_2+\cdots+H_n)=\frac{1}{n}\sum_{i=1}^{n}H_i$$

从图 9.13 中可以看出，方格网的角点 A、B、C、D 的高程只用一次，边点 a、b、c、d、e、f、…的高程用两次，中点 1、2、3、4、5、6、…的高程用四次，若有拐点其高程用三次(图 9.13 中没有拐点)，因此，设计高程 $H_{设}$ 的计算公式可以化为：

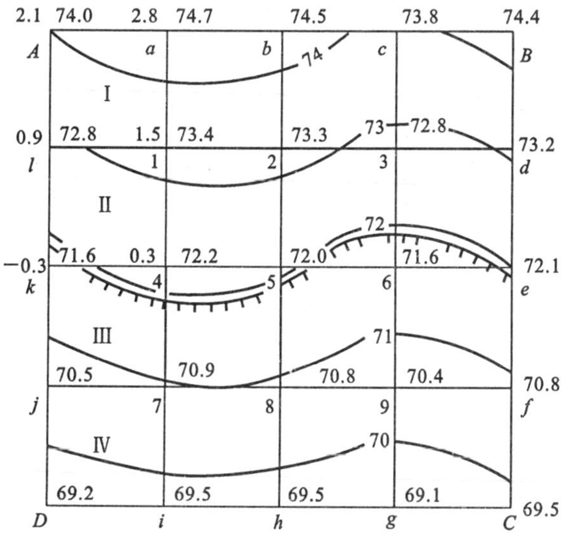

图 9.13　水平场地平整

$$H_{设}=\frac{1}{4n}\left(\sum H_{角}+2\sum H_{边}+3\sum H_{拐}+4\sum H_{中}\right) \tag{9.13}$$

将图 9.13 中各方格顶点的高程代入上式中，即可计算出设计高程为 71.9 m。

(3) 绘制填、挖边界线

根据设计高程，在地形图上用内插法绘出 71.9 m 的等高线，该线即为挖填平衡的边界线，如图 9.13 中标短线的等高线。

(4) 计算挖、填高度

将各方格顶点的高程减去设计高程即得其挖、填高度，即：

$$h_i=H_i-H_{设} \tag{9.14}$$

每一方格顶点的挖、填高度标注在对应顶点的左上方。

(5) 计算挖、填土方量

可按角点、边点、拐点和中点分别计算，计算公式如下：

$$\left.\begin{aligned}&\text{角点:挖(填)高}\times\frac{1}{4}\text{方格面积}\\&\text{边点:挖(填)高}\times\frac{2}{4}\text{方格面积}\\&\text{拐点:挖(填)高}\times\frac{3}{4}\text{方格面积}\\&\text{中点:挖(填)高}\times\frac{4}{4}\text{方格面积}\end{aligned}\right\} \tag{9.15}$$

将挖方和填方分别求和，即得总挖方和总填方，结果理论上应相等，而实际计算中有少量差别。挖、填土方量的计算一般在表格中进行，通常使用 Excel 进行计算。

9.3.4.2　平整为倾斜场地

有时为了充分利用自然地势，减少土石方工程量，以及场地排水的需要，在填挖平衡的原则下，可将场地平整成具有一定坡度的倾斜面，其步骤如下：

(1) 绘制方格网

方法同 9.3.4.1 节之(1)，如图 9.14 所示。

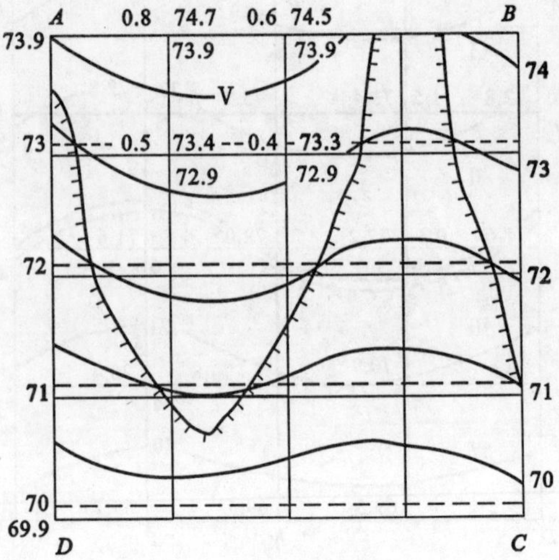

图 9.14　倾斜场地平整

(2) 计算场地平均高程

方法同 9.3.4.1 节之(2)。经计算场地平均高程为 $H_{平}=71.9$ m。

(3) 计算倾斜场地最高边线和最低边线高程

如图 9.14 所示，欲将 $ABCD$ 地块平整为由 AB 向 CD 倾斜 10%的坡度，因此 AB 线上各点为最高点，DC 线上各点为最低点。当 AB 线和 DC 线之间中点位置的设计高程为 $H_{平}$ 时，方可使场地的填、挖土方量平衡。设 AD 边长为 D_{AD}，由此得：

$$H_A = H_B = H_{平} + \frac{1}{2}D_{AD}i = 71.9 + \frac{1}{2} \times (40 \times 10\%) = 73.9 \text{ m}$$

$$H_C = H_D = H_{平} - \frac{1}{2}D_{AD}i = 71.9 - \frac{1}{2} \times (40 \times 10\%) = 69.9 \text{ m}$$

(4) 确定倾斜场地的等高线

根据 A、D 两点的设计高程，在 AD 直线上用内插法定出 70 m、71 m、72 m、73 m 各设计等高线的点位，过这些点作 AB 的平行线(图 9.14 中以虚线表示)，就是倾斜场地的等高线。

(5) 确定填、挖边界线

倾斜场地等高线与原地形图上与其同高程等高线的交点刚好位于倾斜面上，连接这些点即为填、挖边界线。填、挖边界线上有短线的一侧为填方区，另一侧为挖方区。

(6) 计算方格顶点的设计高程

根据倾斜场地等高线用内插法确定各方格顶点的设计高程，注于方格顶点的右下方。

(7) 计算填、挖方量

方法同 9.3.4.1 节之(5)。

思考题与习题

(1) 简述地形图识读的基本过程。

(2) 地形图应用的基本内容有哪些?

(3) 利用图 9.1 完成以下作业:

① 求图根三角点 73、74、75 各点的坐标。

② 求 73—74、74—75 的坐标方位角。

③ 求 73—74、74—75、73—75 之间的水平距离。

④ 确定 da、cd 的平均坡度,并比较其陡缓。

⑤ 在 ca 之间选定一条坡度为 10%的最短路线。

⑥ 绘出 73—74 间的纵断面图。

⑦ 分别用方格法和平行线法计算西南部图幅内池塘的面积,并比较两种方法的测算结果。

⑧ 拟将四边形 $abcd$(边长为 40 m)整理成填、挖方量基本平衡的水平场地,试计算填、挖方量的大小。

(4) 现有一多边形地块,在地形图上求得各边界特征点的坐标分别为 A(500.00,500.00)、B(375.57,593.32)、C(363.02,615.82)、D(472.12,674.05)、E(514.37,610.18),试计算该地块的占地面积。

10　施工测量的基本工作

【本章提要】本章概述了施工测量的内容和特点，重点讲述了距离、水平角和高程的测设方法，以及测设点的平面位置的基本方法，介绍了已知坡度直线和圆曲线的测设方法。

10.1　施工测量概述

10.1.1　概述

在施工阶段所进行的测量工作称为施工测量。

施工测量的任务是把图纸上设计的建(构)筑物的平面位置和高程，按设计和施工的要求在施工作业面上测设(放样)出来，作为施工的依据，并在施工过程中进行一系列测量工作，以指导和衔接各施工阶段和工种间的施工。施工测量贯穿于施工的始终。从建立施工控制网、场地平整，至建(构)筑物的放样，构件与设备安装，都要进行一系列的测量工作，以确保施工质量符合设计要求。施工中每道工序完成后，都要通过测量检查工程各部位的实际平面位置和高程是否符合要求，还要编绘竣工图和资料，作为验收时鉴定工程质量和工程交付后管理、维修、扩建、改建的依据。随着施工的进展，还应对一些大型、高层或特殊建(构)筑物进行变形观测，作为鉴定工程质量和验证工程设计、施工是否合理的依据。

10.1.2　施工测量的特点

(1) 施工测量是直接为工程施工服务的，必须与施工组织计划相协调。测量人员应与设计、施工人员密切联系，了解设计内容、性质及对测量精度的要求，随时掌握工程进度及现场的变动，使测设精度和速度满足施工的需要。

(2) 施工测量的精度主要取决于建(构)筑物的大小、性质、用途、材料、施工方法等因素。例如，施工控制网的精度一般高于测图控制网的精度；高层建筑测设精度高于低层建筑；装配式建筑测设精度高于非装配式；连续性自动设备厂房测设精度高于独立厂房；钢结构建筑测设精度高于钢筋混凝土结构、砖石结构。施工测量精度不够，将造成质量事故；精度要求过高，则导致人力、物力及时间的浪费。因此，应选择合理的施工测量精度。

(3) 由于施工现场各工序交叉作业、材料堆放、运输频繁、场地变动及施工机械震动等，使测量标志易遭受破坏，因此，测量标志从形式、选点到埋设均应考虑便于使用、保管和检查，如有破坏，应及时恢复。

(4) 现代建筑工程规模大，施工进度快，测量精度要求高，所以在施工测量前应做好一系列准备工作，认真核算图纸上的尺寸与数据；检校好仪器和工具；制订合理的测设方案；在测设过程中，要注意仪器和人身安全。

10.2 测设的基本工作

测设就是根据已有的控制点或地物点，按工程设计要求，将建(构)筑物的特征点在实地标定出来。因此，首先要确定特征点与控制点或原有建筑物之间的角度、距离和高程关系，这些位置关系称为测设数据，然后利用测量仪器，根据测设数据将特征点测设到实地。测设的基本工作包括水平距离测设、水平角测设和高程测设。

10.2.1 测设已知水平距离

测设已知水平距离是从地面一个已知点开始，沿已知方向，量出给定的实地水平距离，定出这段距离的另一端点。

10.2.1.1 钢尺测设法

(1) 一般方法

当测设精度要求不高时，可从起始点开始，沿给定的方向和长度，用钢尺量距，定出水平距离的终点。为了校核，可将钢尺移动 10～20 cm，再测设一次。若两次测设之差在允许范围内，取平均位置作为终点最后位置。

(2) 精确方法

当测设精度要求较高时，应使用检定过的钢尺，用经纬仪定线，根据给定的水平距离 D，经过尺长改正、温度改正和倾斜改正后，计算出地面上应测设的距离 L。公式为：

$$L = D - (\Delta L_d + \Delta L_t + \Delta L_h) \tag{10.1}$$

然后根据计算结果，用钢尺进行测设。现举例说明测设过程。

如图 10.1 所示，从 A 点沿 AC 方向测设 B 点，使水平距离 D=28 m，所用钢尺的尺长方程式为：

$$l_t = 30\ \text{m} + 0.005\ \text{m} + 1.25 \times 10^{-5} \times 30 \times (t - 20\ ℃)\text{m}$$

测设之前通过概量定出终点，并测得两点之间的高差为 $h_{AB} = +1.380$ m。测设时温度为 t=10 ℃，测设时拉力与检定钢尺时拉力相同，均为 100 N。先求 L 的长度。

按 4.1.5 节的方法求出三项改正数。由于 D 与 L 相差不大，故式中的 L 可用 D 代替。计算如下：

$$\Delta L_d = D\frac{\Delta l}{l_0} = 28 \times \frac{0.005}{30} = 0.005\ \text{m}$$

$$\Delta L_t = \alpha(t - t_0)D = 1.25 \times 10^{-5} \times (10 - 20) \times 28 = -0.004\ \text{m}$$

$$\Delta L_h = -\frac{h^2}{2D} = -\frac{1.38^2}{2 \times 28} = -0.034\ \text{m}$$

$$L = 28 - (0.005 - 0.004 - 0.034) = 28.033\ \text{m}$$

测设时可在 AC 方向用钢尺实量 28.033 m，定出 B 点，则 AB 的水平距离正好为 28 m。

10.2.1.2 全站仪测设法

由于全站仪的普及，目前水平距离的测设，尤其是长距离的测设多采用全站仪。如图 10.2 所示，安置全站仪于 A 点，反光棱镜在已知方向上移动，使仪器显示值略大于测设的距离，定出 C'点。在 C'点安置反光棱镜，测出水平距离 D'(必要时加测气象改正)，求出 D'与

应测设的水平距离 D 之差 $\Delta D=D-D'$。根据 ΔD 的符号在实地用钢尺沿测设方向将 C' 改正至 C 点，并用木桩标定其点位。为了检核，应将反光镜安置于 C 点，再实测 AC 距离，其不符值应在限差之内，否则应再次进行改正，直至符合限差为止。

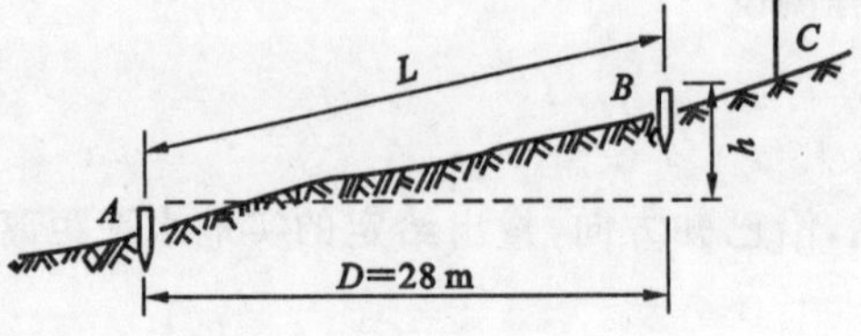

图 10.1　钢尺测设水平距离

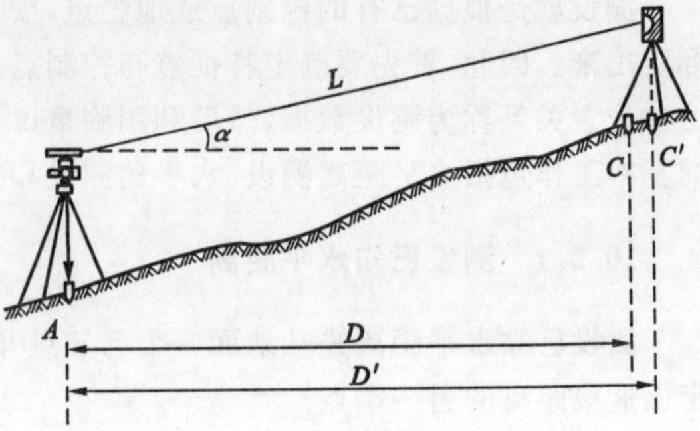

图 10.2　全站仪测设水平距离

10.2.2　测设已知水平角

测设已知水平角实际上是从一个已知方向出发放样出另一个方向，使它与已知方向的夹角等于已知水平角。它与水平角测量的不同之处是：水平角测量是地面上有三个桩标明了两个方向，未知的是角值；水平角测设是角值已知，地面上只有两个桩位，欲标定第三个桩点。

10.2.2.1　*一般方法*

当角度测设精度要求不高时，可用盘左盘右取平均的方法，获得欲测设的角度。如图 10.3 所示，A 点为已知点，AB 为已知方向，欲放样 β 角，标定 AC 方向。安置经纬仪于 A 点，先用盘左位置照准 B 点，使水平度盘读数为零，转动照准部使水平度盘读数恰好为 β 值，在此视线上定出 C'。然后用盘右位置照准 B 点，重复上述步骤，测设 β 角定出 C'' 点。最后取 $C'C''$ 的中点 C，则 $\angle BAC$ 就是要测设的 β 角。为了检核，应重新测定 $\angle BAC$ 的大小，并与已知的水平角值 β 进行比较，若相差值超过规定的范围，则应重新测设 β 角。

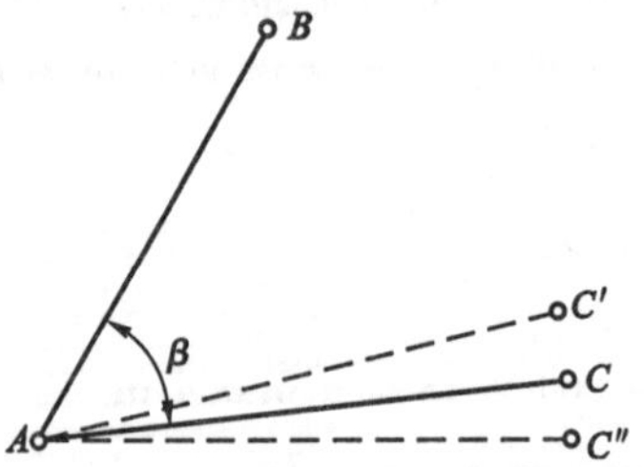

图 10.3　一般方法测设水平角

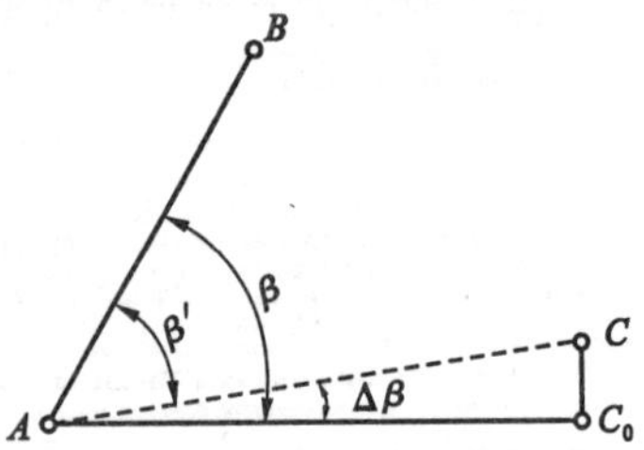

图 10.4　精确方法测设水平角

10.2.2.2　*精确方法*

当角度测设精度要求较高时，可用精确测设的方法。如图 10.4 所示，设 AB 为已知方向，先用一般测设方法按欲测设的角值测设出 AC 方向并定出 C 点。然后用测回法测定 $\angle BAC$ 的大小（根据需要可测多个测回），测得其角值为 β'，则角度差值为 $\Delta\beta=\beta-\beta'$（$\Delta\beta$ 以秒为单位）。概量距离 AC，并按下式计算出垂距 CC_0：

$$CC_0 = AC\tan\Delta\beta \approx AC\,\frac{\Delta\beta}{\rho''} \tag{10.2}$$

从 C 点沿 AC 垂直方向量取 CC_0，$\angle BAC_0$ 即为欲测设的 β 角。当 $\Delta\beta>0$ 时，C 点沿 AC 垂直方向往外调整垂距 CC_0 至 C_0 点；当 $\Delta\beta<0$ 时，C 点沿 AC 垂直方向往里调整垂距 CC_0 至 C_0 点。

10.2.3 测设已知高程

根据附近的水准点，将设计的高程测设到现场作业面上，称为测设已知高程。在建筑设计和施工中，为了计算方便，一般把建筑物的室内地坪用±0.000 表示，基础、门窗等的标高都是以±0.000 为依据确定的。

假设在设计图纸上查得建筑物的室内地坪高程为 $H_{设}$，而附近有一水准点 R，其高程为 H_R，现要求把 $H_{设}$ 测设到木桩 B 上。如图 10.5 所示，在木桩 B 和水准点 R 之间安置水准仪，在 R 点上立尺，读数为 a，则水准仪视线高程 $H_i=H_R+a$。根据视线高程和地坪设计高程可算出 B 点尺上应有的读数为：

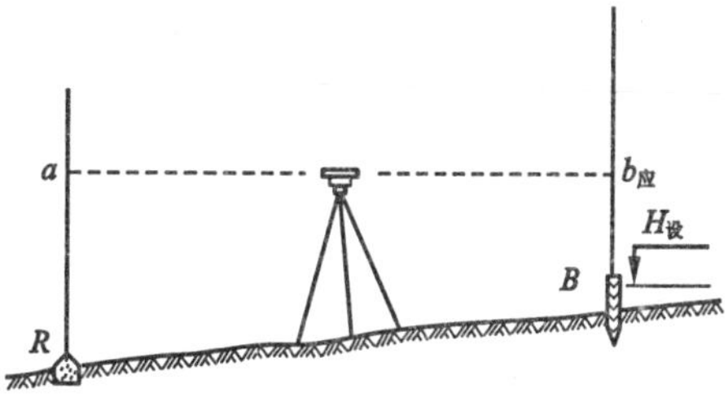

图 10.5 测设高程

$$b_{应} = H_i - H_{设}$$

然后将水准尺紧靠 B 点木桩侧面上下移动，直到水准尺读数为 $b_{应}$ 时，沿尺底在木桩侧面画线，此线就是测设的高程位置。

10.3 测设点位的方法

10.3.1 点的平面位置测设

点的平面位置测设方法有多种，可根据点位的分布、地形及现场条件进行选择。

10.3.1.1 直角坐标法

当建筑场地已有相互垂直的主轴线或矩形方格网时，就可用直角坐标法测设点的平面位置。

如图 10.6 所示，oA、oB 为相互垂直的主轴线，它们的方向与建筑物相应两轴线平行。根据设计图上给定的 1、2、3、4 点的位置及 1、3 两点的坐标，即可从 oA 和 oB 放样出 1、2、3、4 各点。

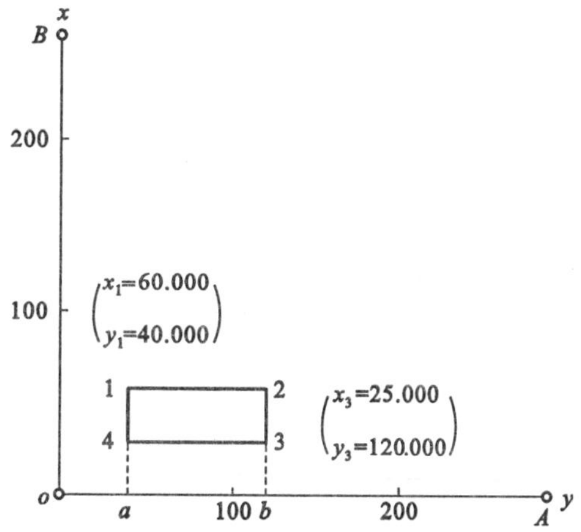

图 10.6 直角坐标法测设点位

(1) 计算测设数据

在图 10.6 中，由 1、3 两点的坐标可知，建筑物的墙轴线与坐标格网线平行。建筑物的长度为 $y_3-y_1=80.000$ m，宽度为 $x_1-x_3=$

35.000 m。过 4、3 分别作 oA 的垂线得 a、b 上，由图可得 oa=40.000 m、ob=120.000 m、ab=80.000 m。

(2) 点位测设方法

① 安置经纬仪于 o 点，瞄准 A，由 o 点沿视线方向测设距离 40 m，定出 a 点，继续向前测设 80 m，定出 b 点。若主轴线上已设置了距离指标桩，则可根据 oA 边上的 100 m 指标桩向前测设 20 m 定出 b 点。

② 安置经纬仪于 a 点，瞄准 A，按逆时针方向测设 90°，由 a 点起沿视线方向测设距离 25 m，定出 4 点，再向前测设 35 m，定出 1 点。

③ 安置经纬仪于 b 点，瞄准 A，方法同上定出 3、2 两点。

④ 检查 12 和 34 的边长是否等于设计长度 80 m，当误差在规定的范围内即可。一般相对误差应达到 1/5000～1/2000，在高层建筑或工业厂房放样中，精度要求更高。

10.3.1.2　极坐标法

极坐标法是根据一个角度和一段距离测设点的平面位置。此法适用于测设距离较短，且便于量距的情况。

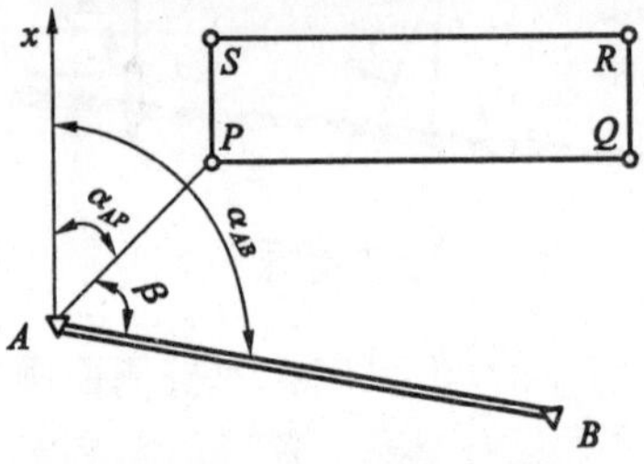

图 10.7　极坐标法测设点位

如图 10.7 所示，A、B 为已知平面控制点，其坐标值分别为 $A(x_A, y_A)$、$B(x_B, y_B)$，P、Q、R、S 为设计的建筑物特征点，各点的设计坐标分别为 $P(x_P, y_P)$、…、$S(x_S, y_S)$。可根据 A、B 两点测设 P、Q、R、S 点。下面以测设 P 点为例说明测设方法。

(1) 计算测设数据

① 计算 α_{AB} 和 α_{AP}

依据坐标反算公式有：

$$\alpha_{AB} = \arctan\frac{y_B - y_A}{x_B - x_A} = \arctan\frac{\Delta y_{AB}}{\Delta x_{AB}}$$

$$\alpha_{AP} = \arctan\frac{y_P - y_A}{x_P - x_A} = \arctan\frac{\Delta y_{AP}}{\Delta x_{AP}}$$

② 计算 AP 与 AB 之间的夹角

$$\beta = \alpha_{AB} - \alpha_{AP}$$

③ 计算 AP 间的水平距离

$$D_{AP} = \sqrt{(x_P - x_A)^2 + (y_P - y_A)^2} = \sqrt{(\Delta x_{AP})^2 + (\Delta y_{AP})^2}$$

(2) 点位测设方法

① 安置经纬仪于 A 点，瞄准 B 点，按逆时针方向测设 β 角。标定出 AP 方向。

② 沿 AP 方向自 A 点测设水平距离 D_{AP}，定出 P 点的位置。

③ 用同样方法测设 Q、R、S 点。待四个点全部测设完毕后，可通过量取 PR、SQ 的距离或测定各直角的大小来检查测设的准确性。

10.3.1.3　角度交会法

角度交会法是在两个或多个控制点上安置经纬仪，通过测设两个或多个已知角度交会出待定点的平面位置。这种方法又称为方向交会法。此法适用于待测设点位离控制点较远或不便于量距的情况下。

如图 10.8(a)所示，A、B、C 为坐标已知的平面控制点，P 为待测设点，其设计坐标为 $P(x_P, y_P)$，现根据 A、B、C 三点测设 P 点位置。应用此法时，交会角最好在 30°～120°之间。

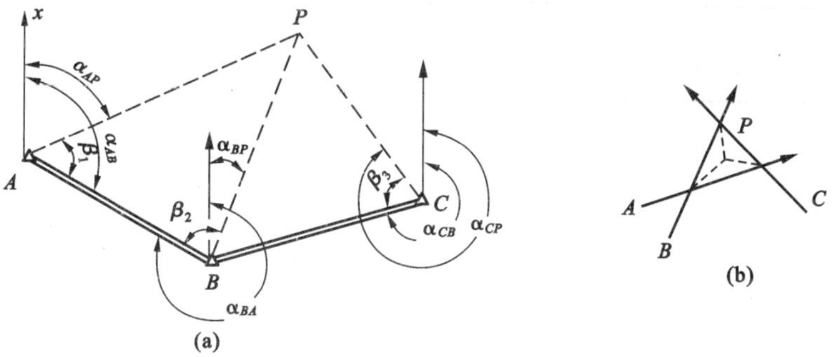

图 10.8　角度交会法测设点位

(1) 计算测设数据

根据坐标反算公式分别计算出 α_{AB}、α_{AP}、α_{BP}、α_{CP}、α_{CB}，然后计算测设数据 β_1、β_2、β_3。

(2) 点位测设方法

在 A、B 两个控制点上安置经纬仪，分别测设出相应的 β 角，但应注意实地测设时的后视已知点应与计算时所选用的后视方向相同。当测设精度要求较低时，可用标杆作为照准目标，通过两个观测者指挥把标杆移到待定点的位置。当精度要求较高时，先在 P 点处打下一个大木桩，并在木桩上依 AP、BP 绘出方向线及其交点 P。然后在控制点 C 上安置经纬仪，同样可测设出 CP 方向。若交会没有误差，此方向应通过前两方向线的交点，否则将形成一个“示误三角形”，如图 10.8(b)所示。若“示误三角形”的最大边长不超过 1 cm，则取三角形的重心作为待定点 P 的最终位置。若误差超限，应重新交会。

10.3.1.4　距离交会法

距离交会法是由两个控制点测设两段已知距离交会出待测设点的平面位置。此法适用于施工场地平坦、量距方便，且待测设点离控制点较近（一般不超过一尺段长）的地方。

如图 10.9 所示，A、B、C 为已知平面控制点，1、2 为待测设点。它们的坐标均已知，现根据 A、B、C 三点测设 1、2 两点。

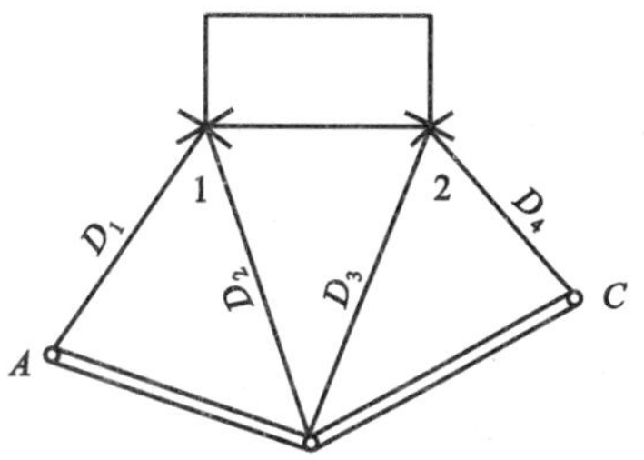

图 10.9　距离交会法测设点位

(1) 计算测设数据

根据控制点和待测设点的坐标分别计算出 D_1、D_2、D_3、D_4。

(2) 点位测设方法

测设时使用两根钢尺，分别使尺的零刻画线对准 A、B 两点，同时拉紧、拉平钢尺，分别以 D_1、D_2 为半径在地面上画弧，两弧线的交点即为 1 点的位置。同样根据 B、C 两点按 D_3、D_4 交会出待测设点 2。

测设完毕后，应量取 1 点至 2 点的长度与设计长度比较，检核测设的准确性。

用距离交会法测设点位，不需使用仪器，简单方便，但测设精度较低，只适用于普通工程的施工放样。

10.3.1.5　全站仪坐标放样法

全站仪坐标放样的本质是极坐标法，它适合各类地形情况，而且精度高，操作简便，在生产实践中已被广泛采用。

放样前，将全站仪置于放样模式，向全站仪输入测站点坐标、后视点坐标（或方位角），再输入放样点坐标。准备工作完成之后，用望远镜照准棱镜，按坐标放样功能键，则可立即显示当前棱镜位置与放样点位置的坐标差。根据坐标差值，直至坐标差为零，这时，棱镜所对应的位置就是放样点位置，然后，在地面作出标志。

10.3.2　点的高程位置测设

10.3.2.1　点的高程传递

当向较深的基坑或较高的建筑物上测设已知高程点时，如水准尺长度不够，可利用钢尺向下或向上引测。

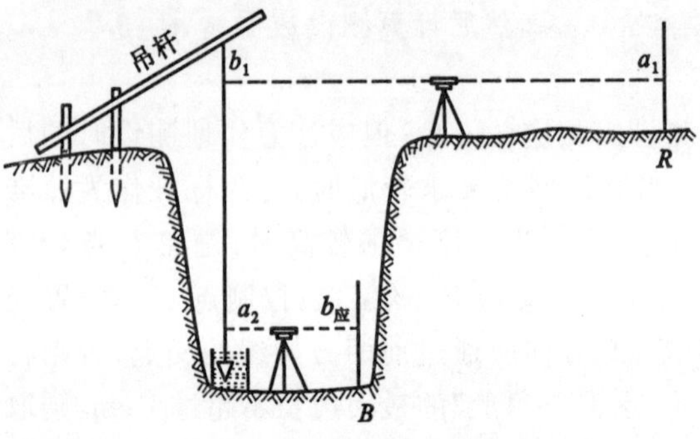

图 10.10　基坑高程传递

如图 10.10 所示，欲在深基坑内设置一点 B，使其高程为 $H_设$。设地面附近有一水准点 R，其高程为 H_R。测设时可在基坑一边架设吊杆，杆上吊一根零点向下的钢尺，尺的下端挂上质量为 10 kg 的重锤，放入油桶中。在地面和坑底各安置一台水准仪，设地面的水准仪在 R 点所立尺上读数为 a_1，在钢尺上读数为 b_1，坑底水准仪在钢尺上读数为 a_2。当 B 点尺底高程为 $H_设$ 时，B 点所立尺上的读数应为：

$$b_{应} = (H_R + a_1) - (b_1 - a_2) - H_{设} \tag{10.3}$$

用同样方法，可从低处向高处测设已知高程的点。

10.3.2.2　测设水平面

测设水平面又称为抄平测量。如图 10.11 所示，欲使测设的水平面高程为 $H_设$，可先在地面上按一定的长度测设方格网，用木桩标定各方格网点。根据已知水准点 A 的高程 H_A 测设出高程为 $H_设$ 的木桩点。测设时，在场地与已知点 A 之间安置水准仪，读取 A 尺上的后视读数 a，则仪器视线高程为：

$$H_i = H_A + a$$

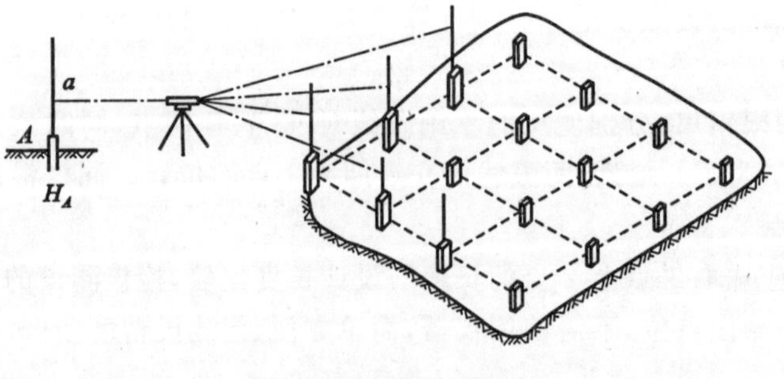

图 10.11　测设水平面

依次在各木桩上立尺，使各木桩顶的尺上读数都等于

$$b_{应} = H_i - H_{设}$$

此时各桩顶就构成了测设的水平面。

10.4 已知坡度直线的测设

在道路、无压排水管道、地下工程、场地平整等工程施工中，都需要测设已知设计坡度的直线。已知坡度直线的测设工作，实际上是连续测设一系列的坡度桩，使之构成已知坡度。测设的方法有水平视线法和倾斜视线法两种。

10.4.1 水平视线法

如图 10.12 所示，A 为设计坡度线的起始点，其设计高程为 H_A，欲向前测设设计坡度为 i 的坡度线，自 A 点起，每隔一定距离 d(如取 $d=10$ m)打一木桩。在 A 点附近安置水准仪，读取 A 点标尺读数 a，然后依次在各木桩(桩号 $j=1,2,3,\cdots$)立尺，使各点自水准仪水平视线向下的读数分别为：

$$b_j = a - jdi$$

式中的设计坡度 i 本身有正号或负号之分，在木桩侧面沿标尺底部标注红线，即为设计坡度线的所在位置。各桩红线位置的设计高程分别为：

$$H_j = H_A + jdi$$

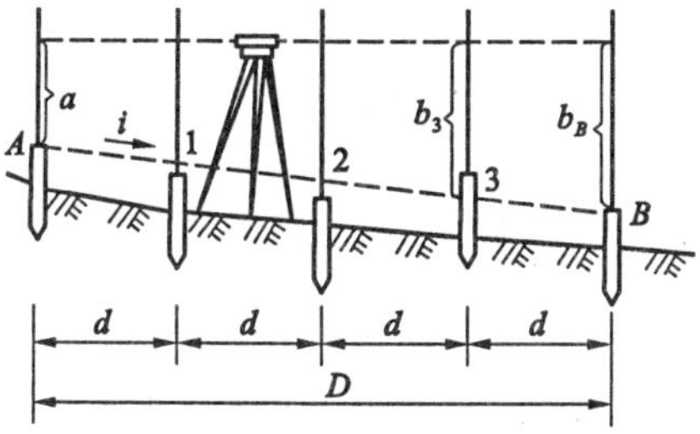

图 10.12 水平视线法示意图

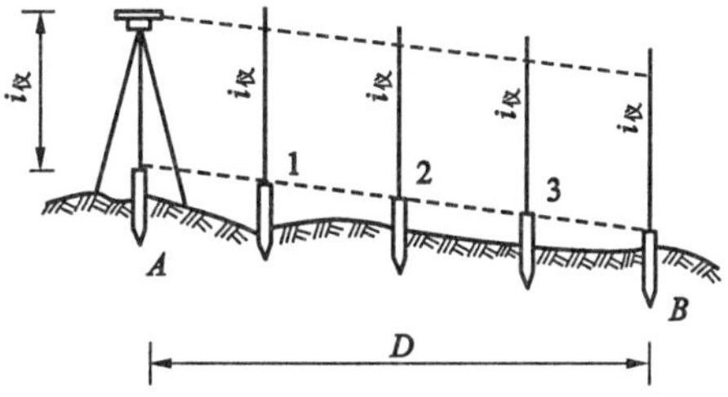

图 10.13 测设坡度

10.4.2 倾斜视线法

如图 10.13 所示，设 A 点的高程为 H_A，A、B 间的水平距离为 D，今欲从 A 点沿 AB 方向测设出坡度为 i 的直线。

测设时，先根据 i 和 D 计算 B 点的设计高程为：

$$H_B = H_A + iD$$

再按 10.2.3 节的方法测设出 B 点，此时 AB 直线即构成坡度为 i 的坡度线。然后在 A 点安置水准仪，使一个脚螺旋在 AB 方向线上，另两个脚螺旋的连线大致与 AB 方向垂直，量取仪器高 $i_{仪}$，用望远镜瞄准 B 点的水准尺，转动在 AB 方向上的脚螺旋或微倾螺旋，使 B 点桩上水准尺的读数为仪器高 $i_{仪}$，这时仪器的视线即为平行于设计坡度的直线。最后在 AB 方向线上测设中间各点，分别在 1、2、3 处打下木桩，使各木桩上水准尺的读数均为仪器高 $i_{仪}$，这样各桩的桩顶连线即为所需测设的坡度线。若设计坡度较大，测设时超出水准仪脚螺旋所能调节的范围，则可用经纬仪进行测设。

10.5 圆曲线的测设

路线的方向转向时，为了行车的安全，必须用曲线连接。连接的方式有圆曲线、缓和曲线、复曲线、反曲线及回头曲线等多种形式，其中最常用的是圆曲线。近年来，一些高层建筑、大型民用建筑，尤其是一些宾馆、娱乐中心、商业中心、体育场馆等较多地采用圆弧形、椭圆形、双曲线形等平面图形，有时甚至是几种图形的组合，此时应根据平面曲线的形状和规律测设一系列的特征点。由于在公共建筑设计中广泛应用圆弧形平面图形，此处只介绍圆曲线的测设方法。

圆曲线是指由一定半径的圆弧所构成的曲线。圆曲线的测设一般分为两步：第一步，根据圆曲线的测设元素，测设曲线的主点，即曲线的起点（直圆点 ZY）、曲线的中点（曲中点 QZ）和曲线的终点（圆直点 YZ）；第二步，根据主点按规定的桩距进行加密点测设，详细标定圆曲线的形状和位置，即进行圆曲线细部点的测设。

10.5.1 圆曲线测设元素

如图 10.14 所示，路线转折点即交点 JD 的转角为 α（偏转后的方向在原方向的右侧，称为右偏；相反，称为左偏），曲线设计半径为 R，则曲线测设元素可按下列公式进行计算：

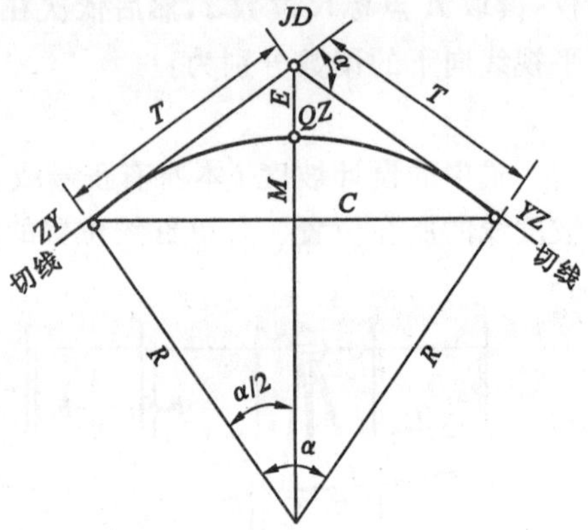

图 10.14 圆曲线测设元素

切线长 $$T=R\tan\frac{\alpha}{2} \quad (10.4)$$

曲线长 $$L=R\alpha\frac{\pi}{180} \quad (10.5)$$

外矢距 $$E=R\left(\sec\frac{\alpha}{2}-1\right) \quad (10.6)$$

切曲差 $$D=2T-L \quad (10.7)$$

弦　长 $$C=2R\sin\frac{\alpha}{2} \quad (10.8)$$

中央纵矩 $$M=R\left(1-\cos\frac{\alpha}{2}\right) \quad (10.9)$$

其中 T、E 用于主点测设，L、D 用于计算里程，C、M 用于测设检核。

在道路工程中，通常应根据交点 JD 的里程和曲线元素计算曲线主点的里程，其计算方法如下：

$$\left.\begin{aligned} ZY\text{ 里程} &= JD\text{ 里程}-T \\ YZ\text{ 里程} &= ZY\text{ 里程}+L \\ QZ\text{ 里程} &= YZ\text{ 里程}-\frac{L}{2} \\ JD\text{ 里程} &= QZ\text{ 里程}+\frac{D}{2} \end{aligned}\right\} \quad (10.10)$$

若算得的交点 JD 里程与实际值相同，说明计算无误。

【例 10.1】 某圆曲线的设计半径为 $R=150$ m，路线转角 $\alpha_{右}=60°30'00''$，假定交点 JD

的里程为 $K6+336.40$ m，试计算曲线测设元素及主点的里程。

解 利用式(10.4)～式(10.9)进行计算如下：

切线长 $T=150\times\tan\dfrac{60^\circ30'00''}{2}=87.48$ m

曲线长 $L=150\times60^\circ30'00''\times\dfrac{\pi}{180}=158.39$ m

外矢矩 $E=150\times\left(\sec\dfrac{60^\circ30'00''}{2}-1\right)=23.64$ m

切曲差 $D=2\times87.48-158.39=16.57$ m

弦　长 $C=2\times150\times\sin\dfrac{60^\circ30'00''}{2}=151.13$ m

中央纵矩 $M=150\times\left(1-\cos\dfrac{60^\circ30'00''}{2}\right)=20.42$ m

JD 桩号	$K6+336.40$	
$-T$	87.48	
ZY 桩号	$K6+248.92$	
$+L$	158.39	
YZ 桩号	$K6+407.31$	
$-\dfrac{L}{2}$	79.20	
QZ 桩号	$K6+328.11$	
$+\dfrac{D}{2}$	8.29	
JD 桩号	$K6+336.40$	(计算无误)

10.5.2 圆曲线主点测设

在交点 JD 处安置经纬仪，瞄准后视相邻交点或转点(线路原方向)，自 JD 沿视线测设切线长 T，即得曲线起始点 ZY。同理，瞄准前视相邻交点或转点(线路现方向)，自 JD 沿视线测设切线长 T，即得曲线终点 YZ。最后用经纬仪测设 $180^\circ-\alpha$ 角的平分线方向(半径方向)，沿该方向测设外矢矩 E，得曲中点 QZ。各主点位置均钉桩标出。测设完毕，通过测定 ZY 与 YZ 间的距离(即弦长 C)，以及中央纵矩 M 进行检核，若误差超过相应工程的规范要求，则应重新测设或调整点位。

10.5.3 圆曲线细部点测设

圆曲线主点测设只标定了曲线起点、终点和中点。如果曲线较长或地形变化较大，为了满足施工的需要，还要在曲线上每隔一定弧长(建筑物施工中为 2～10 m，道路施工中为 5～20 m)测设一点，把曲线的形状和位置详细地表示出来，这项工作称为圆曲线的细部点测设或详细测设。

10.5.3.1 *切线支矩法*

切线支矩法又称为直角坐标法。测设时，以曲线的起点或终点作为坐标原点，以切线方向作为坐标纵轴 x，过原点的半径方向作为坐标横轴 y，如图 10.15 所示。根据圆曲线的设

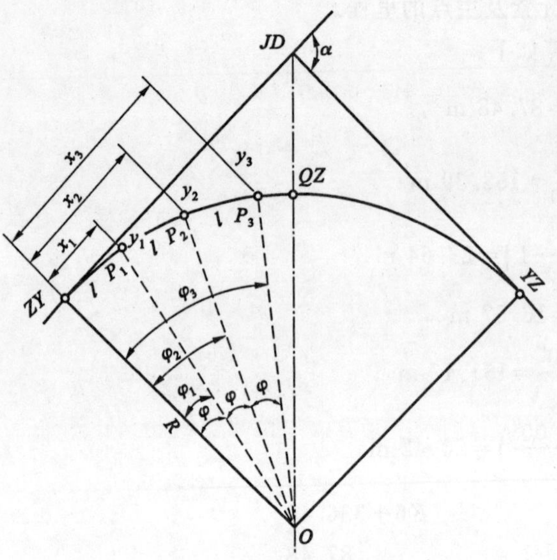

图 10.15 切线支矩法测设圆曲线

计半径 R，待测设点 P_i 至 ZY（或 YZ）的曲线长 l_i，以及 l_i 所对的圆心角 φ_i，求得各待测设点 P_i 的坐标（x_i，y_i），然后按 10.3.1.1 节的方法测设各细部点。

（1）计算测设数据

由图 10.15 可知，待测设点 P_i 的坐标可按下式计算：

$$\left.\begin{aligned} x_i &= R\sin\varphi_i \\ y_i &= R(1-\cos\varphi_i) \\ \varphi_i &= \frac{l_i}{R}\cdot\frac{180}{\pi} \end{aligned}\right\} \quad (10.11)$$

待测设点的坐标（x_i，y_i）可以利用 Excel 进行计算。

【例 10.2】 计算例 10.1 圆曲线用切线支矩法进行细部点测设的测设数据（每隔 10m 弧长测设一点）。

解 利用式（10.11）计算出各待测设点的坐标，列于表 10.1。

表 10.1 切线支矩法详细测设数据表

曲线点号	各点至原点的曲线长 l_i	直角坐标		相邻点间弧长 l	相邻点间弦长 C	桩号
		x_i	y_i			
ZY	0.00	0.00	0.00	10.00	10.00	$K6+248.92$
P_1	10.00	9.99	0.33	10.00	10.00	$K6+258.92$
P_2	20.00	19.94	1.33	10.00	10.00	$K6+268.92$
P_3	30.00	29.80	2.99	10.00	10.00	$K6+278.92$
P_4	40.00	39.53	5.30	10.00	10.00	$K6+288.92$
P_5	50.00	49.08	8.26	10.00	10.00	$K6+298.92$
P_6	60.00	58.41	11.84	10.00	10.00	$K6+308.92$
P_7	70.00	67.49	16.04	9.20	9.20	$K6+318.92$
QZ	79.20	75.57	20.43			$K6+328.12$
说　明	QZ 点桩号与里程计算值相差 0.01 m 是计算凑整引起的					

曲线另一半即曲线终点 YZ 至曲中点 QZ，与 ZY 至 QZ 对称，测设数据完全相同。

在道路曲线测设中，通常按整桩号测设，即在上例中，P_1 桩号为 $K6+250.00$，该点至原点的弧长为 1.08 m，其余各点的桩号分别为 $K6+260.00$，…，$K6+320.00$，$K6+328.12$，各点至原点的弧长分别为 11.08，…，71.08，79.20，然后按式（10.11）同样计算出各待测设点的坐标。

（2）细部点测设方法

① 在 ZY 点安置经纬仪，瞄准 JD 定出切线方向，沿切线方向用钢尺从 ZY 开始，分别测设出 x_1、x_2、…、x_n，插上测钎作标志。

② 在切线方向上各标志处用经纬仪或方向架定出直角方向，沿此方向分别测设出 y_i，直至曲线中点 QZ。

③ 由 YZ 点测设曲线的另一半至 QZ，测设数据和测设方法与 ZY 至 QZ 完全相同。

④ 细部点测设完毕后，分别丈量各相邻点间的距离与相应的弦长相比较，判断其相差值是否在规定的范围内，以作检核。

切线支矩法适用于曲线外侧有开阔平坦的场地，该法使用工具简单，具有桩点误差不累积的特点，使用很广泛。测设时，一般采用“勾、股、弦法”或称“三、四、五法”在各点定垂线，但当 y 值较大时，应特别注意垂线方向的准确性，以保证点位测设的精度。

10.5.3.2 偏角法

偏角法是一种极坐标定点的方法，主要适合于全站仪或半站仪测设圆曲线的情形。测设时，以曲线起点至曲线上待测设点的弦线与切线之间的弦切角和相邻点间的弦长来确定点位。

如图 10.16 所示，圆曲线半径为 R，求得待测设点 P_i 所对应的弦切角 Δ_i、弦长 C_i 后，按 10.3.1.2 节的方法测设各细部点。

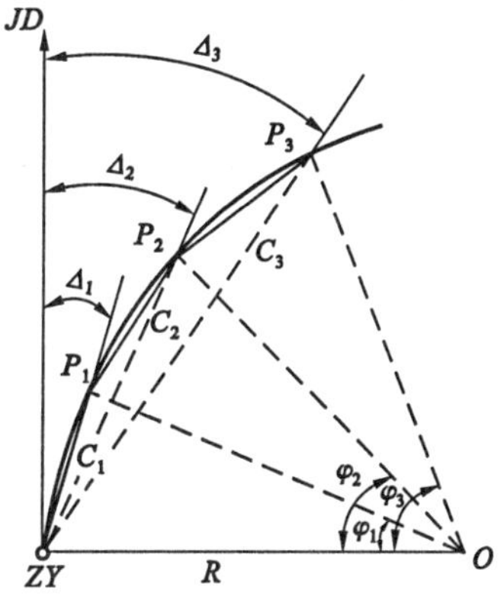

图 10.16 偏角法测设圆曲线

(1) 计算测设数据

根据平面几何原理，偏角(弦切角)等于所夹弧上的圆心角的一半，则偏角 Δ_i 与弦长 C_i 的计算公式为：

$$\left.\begin{aligned}\Delta_i &= \frac{\varphi_i}{2} = \frac{l_i}{2R}\cdot\frac{180}{\pi} \\ C_i &= 2R\sin\frac{\varphi_i}{2}\end{aligned}\right\} \tag{10.12}$$

若曲线上第一点 P_1 至曲线起点 ZY 间的弧长为 $l_{首}$，整桩间弧长为 l_0，则第 i 点 P_i 至 ZY 间的弧长为：

$$l_i = l_{首} + (i-1)l_0 \tag{10.13}$$

若曲线上最后一点 P_n 至曲线终点 YZ 的弧长为 $l_{尾}$，则有：

$$\left.\begin{aligned}l_n + l_{尾} &= L \\ \Delta_{终} = \Delta_{YZ} &= \frac{\alpha}{2}\end{aligned}\right\} \tag{10.14}$$

式(10.14)可作为偏角计算和曲线详细测设时的检核。

【例 10.3】 计算例 10.1 圆曲线用偏角法进行细部点测设的测设数据(每隔 10 m 弧长测设一点)。

解 按式(10.12)及式(10.13)计算出各待测设点的偏角和弦长列于表 10.2。

偏角法详细测设数据同样可以利用 Excel 进行计算。

(2) 细部点测设方法

① 在 ZY 点上安置经纬仪，瞄准交点 JD 定出切线方向，并使水平度盘读数为 $0°00'00''$。

② 转动照准部(顺时针方向转为正拨)使度盘读数为 $1°54'35''$，并沿视线方向测设 10.00 m 的水平距离，定出 P_1 点。

③ 转动照准部使度盘读数为 $3°49'11''$，从 P_1 点测设 10.00 m 的水平距离与视线方向相交，定出 P_2 点。

表 10.2　偏角法详细测设数据表

曲线点号	各点至原点的曲线长 l_i	相邻点间的弧长 l	相邻点间的弦长 C	偏角累计值（正拨）	偏角累计值（反拨）	桩　号
ZY	0.00	10.00	10.00	0°00′00″	329°45′00″	K6+248.92
P_1	10.00	10.00	10.00	1°54′35″	331°39′35″	K6+258.92
P_2	20.00	10.00	10.00	3°49′11″	333°34′11″	K6+268.92
P_3	30.00	10.00	10.00	5°43′46″	335°28′46″	K6+278.92
P_4	40.00	10.00	10.00	7°38′22″	337°23′22″	K6+288.92
P_5	50.00	10.00	10.00	9°32′57″	339°17′57″	K6+298.92
P_6	60.00	10.00	10.00	11°27′33″	341°12′33″	K6+308.92
P_7	70.00	9.20	9.20	13°22′08″	343°07′08″	K6+318.92
QZ	79.20	0.80	0.80	15°07′34″	344°52′34″	K6+328.12
P_8	80.00	10.00	10.00	15°16′44″	345°01′44″	K6+328.92
P_9	90.00	10.00	10.00	17°11′19″	346°56′19″	K6+338.92
P_{10}	100.00	10.00	10.00	19°05′55″	348°50′55″	K6+348.92
P_{11}	110.00	10.00	10.00	21°00′30″	350°45′30″	K6+358.92
P_{12}	120.00	10.00	10.00	22°55′06″	352°40′06″	K6+368.92
P_{13}	130.00	10.00	10.00	24°49′41″	354°34′41″	K6+378.92
P_{14}	140.00	10.00	10.00	26°44′17″	356°29′17″	K6+388.92
P_{15}	150.00	8.39	8.39	28°38′52″	358°23′52″	K6+398.92
YZ	158.39			30°15′00″	0°00′00″	K6+407.31

依此类推测设出曲线各桩点，直至 YZ 点闭合。

④ 检查细部点测设的准确性。当测设至 QZ 点和 YZ 点时，应与原来设置的 QZ 点和 YZ 点位置重合，若不重合，其闭合差一般不应超过如下规定：

半径方向（横向）　　　± 0.1 m；

切线方向（纵向）　　　$\pm \frac{L}{1000}$ m（L 为曲线长）。

若闭合差超限，应查明原因，并进行调整或重新测设。

偏角法适用于曲线内侧障碍少的场合。此法应用灵活，测设数据计算简单，并有可靠的检核条件。其主要缺点是点位误差逐点累积。因此，在一个测站上不宜连续测设过多点位，一般可在曲线两端分别向中间测设，或在中点设站分别向两端测设。例如在上述测设中，可在 ZY 点安置经纬仪向 QZ 点按正拨测设 P_1、P_2、…、P_7 至 QZ；然后在 YZ 点安置经纬仪向 QZ 点按反拨（JD 方向定为 0°00′00″，逆时针方向转动照准部为反拨）测设 P_{15}、P_{14}、…、P_8 至 QZ。

在道路曲线测设中，同样按整桩号测设，即首尾两段弧长为非整数，偏角的计算公式为：

$$\left.\begin{aligned}\Delta_1 &= \Delta_{首}\\ \Delta_2 &= \Delta_{首}+\Delta_0\\ \Delta_3 &= \Delta_{首}+2\Delta_0\\ &\vdots\\ \Delta_{n+1} &= \Delta_{首}+n\Delta_0\\ \Delta_{YZ} &= \Delta_{首}+n\Delta_0+\Delta_{尾}\end{aligned}\right\} \tag{10.15}$$

其中
$$\Delta_{首}=\frac{\varphi_{首}}{2}=\frac{l_{首}}{2R}\cdot\frac{180}{\pi}$$

$$\Delta_{尾}=\frac{\varphi_{尾}}{2}=\frac{l_{尾}}{2R}\cdot\frac{180}{\pi}$$

$$\Delta_0=\frac{l}{2R}\cdot\frac{180}{\pi}$$

$$\left.\begin{aligned}\Delta_{QZ} &= \frac{\alpha}{4}\\ \Delta_{YZ} &= \frac{\alpha}{2}\end{aligned}\right\}\text{计算检核}$$

10.5.3.3　全站仪坐标法

此法适合于用全站仪测设圆曲线的各类地形。仪器可以安置在线路的交点、转点或其他控制点上，而且测设精度高，操作简单方便，在生产中得到了广泛的应用。

(1) 测设数据计算

如图 10.17 所示，首先根据线路交点 JD，转点 ZD_1、ZD_2 的设计坐标和线路转角，计算出圆曲线两切线 $ZD_1\rightarrow JD$ 的方位角 θ_1，$JD\rightarrow ZD_2$ 的方位角 θ_2，以及分角线 $JD\rightarrow QZ$ 的方位角 θ_3；然后根据 JD 的坐标及方位角 θ_1、θ_2、θ_3 和切线长 T，外矢距 E，按式(10.16)计算圆曲线的主点坐标；最后再根据主点坐标及主点至细部点的方位角和水平距离，按式(10.17)计算各细部点的坐标。

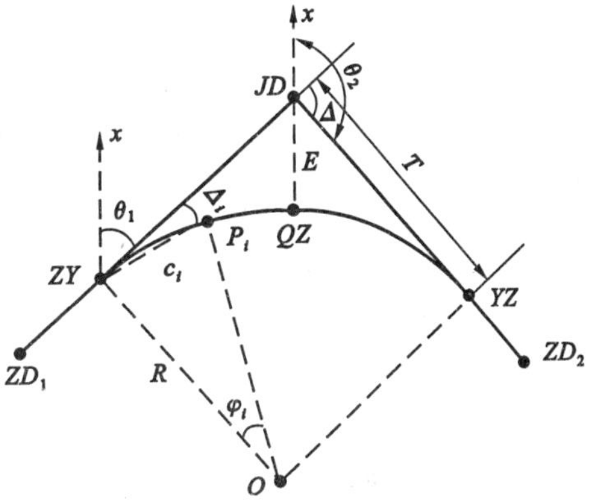

图 10.17　全站仪坐标法测设圆曲线

$$\left.\begin{aligned}x_{ZY} &= x_{JD}+T\cos(\theta_1\pm 180^\circ)\\ y_{ZY} &= y_{JD}+T\sin(\theta_1\pm 180^\circ)\\ x_{YZ} &= x_{JD}+T\cos\theta_2\\ y_{YZ} &= y_{JD}+T\sin\theta_2\\ x_{QZ} &= x_{JD}+E\cos\theta_3\\ y_{QZ} &= y_{JD}+E\sin\theta_3\end{aligned}\right\} \tag{10.16}$$

式中，当 $\theta_1\geqslant 180^\circ$ 时，取"－"号；当 $\theta_1<180^\circ$ 时，取"＋"号。

$$\left.\begin{aligned}x_{Pi} &= x_{ZY}+c_i\cos\theta_{Pi}\\ y_{Pi} &= y_{ZY}+c_i\sin\theta_{Pi}\end{aligned}\right\} \tag{10.17}$$

式中，$\theta_{Pi}=\theta_1+\Delta_i$。

(2) 测设方法

对于智能型全站仪(如 NTS-660 系列)，可以直接将已知点、圆曲线主点和细部点的坐标编辑成文本文件上传到全站仪中，或将全站仪置于放样模式，直接输入测站点、后视点及细部点坐标。测设时，将全站仪安置在线路的交点、转点、主点或其他已知点上，根据测站点、后视点及细部点坐标直接测设细部点的位置。对于非智能型全站仪，测设前需要根据测站点、后视点及细部点坐标反算坐标方位角和水平距离，然后进行细部点测设。

思考题与习题

(1) 施工测量的主要任务有哪些？

(2) 测设已知水平距离、水平角和高程与测定水平距离、水平角和高程有何区别和联系？

(3) 测设点的平面位置有哪些方法？各适用于什么场合？各需要哪些测设数据？

(4) 欲在地面上测设一段长 49.000 m 的水平距离，所用钢尺的名义长度为 50 m，在标准温度为 20℃时，其检定长度为 49.994 m，测设时的温度为 13℃，所用拉力与检定时的拉力相同，钢尺的膨胀系数为 1.25×10^{-5}，概量后测得两点间的高差为 $h=-0.55$ m，试计算在地面上应测设的长度。

(5) 欲在地面上测设一个直角∠AOB，先按一般测设方法测设出该直角，经检测其角值为 90°01′36″，若 $OB=160$ m，为了获得正确的直角，试计算 B 点的调整量并绘图说明其调整方向。

(6) 某建筑场地上有一水准点 A，其高程为 $H_A=138.416$ m，欲测设高程为 139.000 m 的室内±0 标高，设水准仪在水准点 A 所立水准尺上的读数为 1.034 m，试说明其测设方法。

(7) 设 A、B 为已知平面控制点，其坐标分别为 A(156.32,576.49)、B(208.78,482.27)，欲根据 A、B 两点测设 P 点的位置，P 点设计坐标为 P(180.00,500.00)。试分别计算用极坐标法、角度交会法和距离交会法测设 P 点的测设数据，并绘出测设略图。

(8) 设某圆曲线的转角 $\alpha_{右}=50°25'00''$，设计半径 $R=200$，若交点里程为 K3+256.23，完成以下计算：

① 计算圆曲线的测设元素。

② 推算主点的里程。

③ 按 $l=20$ m 计算切线支距法的测设数据。

④ 按 $l=20$ m 计算偏角法的测设数据。

11 建筑施工场地的控制测量

【本章提要】本章介绍了施工场地的控制网的类型和特点，重点讲述了建筑基线、建筑方格网的布设和施测方法，介绍了施工场地的高程控制测量的内容和要求。

11.1 概　　述

在勘测设计阶段布设的控制网主要是为测图服务，控制点的点位是根据地形条件来确定的，并未考虑待建建筑物的总体布置，因而在点位的分布与密度方面都不能满足放样的要求。在测量精度上，测图控制网的精度按测图比例尺的大小确定，而施工控制网的精度则要根据工程建设的性质来决定，通常要高于测图控制网。因此，为了进行施工放样测量，必须以测图控制点为定向条件建立施工控制网。

施工控制网分为平面控制网和高程控制网两种。前者常采用三角网、导线网、建筑基线或建筑方格网等，后者则采用水准网。

施工平面控制网的布设，应根据总平面图和施工地区的地形条件来确定。当厂区地势起伏较大，通视条件较好时，采用三角网的形式扩展原有控制网；对于地形平坦而通视又比较困难的地区，例如扩建或改建工程的工业场地，则采用导线网；对于建筑物多为矩形且布置比较规则和密集的工业场地，可以将施工控制网布置成规则的矩形格网，即建筑方格网；对于地面平坦而又简单的小型施工场地，常布置一条或几条建筑基线。总之，施工控制网的布设形式应与设计总平面图的布局相一致。

施工控制网与测图控制网相比，具有以下特点：

(1) 控制范围小，控制点的密度大，精度要求高

与测图的范围相比，工程施工的地区比较小，而在施工控制网所控制的范围内，各种建筑物的分布错综复杂，没有较为稠密的控制点是无法进行放样工作的。

施工控制网的主要任务是进行建筑物轴线的放样。这些轴线的位置偏差都有一定的限值，例如，工业厂房主轴线的定位精度要求为 2 cm。因此，施工控制网的精度比测图控制网的精度要高。

(2) 受施工干扰较大

工程建设的现代化施工通常采用平行交叉作业的方法，这就使工地上各种建筑的施工高度有时相差悬殊，因此妨碍了控制点之间的相互通视。此外，施工机械的设置(例如吊车、建筑材料运输机、混凝土搅拌机等)也阻碍了视线。因此，施工控制点的位置应分布恰当，密度也应比较大，以便在工作时有所选择。

(3) 布网等级宜采用两级布设

在工程建设中，各建筑物轴线之间几何关系的要求，比它们的细部相对于各自轴线的要求，其精度要低得多。因此在布设建筑工地施工控制网时，采用两级布网的方案是比较合适的。即首先建立布满整个工地的厂区控制网，目的是放样各个建筑物的主要轴线，然后，为

了进行厂房或主要生产设备的细部放样，还要根据由厂区控制网所定出的厂房主轴线建立厂房矩形控制网。

根据上述的这些特点，施工控制网的布设应作为整个工程施工设计的一部分。布网时，必须考虑施工的程序、方法，以及施工场地的布置情况。施工控制网的设计点位应标在施工设计的总平面图上。

11.2 建筑基线

11.2.1 建筑基线的布置

施工场地范围不大时，可在场地上布置一条或几条基线，作为施工场地的控制，这种基线称为“建筑基线”。

如图 11.1 所示，建筑基线的布设，是根据建筑物的分布、场地地形等因素确定的。常用的形式有三点“一”字形、三点“L”字形、四点“T”字形、五点“十”字形。

建筑基线应尽可能靠近拟建的主要建筑物，并与它们的轴线平行，尽可能与施工场地的建筑红线相联系。在城市建筑工地，场地面积较小时也可直接用建筑红线作为现场控制。为便于复查建筑基线是否有变动，基线点不得少于 3 个。基线点位应选在通视良好和不易被破坏的地方，为能长期保存，要埋设永久性的混凝土桩。

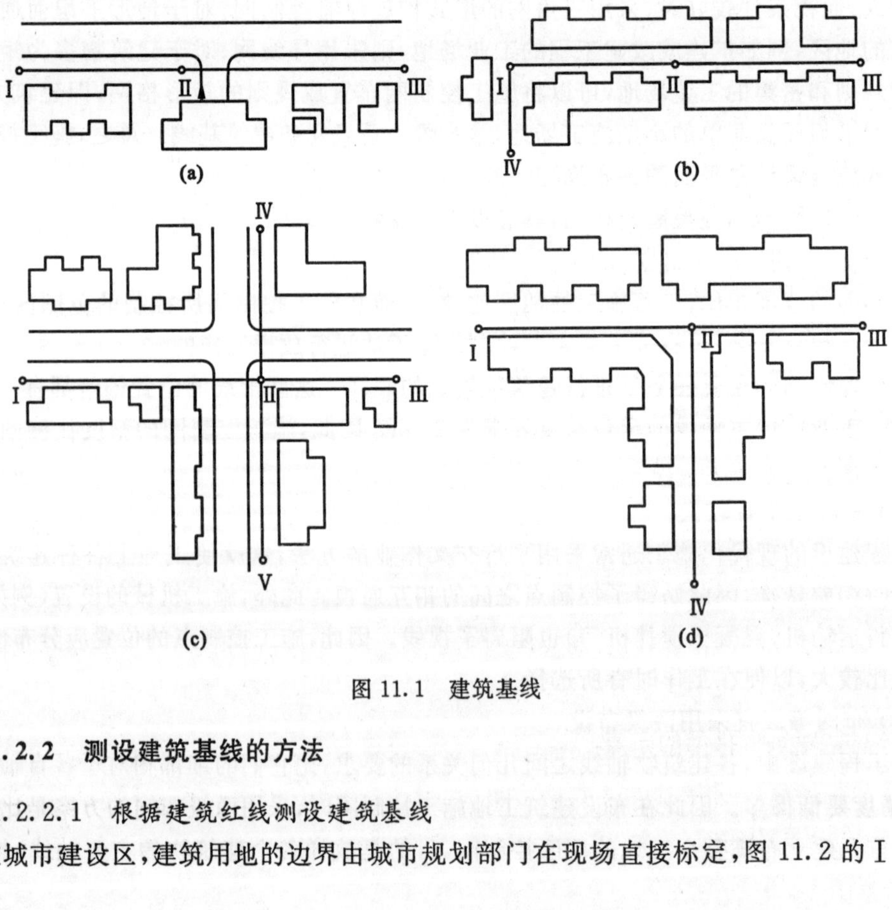

图 11.1 建筑基线

11.2.2 测设建筑基线的方法

11.2.2.1 根据建筑红线测设建筑基线

在城市建设区，建筑用地的边界由城市规划部门在现场直接标定，图 11.2 的Ⅰ、Ⅱ、Ⅲ

点就是在地面上标定出来的边界点，其连线ⅠⅡ、ⅡⅢ通常是正交的直线，称为“建筑红线”。一般情况下，建筑基线与建筑红线平行或垂直，故可根据建筑红线用平行推移法测设建筑基线 OA、OB。当把 A、O、B 三点在地面上用木桩标定后，安置经纬仪于 O 点，观测 $\angle AOB$ 是否等于 90°，其不符值不应超过 ±20″。量 OA、OB 距离是否等于设计长度，其不符值不应大于 1/10000。若误差超限，应检查推平行线时的测设数据。若误差在许可范围之内，则适当调整 A、B 点的位置。

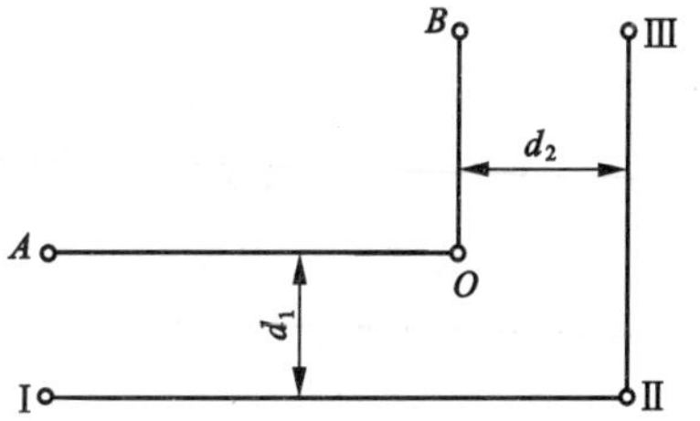

图 11.2　根据建筑红线测设建筑基线

11.2.2.2　根据附近已有控制点测设建筑基线

对于新建筑区，在建筑场地中没有建筑红线作为依据时，可依据建筑基线点的设计坐标和附近已有控制点的关系，按 10.3 节所述测设方法算出放样数据，然后放样。如图 11.3 所示，A、B 为附近的已有控制点，Ⅰ、Ⅱ、Ⅲ为选定的建筑基线点。首先根据已知控制点和待定点的坐标关系反算出测设数据 β_1、S_1、β_2、S_2、β_3、S_3，然后用经纬仪和钢尺按极坐标法(也可用其他方法)测设Ⅰ、Ⅱ、Ⅲ点。由于存在测量误差，测设的基线点往往不在同一直线上，如图 11.4 中的Ⅰ′、Ⅱ′、Ⅲ′，故尚须在Ⅱ′点安置经纬仪，精确地检测出∠Ⅰ′Ⅱ′Ⅲ′。若此角值与 180°之差超过 ±15″，则应对点位进行调整。调整时，应将Ⅰ′、Ⅱ′、Ⅲ′点沿与基线垂直的方向各移动相同的调整值 δ。其值按下列公式计算：

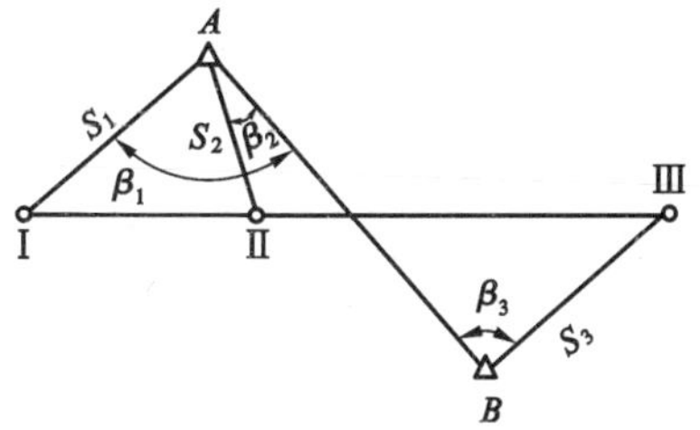

图 11.3　根据已有控制点测设建筑基线

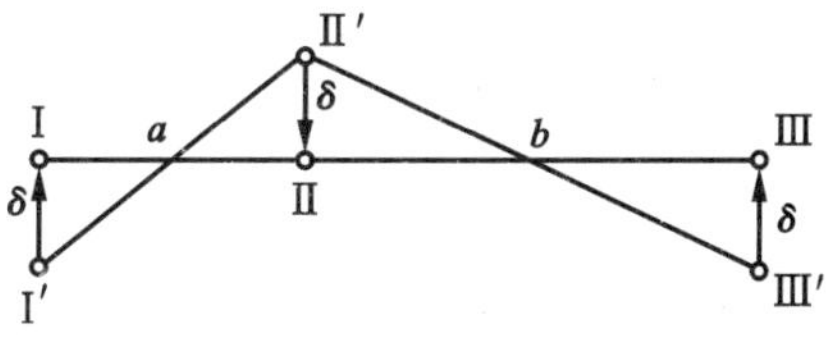

图 11.4　建筑基线调整

$$\delta = \frac{ab}{a+b}\left(90^\circ - \frac{\angle \text{Ⅰ}'\text{Ⅱ}'\text{Ⅲ}'}{2}\right)'' \frac{1}{\rho''} \qquad (11.1)$$

式中：δ——各点的调整值；

a、b——ⅠⅡ、ⅡⅢ的长度。

除了调整角度之外，还应调整Ⅰ、Ⅱ、Ⅲ点之间的距离。先用钢尺检查ⅠⅡ及ⅡⅢ间的距离，若丈量长度与设计长度之差的相对误差大于 1/20000，则以Ⅱ点为准，按设计长度调整Ⅰ、Ⅲ两点。

以上两次调整应反复进行，直至误差在允许范围之内为止。

11.3　建筑方格网

11.3.1　建筑方格网的布置

由正方形或矩形的格网组成的工业建筑场地的施工平面控制网，称为“建筑方格网”。对地势平坦的新建或扩建的大中型建筑场地，常采用建筑方格网。布设时应考虑以下几点：

(1) 根据设计总平面图布设，使方格网的主轴线位于建筑场地的中央，并与主要建筑物的轴线平行或垂直，使控制点接近于测设对象，特别是测设精度要求较高的工程对象。

(2) 根据实际地形布设，使控制点位于测角、量距比较方便的地方，并使埋设标桩的高程与场地的设计标高不要相差很多。

(3) 方格网的边长一般为100～500 m，也可根据测设的对象而定。点的密度根据实际需要而定。方格网各交角应严格成90°。控制点应便于保存，尽量避免土石方的影响。

(4) 当场地面积较大时，应分成两级布网。首先可采用“十”字形、“口”字形或“田”字形，然后再加密方格网。若场地面积不大，则尽量布设成全面方格网。

(5) 最好将高程控制点与平面控制点埋设在同一块标石上。

11.3.2 建筑方格网的测设

(1) 主轴线放样

如图11.5所示，MN、CD为建筑方格网的主轴线，它是建筑方格网扩展的基础。当场区很大时，主轴线很长，一般只测设其中的一段，如图中的AOB段。该段上A、B、O点是主轴线的主位点，称为主点。主点的施工坐标一般由设计单位给出，也可在总平面图上用图解法求得一点的施工坐标后，再按主轴线的长度推算其他主点的施工坐标。当施工坐标系与国家测量坐标系不一致时，在施工方格网测设之前，应把主点的施工坐标换成为测量坐标，以便求得测设数据。

如图11.5所示，先测设主轴线AOB，其方法与建筑基线测设方法相同，但$\angle AOB$与180°的差，应在±5″之内。A、O、B三个主点测设好后，如图11.6所示，将经纬仪安置在O点，瞄准A点，分别向左、向右转90°，测设另一主轴线COD，同样用混凝土桩在地上定出其概略位置C'和D'。然后精确测出$\angle AOC'$和$\angle AOD'$，分别算出它们与90°之差ε_1和ε_2，并计算出调整值l_1和l_2，公式为：

$$l = L\frac{\varepsilon''}{\rho''} \tag{11.2}$$

式中：L——OC'或OD'的长度。

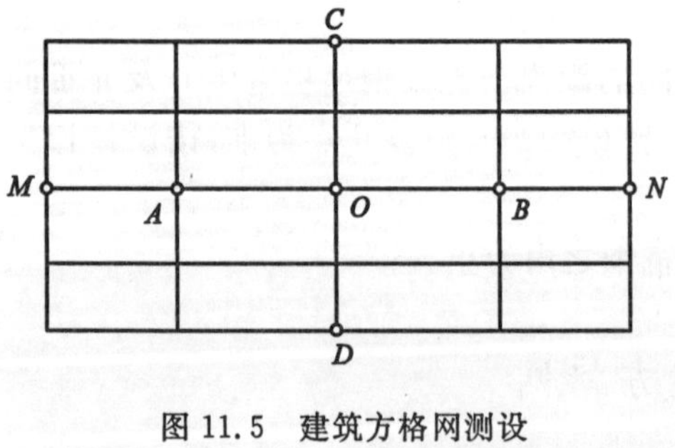

图11.5　建筑方格网测设

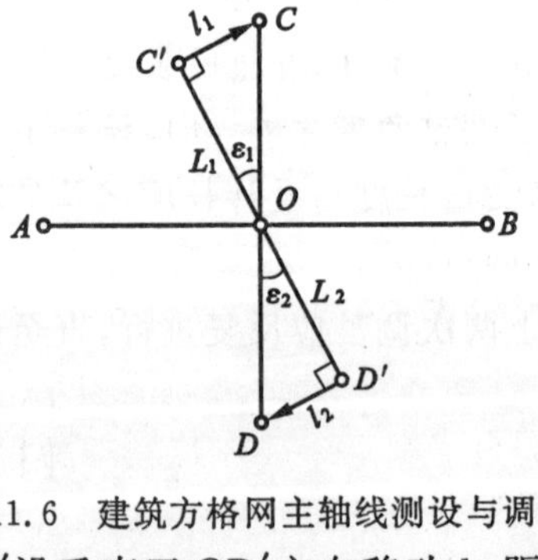

图11.6　建筑方格网主轴线测设与调整

将C'沿垂直于OC'方向移动l_1距离得C点；将D'沿垂直于OD'方向移动l_2距离得D点。点位改正后，应检查两主轴线的交角及主点间距离，均应在规定限差之内。

(2) 方格网点的放样

主轴线测设好后，分别在主轴线端点安置经纬仪，均以O点为起始方向，分别向左、向右精密地测设出 90°,这样就形成“田”字形方格网点。为了进行校核,还要在方格网点上安置经纬仪,测量其角值是否为 90°,并测量各相邻点间的距离,看其是否与设计边长相等,误差均应在允许的范围之内。此后再以基本方格网点为基础,加密方格网中其余各点。

11.4 施工控制点的坐标换算

在设计总平面图上,建筑物的平面位置是采用施工坐标系统的坐标表示的。所谓施工坐标系统,就是以建筑物的主要轴线作为坐标轴而建立起来的局部坐标系统。施工坐标系的坐标轴通常与建筑物主轴线方向一致,坐标原点设置在总平面图的西南角上,纵轴记为 A 轴,横轴记为 B 轴,用 A、B 坐标标定各建筑物的位置。

如图 11.7 所示,AOB 为施工坐标系,xo_1y 为测量坐标系。设Ⅱ为建筑基线上的一个主点,它在施工坐标系中的坐标为 $A_{\rm II}$、$B_{\rm II}$,在测量坐标系中的坐标为 $x_{\rm II}$、$y_{\rm II}$,x_O、y_O 为施工坐标系原点 O 在测量坐标系中的坐标,α 为 x 轴与 A 轴之间的夹角。将Ⅱ点的施工坐标换算成测量坐标,其公式为:

$$\left.\begin{aligned} x_{\rm II} &= x_O + A_{\rm II}\cos\alpha - B_{\rm II}\sin\alpha \\ y_{\rm II} &= y_O + A_{\rm II}\sin\alpha + B_{\rm II}\cos\alpha \end{aligned}\right\} \tag{11.3}$$

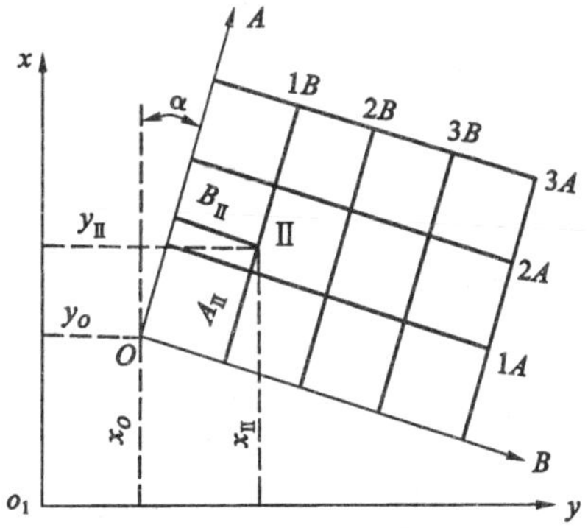

图 11.7 测量坐标与施工坐标的换算

若将测量坐标换算成为施工坐标,其公式为:

$$\left.\begin{aligned} A_{\rm II} &= (x_{\rm II} - x_O)\cos\alpha + (y_{\rm II} - y_O)\sin\alpha \\ B_{\rm II} &= -(x_{\rm II} - x_O)\sin\alpha + (y_{\rm II} - y_O)\cos\alpha \end{aligned}\right\} \tag{11.4}$$

11.5 施工场地的高程控制测量

建筑场地的高程控制测量必须与国家高程控制系统相联系,以便建立统一的高程系统,并在整个施工区域内建立可靠的水准点,形成水准网。在工业与民用建筑施工区域内一般最高的水准测量等级为三等,使用最多的是四等水准测量,甚至普通水准测量也可满足要求。在进行等级水准测量时,应严格按国家水准测量规范执行。

根据施工中的不同精度要求,高程控制有:

(1) 为了满足工业安装和若干施工部位中高程测量的需要,其精度要求在 1～3 mm 以内,则按建筑物的分布设置三等水准点,采用三等水准测量。这种水准点一般关联范围不大,只要在局部有 2～3 点就能满足要求。

(2) 为了满足一般建筑施工高程控制的需要,保证其测量精度在 3～5 mm 以内,则可在三等水准点以下建立四等水准点,或单独建立四等水准点。

(3) 由于设计建筑物常以底层室内地坪标高(即±0.000 标高)为高程起算面,为了施工引测方便,常在建筑场地内每隔一段距离(如 40 m)放样出±0.000 标高。必须注意,设计中各建、构筑物的±0.000 的高程不一定相等。

要求各级水准点坚固稳定。四等水准点可利用平面控制点作水准点;三等水准点一般应单独埋设，点间距离通常以 600 m 为宜，可在 400～800 m 之间变动；三等水准点距厂房或高大建筑物一般应不小于 25 m，在振动影响范围以外不小于 5 m，距回填土边线不小于 15 m。

思考题与习题

(1) 建筑场地平面控制网的形式有哪几种？它们各适用于哪些场合？

(2) 建筑基线、建筑方格网如何设计？如何测设？

(3) 在测设三点“一”字形的建筑基线时，为什么基线点不应少于三个？当三点不在一条直线上时，为什么横向调整量是相同的？

(4) 施工高程控制网应如何布设？

(5) 如图 11.7，已知施工坐标原点 O 的测图坐标为 $x_O=187.500$ m，$y_O=112.500$ m，建筑基线点Ⅱ的施工坐标为 $A_{Ⅱ}=135.000$ m，$B_{Ⅱ}=100.000$ m，设两坐标系轴线间的夹角 $\alpha=16°00'00''$，试计算Ⅱ点的测图坐标值。

(6) 如图 11.4，假定“一”字形建筑基线Ⅰ′、Ⅱ′、Ⅲ′三点已测设在地面上，经检测∠Ⅰ′Ⅱ′Ⅲ′＝179°59′30″，$a=100$ m，$b=150$ m，试求调整值 δ，并说明如何调整才能使三点成一直线。

(7) 如图 11.6，测设出直角∠BOD'后，用经纬仪精确地检测其角值为 89°59′30″，并知 $OD'=150$ m，问 D'点在 $D'O$ 的垂直方向上改动多少距离才能使∠BOD 为 90°？

12 民用建筑施工测量

【本章提要】本章介绍了民用建筑施工测量的内容和程序，重点讲述了建筑物的定位和放线，建筑物基础和墙体施工测量过程；同时介绍了高层建筑施工测量的内容和方法。

12.1 概　　述

民用建筑是指住宅、办公楼、食堂、俱乐部、医院和学校等建筑物。施工测量的任务是按照设计的要求，把建筑物的位置测设到地面上，并配合施工以保证工程质量。进行施工测量之前，除了应对所使用的测量仪器和工具进行检校外，尚须做好以下准备工作。

(1) 熟悉设计图纸

设计图纸是施工测量的依据，在测设前应从设计图纸上了解施工的建筑物与相邻地物的相互关系，以及建筑物的尺寸和施工的要求等，对各设计图纸的有关尺寸应仔细核对，以免出现差错。

(2) 现场踏勘

目的是了解现场的地物、地貌和原有测量控制点的分布情况，并调查与施工测量有关的问题。对建筑场地上的平面控制点、水准点要进行检核，获得正确的测量起始数据和点位。

(3) 制订测设方案

根据设计要求、定位条件、现场地形和施工方案等因素制订施工放样方案。如图 12.1 所示，按设计要求，拟建的教学楼与已建的建筑物平行，两相邻墙面相距为 14 m 和 18 m，南面墙与左边建筑物的南面墙在一条直线上。因此，可以根据已建的建筑物用直角坐标法进行放样。

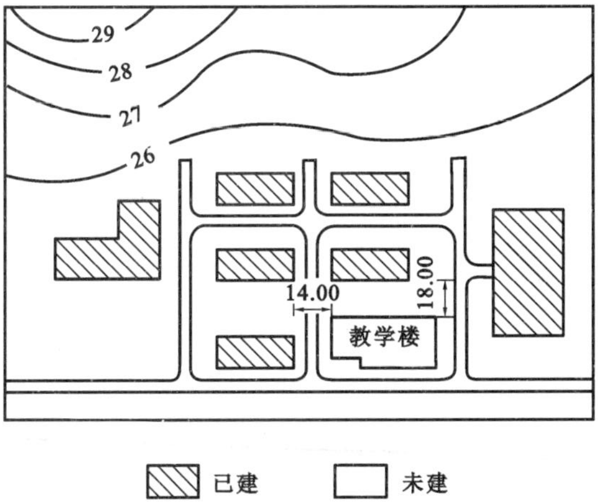

图 12.1　建筑总平面图

(4) 准备测设数据

除了计算必要的放样数据外，尚须从下列图纸上查取房屋内部的平面尺寸和高程数据。

① 从建筑总平面图上(图 12.1)查取或计算设计教学楼与原有建筑物或测量控制点之间的平面尺寸和高差，作为测设教学楼总体位置的依据。

② 从建筑平面图中(图 12.2)查取教学楼的总尺寸和内部各定位轴线之间的关系尺寸，这是施工放样的基本资料。

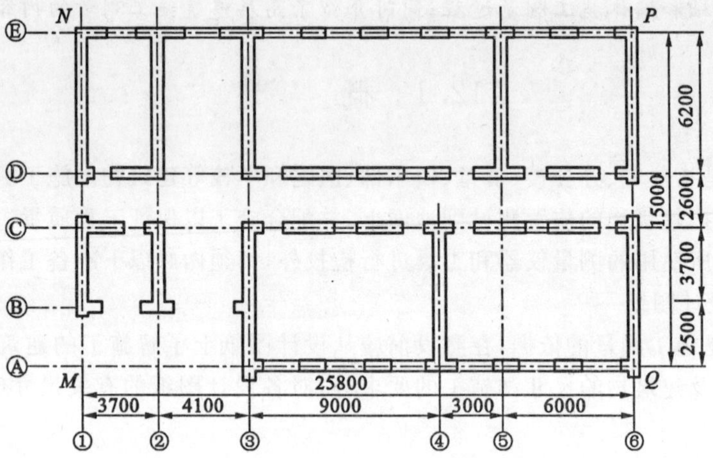

图 12.2 建筑平面图

③ 从基础平面图上查取基础边线与定位轴线的平面尺寸，以及基础布置与基础剖面位置的关系。

④ 从基础详图中查取基础立面尺寸、设计标高，以及基础边线与定位轴线的尺寸关系，这是基础高程放样的依据。

⑤ 从教学楼的立面图和剖面图中，可以查出基础、地坪、门窗、楼板、屋架和屋面等设计高程，是高程测设的主要依据。

图 12.3 是根据设计总平面图和基础平面图绘制的放样略图。图上标有已建的房屋和拟建建筑物之间的平面尺寸、定位轴线之间的平面尺寸和定位轴线控制桩等。

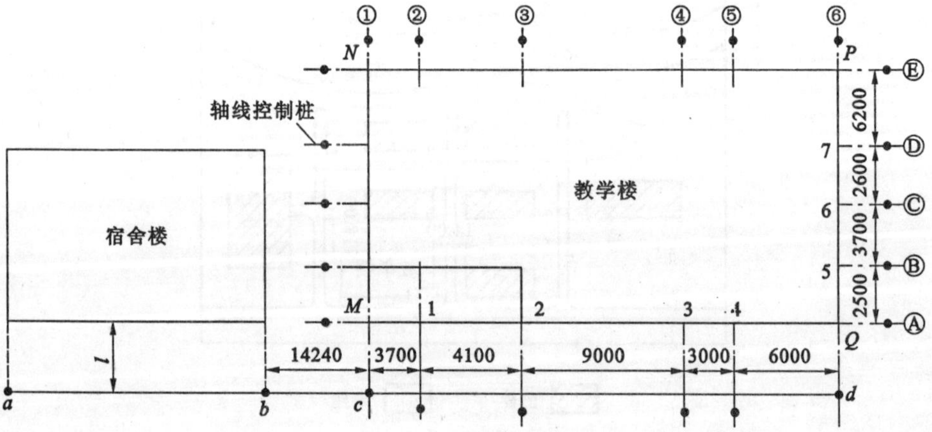

图 12.3 放样略图

12.2 建筑物的定位和放线

12.2.1 建筑物定位

建筑物的定位，就是将建筑物外廓各轴线交点(如图 12.2 中的 M、N、P 和 Q)测设在地面上，然后再根据这些点进行细部放样。下面介绍根据已有建筑物测设拟建建筑物的方法。测设时，要先建立建筑基线作为控制。

如图 12.3 所示，首先用钢尺沿着宿舍楼的东、西墙，延长出一小段距离 l 得 a、b 两点，用小木桩标定。将经纬仪安置在 a 点上，瞄准 b 点，并从 b 沿 ab 方向量出 14.240 m 得 c 点(因教学楼的外墙厚 37 cm，轴线偏里，离外墙皮 24 cm)，再继续沿 ab 方向从 c 点起量 25.800 m 得 d 点，cd 线就是用于测设教学楼平面位置的建筑基线。然后将经纬仪分别安置在 c、d 两点上，后视 a 点并转 90°沿视线方向量出距离 $l+0.240$ m，得 M、Q 两点，再继续量出 15.000 m 得 N、P 两点。M、N、P、Q 四点即为教学楼外廓定位轴线的交点。最后检查 NP 的距离是否等于 25.800 m，$\angle N$ 和 $\angle P$ 是否等于 90°，误差分别在 1/5000 和 40″之内即可。也可量取 MP、NQ 的对角线距离相等作为检核，误差在 1/5000 之内即可。

如现场已有建筑方格网或建筑基线时，可直接采用直角坐标法进行定位。

12.2.2 建筑物放线

建筑物的放线是指根据已定位的外墙轴线交点桩详细测设出建筑物的交点桩(或称中心桩)，然后根据交点桩用白灰撒出基槽开挖边界线。放样方法如下：

在外墙周边轴线上测设定位轴线交点。如图 12.3，将经纬仪安置在 M 点，瞄准 Q 点，用钢尺沿 MQ 方向量出相邻两轴线间的距离，定出 1、2、3、…各点(也可以每隔 1～2 轴线定一点)，同理可定出 5、6、7 各点。量距精度应达到 1∶2000～1∶5000。丈量各轴线之间距离时，钢尺零端要始终对在同一点上，以减小分段丈量时的累积误差。

由于基槽开挖后，角桩和中心桩将被挖掉，为了便于在施工中恢复各轴线位置，应把各轴线延长到槽外安全地点，并做好标志。其方法有设置轴线控制桩和龙门板两种形式。

(1) 设置轴线控制桩

轴线控制桩设置在基槽外基础轴线的延长线上，作为开槽后各施工阶段确立轴线位置的依据(见图 12.3)。轴线控制桩离基槽外边线的距离根据施工场地的条件而定。如果附近有已建的建筑物，也可将轴线投设在建筑物的墙上。为了保证控制桩的精度，施工中将控制桩与定位桩一起测设，有时先测设控制桩，再测设定位桩。为了方便施工，应同时选择两个以上的控制桩，用水准测量的方法测出高程，或在已有建筑的墙上测设出±0.000 m 标高线，用▽—±0.000 m 标记，作为高程测设依据。

(2) 设置龙门板

龙门板适用于小型的民用建筑物。为了方便施工，在建筑物四角与隔墙两端基槽开挖边线以外 1.5～2 m 处钉设龙门板，如图 12.4 所示。龙门桩要钉得竖直、牢固，桩外侧面与基槽平行。根据建筑场地的水准点，用水准仪在龙门桩上测设建筑物±0.000 m 标高线。根据±0.000 m 标高线把龙门板钉在龙门桩上，使龙门板的顶面在一个水平面上，且与

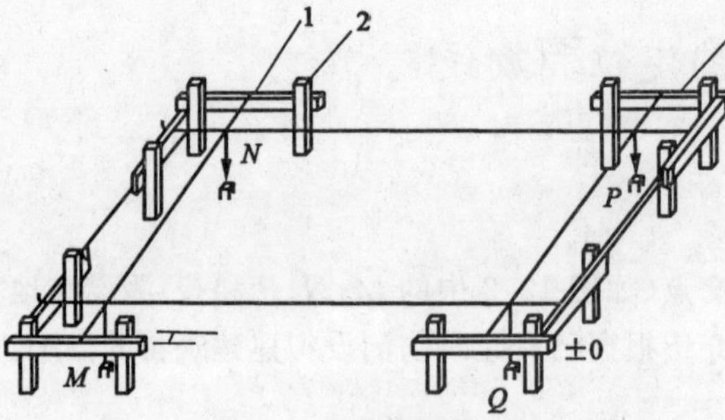

图 12.4 龙门板设置

1—小钉；2—龙门桩；3—龙门板

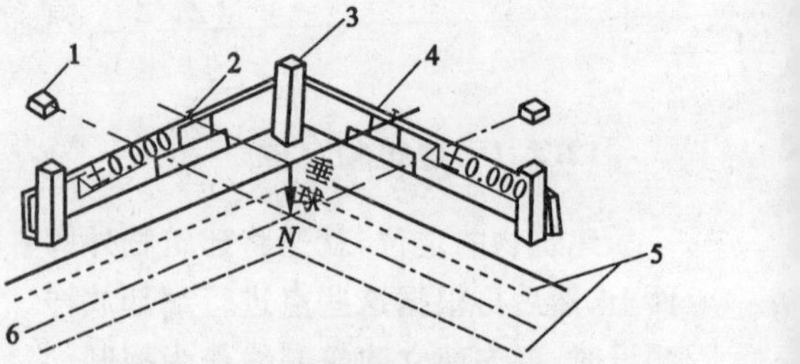

图 12.5 龙门板上标定

1—控制桩；2—中心钉；3—龙门桩；

4—龙门板；5—槽边线；6—墙中心线

±0.000 m标高线一致。安置经纬仪于 N 点，瞄准 P 点，沿视线方向在龙门板上定出一点，用小钉作标志，纵转望远镜在 N 点的龙门板上也钉一个小钉。同法将各轴线引测到龙门板上，所钉之小钉称为轴线钉(见图 12.4)。在测设龙门板和轴线钉时，龙门板高程的限差为±5 mm，轴线钉的误差应小于±5 mm。如果建筑物较小，则可用垂球对准桩点，然后沿两垂球线拉紧线绳，把轴线延长到龙门板上并做好标志。最后用钢卷尺沿龙门板顶面检查轴线钉之间的距离，其精度应达到 1∶2000～1∶5000。经检核合格后，以轴线钉为准，将墙边线、基础边线、基础开挖边线等标定在龙门板上(如图 12.5)。标定基槽上口开挖宽度时，应按有关规定考虑放坡的尺寸。

12.3 建筑物基础施工测量

12.3.1 基槽与基坑抄平

建筑物轴线放样完毕后，按照基础平面图上的设计尺寸，在地面放出灰线的位置上进行开挖。为了控制基槽开挖深度，当快挖到基底设计标高时，可用水准仪根据地面上±0.000 m点在槽壁上测设一些水平小木桩(图 12.6)，使木桩的上表面离槽底的设计标高为一固定值(如 0.500 m)，用以控制挖槽深度。为了施工时使用方便，一般在槽壁各拐角处、深度变化处和基槽壁上每隔 3～4 m 测设一水平桩，作为清理基底和打基础垫层时控制标高的依据，其测量限差一般为±10 mm。

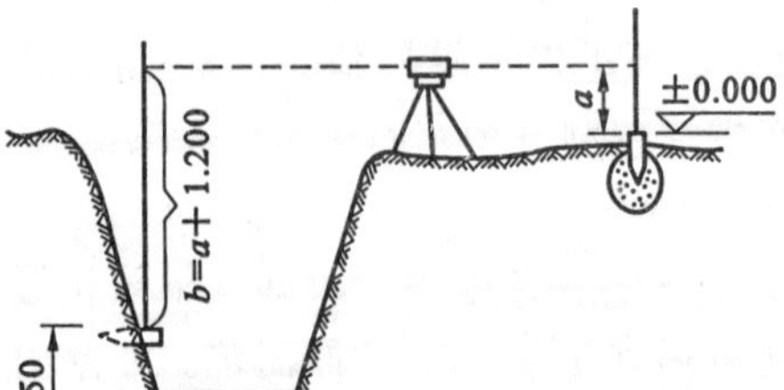

图 12.6 基坑抄平

为砌筑建筑物基础，所挖地槽呈深坑状的叫基坑。若基坑过深，用一般方法不能直接测定坑底标高时，可用悬挂的钢尺代替水准尺，用 10.3 节所述的方法将地面点的高程传递到深坑内。

12.3.2 垫层中线的测设

基础垫层打好后，根据龙门板上的轴线钉或轴线控制桩，用经纬仪或用拉绳挂垂球的方法，把轴线投测到垫层上(图 12.7)，并用墨线弹出墙中心线和基础边线，以便砌筑基础。由于整个墙身砌筑物以此线为准，这是确定建筑物位置的关键环节，所以要严格校核，各轴线之间的尺寸与设计尺寸一致后方可进行砌筑施工。

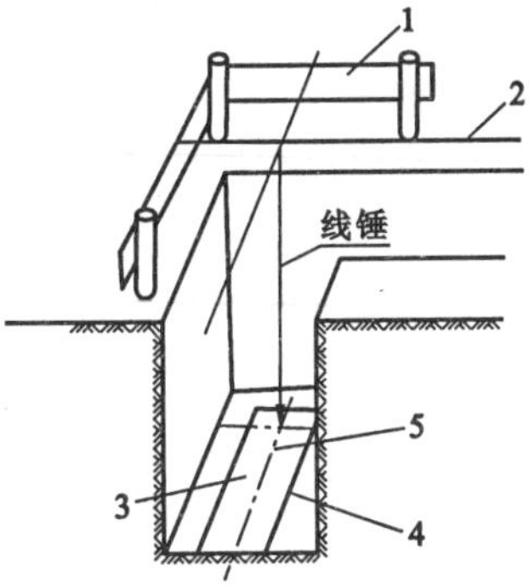

图 12.7　垫层轴线测设
1—龙门板；2—细线；3—垫层；4—基础边线；5—墙中线

12.3.3　基础标高的控制

房屋基础墙(±0.000 m 以下的砖墙)的高度是利用基础皮数杆来控制的。基础皮数杆是一根木制的杆子(图 12.8)，在杆上事先按照设计尺寸，将砖、灰缝厚度画出线条，并标明±0.000 m 和防潮层等的标高位置。立皮数杆时，可先在立杆处打一木桩，用水准仪在木桩侧面定出一条高于垫层标高某一数值(如 10 cm)的水平线，然后将皮数杆高度与其相同的一条线与木桩上的水平线对齐，并用大铁钉把皮数杆与木桩钉在一起，作为基础墙的标高依据。

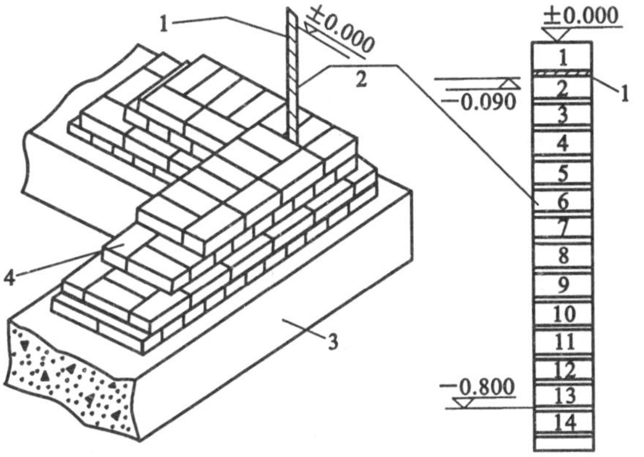

图 12.8　基础皮数杆
1—防潮层；2—皮数杆；3—垫层；4—大放脚

基础施工结束后，应检查基础面的标高是否符合设计要求(也可检查防潮层)。可用水准仪测出基础面上若干点的高程与设计高程进行比较，允许误差为±10 mm。

12.4　墙体施工测量

(1) 墙体定位

利用轴线控制桩或龙门板上的轴线和墙边线标志，用经纬仪或用拉细线绳挂垂球的方法将轴线投测到基础面或防潮层上，然后用墨线弹出墙中线和墙边线。检查外墙轴线交角是否等于 90°，符合要求后，把墙轴线延伸并画在外墙基础上(图 12.9)，作为向上投测轴线的依据。同时也把门、窗和其他洞口的边线在外墙基础立面上画出。

(2) 墙体各部位标高控制

在砌墙体时，先在基础上根据定位桩(或龙门板上的轴线)弹出墙的边线和门洞的位置，并在内墙的转角处树立皮数杆(图 12.10)，每隔 10～15 m 立一根。在立杆时，要用水准仪测定皮数杆的标高，使皮数杆上的±0.000 m 标高与房屋的室内地坪标高相吻合。

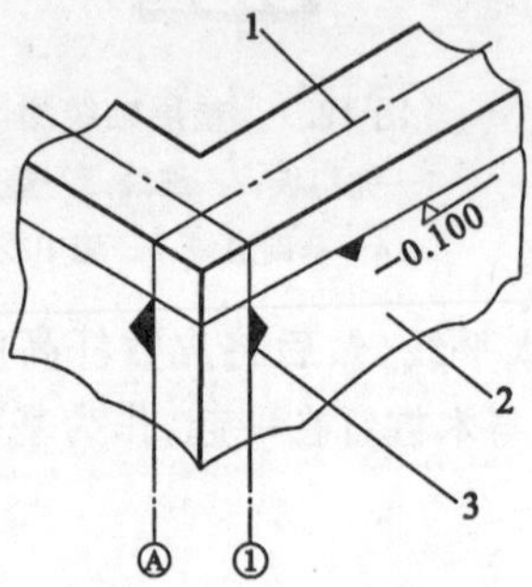

图 12.9　墙体定位

1—墙中线；2—外墙基础；3—轴线标志

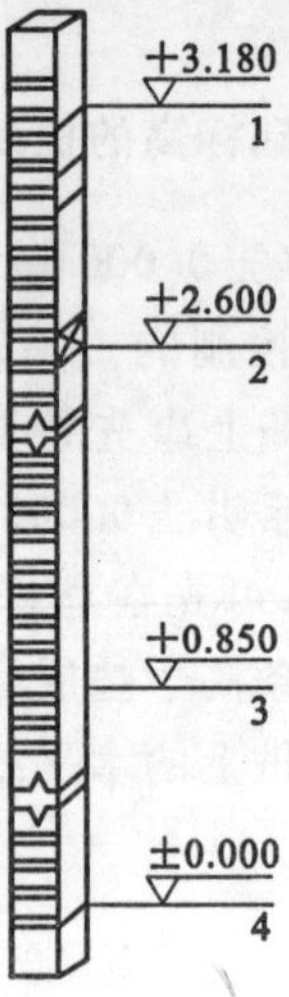

图 12.10　墙身皮数杆

1—楼板；2—底层窗过梁；3—窗台面；4—室内地坪

当墙的边线在基础上弹出以后，就可根据墙的边线和皮数杆砌墙。在皮数杆上每一皮砖和灰缝的厚度都要标出，并且在皮数杆上还要画出窗台面、窗过梁及梁板面等的位置和标高。因此在砌墙时窗台面和楼板面等的标高，都是用皮数杆来控制的。

当墙砌到窗台时，要在外墙面上根据房屋的轴线量出窗的位置，以便砌墙时预留窗洞的位置。一般在设计图上的窗口尺寸比实际窗的尺寸大 2 cm，因此只要按设计图上的窗洞尺寸砌墙即可。

图 12.11　托线板

墙的竖直用托线板(图 12.11)进行校正，把托线板的侧面紧靠墙面，看托线板上的垂球是否与板的墨线对准，如果有偏差，可以校正砖的位置。

此外，当墙砌到窗台时，要在内墙面上高出室内地坪 15～30 cm的地方用水准仪测出一条标高线，并用墨线在内墙面的周围弹出标高线的位置。这样在安装楼板时，可以用这条标高线来检查楼板底面的标高。使底层的墙面标高都等于楼板的底面标高后，再安装楼板。同时，标高线还可以作为室内地坪和安装门窗等标高位置的依据。

楼板安装好后，二层楼的墙体轴线是根据底层的轴线，用垂球先引测到底层的墙面上，然后再用垂球引测到二层楼面上。在砌二层楼的墙时，要重新在二层楼的墙角处立皮数杆，皮数杆上的楼面标高位置要与楼面的标高一致，这时可以把水准仪放在楼板面上进行检查。同样，当墙砌到二层楼的窗台时，要用水准仪在二层楼的墙面上测定出一条高于二层楼面 15～30 cm 的标高线，以控制二层楼面的标高。

现代化建筑的特征是从小块砖石材料的砌筑过渡到大块材料的砌筑。用大块材料建造房屋时，要按施工图进行装配。在施工图上应表示出墙上大块材料的说明及其位置。当基础建成以后，块料及其连接缝的放样，应在固定于基础上的木板上进行。此种木板设置在各个屋角和若干连接墙上，木板上的高程要用水准仪来设置。

在施工过程中，大块材料的安装要用悬锤与水准器来检核，用块料筑成的每一楼层都要用水准仪进行检核。

为了免除烦琐的设置标桩等测量工作，在墙体施工和室内建筑装潢工程中可以使用激光扫平仪。激光扫平仪也称激光平面仪，是一种平面定位仪器。仪器一经设置好，就无须人员继续操作，可在 0°～360°范围内水平、垂直扫描，提供一个可见的激光水平面或竖直面作为施工的基准。施工时，先用小钢尺丈量激光水平面或竖直面与楼面标高位置或轴线之间的距离，然后以此距离为常数控制其他各施工点。

图 12.12 所示为激光扫平仪外形。

(a)

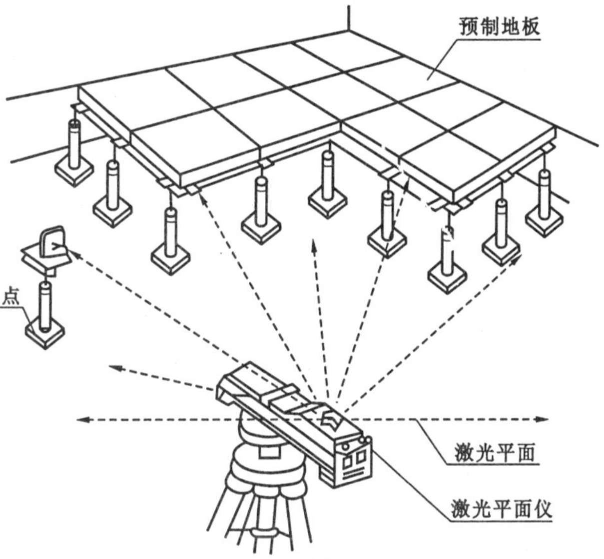

(b)

图 12.12　激光扫平仪

为了保证地板或天花板等施工对象的平整度，可在楼层中间位置靠近地板或天花板处安置激光扫平仪。施工中，各作业人员均可随时用轻便测尺观察光迹是否与测尺上的设计分划线重合。若不重合，以光迹为基准，应及时进行调整，以便保证施工对象在同一水平面上。

图 12.13 为激光扫平仪检测护墙装饰板水平线、检测室内吊顶龙骨架及天花板平整度、检测室内地坪的水平度示意图。

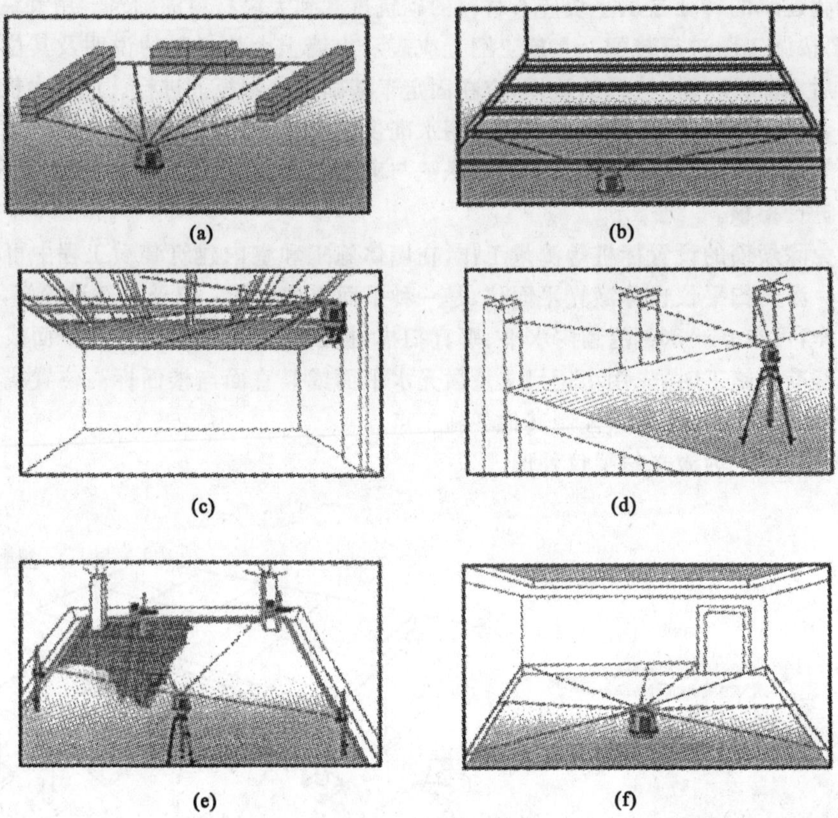

图 12.13　激光扫平仪应用

12.5　高层建筑施工测量

12.5.1　轴线投测

高层建筑施工测量的主要任务是将建筑物基础轴线准确地向高层引测，并保证各层相应的轴线位于同一竖直面内。要控制与检核轴线向上投测的竖直偏差值在本层内不超过 5 mm，全楼的累计偏差值不超过 20 mm。

高层建筑物的基础轴线是根据建筑方格网或矩形控制网测设的，量距精度要求较高，且向上投测的次数愈多，对距离测设精度要求愈高，一般不得低于 1/10000。

高层建筑物的基础工程完工后，须用经纬仪或全站仪将建筑物的主轴线(或称中心轴线)精确地投测到建筑物底部，并设标志，以供下一步施工与向上投测之用。另以主轴线为基准，重新把建筑物角点投测到基础顶面，并对原来的柱列轴线进行复核。然后再分量各开间柱列轴线间的距离，往返丈量距离的精度要求与基础轴线测设精度相同。

随着建筑物的升高，要逐层将轴线向上投测传递。向上投测传递轴线时，是将经纬仪或全站仪安置在远离建筑物的轴线控制桩上，分别以正、倒镜两个盘位照准建筑物底部所设的轴线标志，向上投测到每层楼面上，取正、倒镜两投测点的中点，即得投测在该层上的轴线点。按此方法分别在建筑物纵、横主轴线的四个轴线控制桩上架设经纬仪或全站仪，就可在同一层楼面上投测出四个轴线点。楼面上纵、横轴线点连线的交点，即为该层楼面的投测中心。

如图 12.14 所示，把经纬仪或全站仪分别安置在中心轴线控制桩 A_1、A_1'、B_1 和 B_1'上，用望远镜照准墙脚上已弹出的轴线 a_1、a_1'、b_1 和 b_1'点，用盘左盘右两个盘位向上投测在第二层楼面上，并取其中点得 a_2、a_2'、b_2 和 b_2'点，并根据这四点精确定出 a_2a_2'和 b_2b_2'两线的交点 O_2，然后再以 $a_2O_2a_2'$和 $b_2O_2b_2'$为基准在楼面上测设其他轴线。同法依次逐层向上投测。当楼层逐渐增高时，由于控制桩离建筑物较近，经纬仪或全站仪向上投测的仰角增大，则投点误差也随着增大，投点精度降低，且观测操作不方便。因此，必须将主轴线控制桩引测到远处的稳固地点或附近大楼的屋面上，以减小仰角。

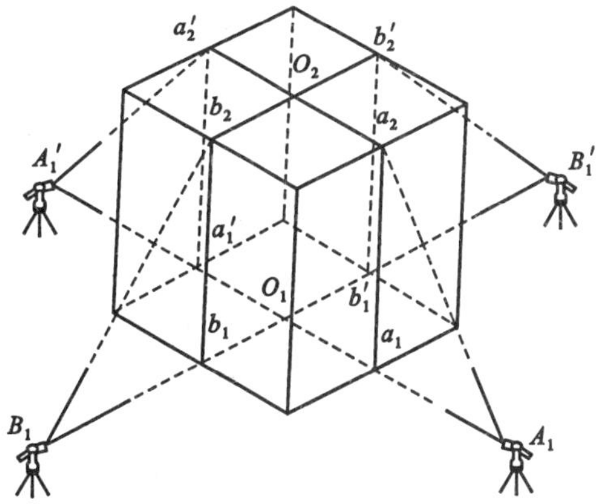

图 12.14　轴线投测

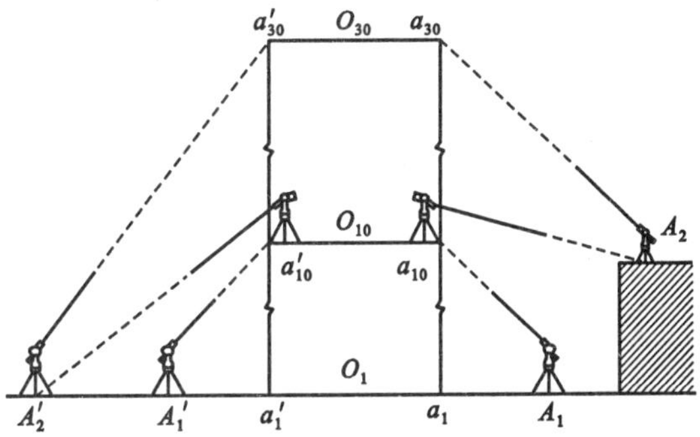

图 12.15　引桩法投测轴线

如图 12.15 所示，A_2、A_2'为 A 轴投测的控制桩，将经纬仪或全站仪安置在已经投测上去的较高层（如第十层）楼面轴线 $a_{10}O_{10}a_{10}'$及 $b_{10}O_{10}b_{10}'$上，照准地面上原有的轴线控制桩 A_1、A_1'、B_1 和 B_1'，用盘左和盘右两个盘位将轴线延长到远处 A_2、A_2'、B_2 和 B_2'点，并用标志固定其位置，图 12.15 中 A_2、A_2'即为A 轴新投测的控制桩。对更高各层的中心轴线可将经纬仪或全站仪安置于 A_2、A_2'、B_2 和 B_2'点，照准 a_{10}、a_{10}'、b_{10}和 b_{10}'，按上述方法依次逐层投测，直至工程结束。

为了保证投测质量，使用的经纬仪必须经过严格的检验校正，尤其是照准部水准管轴应严格垂直仪器竖轴。为避免日照、风力等不良影响，宜在阴天、无风时进行投测。

高层建筑轴线投测除按经纬仪或全站仪引桩正倒镜分中投点法外，还可以利用激光铅垂仪投测。

激光铅垂仪是一种供铅直定位的专用仪器，适用于高层建筑、烟囱和高塔架的铅直定位测量。它主要由氦氖激光器、竖轴、发射望远镜、管水准器和基座等部件组成，基本构造如图 12.16 所示。激光器通过两组固定螺钉固装在套筒内。仪器的竖轴是一个空心轴，两端有螺扣，激光器套筒安装在下端（或上端），发射望远镜装在上端（或下端），即构成向下（或向上）发射的激光铅直仪。仪器上设置有两个互成 90°的管水准器，分划值一般为 20″/mm，仪器配有专用激光电源。使用时利用激光器底端（全反射棱镜端）所发射的激光束进行对中，通过调节基座整平螺旋，使管水准器气泡严格居中，从而使发射的激光束铅直。

为了把建筑物轴线投测到各层楼面上，根据梁、柱的结构尺寸，投测点距轴线 500～800 mm为宜。每条轴线至少需要两个投测点，其连线应严格平行于原轴线。为了使激光束能从底层直接打到顶层，在各层楼面的投测点处需预留孔洞，或利用通风道、垃圾道以及电梯升降道等。如图 12.17 所示，将激光铅垂仪安置在底层测站点 C_0，进行严格对中、整平，接通激光电源，起辉激光器，即可发射出铅直激光基准线。在高层楼板孔上水平放置绘有坐标网的接收靶 P，激光光斑所指示的位置，即为测站点 C_0 的铅直投影位置。

当施工场地比较宽阔时，多使用经纬仪或全站仪投测轴线；当施工场地狭小，无法在建筑物轴线控制桩上安置仪器时，使用激光铅垂仪投测轴线比较方便。

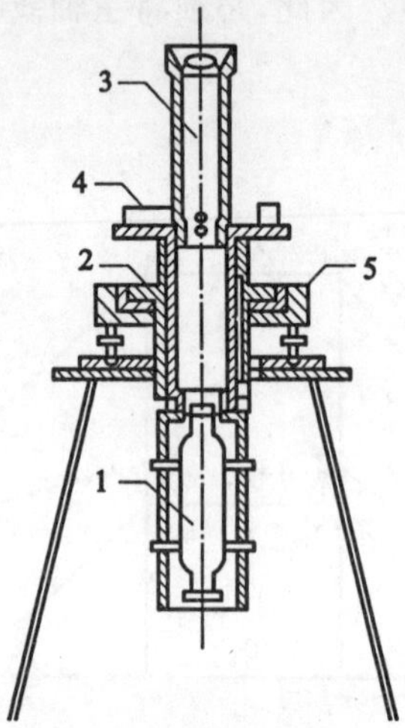

图 12.16　激光铅垂仪

1—氦氖激光器；2—竖轴；3—发射望远镜；4—水准管；5—基座

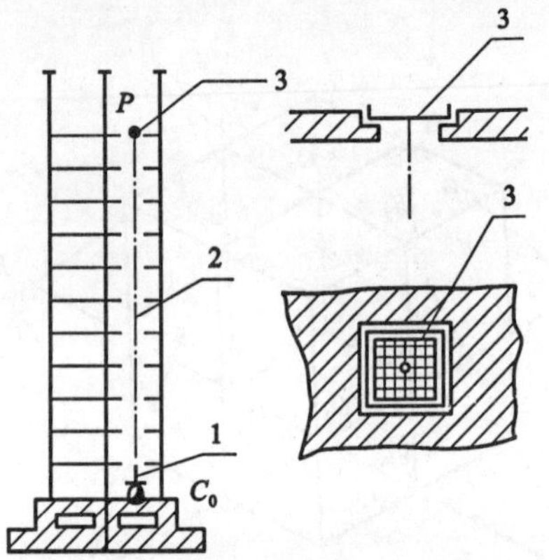

图 12.17　激光铅垂仪投测轴线点

1—激光铅垂仪；2—激光束；3—接收靶

12.5.2　高程传递

高层建筑物施工中，要由下层楼面向上层传递高程，以使上层楼板、门窗口、室内装修等工程的标高符合设计要求。传递高程的方法有以下几种。

(1) 利用皮数杆传递高程

在皮数杆上自±0.000 m 标高线起，门窗口、过梁、楼板等构件的标高都已注明。一层楼砌好后，则从一层皮数杆起一层一层往上接。

(2) 利用钢尺直接丈量

在标高精度要求较高时，可用钢尺沿某一墙角自±0.000 m 标高处起向上直接丈量，把高程传递上去。然后根据由下面传递上来的高程立皮数杆，作为该层墙身砌筑和安装门窗、过梁及室内装修、地坪抹灰时控制标高的依据。

(3) 悬吊钢尺法

在楼梯间悬吊钢尺，钢尺下端挂一重锤，使钢尺处于铅垂状态，用水准仪在下面与上面楼层分别读数，按水准测量原理把高程传递上去。

12.5.3 框架结构吊装

如图 12.18 所示，以梁、柱组成框架作为建筑物的主要承重构件，楼板置于梁上，此种结构形式为框架结构建筑物。若柱、梁为现浇时，要严格校正模板的垂直度。校核方法是首先用吊锤法或经纬仪投测法，将轴线投测到相应的柱面上，定出标志，然后在柱面上（至少两个面）弹出轴线，并以此作为向上传递轴线的依据。在架设立柱模板时，把模板套在柱顶的搭接头上，并根据下层柱面上已弹出的轴线，严格校核模板的位置和垂直度。按此方法，将各轴线逐层传递上去。

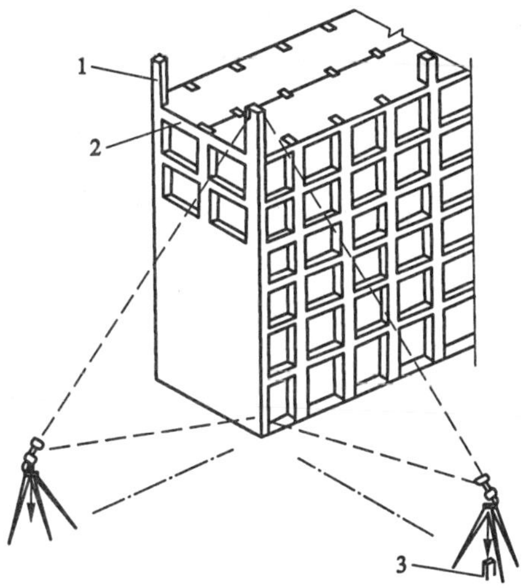

图 12.18　框架结构吊装轴线投测

1—柱；2—梁；3—控制桩

近年来我国高层民用建筑越来越多地采用装配式钢筋混凝土框架结构，其构件吊装中柱子的观测和校正是重要的环节，它直接关系到整个结构的质量。柱的观测校正方法详见第 13 章中“柱子吊装测量”。此外还应注意以下几点：

（1）随着工序的进展、荷载的变化，对每根柱子均需重复多次校正和观测垂直偏移值。先是在起重机脱钩以后、电焊以前对柱子进行初校。在多节柱接头电焊、梁柱接头电焊时，因钢筋收缩不均匀，柱子会产生偏移，尤其是在吊装梁及楼板后增加了柱子荷载，若荷载不对称时柱的偏移更为明显，此时还应进行观测。对数层一节的长柱，在每层梁、板吊装前后，也需观测柱的垂直偏移值，以使最终偏移值控制在容许范围内。

（2）多节柱分节吊装时，要确保下节柱的位置正确，否则可能会导致上层形成无法矫正的累积偏差。下节柱经校正后虽其偏差在容许范围内，但仍有偏差，此时吊装上节柱时，若根据标准定位中心线观测就位，则在柱子接头处钢筋往往对不齐；若按下节柱的中心线观测就位，则会产生累积误差。一般解决方法是上节柱的底部就位时，应对准标准定位中心与下柱中心线的中点；在校正上节柱的顶部时，仍应以标准定位中心线为准。

思考题与习题

（1）民用建筑施工测量包括哪些主要测量工作？

（2）试述基槽开挖时控制开挖深度的方法。

（3）轴线控制桩和龙门板的作用是什么？如何设置？

（4）建筑施工中，如何由下层楼板向上层传递高程？试述基础皮数杆和墙身皮数杆的立法。

（5）为了保证高层建筑物沿铅垂方向建造，在施工中需要进行垂直度和水平度观测，试问两者间有何关系？

（6）高层建筑物施工中如何将底层轴线投测到各层楼面上？

(7) 在图 12.19 中已给出新建筑物与原有建筑物的相对位置关系(墙厚 37 cm,轴线偏里),试述测设新建筑物的方法和步骤。

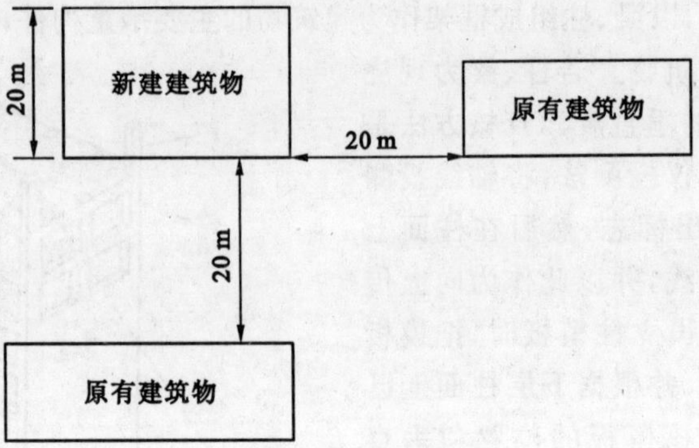

图 12.19　习题(7)图

13　工业建筑施工测量

【本章提要】本章主要介绍工业厂房矩形控制网的测设方法，厂房柱列轴线、桩基、预制构件安装的施测方法；讲述了烟囱、水塔的定位和施工测量，同时还讲述了管道施工的几种测量方法。

13.1　概　　述

工业建筑中以厂房为主体，分单层和多层。目前，我国较多采用预制钢筋混凝土柱装配式单层厂房。施工中的测量工作包括：厂房矩形控制网测设；厂房柱列轴线放样；杯形基础施工测量；厂房构件与设备的安装测量等。进行放样前，除做好与民用建筑相同的准备工作外，还应做好以下两项工作。

(1) 制订厂房矩形控制网放样方案及计算放样数据

厂区已有控制点的密度和精度往往不能满足厂房放样的需要，因此，对于每幢厂房，还应在厂区控制网的基础上建立适应厂房规模和外形轮廓，并能满足该厂房特殊精度要求的独立矩形控制网，作为厂房施工测量的基本控制。

对于一般中、小型工业厂房，在其基础的开挖线以外约 4 m，测设一个与厂房轴线平行的矩形控制网，即可满足放样的需要。对于大型厂房或设备基础复杂的工业厂房，为了使厂房各部分精度一致，须先测设主轴线，然后根据主轴线测设矩形控制网。对于小型厂房，也可采用民用建筑定位的方法进行控制。

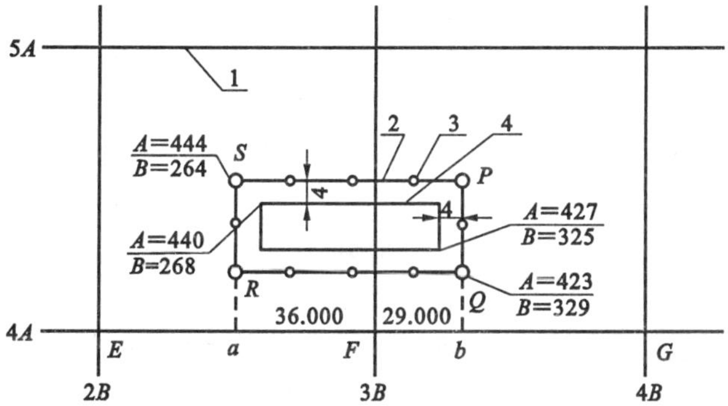

图 13.1　矩形控制网测设略图

1—建筑方格网；2—厂房矩形控制网；3—距离指标桩；4—车间外墙

厂房矩形控制网的放样方案，是根据厂区平面图、厂区控制网和现场地形情况等资料制订的。其主要内容包括确定主轴线、矩形控制网、距离指标桩的点位、形式及其测设方法和精度要求等。在确定主轴线点及矩形控制网的位置时，必须保证控制点能长期保存，因此要避开地上和地下管线，并与建筑物基础开挖边线保持 1.5～4 m 的距离。距离指标桩的间距一般等于柱子间距的整数倍，但不超过所用钢尺的长度。如图 13.1 所示，矩形控制网 R、

S、P、Q 四个点可根据厂区建筑方格网用直角坐标法进行放样，故其四个角点的坐标是按四个房角点的设计坐标加减 4 m 算得的。

(2) 绘制放样略图

图 13.1 是根据设计总平面图和施工平面图，按一定比例绘制的放样略图。图上标有厂房矩形控制网两个对角点 S、Q 的坐标，及 R、Q 点相对于方格网点 F 的平面尺寸数据。

13.2 厂房矩形控制网的测设

13.2.1 单一的厂房矩形控制网的测设

测设单一的中小型厂房矩形控制网时，一般是先测出一条长边，然后以这条长边为基线推出其余三边。矩形控制网的测设可以分别采用直角坐标法、极坐标法和角度交会法等。在丈量矩形控制网各边长时，应同时测出距离指标桩。如图 13.1 所示，测设时，根据测设数据从建筑方格网的 F 点开始，通过丈量距离定出 a、b 两点，然后将经纬仪或全站仪分别安置在 a、b 两点上，采用直角坐标法分别测设厂房控制点 R、S、Q、P，并用大木桩标定。最后实测 $\angle S$ 和 $\angle P$，丈量 SP、RQ 的距离进行检核。检核时，矩形网之直角误差的限值为 $\pm 10''$，矩形边长精度应为 1/25000～1/10000。

13.2.2 根据主轴线测设控制网

大型厂房或系统工程采用的由 4 个矩形组成的控制网，其各矩形边均根据主轴线引测，故误差分配均匀，能使建筑物或结构物各部分放线精度一致。

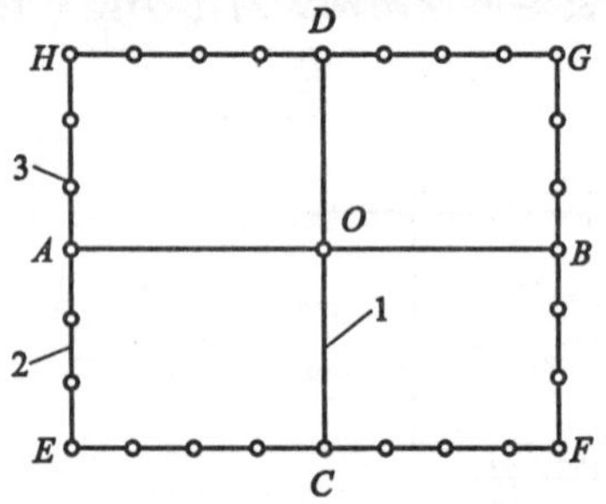

图 13.2 矩形控制网测设

1—主轴线；2—矩形控制网；

3—距离指标桩

图 13.2 所示为拟测设的矩形控制网，AOB 与 COD 为主轴线。测设时首先将长轴 AOB 测定于地面，再以长轴为基础测设出短轴，并进行方向改正，使纵、横轴严格正交，主轴线交角限差为 $\pm 5''$。轴线的方向调整好后，应以 O 为起点，精密丈量距离，测定纵、横轴线端点位置，主轴线长度相对精度为1/10000～1/5000。

主轴线测设后，就可以测设矩形控制网。测设时首先在纵、横轴端点 A、B、C、D 分别安置经纬仪，瞄准 O 点作为起始方向测设直角，交会定出 E、F、G、H 四个角点，然后再精密丈量 AH、AE、BG、BF、CE、CF、DH、DG，其精度要求与主轴线相同。若量距所得角点位置与角度交会法定点所得的点位不一致时，则应调整。

为了便于以后进行厂房细部施工放样，在测定矩形控制网各边时，应按一定间距测出距离指标桩。

13.3 厂房柱列轴线与柱基测设

13.3.1 厂房柱列轴线测设

根据厂房平面图上所注的柱间距和跨距尺寸，用钢尺沿矩形控制网各边量出各柱列轴线控制点位置，如图 13.3 中 1′、2′、…，1、2、…，N、M、…，并打入大木桩，桩顶用小钉标示出点位，作为柱基测设和施工安装的依据。丈量时可根据矩形边上相邻的两个距离指标桩，采用内分法测设。

13.3.2 柱基测设

用两架经纬仪安置在两条互相垂直的柱列轴线的轴线控制桩上，沿轴线方向交会出每一个柱基中心的位置，并在距柱基挖土开口 0.5～1 m 处，打四个定位小木桩，桩顶用小钉标明位置，作为修坑和立模的依据，并按柱基图上的尺寸用灰线标出挖坑范围。当柱基之间距离不大，可每隔一两个或几个柱基打一个定位桩，但两定位桩的间距以不超过 20 m 为宜，以便拉线恢复中间柱基的中线。

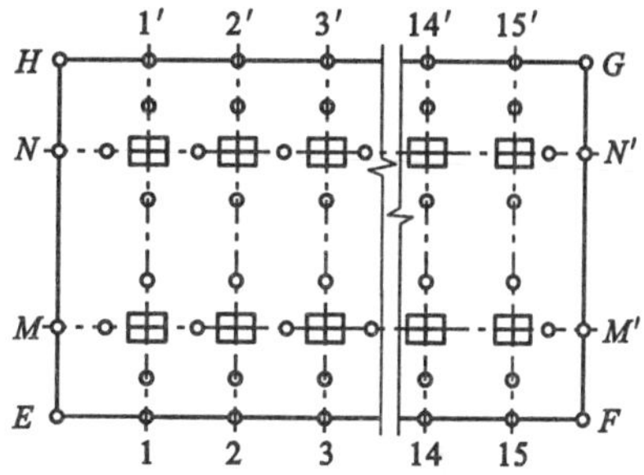

图 13.3　柱列轴线测设

在进行柱基测设时，应注意柱列轴线不一定都是柱基中心线，一个厂房的柱基类型很多，尺寸不一，放样时切勿弄错。

13.3.3 柱基施工测量

当基坑挖到接近坑底设计标高时，要在基坑四壁离坑底 0.5 m 处测设几个水平桩，作为基坑修坡和检查坑深的依据。此外还应在基坑内测设垫层的标高，即在坑底设置小木桩，使桩顶高程恰好等于垫层的设计标高。

打好垫层后，根据坑边定位小木桩，用拉线吊锤球的方法把柱基定位线投到垫层上，弹出墨线，用红漆画出标记，作为柱基立模板和布置钢筋的依据。立模板时，将模板底线对准垫层上的定位线，并用锤球检查模板是否竖直，最后将柱基顶面设计标高测设在模板内壁。

13.4 厂房预制构件安装测量

13.4.1 柱子吊装测量

13.4.1.1　柱子吊装应满足的要求

(1) 柱子中心线应与相应的柱列轴线一致，其允许偏差为±5 mm。

(2) 牛腿顶面及柱顶面的实际标高应与设计标高一致，其允许误差为±(5～8 mm)，柱高大于 5 m 时为±8 mm。

(3) 柱身垂直允许误差：当柱高不大于 5 m 时为±5 mm；当柱高 5～10 m 时，为±10 mm；

当柱高超过 10 m 时，则为柱高的 1/1000，但不得大于 20 mm。

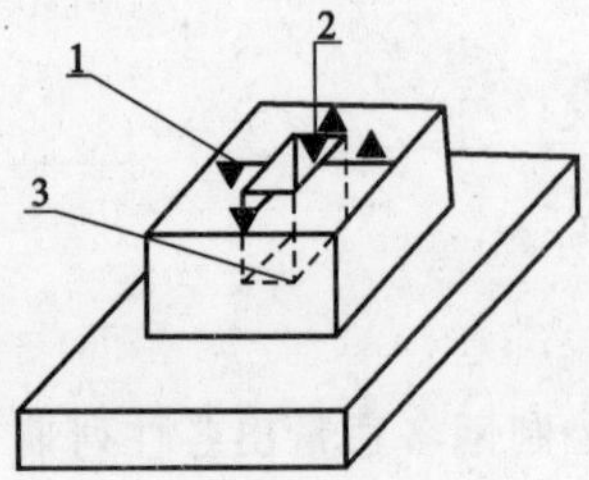

图 13.4　杯形柱基

1—柱中心线；

2—60 cm 标高线；3—杯底

13.4.1.2　吊装前的准备工作

(1) 投测柱列轴线

在杯形基础拆模以后，由柱列轴线控制桩用经纬仪把柱列轴线投测在杯口顶面上(如图 13.4)，并弹出墨线，用红漆画上“▶”标志，作为吊装柱子时确定轴线方向的依据。当柱列轴线不通过柱子中心线时，应在杯形基础顶面上加弹柱中心线。此外，还要在杯口内壁，用水准仪测设一条一般为－60 cm 的标高线(杯口顶面标高一般为－50 cm)，并用“▼”表示。也可测设一条已知标高线，从该线起向下量取一个整分米数即为杯底的设计标高，用以检查杯底标高是否正确。

(2) 柱身弹线

柱子吊装前，应将每根柱子按轴线位置进行编号，在柱身的三个面上弹出柱中心线，在每条线的上端和近杯口处画上“▶”标志，以供校正时照准。

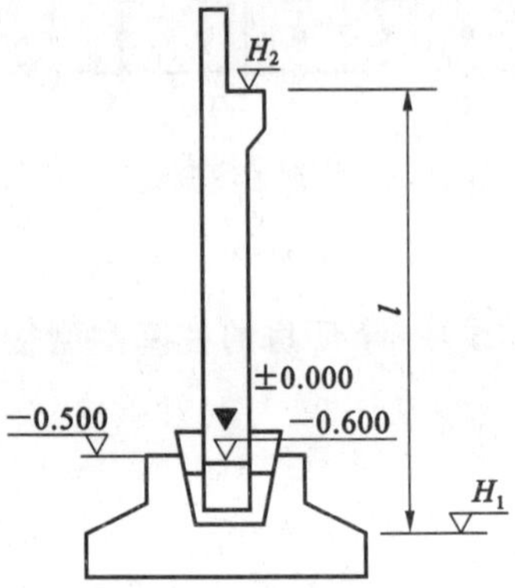

图 13.5　杯底找平

(3) 柱身检查与杯底找平

如图 13.5 所示，为了保证吊装后的柱子牛腿面符合设计高程 H_2，必须使杯底高程 H_1 加上柱脚到牛腿面的长度 l 等于 H_2。常用的检查方法是沿柱子中心线根据 H_2 用钢尺量出－0.6 m 标高线，及此线到柱底四角的实际高度 $h_1 \sim h_4$，并与杯口内－0.6 m 标高线到杯底与柱底相对应的四角的实际高度 $h_1' \sim h_4'$ 进行比较，从而确定杯底四角找平厚度。由于浇筑杯底时，通常使其低于设计高程 3～5 cm，故可用水泥砂浆根据确定的找平厚度进行找平，从而使牛腿面的标高符合设计要求。

13.4.1.3　柱子安装时的测量工作

安装柱子的要求是保证立柱的平面与高程位置符合设计要求，柱身垂直。当柱子起吊插入杯口后，要使柱底中心线与杯口中心线对齐，用木楔或钢楔初步固定，容许误差为±5 mm。柱子立稳后，立即用水准仪检测柱身上的±0.000 m 标高线，看其是否符合设计要求，其允许误差为±3 mm。柱子初步固定后，即可进行竖直校正，校正方法如图 13.6 所示。在柱基的纵横中心线上离开柱基的距离为 1.5 倍柱高处安置两台经纬仪，用望远镜照准柱底中线，固定照准部后缓慢抬高望远镜，观测柱身上的中心标志或所弹的中心墨线，若同十字丝竖丝重合，则柱子在此方向是竖直的；若不重合，则应调整使柱子垂直。

在实际工作中常遇到的是成排的柱子，经纬仪或全站仪不能安置在柱列中线上，如图 13.7 所示，此时可在偏离中心线 3 m 以内，尽量靠近轴线的地方安置经纬仪或全站仪，使 $\beta < 15°$，使安置一次仪器可校正几根柱子。此时应注意经纬仪或全站仪不能瞄准杯口中线，而要瞄准柱底中线。对于截面变化的柱子，其柱身中心标点不在同一面上，此时必须将仪器安置在纵、横轴线方向上进行校正。

柱子校正以后，应在杆子纵.横两个方向检测柱身的垂直度偏差值。满足要求后，要立

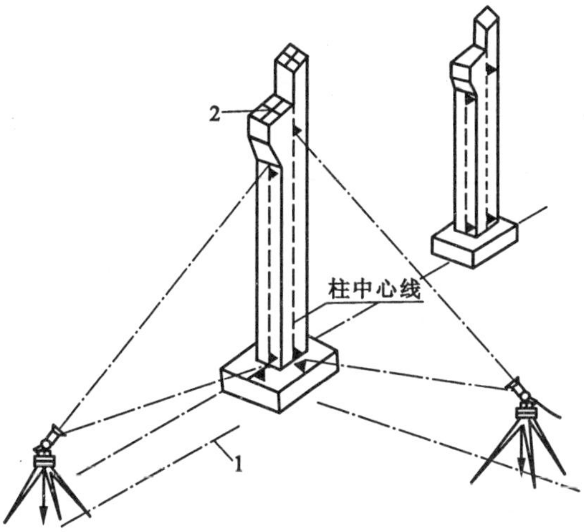

图 13.6　柱子竖直校正

1—定位轴线；2—梁中心线

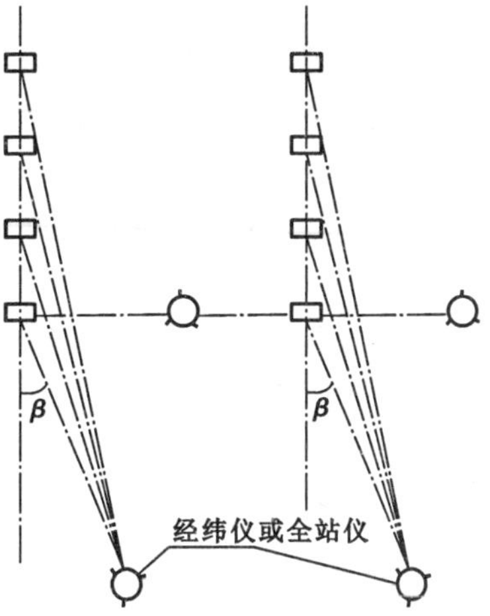

图 13.7　柱子安装测量

即灌浆，固定柱子位置。

13.4.1.4　柱子垂直校正的注意事项

(1) 所用经纬仪必须严格校正，操作时，应使照准部水准管气泡严格居中。

(2) 校正时，除注意柱子垂直外，还应随时检查柱子中线是否对准杯口柱列轴线标志，以防柱子吊装就位后，产生水平位移。

(3) 对于截面变化的柱子，校正时经纬仪必须安置在相应柱子的轴线上。

(4) 在日照下校正，应考虑日照使柱顶向阴面弯曲的影响，为避免此种影响，宜在早晨或阴天进行。当柱长小于 10 m 时，一般可不考虑温差的影响。

13.4.2　吊车梁吊装测量

13.4.2.1　吊装前的测量准备工作

(1) 吊装前在吊车梁两端面上，弹出梁的中心线，如图 13.8 所示。同时在地面上，根据厂房定位时的控制桩点，测设吊车梁中心线(也是吊车轨道中心线)两端控制桩，如图 13.9 中 A'、A''。

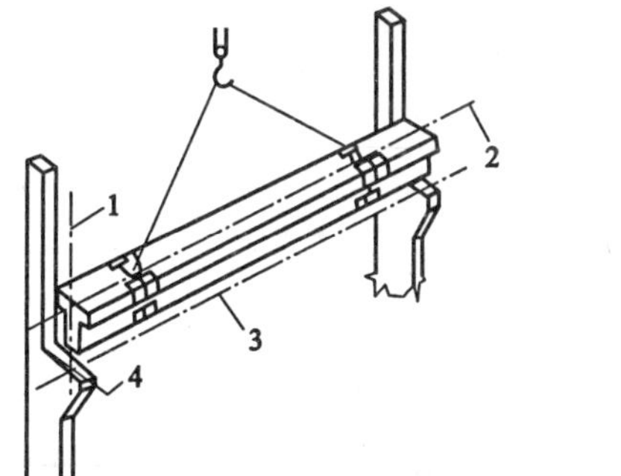

图 13.8　吊车梁吊装

1—吊车梁端面中心线；2—吊车梁顶面中心线

3—吊车梁对位中心线；4—吊车梁端面对位中心线

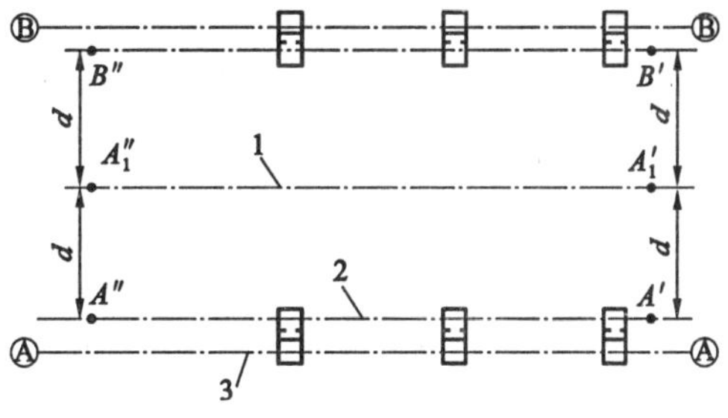

图 13.9　吊车梁中心线测设

1—厂房中心线；2—吊车梁中心线；3—柱中心线

(2) 在 A' 点安置经纬仪，严格对中、整平，后视 A'' 点，仰起望远镜，将中心线投测到牛腿面上。吊装时，只需使梁端中心线与牛腿面上的中心线吻合，吊车梁即就位。

(3) 根据柱面上±0.000 m标高线，用钢尺沿柱面向上量出吊车梁顶面设计标高线，作为调整梁面标高用。

13.4.2.2 吊装后校正测量工作

吊车梁安装就位后，根据柱面上控制吊车梁面的标高线对梁面进行调整，然后置水准仪于吊车梁面上，检查梁面标高，如不能满足设计要求，应用抹灰调整。

吊车梁平面位置的校正，是用经纬仪从车间两端将地面上定出的吊车梁中心线投测到两端的柱上，先检查校正两端的吊车梁。然后，再在已校好的两端吊车梁拉钢丝，用撬棍或其他工具拨正中间各根吊车梁，使各吊车梁顶面中心线达到设计位置。顶面中心线对定位中心线的偏差不得大于±5 mm。此外还要检测两列吊车梁间的跨距，看是否符合设计要求。

在校正吊车梁平面位置时，可使用吊锤球的方法，检查吊车梁的垂直度，若有偏差，可在吊车梁的支座面上加垫铁纠正。

13.4.3 屋架安装测量

屋架吊装前，用经纬仪或其他方法在柱顶面上放出屋架定位轴线，并应弹出屋架两端头的中心线，以便进行定位。屋架吊装就位时，应该使屋架的中心线与柱顶上的定位线对准，允许误差为±5 mm。

屋架的垂直度可用锤球或经纬仪进行检查。用经纬仪检查时，可在屋架上安装三把卡尺(图13.10)，一把卡尺安装在屋架上弦中点附近，另外两把分别安装在屋架的两端。自屋架几何中心沿卡尺向外量出一定距离，一般为500 mm，并作标志。然后在地面上距屋架中线同样距离处安置经纬仪，观测三把卡尺上的标志是否在同一竖直面内，若屋架竖向偏差较大，则用机具校正，最后将屋架固定。垂直度允许偏差为：薄腹梁为5 mm；桁架为屋架高的1/250。

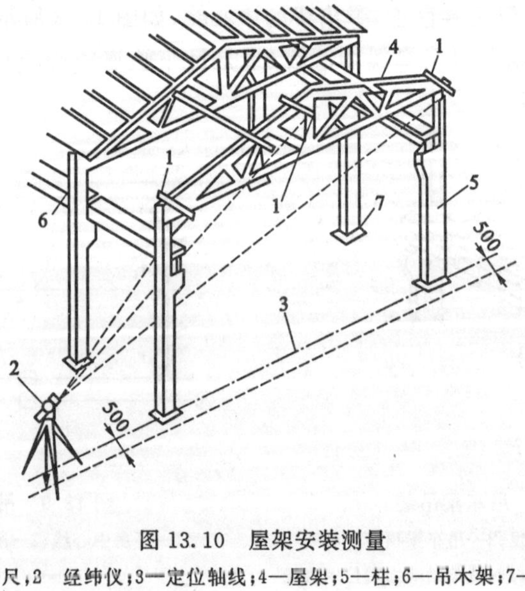

图 13.10 屋架安装测量

1—卡尺；2—经纬仪；3—定位轴线；4—屋架；5—柱；6—吊木架；7—基础

13.5 烟囱、水塔施工测量

烟囱和水塔的施工测量相似，现以烟囱为例加以说明。烟囱是一种特殊构筑物，其特点是基础面积小、主体高，因此不论是砖结构还是钢混结构，施工要求都很严格。当烟囱高度 H 大于 100 m 时，筒身中心线的垂直偏差应小于 $0.0005H$，烟囱砌筑圆环的直径偏差值不得大于 3 cm。

烟囱施工测量的任务是严格控制烟囱中心的位置，保证烟囱主体的竖直，以减小因偏心带来的不利影响。以下介绍其施测步骤。

13.5.1 烟囱的定位

施工以前，首先按图纸要求根据场地控制网，在实地定出烟囱的中心位置 O，如图 13.11 所示，然后再定出以 O 点为交点的两条相互垂直的定位轴线 AB 和 CD，同时定出第三个方向作为检核。为了便于在施工过程中检查烟囱的中心位置，可在轴线上多设置几个控制桩，各控制桩到烟囱中心 O 的距离，视烟囱高度而定，一般为烟囱高度的 1.5 倍。各桩点应做成半永久性的，并妥善保存。烟囱中心 O 点，打入大木桩，上部钉一小钉，以示中心点位。同时用水准测量的方法测出 A、D 或 B、C 控制桩的高程，作为烟囱基础施工和筒身施工的依据。

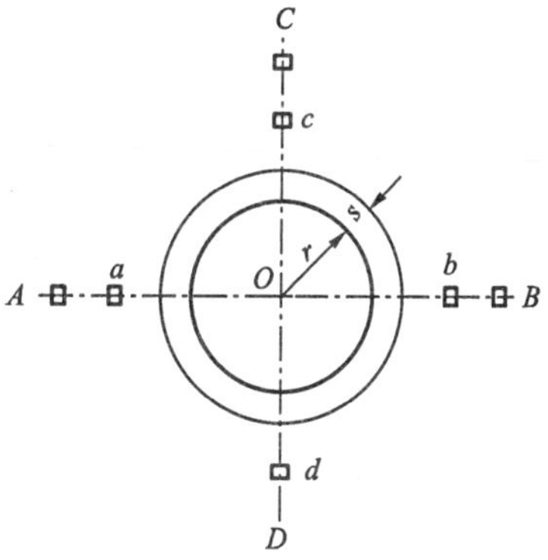

图 13.11 烟囱基础中心定位

13.5.2 基础施工测量

基坑的开挖方法依施工场地的实际情况而定。

当现场比较开阔时，常采用“大开口法”进行施工。以中心点 O 为圆心，以烟囱底部半径 r 加上基坑放坡宽度为半径，在地面上用皮尺画圆并撒灰线，标明挖坑范围。当挖到设计深度时，坑内测设水平桩作为检查坑底标高和打垫层的依据，同时在基坑边缘的轴线上钉四个小木桩(如图 13.11 中的 a、b、c、d 点)，用于修坡和确定基础中心。

当烟囱基础是钢筋混凝土时，应在基础面上中心点处埋设钢筋作为标志，根据定位轴线，用经纬仪把烟囱中心投到标志上，并刻上“＋”字，作为烟囱竖向投点和控制半径的依据。

13.5.3 烟囱施工测量

在烟囱施工中，应随时将中心点引测到施工的作业面上。高度不大的烟囱一般多采用锤球引测，如图 13.12 所示，在施工面上固定一根枋子，下悬 8～12 kg 的锤球(质量依高度而定)，逐渐移动枋子，直到锤球对准中心桩为止。一般砖烟囱每砌一

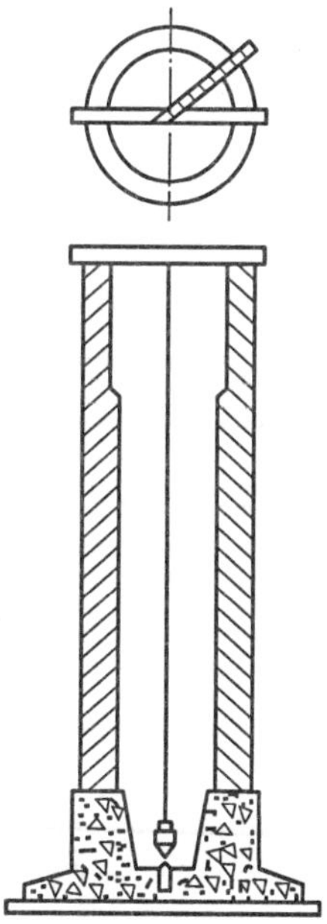

图 13.2 烟囱施工测量

步架(约 1.2 m)引测一次;混凝土烟囱升一次模板(约 2.5 m)引测一次;每升高 10 m,要用经纬仪或全站仪检查一次。检查时把仪器安置在控制桩 A、B、C、D 上,瞄准相应定位桩 a、b、c、d,用盘左、盘右分中法,分别把各轴线投测到施工面上并做标记,然后按标记拉两根小线绳,其交点即为烟囱中心点。定出中心点后,与锤球引测的中心点相比较,以作检核,并以经纬仪或全站仪引测标定的中心点为准,校正施工中心位置。

国内不少高大的钢筋混凝土烟囱,用激光铅垂仪进行烟囱铅直定位。定位时,将激光铅垂仪安置在烟囱底部的中心标志上,并对中、整平以保证激光束铅垂。在工作台中央安置接收靶,烟囱模板每滑升 25~30 cm 浇灌一层混凝土,每次模板滑升前后各进行一次观测。观测人员在接收靶上可直接得到滑模中心对铅垂线的偏离值,施工人员依此调整滑模位置。在施工过程中要同垂线法一样用经纬仪或全站仪经常对铅垂仪进行激光束的垂直度检验和校正,以保证施工质量。

烟囱筒身标高测设是先用水准仪在烟囱壁测设+0.500 m 标高线,然后从该标高线起,用钢尺竖直量距,以控制烟囱砌筑的高度。

13.6 管道施工测量

管道工程是工业建设和城市建设的重要组成部分,其种类很多,主要有给水、排水、煤气、热力、输油和其他工业管道等。为了合理地敷设各种管道,应首先进行规划设计,确定管道中线的位置并给出定位的数据,即管道的起点、转向点及终点的坐标、高程。然后将图纸上所设计的中线测设于实地,作为施工的依据。管道施工测量的主要任务,是根据工程进度的要求向施工人员随时提供中线方向和标高位置。

13.6.1 准备工作

(1) 熟悉图纸和现场情况。施工前要收集管道测设所需要的管道平面图、断面图、附属构筑物图以及有关资料,并熟悉和核对设计图纸,了解精度要求和工程进度安排等,还要深入施工现场,熟悉地形,找出各桩点的位置。

(2) 校核中线。若设计阶段在地面上标定的中线位置就是施工时所需要的中线位置,且各桩点完好,则仅需校核一次,不重新测设。若有部分桩点丢损或施工的中线位置有所变动,则应根据设计资料重新恢复旧点或按改线资料测设新点。

(3) 加密水准点。为了在施工过程中便于引测高程,应根据设计阶段布设的水准点,在沿线附近每隔约 150 m 增设临时水准点。

13.6.2 地下管道放线测设

(1) 测设施工控制桩。在施工时,中线上的各桩将被挖掉,应在不受施工干扰、便于引测和保存点位处测设施工控制桩,用以恢复中线;测设地物位置控制桩,用以恢复管道附属构筑物的位置(见图 13.13)。中线控制桩的位置,一般是测设在管道起止点及各转点处中心线的延长线上,附属构筑物控制桩则测设在管道中线的垂直线上。

(2) 槽口放线。管道中线控制桩定出后,就可根据管径大小、埋设深度以及土质情况,决定开槽宽度,并在地面上钉上边桩,然后沿开挖边线撒出灰线,作为开挖的界限。如图

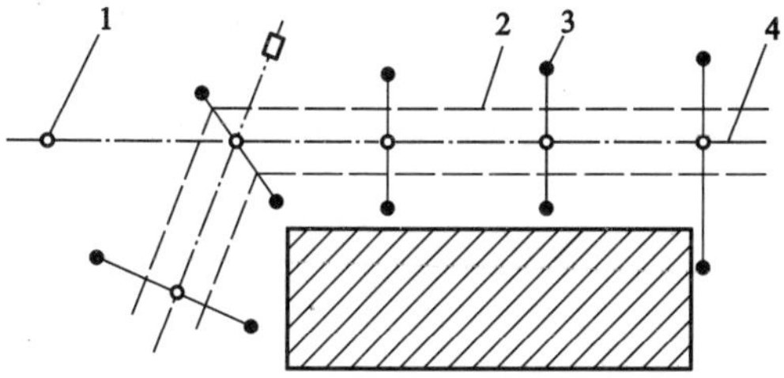

图 13.13　施工控制桩测设

1—控制桩；2—槽边线（灰线）；

3—附属构筑物位置控制桩；4—中心线

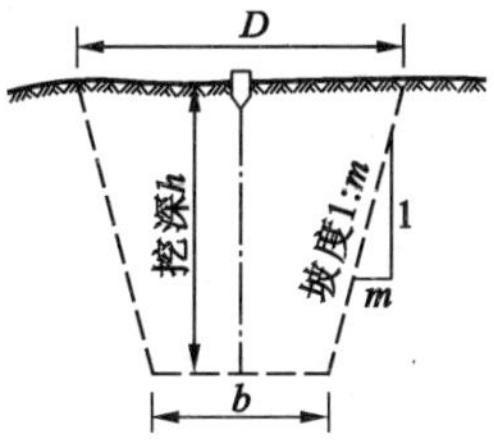

图 13.14　槽口放线

13.14 所示，若横断面上坡度比较平缓，开挖宽度可用下式计算：

$$D = b + 2mh \tag{13.1}$$

式中：b——槽底宽度；

h——中线上的挖土深度；

m——管槽放坡系数。

若横断面倾斜较大，如图 13.15 所示，则中线两侧槽口宽度就不一致，半槽口宽度应分别按下式计算：

$$\left.\begin{aligned} D_z &= \frac{b}{2} + m_2 h_2 + m_3 h_3 + c \\ D_y &= \frac{b}{2} + m_1 h_1 + m_3 h_3 + c \end{aligned}\right\} \tag{13.2}$$

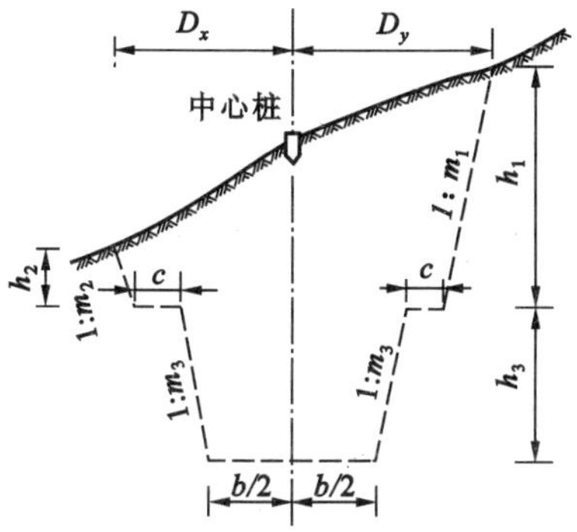

图 13.15

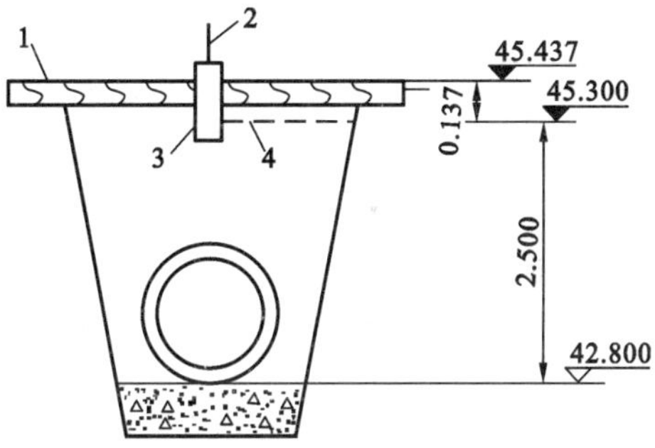

图 13.16　龙门板法

1—坡度板；2—中线钉；3—高程板；4—坡度钉

13.6.3　地下管道施工测量

管道的埋设要按照设计的管道中线和坡度进行，因此施工中应设置施工测量标志，以使管道埋设符合设计要求。

13.6.3.1　*龙门板法*

龙门板由坡度板和高程板组成（图 13.16）。沿中线每隔 10～20 m 以及检查井处应设置龙门板。中线测设时，根据中线控制桩，用经纬仪将管道中线投测到坡度板上，并钉小钉标定其位置，此钉叫中线钉。各龙门板中线钉的连线标明了管道的中线方向。在连线上挂锤球，可将中线位置投测到管槽内，以控制管道中线。

为了控制管槽开挖深度，应根据附近的水准点，用水准仪测出各坡度板顶的高程。根据管道设计坡度，计算出该处管道的设计高程，则坡度板顶与管道设计高程之差就是从坡度板顶向下开挖的深度，通称下反数。下反数往往不是一个整数，并且各坡度板的下反数都不一致，施工、检查很不方便，因此，为使下反数成为一个整数 C，必须计算出每一坡度板顶向上或向下量的调整数 δ。公式为：

$$\delta = C - (H_{板顶} - H_{管底}) \tag{13.3}$$

式中：$H_{板顶}$——坡度板顶高程；

$H_{管底}$——管底设计高程。

根据计算出的调整数，在高程板上用小钉标定其位置，该小钉称为坡度钉（如图 13.16）。相邻坡度钉的连线即与设计管底坡度平行，且相差为选定的下反数 C。利用这条线来控制管道坡度和高程，便可随时检查槽底是否挖到设计高程。如挖深超过设计高程，绝不允许回填土，只能加厚垫层。

现举例说明坡度钉设置的方法。如表 13.1，先将水准仪测出的各坡度板顶高程列入第 5 栏内。根据第 2 栏、第 3 栏计算出各坡度板处的管底设计高程，列入第 4 栏内。如 0+000 高程为 42.800（图 13.16），坡度 $i=-3‰$，0+000 至 0+010 之间距离为 10 m，则 0+010 的管底设计高程为：

$$42.800 + 10i = 42.800 - 0.030 = 42.770 \text{ m}$$

同法可以计算出其他各处管底设计高程。第 6 栏为坡度板顶高程减去管底设计高程，例如0+000 为：

$$H_{板顶} - H_{管底} = 45.437 - 42.800 = 2.637\text{m}$$

其余类推。为了施工检查方便，选定下反数 C 为 2.500 m，列在第 7 栏内。第 8 栏是每个坡度板顶向下量（负数）或向上量（正数）的调整数 δ，如 0+000 调整数为：

$$\delta = 2.500 - 2.637 = -0.137 \text{ m}$$

图 13.16 就是 0+000 处管道高程施工测量的示意图。

表 13.1　坡度钉测设手簿

板　号	距离	坡度	管底高程 $H_{管底}$	板顶高程 $H_{板顶}$	$H_{板顶}-H_{管底}$	选定下反数 C	调整数 δ	坡度钉高程
1	2	3	4	5	6	7	8	9
0+000			42.800	45.437	2.637		−0.137	45.300
0+010	10		42.770	45.383	2.613		−0.113	45.270
0+020	10		42.740	45.364	2.624		−0.124	45.240
0+030	10	−3‰	42.710	45.315	2.605	2.500	−0.105	45.210
0+040	10		42.680	45.310	2.630		−0.130	45.180
0+050	10		42.650	45.246	2.596		−0.096	45.150
0+060	10		42.620	45.268	2.648		−0.148	45.120
⋮	⋮		⋮	⋮	⋮		⋮	⋮

高程板上的坡度钉是控制高程的标志，所以在坡度钉钉好后，应重新进行水准测量，检查是否有误。施工中容易碰到龙门板，尤其在雨后，龙门板可能有下沉现象，因此还要定期进行检查。

13.6.3.2　平行轴腰桩法

当现场条件不便采用龙门板时，对精度要求较低的管道，可用本法测设施工控制标志。

开工之前，在管道中线一侧或两侧设置一排平行于管道中线的轴线桩，桩位应落在开挖槽边线以外，如图 13.17 所示。平行轴线离管道中线为 a，各桩间距以 10～20 m 为宜，各检查井位也相应地在平行轴线上设桩。

为了控制管底高程，在槽沟坡上(距槽底约 1 m)打一排与平行轴线桩相对应的桩，这排桩称为腰桩，如图 13.18 所示。在腰桩上钉一小钉，并用水准仪测出各腰桩上小钉的高程，小钉高程与该处管底设计高程之差 h，即为下反数。施工时只需用水准尺量取小钉到槽底的距离，与下反数比较，便可检查是否挖到管底设计高程。

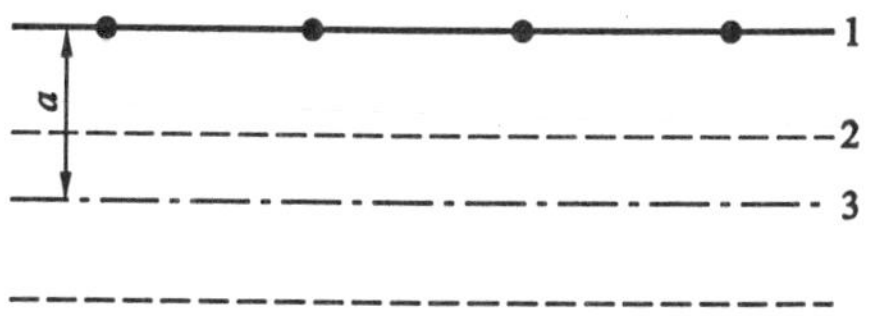

图 13.17　平行轴线桩

1—平行轴线；2—槽边；3—管道中心线

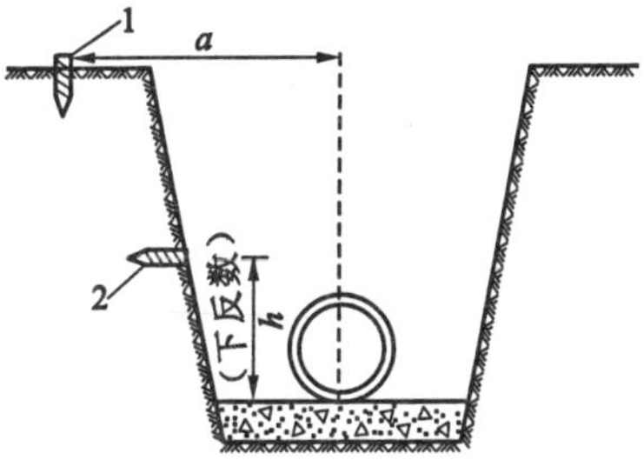

图 13.18　腰桩法

1—平行轴线桩；2—腰桩

腰桩法施工和测量都较麻烦，且各腰桩的下反数不一，容易出错。为此，先选定到管底的下反数为某一整数，并计算出各腰桩的高程。然后再测设出各腰桩，并用小钉标明其位置，此时各桩小钉的连线与设计坡度平行，并且小钉的高程与管底设计高程之差为一常数。

13.6.4　架空管道施工测量

架空管道主点的测设与地下管道相同。架空管道的支架基础开挖测量工作和基础模板的定位，与厂房柱子基础的测设相同。架空管道安装测量与厂房构件安装测量基本相同。每个支架的中心桩在开挖基础时均被挖掉，为此必须将其位置引测到互为垂直方向的四个控制桩上。根据控制桩就可确定开挖边线，进行基础施工。

13.6.5　顶管施工测量

当管道穿越铁路、公路或重要建筑物时，为了避免阻碍交通和房屋拆迁而采用顶管施工方法。这种方法是在管线一端或两端事先挖好工作坑，在坑内安置导轨，管材放在导轨上，用顶镐将管材沿中线方向顶入土中，然后将管内的土方挖出来。因此，顶管施工测量主要是控制好顶管的中线方向和高程。

为了控制顶管的位置，施工前必须做好工作坑内顶管测量的准备工作。例如，设置顶管中线控制桩，用经纬仪将中线分别投测到前、后坑壁上，并用木桩 A、B 或大钉作标志(图 13.19)；设置坑内临时水准点以及导轨的定位和安装测量等。准备工作结束后，便可进行施工，转入顶管过程中的中线测量和高程测量。

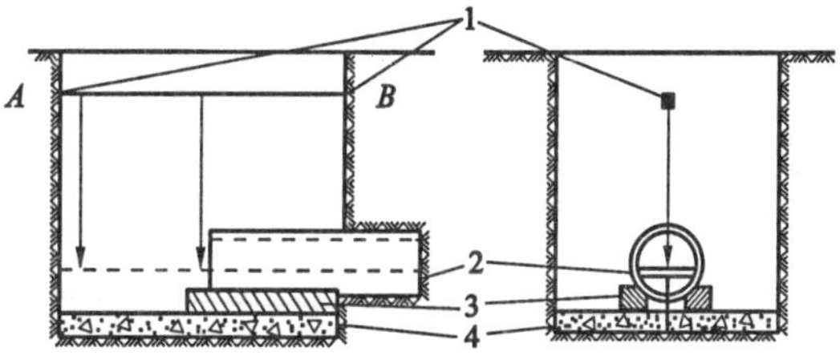

图 13.19　顶管中线测量

1—中线控制桩；2—木尺；3—导轨；4—垫层

(1)中线测量。如图 13.19 所示，在进行顶管中线测量时，通过两坑壁顶管中线控制桩拉紧一条细线，线上挂两个锤球，锤球的连线即为管道中线的控制方向。这时在管道内前端，用水准器放平一中线木尺，木尺长度等于或略小于管径，读数刻画以中央为零向两端增加。如果两锤球连线通过木尺零点，则表明顶管在中线上。若左右误差超过 1.5 cm，则需要进行中线校正。

(2)高程测量。置水准仪于工作坑内，以临时水准点为后视点，在管内待测点上竖一根小于管径的标尺为前视点，将所测得的高程与设计高程进行比较，其差值超过 1 cm 时，就需要进行校正。

在顶管过程中，为了保证施工质量，每顶进 0.5 m，就需要进行一次中线测量和高程测量。

距离小于 50 m 的顶管，可按上述方法进行测设。当距离较长时，应分段施工，可每隔 100 m 设置一个工作坑，采用对顶的施工方法，在贯通面上，管子叉口不得超过 3 cm。若有条件，在顶管施工过程中，可采用激光经纬仪和激光水准仪进行导向，可提高施工进度，保证施工质量。

思考题与习题

(1) 在工业建筑的定位放线中，现场已有建筑方格网作控制，为何还要测设矩形控制网？

(2) 环形基础定位放线有哪些要求？如何检验是否满足要求？

(3) 试述柱基的放样方法。

(4) 如何进行柱子的竖直校正？应注意哪些问题？

(5) 试述吊车梁的吊装测量工作。吊车梁吊装后，有哪些检验项目？

(6) 烟囱施工测量有何特点？怎样制订施测方案？

(7) 简述地下管道施工测量的全过程。

(8) 简述顶管施工测量的全过程。

(9) 比较民用建筑施工测量与工业厂房施工测量在内容、要求、方法等方面的异同点。

(10) 如表 13.2，已知管道起点 0+000 的管底高程为 41.72 m，管道坡度为 10‰的下坡，在表中计算出各坡度板处的管底设计高程，并按实测的板顶高程选定下反数 C，再根据选定的下反数计算出各坡度板顶高程的调整数 δ 和坡度钉的高程。

表 13.2　坡度钉测设手簿

桩　号	距离 (m)	坡度	管底设计高程 $H_{管底}$	板顶高程 $H_{板顶}$	$H_{板顶}-H_{管底}$	选定下反数 C	调整数 δ	坡度钉高　程
1	2	3	4	5	6	7	8	9
0+000			41.72	44.310				
0+020				44.100				
0+040				43.825				
0+060				43.734				
0+080				43.392				
0+100				43.283				
0+120				43.051				

(11) 管道施工测量中的腰桩起什么作用？在 N05～N06 两井(距离为 50 m)之间，每隔 10 m 在沟槽内设置一排腰桩，已知 N05 井的管底高程为 135.250 m，其坡度为 −8‰，设置腰桩是从附近水准点(高程为 139.234 m)引测的，选定下反数为 1 m，设置时，以水准点作后视读数为 1.543 m，求表 13.3 中钉各腰桩的前视读数为多少？

表 13.3　腰桩测设手簿

井和腰桩编号	距离(m)	坡度	管底高程(m)	选定下反数 C	腰桩高程(m)	起始点高程(m)	后视读数	各腰桩前视读数
1	2	3	4	5	6	7	8	9
N05(1)			135.250					
2								
3								
4								
5								
N06(6)								

14 建筑物变形观测和竣工总平面图编绘

【本章提要】本章主要讲述房屋建筑沉降及水平唯一的观测方法，以及建筑物的倾斜、裂缝观测，同时讲述了竣工测量的内容和竣工总平面图编绘的基本要求。

14.1 建筑物变形观测概述

随着建筑物修建，建筑物的基础和地基所承受的荷载不断增加，从而引起基础及其四周地层变形，而建筑物本身因基础变形及外部荷载与内部应力的作用，也要发生变形。这种变形在一定范围内，可视为正常现象，但超过某一限度就会影响建筑物的正常使用，严重的还会危及建筑物的安全。为了建筑物的安全使用，研究变形的原因和规律，为建筑物的设计、施工、管理和科学研究提供可靠的资料，在建筑物的施工和运行管理期间需要进行建筑物的变形观测。

建筑物的变形包括建筑物的沉降、倾斜、裂缝和平移。建筑物变形观测的任务是周期性地对设置在建筑物上的观测点进行重复观测，求得观测点位置的变化量。

建筑物变形观测能否达到预定的目的要受很多因素的影响，其中最基本的因素是观测点的布设、观测的精度与频率。观测点的布设在14.2节中介绍。

变形观测的精度要求，取决于该建筑物预计的允许变形值的大小和进行观测的目的。如观测的目的是为了确保建筑物的安全，使变形值不超过某一允许的数值，则观测的中误差应小于允许变形值的1/20～1/10。例如，设计部门允许某大楼顶点的允许偏移值为120 mm，以其1/20作为观测中误差，则观测精度为$m=\pm6$ mm。如果观测目的是为了研究其变形过程，则中误差应比这个数小得多。通常，从实用目的出发，对建筑物的观测应能反映1～2 mm的沉降量。

观测的频率决定于变形值的大小和变形速度，以及观测目的。通常要求观测的次数既能反映出变化的过程，又不遗漏变化的时刻。一般在施工过程中观测频率应大些，周期可以是三天、七天、半个月等，到了竣工投产以后，频率可小一些，一般有一个月、两个月、三个月、半年及一年等周期。除了按周期观测以外，在遇到特殊情况时，有时还要进行临时观测。

14.2 建筑物沉降观测

建筑物沉降观测是用水准测量的方法，周期性地观测建筑物上的沉降观测点和水准基点之间的高差变化值。

14.2.1 水准基点和沉降观测点的布设

(1) 水准基点的布设

水准基点是沉降观测的基准，因此它的构造与埋设必须保证稳定不变和长久保存。水准基点应埋设在建筑物沉降影响范围之外，距沉降观测点 20～100 m，观测方便，且不受施工影响的地方。为了互相检核，水准基点最少应布设三个。对于拟测工程规模较大者，基点要统一布设在建筑物周围，便于缩短水准路线，提高观测精度。图 14.1 是水准基点的一种形式，在有条件的情况下，基点可筑在基岩或永久稳固建筑物的墙角上。

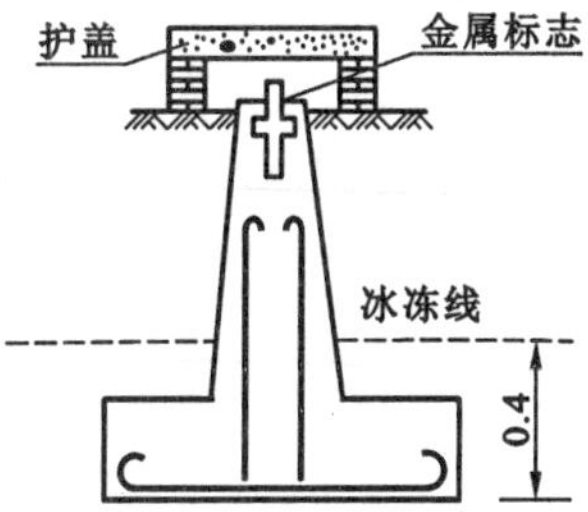

图 14.1 水准基点

城市地区的沉降观测水准基点可用二等水准与城市水准点连测，可以采用假定高程。

(2) 沉降观测点的布设

沉降观测点应布设在最有代表性的地点，埋设时要与建筑物联结牢靠，使观测点的变化能真正反映建筑物的沉降情况。对于民用建筑，通常在它的四角点、中点、转角处布设观测点；沿建筑物的周边每隔 10～20 m 布置一个观测点；设有沉降缝的建筑物，在其两侧布设观测点；对于宽度大于 15 m 的建筑物，在其内部有承重墙和支柱时，应尽可能布设观测点。对于一般的工业建筑，除了在转角、承重墙及柱子上布设观测点外，在主要设备基础、基础形式改变处、地质条件改变处也应布设观测点。

沉降观测点的埋设形式如图 14.2 所示。图 14.2(a)、(b)分别为承重墙和柱上的观测点，图 14.2(c)为基础上的观测点。

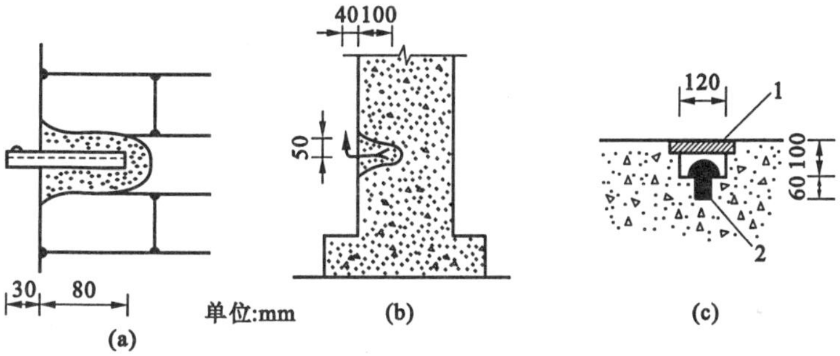

图 14.2 沉降观测点

1—保护盖；2—ϕ20 铆钉

14.2.2 沉降观测

在建筑物变形观测中，进行最多的是沉降观测。对中、小型厂房和建筑物，可采用普通水准测量；对大型厂房和高层建筑，应采用精密水准测量方法。沉降观测的水准路线(从一个水准基点到另一水准基点)应形成闭合线路。与一般水准测量相比，不同的是视线长度较短，一般不大于 25 m，一次安置仪器可以有几个前视点。为了提高观测精度，可采用“三固定”的方法，即固定人员，固定仪器和固定施测路线、镜位与转点。观测时，前后视宜使用同一根水准尺，且保持前后视距大致相等。由于观测水准路线较短，其闭合差一般不会超过 1～2 mm，闭合差可按测站平均分配。

沉降观测的时间和观测周期应根据建筑物的特征、变形速率、观测精度和工程地质条件等因素综合考虑，并根据沉降量的变化情况适当调整。当埋设的观测点稳固后，即可进行第一次观测。施工期间，一般建筑物每升高 1～2 层或每增加一次荷载，就要观测一次。如果中途停工时间较大，应在停工时和复工前各观测一次。在发生大量沉降或严重裂缝时，应进行逐日或几天一次的连续观测。竣工后应根据沉降量的大小来确定观测周期。开始时可隔1～2个月观测一次，以每次沉降量在5～10 mm为限，否则要增加观测次数。以后随着沉降量的减少，再逐渐延长观测周期，直至沉降稳定。

14.2.3 沉降观测的成果整理

(1) 整理原始记录

每次观测结束后，应检查记录的数据和计算是否正确，精度是否合格，然后调整闭合差，推算各沉降观测点的高程。

(2) 计算沉降量

计算各观测点本次沉降量(用各观测点本次观测所得的高程减去上次观测点高程)和累计沉降量(每次沉降量相加)，并将观测日期和荷载情况一并记入沉降量统计表内(表14.1)。

表 14.1 沉降量观测记录表

观测次数	观测时间	各观测点的沉降情况							施工进展情况	荷载情况(t/m^2)
		1			2			…		
		高程(m)	本次下沉(mm)	累计下沉(mm)	高程(m)	本次下沉(mm)	累计下沉(mm)	…		
1	1985.01.10	50.454	0	0	50.473	0	0	…	一层平口	
2	1985.02.23	50.448	−6	−6	50.467	−6	−6		三层平口	40
3	1985.03.16	50.443	−5	−11	50.462	−5	−11		五层平口	60
4	1985.04.14	50.440	−3	−14	50.459	−3	−14		七层平口	70
5	1985.05.14	50.438	−2	−16	50.456	−3	−17		九层平口	80
6	1985.06.4	50.434	−4	−20	50.452	−4	−21		主体完	110
7	1985.08.30	50.429	−5	−25	50.447	−5	−26		竣工	
8	1985.11.06	50.425	−4	−29	50.445	−2	−28		使用	
9	1986.02.28	50.423	−2	−31	50.444	−1	−29			
10	1986.05.06	40.422	−1	−32	50.443	−1	−30			
11	1986.08.05	40.421	−1	−33	50.443	0	−30			
12	1986.12.25	40.421	0	−33	50.443	0	−30			

(3) 绘制沉降曲线

为了预估下一次观测点沉降的大约数值和沉降过程是否渐趋稳定或已经稳定，可分别绘制时间-沉降量关系曲线，以及时间-荷载关系曲线，如图14.3所示。

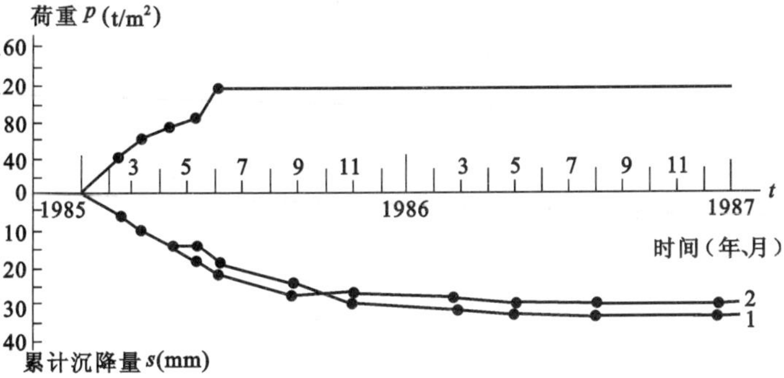

图 14.3　沉降曲线图

时间-沉降量关系曲线是以沉降量 s 为纵轴，时间 t 为横轴，根据每次观测日期和相应的沉降量按比例画出各点位置，然后将各点连接起来，并在曲线一端注明观测点号码，构成 s-t 曲线图(图 14.3)。

同理，时间-荷载关系曲线是以荷载 p 为纵轴，时间 t 为横轴，根据每次观测时期和相应的荷载画出各点，将各点连接起来，构成 p-t 曲线图(图 14.3)。

14.3　建筑物的倾斜观测

测定建筑物倾斜度随时间而变化的工作称为倾斜观测。测定方法有两类：一类是直接测定法；另一类是通过测定建筑物基础的相对沉降确定其倾斜度。

14.3.1　一般建筑物的倾斜观测

如图 14.4 所示，将经纬仪安置在离建筑物的距离大于其高度的 1.5 倍的固定测站上，瞄准上部的观测点 M，用盘左和盘右分中投点法定出下面的观测点 N。用同样方法，在与原观测方向垂直的另一方向，定出上观测点 P 与下观测点 Q。相隔一段时间后，在原固定测站上安置经纬仪，分别瞄准上观测点 M 与 P，仍用盘左和盘右分中投点法得 N' 与 Q'，若 N' 与 N、Q' 与 Q 不重合，说明建筑物发生了倾斜。用尺量出倾斜位移分量 ΔA、ΔB，然后求得建筑物的总倾斜位移量 Δ，即：

$$\Delta = \sqrt{(\Delta A)^2 + (\Delta B)^2} \tag{14.1}$$

建筑物的倾斜度 i 用下式表示：

$$i = \frac{\Delta}{H} = \tan\alpha \tag{14.2}$$

式中：H——建筑物高度；

α——倾斜角。

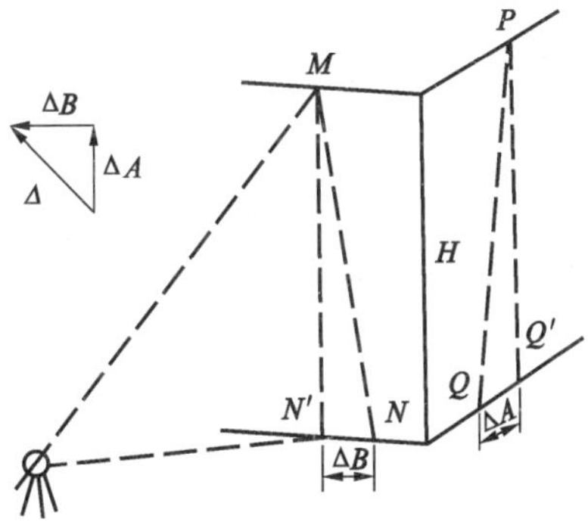

图 14.4　一般建筑物倾斜观测

14.3.2　塔式建筑物的倾斜观测

当测定圆形构筑物如烟囱、水塔等的倾斜度时，首先须求出顶部中心对底部中心的偏心距。如图 14.5(a)所示，在烟囱底部横放一根水准尺，然后在水准尺的中垂线方向上安置经纬仪。经纬仪距烟囱的距离尽量大于烟囱高度的 1.5 倍。用望远镜将烟囱顶部边缘两点 A、A'及底部边缘两点 B、B'分别投到水准尺上，得读数为 y_1、y_1'及 y_2、y_2'，如图 14.5(b)所示。烟囱顶部中心 O 对底部中心 O'在 y 方向上的偏心距为：

$$\Delta y = \frac{y_1 + y_1'}{2} - \frac{y_2 + y_2'}{2}$$

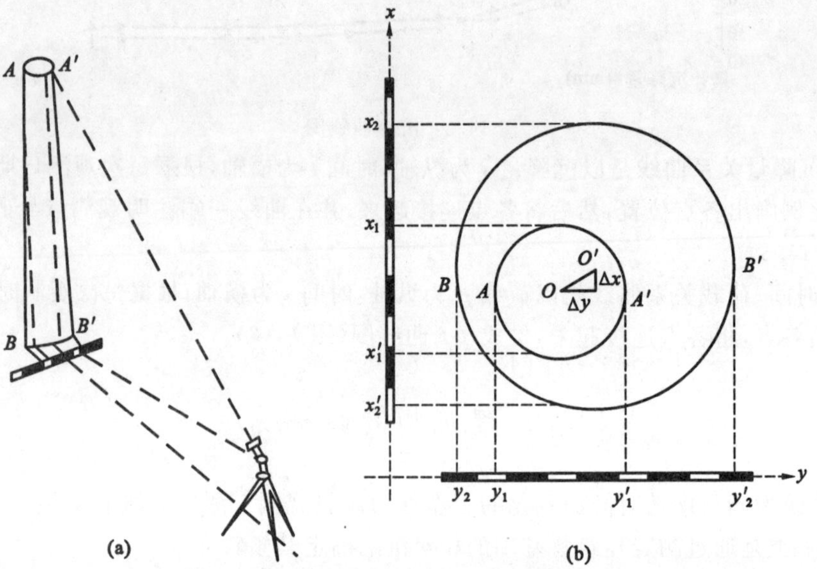

图 14.5 塔式建筑物倾斜观测

同法可测得在 x 方向上顶部中心 O 的偏心距为：

$$\Delta x = \frac{x_1 + x_1'}{2} - \frac{x_2 + x_2'}{2}$$

顶部中心对底部中心的总偏心距 Δ 和倾斜度 i 可分别用式(14.1)和式(14.2)计算。

14.3.3 倾斜仪观测

倾斜仪一般能连续读数、自动记录和数字传输，又有较高的精度，故在倾斜观测中应用较多。常见的倾斜仪有水管式倾斜仪、水平摆倾斜仪、气泡式倾斜仪和电子倾斜仪四种，下面仅以气泡式倾斜仪为例作简单介绍。

如图 14.6 所示，气泡式倾斜仪由一个高灵敏度的气泡水准管 e 和一套精密的测微器组成。测微器中包括测微杆 g、读数盘 h 和指标 k。气泡水准管 e 固定在支架 a 上，a 可绕 c 点转动。a 下装一弹簧片 d，在底板 b 下为置放装置 m。将倾斜仪安置在需要的位置上，转动读数盘，使测微杆向上(向下)移动，直至水准管气泡居中为止。此时在读数盘上读数，即可得出该处的倾斜度。

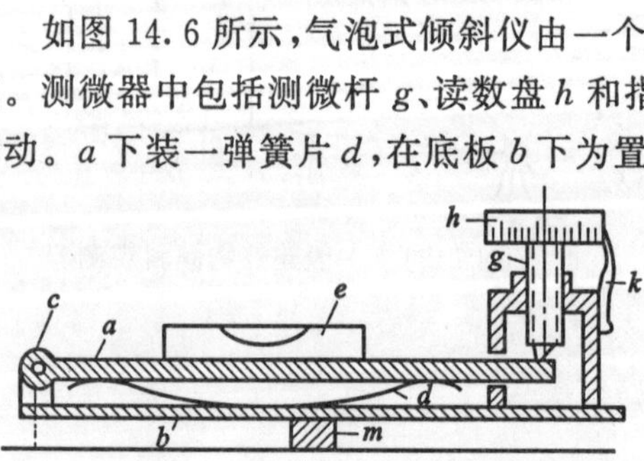

图 14.6 气泡式倾斜仪

我国制造的气泡式倾斜仪灵敏度为 2″，总的观测范围为 1°。气泡式倾斜仪适用于观测较大的倾斜角或量测局部地区的变形，例如测定设备基础和平台的倾斜。

为了实现倾斜观测的自动化，可采用如图 14.7 所示的电子水准器。它是在普通的玻璃管水准器的上、下方装三个电极 1、2、3，形成差动电容器。这种电子水准器可固定地安置在建筑物或设备的适当位置上，能自动地进行动态的倾斜观测。当测量范围在 200″以内时，测定倾斜值的中误差在±0.2″以下。

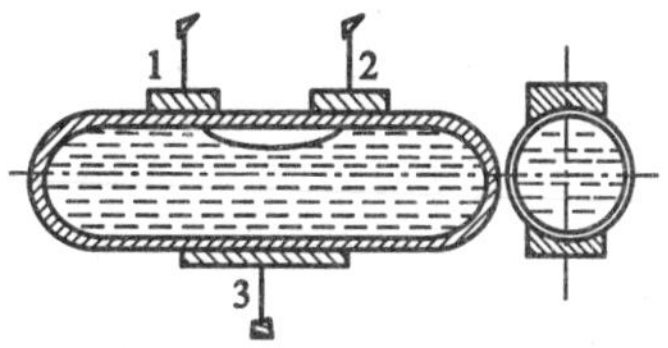

图 14.7 电子水准器

1,2,3—电极

14.4 建筑物的裂缝与位移观测

14.4.1 建筑物的裂缝观测

裂缝是在建筑物不均匀沉降情况下产生不容许应力及变形的结果。当建筑物中出现裂缝，为了安全应立即进行裂缝观测。

如图 14.8 所示，用两块大小不同的矩形薄白铁板，分别钉在裂缝两侧，作为观测标志。固定时，使内外两块白铁板的边缘相互平行。将两铁板的端线相互投到另一块的表面上。用红油漆画成两个“▶”标记。如裂缝继续发展，则铁板端线与三角形边线逐渐离开，定期分别量取两组端线与边线之间的距离，取其平均值，即为裂缝扩大的宽度，连同观测时间一并记入手簿内。此外，还应观测裂缝的走向和长度等项目。

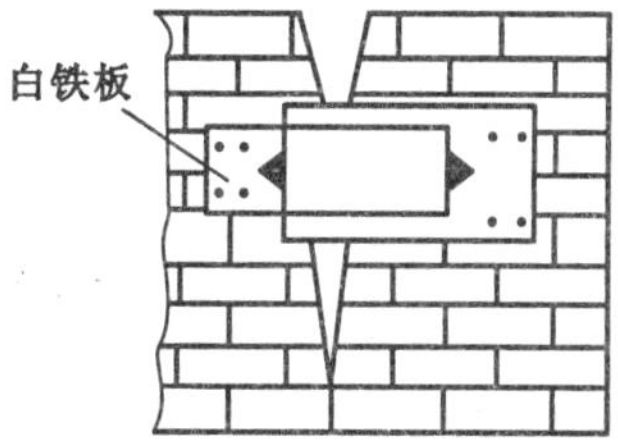

图 14.8 裂缝观测

对重要的裂缝，以及大面积的多条裂缝，应在固定距离及高度设站，进行近景摄影测量。通过对不同时期摄影照片的量测，可以确定裂缝变化的方向及尺寸。

14.4.2 建筑物的位移观测

位移观测是根据平面控制点测定建(构)筑物的平面位置随时间而移动的大小和方向。有时只要求测定建(构)筑物在某特定方向上的位移量，例如大坝在水压力方向上的位移量。观测时，可在垂直于移动方向上建立一条基线，在建(构)筑物上埋设一些观测标志，定期测量各标志偏离基准线的距离，就可了解建(构)筑物随时间位移的情况。图 14.9 是用导线测量法查明工业厂房的位移情况。A、B 为施工中平面控制点，M 为在墙上设立的观测标志，用经纬仪或全站仪测量$\angle BAM=\beta$，视线方向大致垂直于厂房位移的方向。若厂房有平面位移 MM'，则测得$\angle BAM'=\beta'$，设 $\Delta\beta=\beta'-\beta$，则位移量 MM' 按下式计算：

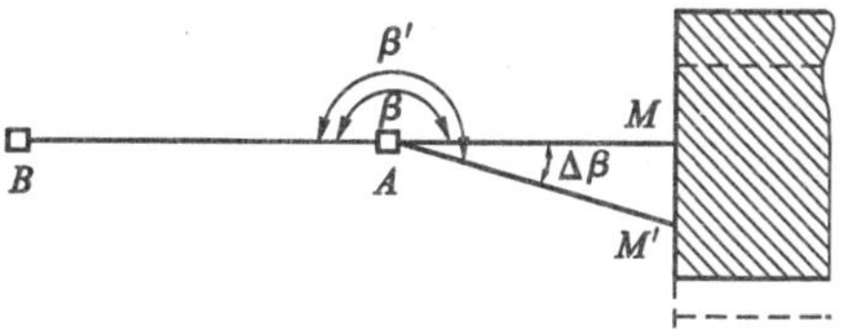

图 14.9 位移观测

$$MM' = AM\frac{\Delta\beta}{\rho''}$$

14.5 竣工总平面图的编绘

由于施工过程中的设计变更、施工误差和建筑物的变形等原因，使得建(构)筑物的竣工位置往往与原设计位置不完全相符。为了确切地反映工程竣工后的现状，为工程验收和以后的管理、维修、扩建、改建、事故处理提供依据，需要开展竣工测量和编绘竣工总平面图。

竣工总平面图一般应包括坐标系统，竣工建(构)筑物的位置和周围地形，主要地物点的解析数据，此外还应附必要的验收数据、说明、变更设计书及有关附图等资料。竣工总平面图的编绘包括竣工测量和资料编绘两个方面内容。

14.5.1 竣工测量

在每一个单项工程完成后，必须由施工单位进行竣工测量，提出工程的竣工测量成果，作为编绘竣工总平面图的依据。竣工测量的内容包括：

(1) 工业厂房及一般建筑物：各房角坐标、几何尺寸，地坪及房角标高，附注房屋结构层数、面积和竣工时间等。

(2) 地下管线：测定检修井、转折点、起终点的坐标，井盖、井底、沟槽和管顶等的高程，附注管道及检修井的编号、名称、管径、管材、间距、坡度和流向。

(3) 架空管线：测定转折点、结点、交叉点和支点的坐标，支架间距、基础标高等。

(4) 特种构筑物：测定沉淀池、烟囱、煤气罐等及其附属构筑物的外形和四角坐标，圆形构筑物的中心坐标，基础面标高，烟囱高度和沉淀池深度等。

(5) 交通线路：测定线路起终点、交叉点和转折点坐标，曲线元素，路面、人行道、绿化带界线等。

(6) 室外场地：测定围墙拐角点坐标，绿化地边界等。

竣工测量与地形图测量的方法相似，不同之处主要是竣工测量要测定许多细部点的坐标和高程，因此图根点的布设密度要大一些，细部点的测量精度要精确至厘米。

14.5.2 竣工总平面图的编绘

编绘竣工总平面图时需掌握的资料有设计总平面图、系统工程平面图、纵横断面图及变更设计的资料，施工放样资料，施工检查测量及竣工测量资料。

编绘时，先在图纸上绘制坐标格网，再将设计总平面图上的图面内容，按其设计坐标用铅笔展绘在图纸上，以此作为底图，并用红色数字在图上表示出设计数据。每项工程竣工后，根据竣工测量成果用黑色线绘出该工程的实际形状，并将其坐标和高程注在图上。黑色数字与红色数字之差，即为施工与设计之差。随着施工的进展，逐步在底图上将铅笔线都绘成黑色线。经过整饰和清绘，即成为完整的竣工总平面图。

厂区地上和地下所有建筑物、构筑物如果都绘在一张竣工总平面图上，线条过于密集而不便于使用时，可以采用分类编图，如综合竣工总平面图、交通运输竣工总平面图、管线竣工总平面图等。比例尺一般采用1∶1000。如不能清楚地表示某些特别密集的地区，也可局部采用1∶500的比例尺。

如果施工单位较多，多次转手，造成竣工测量资料不全，图面不完整或现场情况不符时，只好进行实地施测，再编绘竣工总平面图。

竣工总平面图的符号应与原设计图的符号一致。原设计图没有的图例符号，可使用新的图例符号，但应符合现行总平面设计的有关规定。在竣工总平面图上一般要用不同的颜色表示不同的工程对象。

竣工总平面图编绘完成后，应经原设计及施工单位技术负责人审核、会签。

思考题与习题

(1) 变形观测有哪些项目？制订变形观测周期的依据是什么？变形观测资料说明什么问题？如何分析这种资料？

(2) 建筑物为什么要进行沉降观测？它的特点是什么？

(3) 试述建(构)筑物倾斜观测、位移观测方法。

(4) 怎样进行建筑墙面的裂缝观测？试画图说明。

(5) 为什么要编绘竣工图？试述编绘的过程。

(6) 烟囱经检测其顶部中心在两个互相垂直方向上各偏离底部中心 58 mm 及 73 mm，设烟囱的高度为 90 m，试求烟囱的总倾斜度及其倾斜方向的倾角，并画图说明。

参 考 文 献

1 合肥工业大学等合编. 测量学. 北京:中国建筑工业出版社,1990

2 吕云麟,林凤明主编. 建筑工程测量. 第2版. 武汉:武汉工业大学出版社,1996

3 陈永奇主编. 工程测量学. 北京:测绘出版社,1995

4 武汉测绘科技大学. 测量学. 北京:测绘出版社,1991

5 邹永廉主编. 建筑工程测量. 武汉:武汉大学出版社,1991

6 刘肇光,王侬,邵士珍等编. 测量学. 北京:中国建筑工业出版社,1995

7 顾孝烈主编. 测量学. 上海:同济大学出版社,1990

8 章书寿,陈福山主编. 测量学教程. 北京:测绘出版社,1991

9 王载梅,林则政. 高层建筑施工测量. 长沙:湖南科学技术出版社,1996

10 周华,刘祖文主编. 测量学. 武汉:中国地质大学出版社,1994

11 国家标准局. 1∶500、1∶1000、1∶2000 地形图图式. 北京:测绘出版社,1988

12 北京市测绘处. 城乡建设环境保护部标准,城市测量规范. 北京:中国建筑工业出版社,1986

13 北京市测绘处,北京建筑工程学院. 城市建设工程测量. 北京:测绘出版社,1981

14 覃辉主编. 土木工程测量. 上海:同济大学出版社,2004

15 岳建平,陈伟清主编. 土木工程测量. 武汉:武汉理工大学出版社,2006

16 梁盛智主编. 测量学. 重庆:重庆大学出版社,2005

17 过静君主编. 土木工程测量. 武汉:武汉理工大学出版社,2003

18 刘星,吴斌主编. 工程测量学. 重庆:重庆大学出版社,2004

19 魏静,王德利主编. 建筑工程测量. 北京:机械工业出版社,2004

20 谢炳科主编. 建筑工程测量. 北京:中国电力出版社,2004

21 张坤宜主编. 交通土木工程测量. 武汉:武汉大学出版社,2003

22 邹永廉主编. 土木工程测量. 北京:高等教育出版社,2004

23 文孔越主编. 土木工程测量. 北京:北京工业大学出版社,2002

24 王金玲主编. 工程测量. 武汉:武汉大学出版社,2004

25 杨晓明主编. 数字测绘基础. 北京:测绘出版社,2005

26 测绘基本术语(GB/T 14911—94). 北京:中国标准出版社,1994

27 工程测量基本术语标准(GB/T 50228—96). 北京:中国计划出版社,1996

28 工程测量规范(GB 50026—93). 北京:中国计划出版社,1993

29 国家三、四等水准测量规范(GB 12898—91). 北京:中国标准出版社,1992